Créer du trafic sur son site web

CHEZ LE MÊME ÉDITEUR

R. Lefebure, G. Venturi. – **Gestion de la relation client**.
N°9140, 2000, 352 pages.

R. Kimball, R. Merz. – **Le data webhouse**. *Analyser les comportements client sur le Web.*
N°9164, 2000, 320 pages.

A. Lefebvre. – **Web client-serveur**.
N°9039, 1998, 250 pages.

A. Patzer *et al.* – **Programmation Java côté serveur**. *Servlets, JSP et EJB.*
N°9109, 2000, 984 pages.

E. Larcher. – **L'Internet sécurisé**.
N°9137, 2000, 430 pages.

M.H. Sherif, A. Serhrouchni. – **La monnaie électronique**. *Systèmes de paiement sécurisé.*
N°9082, 2000, 560 pages.

O. Andrieu. – **Trouver l'info sur l'Internet**.
N°8992, 2e édition, 1998, 440 pages + poster.

P. Chaléat, D. Charnay. – **Programmation HTML et JavaScript**.
N°9182, 1998, 480 pages.

D. Glazman. – **CSS 2 : feuilles de style HTML**.
N°9051, 1999, 264 pages + CD-Rom PC/Mac.

N. McFarlane. – **JavaScript professionnel**.
N°9141, 2000, 950 pages.

A. Patzer *et al.* – **Programmation Java côté serveur**.
Servlets, JSP et EJB. N°9109, 2000, 984 pages.

B. Francis, *et al.* – **Active Server Pages 2.0**.
N°9041, 1999, 800 pages.

A. Michard. – **XML : langage et applications**.
N°9052, 1999, 376 pages.

J.-C. Bernadac, F. Knab. – **Construire une application XML**.
N°G09081, 1999, 512 pages.

D. Deléglise. – **Oracle et le Web**.
N°8971, 1998, 240 pages.

Créer du trafic sur son site web

Conception • Référencement • Promotion

Olivier Andrieu

DEUXIÈME ÉDITION

Eyrolles

ÉDITIONS EYROLLES
61, Bld Saint-Germain
75240 Paris Cedex 05
www.editions-eyrolles.com

Accomplir sa légende personnelle est la seule et unique obligation des hommes. Tout n'est qu'une seule chose.
« Et quand tu veux quelque chose, tout l'Univers conspire à te permettre de réaliser ton désir. »

PAULO COELHO
L'Alchimiste (Anne Carrière, 1994)

Remerciements

Je tiens tout particulièrement à remercier ici toutes les personnes qui m'ont témoigné leur sympathie (de vive voix ou par e-mail interposé) suite à la lecture de la première version de cet ouvrage. En espérant que cette seconde « mouture » apporte également de l'eau à leur moulin...

Cordialement.

Olivier ANDRIEU

oa@abondance.com

Sommaire

3. Moteurs de recherche 141

Introduction

Ça y est ! Votre nouveau site web est créé ! Vous avez acheté les meilleurs outils d'édition, afin de soigner le design de vos pages, choisi soigneusement vos sous-traitants et, suprême bonheur, votre site a été mis en place dans un délai proche de celui que vous aviez prévu. Vous vous asseyez enfin, fier du travail effectué, et soufflez un peu...

La grande période de stress est passée. Votre nouvelle préoccupation est de faire connaître votre site, afin de draîner des milliers d'internautes vers vos pages. Et pourquoi pas des millions ? Car vous ne doutez pas un seul instant que votre site sera parmi les plus consultés du Web...

Hélas...
Désolé de devoir vous réinjecter une bonne dose d'adrénaline et de vous rappeler ainsi des périodes d'anxiété encore récentes, mais il est déjà trop tard ! Il y a même de fortes chances pour que vous deviez remettre une nouvelle fois le travail sur la table et le pain sur la planche... La promotion d'un site web, à l'inverse d'une croyance largement répandue, ne s'étudie pas après la mise en ligne de celui-ci, une fois le contenu défini et la phase de mise en œuvre technique terminée, mais bien au moment de la première réflexion sur son contenu, avant même d'avoir écrit la moindre ligne en langage HTML.

Il est impressionnant de mesurer à quel point cette phase de promotion d'un site web a été négligée dans les années précédentes, notamment en

Europe. Maintes fois, des concepteurs ont créé des pages HTML, des entreprises ont financé ces sites, puis elles ont naïvement attendu le déferlement des internautes — parfois encouragées dans cette passivité béate, il faut bien le dire, par les mirages évoqués par les services commerciaux des concepteurs et/ou des hébergeurs. En général, les millions de visiteurs espérés ne venaient jamais. Et pourquoi en aurait-il été autrement, puisqu'ils ne connaissaient pas l'existence du site ? Êtes-vous jamais parti en vacances dans un lieu que vous ne connaissiez pas, dont vous n'aviez jamais entendu parler ? Faites-vous vos courses dans un magasin dont l'existence vous est inconnue ? Allez-vous chercher des renseignements auprès de personnes que vous n'avez jamais rencontrées et que vous ne savez pas comment joindre ?

Dans les années que nous venons de vivre sur l'Internet français, combien de projets web ont prévu une ligne « Référencement » ou, mieux, « Promotion » ? Quelle a été la somme moyenne dépensée pour ce type d'actions ? Le temps consacré à faire connaître le site ? Combien de chefs de projets ont utilisé, en tant que seule et unique action de promotion, un outil de référencement automatique de types *Submit-It* ou *Promote-It,* croyant qu'ainsi ils seraient obligatoirement présents, référencés et potentiellement identifiables dans plusieurs centaines d'annuaires et de moteurs de recherche ?

La liste des questions que l'on peut se poser à ce sujet pourrait être plus longue encore. L'essentiel est que la phase de promotion d'un site web a été largement négligée par le passé. Cette tendance doit absolument être inversée.

En effet, le Web représente plusieurs centaines de millions de pages HTML statiques (écrites au préalable « à la main » ou grâce à un éditeur HTML). Les pages dynamiques (créées en allant « piocher » de l'information dans une base de données, à la volée ou en fonction de critères saisis par l'usager au moyen de formulaires) représentent une masse d'informations plus énorme encore. Il existe des millions de sites, très différents les uns des autres. Pourquoi serait-ce le vôtre que les internautes iraient obligatoirement consulter lorsqu'ils en ont dix ou cent autres sous la main ? Et sous la main de l'utilisateur, il y a aussi un outil redoutable : la souris. Le slogan « *sur l'Internet, vous êtes à un clic de la concurrence* » n'a jamais été aussi pertinent.

Quelques chiffres sur la dimension du Web

On recensait, en août 2000, plus d'un milliard de pages sur le Web, avec une progression d'environ un million de nouveaux documents par jour.

Soit une estimation d'environ 2 milliards de pages en 2002 !

Le nombre de pages Web francophones est d'environ 15 millions. Plusieurs centaines de milliers de sites web en langue française sont également disponibles, parmi plusieurs millions de sites web au niveau planétaire.

Voici deux adresses qui devraient vous apprendre beaucoup de choses sur la « cartographie » du Web :

http://www.wwwmetrics.com/

http://www.inktomi.com/webmap/

Imaginez que vous soyez un grain de sable dans le Sahara ou une goutte d'eau dans l'océan. Même si le grain de sable est splendide et la goutte d'eau délicieuse, comment le voyageur les trouvera-t-il dans ces immensités ?

C'est bien là l'objet de la promotion d'un site : faire ressortir ce grain de sable, ou cette goutte d'eau, de telle sorte que le voyageur (le « surfeur ») le voie, y vienne puis y revienne le plus souvent possible... En fin de compte, faire croire au voyageur que cette goutte d'eau a été créée uniquement pour lui et qu'il a énormément de chance d'avoir trouvé (par hasard ?) ce breuvage qui le désaltère si bien qu'il n'en changerait pour rien au monde...

A l'inverse de certaines idées reçues, la promotion d'un site est une tâche longue et parfois fastidieuse. Et vous devez la prendre en compte dès le début de votre projet.

C'est pourquoi un ordre chronologique a été adopté dans les différents chapitres de cet ouvrage. Dans un premier temps, nous essaierons de voir quelles sont les questions essentielles qu'il faut se poser avant la création du site, dans l'optique d'une meilleure promotion. Répondre à ces questions vous aidera à élaborer un site qui répondra parfaitement aux besoins, aux attentes de l'internaute. Celui-ci se transformera alors en un fidèle visiteur.

Dans ce cadre, nous nous intéresserons également à quelques principes de navigation. Nous vous donnerons certaines astuces techniques, afin que vos documents se chargent rapidement sur la machine de votre visiteur. C'est une des conditions *sine qua non* pour que celui-ci continue à consulter vos pages.

Puis nous passerons à une autre phase de réalisation technique du site, notamment en fonction des critères de tri des moteurs de recherche. Nous passerons en revue les balises <META>, ainsi que toutes les astuces de construction nécessaires au classement correct de vos pages sur ces outils.

La phase de référencement sera notre étape suivante. Bien plus complexe que celle que l'on réalise couramment, elle devra être accomplie de façon très soigneuse et rigoureuse. La méthodologie proposée pourra, nous l'espérons, vous aider dans cette tâche.

Les moteurs de recherche, tels Altavista, Northern Light ou Voila, et les annuaires, tels que Yahoo! et Nomade, sont devenus des outils indispensables pour tous les internautes, grâce à leurs fonctionnalités avancées de recherche d'information. Ils sont des carrefours aujourd'hui nécessaires et deviendront dans les années qui viennent des outils majeurs du Web. Le phénomène des *portails* (« portes d'entrée » sur l'Internet) est bien là pour nous indiquer la prédominance de ces sites sur l'Internet de demain. Ils regroupent moteur de recherche, adresse e-mail gratuite, actualité, météo, horoscope, information personnalisée et configurable, etc. Bref, ils fournissent toutes les informations dont l'internaute a besoin au cours de ses pérégrinations sur le réseau, le tout sur une page d'accueil affichée lors du lancement du logiciel de navigation. Les moteurs de recherche seront donc à l'avenir — c'est déjà le cas aujourd'hui — la source de recherche d'information la plus importante des internautes.

Le contenu de votre site doit donc absolument pouvoir être identifié et localisé sur ces outils de recherche. Ne pas être présent, disponible sur ces sites, représente à coup sûr un handicap, parfois insurmontable. Le chapitre 4 vous indiquera comment vous référencer de la manière la plus efficace possible sur ces outils.

Enfin, il serait vain de penser qu'une promotion de site s'arrête là. Vous devrez regarder, estimer et évaluer vos fichiers *log* et vos stats, intervenir sur les listes de diffusion et les forums de discussion pour vous faire connaître, acheter ou échanger des bandeaux publicitaires, émettre des communiqués de presse, vous inscrire à des concours, etc. Tout cela représente des actions parfois essentielles à mettre en œuvre pour assurer votre promotion. Et cela représente du temps, et donc, bien entendu, de l'argent.

Le contenu est le capital

Quelles que soient les actions que vous envisagerez pour promouvoir votre site web, un point essentiel doit toujours rester présent à votre esprit : le meilleur facteur de promotion de votre site en est le contenu. Vous aurez beau payer la meilleure agence de communication au monde, cela ne servira à rien si vos pages sonnent creux et si rien ne vient combler ce néant au cours des six premiers mois d'existence de votre site.

Lorsque nous parlons de vide, nous parlons d'absence d'information intéressant réellement l'internaute, ce service rendu qui va créer chez lui le réflexe de rester sur vos pages lors de sa première venue et ainsi annihiler le réflexe quasi pavlovien chez l'usager de la Toile d'aller voir ailleurs s'il n'y trouve pas mieux.

Nous essaierons donc, dans ces quelques pages, de vous donner certaines pistes qui, nous l'espérons, vous aideront à mieux calibrer le contenu de vos pages. Vous aurez gagné lorsque les internautes :

- viendront sur votre site ;
- resteront pour le consulter ;
- mettront son adresse dans leurs *bookmarks* (combien y a-t-il de sites sur l'Internet et de *bookmarks* dans le logiciel de navigation des internautes ?) ;
- reviendront ;
- le recommanderont à leurs connaissances.

Ce qui peut se traduire ainsi :

- vous aurez fait une bonne promotion auprès d'un public ciblé au préalable, et vos pages apparaîtront dans les premières positions des annuaires et moteurs de recherche ;
- le contenu sera intéressant, fiable, varié et souvent mis à jour ;
- bref, le site répondra complètement aux attentes de votre cible !

L'objet de ce livre est d'essayer de couvrir le spectre le plus large possible de possibilités de promotion. Vous ne serez pas tenu, bien entendu, de respecter à la lettre toutes les pistes, ni toutes les informations données dans ces pages.

Mais si cet ouvrage contribue à faire prendre conscience à de nombreux décideurs de l'importance de la promotion et des différentes actions à mener dans ce sens, nous estimerons modestement qu'il aura servi à quelque chose...

Enfin, cet ouvrage ne se considère pas non plus comme un essai ultime et définitif dans le domaine. Il se borne à faire un point général applicable à une majorité de sites web actuels ou futurs. Mais de multiples autres possibilités sont certainement envisageables en fonction de métiers plus spécifiques, de cibles ou de besoins plus précis. Faites travailler votre imagination et votre créativité en vous inspirant des différents chapitres de cet ouvrage et de votre propre expérience du réseau. De nombreuses pistes complémentaires vous viendront ainsi à l'esprit.

Dernier point : la compréhension de certains chapitres de ce livre réclame une bonne connaissance du langage HTML. Si vous n'êtes pas familiarisé avec les différentes balises à utiliser lors de la création d'une page web, nous ne pouvons que vous inciter à consulter un bon livre sur le sujet. Les bibliographies disponibles en annexe 1 ou sur le site web associé à cet ouvrage (voir plus loin) devraient vous y aider.

Papier + Web = mise à jour

Comme vous le savez peut-être, l'auteur de ces pages a publié dans des « vies antérieures » un certain nombre d'autres ouvrages sur l'Internet. Le problème auquel il a été confronté à ces occasions a toujours été le même : comment rivaliser sur un support papier avec l'extraordinaire mouvance de l'Internet et faire en sorte que l'ouvrage ne soit pas quasi obsolète dès le jour de sa sortie en librairie ? Est-ce rendre service aux lecteurs que de mettre un ouvrage à jour tous les six mois ?

Il n'y a à notre avis que deux remèdes à cet état de fait :

• Le premier consiste à faire en sorte que l'Internet ne soit plus une source perpétuelle de nouvelles technologies, de nouveaux produits, de nouveaux services, de nouveaux sites et de nouveaux outils. Si tant est que cela soit souhaitable, envoyez-nous un message si vous savez comment vous y prendre...

• Le second, éventuellement plus simple à mettre en œuvre, est de jouer sur la complémentarité entre le livre et le Web, entre le papier et l'électronique.

Ainsi, vous trouverez dans ces pages toute l'information « non volatile » dont on peut penser qu'elle restera valable six mois après avoir été diffusée. En revanche, un bon nombre de données sujettes à l'évolution de l'Internet seront disponibles sur un site web régulièrement tenu à jour par l'auteur, le site Abondance, à l'adresse :

http://www.abondance.com/

Ce site est spécialisé dans deux domaines : la recherche d'informations et la promotion de sites sur l'Internet, avec les outils de recherche comme axe commun à ces deux plans. Dans les pages suivantes, ce site sera nommé « le site du livre ». Lorsque cela sera nécessaire, l'adresse de la page web où vous trouverez une information complémentaire sera indiquée. Le pictogramme ci-contre vous signalera cette information.

Les pages web de ce site sont mises à jour fréquemment. Plusieurs *newsletters* y sont à votre disposition pour suivre l'actualité. Ainsi, vous pourrez être tenu au courant presque au jour le jour et suivre les nouveautés du domaine d'une façon que nous espérons la plus efficace possible. L'auteur, quant à lui, n'aura peut-être pas à réactualiser ce livre dans trois mois... ;-)

Dans cet ouvrage, un autre pictogramme vous indiquera un surcroît d'informations : le symbole « Info » vous proposera quelques renseignements complémentaires sur un sujet donné, vous fournira des adresses de sites web sur lesquels vous pourrez trouver des informations complémentaires sur un point précis.

Enfin, n'hésitez pas à contacter l'auteur si vous connaissez de nouveaux sites, de nouveaux produits, de nouveaux logiciels dont il serait intéressant de parler sur le site web proposé en complément de ce livre. Puisse ce « package » vous donner satisfaction ! Nous espérons avoir bientôt de vos nouvelles par e-mail pour nous faire part de vos réactions et de vos expériences sur ce sujet...

Bonne promotion de votre site !

:-)

Olivier ANDRIEU
oa@abondance.com

P. S. : Dans la suite de cet ouvrage, nous avons pensé que le ton serait plus « décontracté » et proche du lecteur si la première personne du singulier était employée, plutôt qu'un « nous » toujours un peu solennnel. Aussi, c'est avec un grand plaisir que « je » vous engage à commencer ce livre par son premier chapitre, celui sur la réflexion sur la création d'un site web...

Réflexion

La promotion d'un site web, comme je le disais dans l'introduction de cet ouvrage, doit être examinée dès les prémices de votre projet.

En effet, imaginez que vous ayez parfaitement suivi les différentes étapes que nous verrons par la suite et que vous réussissiez à drainer vers vos pages des milliers, voire des centaines de milliers — et pourquoi ne pas espérer des millions — de visiteurs.

Imaginez maintenant le pire. Supposez que le site, génialement promu auparavant, ne réponde absolument pas aux besoins, aux attentes de vos visiteurs lors de leur première incursion sur vos pages... Imaginez des milliers de personnes se « bousculant au portillon » pour l'inauguration d'un nouveau magasin dont les rayons se révéleraient vides. Pensez à la déception que cela représentera pour ces visiteurs d'un jour, mais d'un seul... Bien entendu, ce dépit ne se traduira pas sur le Web par des effusions de chaudes larmes, mais bien par un clic rageur de souris et la ferme résolution de ne plus jamais revenir. Quel est l'intérêt de mettre en œuvre un site web si c'est pour en arriver là ? Le plus déçu, dans ce cas, ce sera vous...

Cette situation peut être comparée à celle de certains films dits à grand spectacle, qui profitent d'une promotion colossale — nous en connaissons tous —, dont les acteurs se retrouvent dans toutes les émissions de télévision à la mode, mais dont le nombre de spectateurs ne cesse de chuter. Pourquoi ? Tout simplement parce que le film est mauvais et que cela se sait rapidement ! Ce qui n'est pas bon pour un film qui ne reste en salle qu'un laps de temps limité est encore pire pour un site web, censé durer et évoluer ! Une réputation sur le Web se fait très vite. Et il est extrêmement difficile de redresser une situation mal engagée dès le départ.

L'objectif d'un projet global de promotion sur l'Internet n'est donc pas de fabriquer des aigris parmi les internautes, mais bien de les attirer et surtout de les fidéliser. Pour cela, il faut absolument se poser dès le départ des questions essentielles, souvent basiques, dont la réponse semble la plupart du temps évidente et dictée par le bon sens, mais que l'on oublie parfois, dans la hâte et la fébrilité du bâtisseur...

Pourquoi négliger également le bouche-à-oreille, qui fonctionne parfois de façon phénoménale sur le Web ? Si un usager apprécie votre site, il en parlera autour de lui, créera un lien sur sa page web personnelle s'il en a une ou, mieux, le conseillera dans les listes de diffusion auxquelles il est abonné ou sur les forums de discussion. Cela constituera une nouvelle promotion pour vos pages et pourra parfois provoquer un véritable raz-de-marée !

Voici un exemple de bouche-à-oreille qui a fonctionné à la perfection, avec un moteur de recherche « caché » qui a vu ses statistiques passer de 0 à 18 millions de *hits* en deux mois.

En 1998, le site Thunderstone Software a placé sur ses pages un moteur de recherche en démonstration de son produit Texis Web RDBMS. Sans la moindre publicité, ce site web a explosé avec 30 000 visites par jour et une notoriété que n'attendaient pas ses concepteurs.

En effet, ceux-ci avaient placé l'outil sur un simple micro-ordinateur, avant de se rabattre rapidement vers une machine plus puissante... D'ailleurs, l'effet a failli être désastreux pour l'entreprise. Les mauvais temps de réponse dus à l'encombrement des lignes et au sous-dimensionnement du matériel ont pu faire croire aux visiteurs que le système ne répondrait pas à leurs espérances.

http://search.thunderstone.com/texis/websearch/

Vous ne trouverez pas dans les pages qui suivent un volumineux précis de stratégie marketing adapté au Web ou à l'Internet, car cela n'entre pas dans les objectifs de cet ouvrage. D'autre part, un certain nombre d'autres livres traitent déjà de ce sujet. Mon objectif, dans les chapitres suivants et notamment dans celui que vous êtes en train de lire, est plus simplement — et plus modestement — de vous fournir quelques trucs et astuces grâce auxquels les internautes apprécieront votre site et souhaiteront y revenir. Et surtout, les visiteurs n'auront pas envie de fuir dès la page d'accueil. Ne me dites pas que cela ne vous est jamais arrivé...

Phase 1 : définition de la cible

Un site web qui s'adresse à tout le monde ne s'adresse en réalité à personne en particulier.

En effet, tout site doit obligatoirement répondre aux attentes d'une frange, plus ou moins large, plus ou moins bien définie, des internautes. Votre projet doit être parfaitement ciblé, sous peine d'échec. N'essayez donc pas de « ratisser large ». En règle générale, un site ciblé sur une « niche de marché » qui apporte à une population spécifique une réelle information, vaut mieux qu'un site creux destiné à un public étendu à l'infini.

Vous devrez donc, dans un premier temps, définir de la façon la plus fine possible les personnes à qui vont s'adresser les pages que vous allez mettre en ligne : âge, pays, métier, salaire moyen annuel, catégorie socioprofessionnelle, sexe, etc. Essayez de savoir à qui vous allez avoir affaire. Un peu comme vous vous enquérez des goûts de vos invités avant de préparer le dîner...

Les « spécialistes du cybermarketing » vont assez loin dans ce type de pratiques : ils créent des personnages, leur donnent un nom, une adresse (à la campagne ou à la ville, on ne réagit pas de la même façon, on n'a pas les mêmes besoins, les mêmes attentes), un environnement personnel et professionnel, et se mettent dans leur peau afin de mieux imaginer leur façon d'appréhender les choses.

Voici une excellente lecture sur ce sujet : **Secrets des sites web qui réussissent – gestion de projet sur le World Wide Web**, de David Siegel, éditions Simon & Schuster Macmillan.

Je ne peux résister à l'envie de vous donner un des profils imaginés par l'auteur pour un site web : « Jimena, trente ans, habite Brooklin, New York. Profession : mère au foyer. Mariée, une fille de sept ans. Aime la cuisine, la santé, collectionne les poupées. Médias : six magazines, une heure de télévision, un quart d'heure d'Internet, et lit un roman par semaine. »

Cette façon de se mettre à la place de l'internaute est totalement primordiale. Je ne saurais assez insister sur cet aspect qui, en règle générale, n'est pas mis en exergue pour ce type de projets. Combien de décideurs, de créateurs, depuis la multinationale jusqu'au particulier, se sont fait plaisir — à eux-mêmes ou à leur conseil d'administration — avant de penser à contenter leurs futurs visiteurs ?

Il est capital pour la survie du site que celui-ci réponde aux espoirs que l'internaute a placés en lui. Et il n'y a pas de meilleur moyen pour cela que de se mettre à sa place. Posez-vous les questions qu'il se poserait s'il venait chez vous. Et, d'abord, pourquoi viendrait-il chez vous ?

Ces questions sont essentielles :

• Pourquoi un usager du réseau va-t-il consulter un site mis en place par une entreprise « comme la vôtre » ? Quelle est sa motivation profonde et quel type d'information recherche-t-il ?

• Pourquoi ira-t-il glaner ces renseignements chez vous plutôt que chez un autre ?

• Quelles données répondront à ses besoins ? Etc.

Imaginez le cheminement intellectuel d'un internaute représentatif de votre cible. Il se pose une question (laquelle ?). Il essaie de se renseigner (comment ?). Il utilise un outil de recherche (lequel ?). Il trouve votre site (avec quels mots clés et selon quel type de navigation en fonction de l'outil de recherche utilisé ?). Il faudra par la suite le capter, retenir son attention, puis, idéalement, le faire revenir. Bref, le fidéliser. Mais comment pourriez-vous fidéliser une clientèle dont vous ne connaîtriez pas le profil au préalable ?

Essayez de deviner également les goûts de vos futurs visiteurs. Sont-ils « technophiles » ? Technophobes ? Impatients ? Impulsifs ? Avides de nouveautés ? Plutôt traditionalistes ?

Le mode de connexion des internautes pressentis est également important. Sont-ils reliés par modem ? Par câble ? Par satellite ? A l'aide d'une liaison spécialisée ? Se connecteront-ils depuis leur bureau ? Leur foyer ?

Fréquentez assidûment les forums et les listes de discussion consacrés à votre domaine pour avoir une idée des préoccupations des internautes qui ont globalement les mêmes centres d'intérêt que vous. Cela vous aidera grandement à mieux « sentir » les attentes de vos futurs visiteurs. Bien souvent, cette précaution vaut toutes les études de marché du monde. Tâtez également le terrain sur ces outils de communication pour savoir si les gens seraient intéressés par un site tel que celui que vous projetez de mettre en ligne. Procédez finement, afin ne pas donner d'idées à d'éventuels concurrents...

Notez au fur et à mesure toutes les questions que se posent les internautes dans votre secteur d'activité. Ces interrogations essentielles, qui seront le moteur de leur venue sur vos pages, vous permettront d'écrire et de proposer dans vos pages une FAQ d'une redoutable efficacité.

FAQ : *Frequently Asked Questions*, francisé par nos cousins québécois en « forum aux questions » ou « foire aux questions ». Document qui recense les questions le plus fréquemment posées sur un domaine et qui apporte les réponses adéquates. La disponibilité d'une telle liste sur votre site conférera à celui-ci un plus indéniable.

Il y a fort à parier que, selon les réponses apportées, votre site évoluera, tant sur le fond que sur la forme. Il serait dommage de réaliser des pages reflétant une tradition ancestrale et des principes assez rigides si la cible visée est plutôt jeune. De même, des couleurs fluorescentes, des pages réalisées en Flash qui ressemblent à des murs couverts de tags ne seront peut-être pas du meilleur effet auprès d'une clientèle de retraités. Il s'agit là, bien entendu, de caricatures. Toutefois, en étudiant les sites web actuels, vous constaterez qu'ils ne sont pas toujours très bien adaptés aux populations qu'ils semblent viser *a priori*.

Cela vous épargnera également quelques « dérapages stratégiques » déjà observés dans le passé, avec des sites à l'attention des Américains ou des Japonais, entièrement en langue française... Si, si...

Par la suite, vous verrez que, si vous désirez communiquer avec des populations qui parlent des langues différentes, il est préférable de créer plusieurs sites. Ou, au minimum, plusieurs zones sur un même site, chacune d'entre elles étant consacrée à une langue donnée. (Nous y reviendrons au chapitre 3.)

Certaines entreprises, pour définir leur cible, ont également travaillé à partir de leur accueil téléphonique en demandant à leurs standardistes de remplir des fiches qui répertorient les questions le plus fréquemment posées par le public, les services le plus souvent demandés. Au mieux, elles posaient quelques questions rapides à l'interlocuteur pour connaître son équipement informatique et son éventuel mode de connexion à l'Internet. Même chose pour le guichet ou l'accueil s'il y en a un dans l'entreprise. *Idem* encore avec votre service marketing et vos commerciaux, qui sont tous les jours sur le terrain en contact avec des prospects et des clients, etc. Ce type d'expérimentations peut donner en quelques semaines, ou quelques mois, une bonne idée des attentes du public.

Il n'est cependant absolument pas obligatoire que votre site soit défini en fonction d'une cible unique. Il peut très bien correspondre à des publics, et donc à des besoins, différents. Encore faut-il que leurs désirs soient bien distincts, définis et décrits, afin d'adapter la charte graphique, le contenu et les principes de navigation. En outre, les différents publics visés devront être globalement proches, compris dans une même sphère d'intérêts, afin de garantir l'homogénéité de l'ensemble. Dans le cas contraire, mieux vaudra alors ouvrir plusieurs sites avec des adresses différentes.

Le profil type de l'internaute « moyen », dans le monde, en Europe et en France, est aujourd'hui assez bien connu (trente à trente-cinq ans, plutôt technophile et de sexe masculin, ayant un revenu confortable, etc.). Si votre site s'adapte parfaitement à cette cible, tant mieux pour vous. Mais cela n'implique pas obligatoirement qu'il s'agisse là d'un profil de rigueur. Il n'est absolument pas interdit de mettre en œuvre un site web qui s'adresse aux adolescents ou aux célèbres « ménagères de moins de cinquante ans ». Il suffira de prévoir des actions de promotion ciblées sur ces profils, ce qui, bien entendu, est possible. Après tout, vous vous situerez peut-être sur des niches de marché où la concurrence sera moins féroce et les opportunités plus fortes qu'ailleurs.

> Vous trouverez, à l'adresse :
>
> *http://www.abondance.com/ressources/etudes.html*
>
> un nombre important de liens qui vous permettront de consulter de nombreuses études disponibles en ligne à l'heure actuelle sur le profil type des internautes en France, en Europe et dans le monde. Certaines sont gratuites, d'autres payantes. La consultation de ces travaux devrait vous aider dans la définition de votre propre cible.

Le plus important, en fin de compte, dans cette phase de définition de votre public, est l'image que le site donnera de votre activité ou du sujet que vous traiterez. Si vous vous affichez sur l'Internet, c'est aussi pour augmenter votre notoriété et améliorer votre image de marque. En tout cas, ce n'est pas pour la détériorer. Et ne pas répondre aux attentes des internautes est préjudiciable à votre image, ne l'oubliez jamais.

Un dernier point me semble important tout au long de cette phase de réflexion : n'hésitez pas à écrire et à consommer du papier. Ou, pour être plus moderne, enregistrez vos réflexions sur un ordinateur portable, utilisez un dictaphone ou tout autre outil à votre convenance. Les paroles s'envolent, les écrits — surtout ceux qui sont électroniques — restent... Notez le plus de choses possible, puis faites des points fréquents avec d'autres personnes, confrontez vos idées et prenez des décisions. N'hésitez pas à abandonner des idées que vous trouviez géniales il y a une heure de cela au profit d'autres concepts plus porteurs, même s'ils sont proposés par d'autres personnes...

Une fois que votre cible sera parfaitement définie, et afin de rester dans la logique vue précédemment, rédigez un document écrit qui résume ce profil type, de la façon la plus précise possible. Organisez une réunion avec des amis ou vos proches collaborateurs et soumettez-leur de nouveau ce document. Il y a fort à parier que vous le remanierez une nouvelle fois à l'issue de cette rencontre.

Phase 2 : définition de l'environnement concurrentiel

Vous savez donc maintenant à qui va s'adresser votre site. La connaissance de cette cible doit, logiquement, vous donner quelques idées quant au contenu que vous allez lui proposer.

Il est très intéressant, à ce stade de votre réflexion, d'aller faire un tour sur le Web pour voir ce qui existe déjà dans le domaine d'activité envisagé. Pour cela, le meilleur moyen d'avoir une vision globale de votre (futur) environnement concurrentiel est d'utiliser l'annuaire Yahoo! soit dans la version mondiale (*http://www.yahoo.com/*), soit dans la version francophone (*http://www.yahoo.fr/*), ou encore sur une autre zone géographique ou un thème différent.

Vous trouverez des renseignements précis sur la galaxie des sites de Yahoo! sur le plan géographique (France, Grande-Bretagne, Asie, Italie, etc.), au niveau démographique (femmes, enfants, troisième âge, etc.) ou concernant des domaines divers (finance, informatique, industrie automobile, etc.) à l'adresse :

http://www.yahoo.com/docs/family/more.html

ou en cliquant sur le lien ***more...*** situé au-dessus des catégories présentées sur la page d'accueil de Yahoo!.

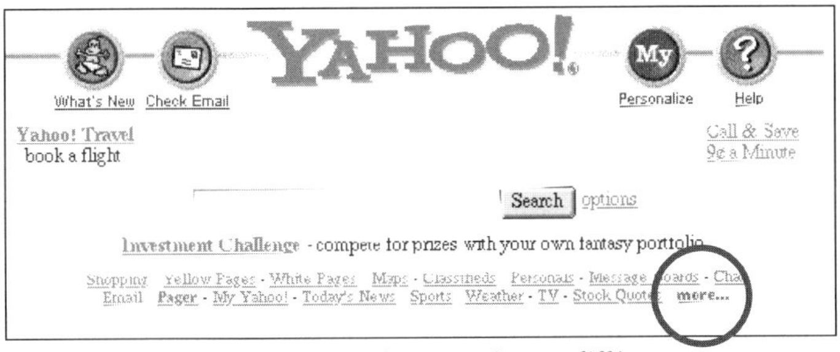

*Le lien **more...** donne accès aux différents sites de la galaxie Yahoo!*

Recherchez dans cet annuaire la catégorie la plus proche de votre future activité. Puis prenez le temps de parcourir le Web en regardant ce que les autres proposent. Recherchez également d'autres sites qui ne diffusent pas obligatoirement les mêmes produits ou services que vous, mais qui s'adressent *a priori* à la même cible.

Sachez que, par exemple, Yahoo! France n'est en rien un sous-ensemble de Yahoo! International. Leurs bases de données sont totalement dissociées et différentes. Il en est de même avec la quasi-totalité des sites « ciblés » de Yahoo! Allez sur l'un ou sur l'autre en fonction de vos centres d'intérêt.

Si vous avez des concurrents dans la « vie réelle », voyez s'ils ont un site web, et explorez-le en profondeur. Au besoin, « aspirez-le » pour le compulser tranquillement hors ligne. Faites également porter votre attention sur votre nouvelle concurrence, toutes ces entreprises qui disposent d'un site web dans le cadre d'une activité analogue à la vôtre et que vous ne connaissiez pas jusqu'à maintenant.

Vous trouverez sur le site web du livre, à l'adresse :

http://www.abondance.com/ressources/aspirateurs.html

une liste d'outils logiciels qui permettent d'« aspirer » et de sauvegarder des sites web sur votre disque dur afin de les relire ensuite « en local », une fois déconnecté de l'Internet.

Regardez, « surfez », passez quelques heures à vous imprégner du travail des autres. Inspirez-vous de leurs idées. Il ne s'agit pas, bien entendu, de plagier ce qu'a fait autrui, mais de susciter de nouvelles idées, de nouvelles fonctionnalités, d'améliorer ce qui est déjà proposé, de vous poser de nouvelles questions afin de mettre en place les réponses adéquates. Peut-être vous apercevrez-vous également par ce biais que l'idée géniale qui vous a réveillé cette nuit est déjà proposée sur le Web depuis plus d'un an...

Lorsque vous naviguerez sur le réseau, n'oubliez jamais de vous mettre à la place de votre « internaute type » qui effectuerait la même démarche. Soyez critique ! Notez ce que vous avez apprécié dans le contenu, le design et la navigation des sites rencontrés, mais aussi ce qui ne vous plaît pas dans les mêmes catégories. Cela vous aidera également à discuter par la suite avec d'éventuels sous-traitants ou partenaires (conseil, création technique, mise en place de la charte graphique) en vous fournissant des références réelles qui clarifieront les idées des différents intervenants.

Créez ainsi votre fichier de *bookmarks* (« marque-pages » de votre logiciel de navigation, également appelés signets ou favoris) spécifique, qui regroupera d'un côté les aspects positifs (ce dont vous voudriez que votre site s'inspire) et d'un autre les aspects négatifs (ce que vous ne voulez pas voir dans vos pages).

Cette phase de navigation est tout aussi importante que l'étape de définition de la cible. N'hésitez jamais à noter sur un cahier ou un bloc-notes électronique les adresses intéressantes, les points positifs et négatifs, dès que vous les rencontrez.

L'objectif de cette étape est simple : à son lancement, votre site doit au minimum proposer les fonctionnalités offertes par ceux de la concurrence. Si votre site est « en retard » par rapport à d'autres qui sont déjà en ligne depuis de nombreux mois, autant retourner ce désavantage en votre faveur en présentant un site de qualité égale (en termes de fonctionnalités) et si possible meilleur que tout ce qu'on peut trouver sur le Web dans votre domaine d'activité !

Phase 3 : définition d'un objectif simple

Vous avez maintenant répondu à deux questions primordiales :

• A qui mon site s'adressera-t-il ?

• Que fait ma (future) concurrence dans le domaine ?

Il est donc temps de vous poser une nouvelle question essentielle : « Pourquoi est-ce que, pour ma part, je mets en ligne un site web ? »

Question saugrenue, direz-vous ? Peut-être pas tant que cela. Tentez d'effectuer l'exercice suivant : décrivez en dix ou vingt mots l'objectif exact et ultime de votre site... Vous verrez que l'exercice n'est pas si simple.

Là encore, les questions sont nombreuses pour définir les priorités, ou en tout cas les hiérarchiser : Pour apprendre ? Pour vendre ? Pour me vendre ? Pour mieux communiquer ? Avec qui ? Mes clients ? Mes prospects ? Est-ce que je désire faire un « coup médiatique » pour que l'on parle de moi ? Etc.

Allez le plus loin possible dans vos questions et, bien entendu, dans les réponses que vous y apporterez. Répétez l'exercice autant de fois que nécessaire, c'est-à-dire tant que les réponses ne vous satisfont pas.

Une fois ce premier exercice terminé, et la finalité ultime du site définie en dix à vingt mots, réitérez ce travail avec les questions suivantes :

• Quels messages ai-je l'intention de faire passer ?

• Quelle image l'internaute doit-il avoir de ma société ou de mon activité ?

• Quelle sera sa principale motivation pour venir sur mon site ?

• Que doit précisément se dire le visiteur lorsqu'il quitte mon site ?

• De quelle information l'internaute aura-t-il besoin de façon récurrente après avoir visité mon site ? Actualité du domaine ? Française ? Européenne ? Mondiale ? Descriptif technique de nouveaux produits ? Informations sur les marchés ? Avec quelle périodicité ? En quelle langue ? Etc.

Notez les réponses ; vous verrez à quel point cela vous aidera dans votre réflexion. Personne ne vous obligera jamais à répondre de façon précise à toutes les interrogations des internautes qui viennent chez vous. Mais le pire serait qu'ils se posent une question, viennent chez vous, ne trouvent pas la réponse, et que vous ne leur expliquiez même pas pourquoi ! Votre concurrence en sera ravie, croyez-le !

Exemple : vous vendez des voyages au Brésil pour assister aux matches de l'équipe nationale de football qui auront lieu dans le stade du Maracana, à Rio de Janeiro. Parfait ! On peut pressentir que de nombreuses personnes viendront sur votre site afin d'effectuer une réservation en ligne. Si votre site ne propose pas cette fonctionnalité, n'en ayez pas honte, mais spécifiez-le dès la page d'accueil. N'attendez pas que le client potentiel passe une demi-heure à rechercher cette fonction, en naviguant de page en page, sans finalement la trouver. Le seul résultat tangible sera qu'il vous maudira et jurera bien de ne plus revenir. Expliquez d'entrée que la réservation en ligne n'est pas encore disponible, mais qu'un développement est en cours. Proposez plutôt à l'internaute un formulaire qui lui permette de laisser son adresse e-mail, de telle sorte que vous puissiez l'avertir dès que cette réservation sera disponible. Voici une façon élégante de récupérer l'adresse de ce visiteur et de le fidéliser...

Phase 4 : définition du contenu

Vous savez donc maintenant à qui vous allez vous adresser, ce qui se fait ailleurs, et vous avez bien ciblé vos objectifs. Parfait !

Il est alors temps de définir de façon concrète le contenu de votre site. Oh! bien sûr, vous pouvez mettre en ligne les rubriques dites « classiques » : présentation de l'entreprise avec photo du siège social, historique, bilan, chiffres clés, mot du président, missions, description succincte de votre catalogue de produits (surtout sans en dire trop, afin de ne pas risquer la fuite d'informations vers les concurrents), etc.

Bref, le type même d'informations qui n'intéressent pas obligatoirement votre cible...

Attention! il est important de fournir sur votre site un certain nombre d'informations sur vous, les produits et services que vous proposez, etc. Mais il convient également de garder à l'esprit que ce ne sont pas obligatoirement ces données qui feront venir ou retiendront les internautes sur votre site. En clair, jamais le « mot du président » n'a fait revenir un internaute sur un site. Tous vos concurrents se présentent également sur le Web. L'usager du réseau pourra tout aussi bien aller ailleurs pour rechercher un simple numéro de téléphone. Or, le but est bien qu'il vienne plutôt chez vous, non ?

En règle générale, votre site comprendra donc deux parties complémentaires. L'une, très classique, présentera votre entreprise, les contacts commerciaux, les catalogues de produits et de services, etc. Cette partie sera dite « institutionnelle ». Elle est présente sur la majeure partie des sites web d'entreprise actuels.

L'autre composante, qualifiée de « connexe », fournira de l'information globale sur votre métier, vos produits ou tout autre type de renseignements, comme nous le verrons par la suite. C'est cette composante qui constituera le côté original de votre site, celui qui attirera vos visiteurs et les fera revenir.

Dans un premier temps, voyons la partie institutionnelle. Vous avez étudié jusqu'à maintenant la cible de votre projet et l'objet de votre site. Mettez à profit ce travail !

Souvenez-vous des questions que se posaient les internautes avant de venir chez vous. Mettez en forme votre présentation d'entreprise en tenant compte de ce paramètre. En cela, un document de type FAQ peut très bien répondre à vos besoins. « Vous avez des questions ? Nous avons les réponses. » Ne réalisez pas, cependant, un document publicitaire. Cela serait toujours mal perçu. Donnez de vraies réponses. Contentez-vous d'insister (mais de façon très ponctuelle) sur le fait que vos produits et services peuvent répondre aux besoins pressentis.

Oubliez vos brochures papier et vos luxueuses plaquettes en quadrichromie. Parfaite pour le « monde réel », une telle documentation n'est pas obligatoirement adaptée pour le Web. Soyez inventif, créatif. Au besoin, faites-vous aider par un cabinet conseil ou un consultant en communication. Partez toujours de l'internaute et de ses interrogations pour arriver au contenu du site web.

D'autre part, il peut être intéressant, dans un certain nombre de cas, de ne pas obligatoirement mettre en avant votre entreprise (notamment ce qu'elle vend) sur le site et sur la page d'accueil. Répondez aux besoins des internautes, surtout par le biais de la partie connexe (voir plus loin). L'utilisateur, reconnaissant, s'intéressera à celui qui lui a fourni une information précieuse. Votre capital sympathie sera ainsi bien plus fort que si vous diffusiez une simple plaquette publicitaire.

Une partie du contenu peut (doit !) être connexe

Il est, bien sûr, essentiel de présenter votre entreprise. Mais il existe une multitude de sujets connexes qu'il peut être intéressant d'évoquer :

• Votre entreprise se situe sur la route des vins en Alsace ? Faites une rubrique sur le sujet. Donnez les critères de choix d'un vin, les adresses de dégustation, et — pourquoi pas ? — organisez un concours avec une caisse de six bouteilles à la clé !

• Vous vendez des chaussures ? Faites un dossier sur l'histoire des mocassins à travers les temps ou sur le cycle de fabrication d'une botte, depuis le tannage du cuir jusqu'à l'élaboration du produit fini.

• Vous proposez des fauteuils anciens ? Mettez en ligne une exposition d'art regroupant des peintres qui ont intégré ces meubles dans leurs tableaux.

Ces exemples peuvent paraître saugrenus. Mais l'ingéniosité n'a pas de limites. C'est à ce niveau que le travail préalable sur la définition de votre cible portera tous ses fruits. Si vous connaissez bien votre public, vous serez à même de savoir ce qu'il attend d'un site tel que le vôtre. N'hésitez pas à bousculer les règles établies si cela est en adéquation avec votre cible. Si vous identifiez des thèmes originaux qui peuvent faire parler de vous dans la presse (électronique ou papier), n'hésitez pas non plus. Le baromètre mensuel de l'immobilier dans le Nord-Pas-de-Calais, les chiffres clés du commerce électronique français trimestriel, les études disponibles en ligne sur le Viagra ou les effets néfastes des téléphones cellulaires sur la santé, etc., sont autant de sujets récurrents dont on parlera encore dans quelques temps...

Suivez l'exemple de ces bergers ariégeois qui ont créé un site web pour présenter une collection de vêtements tricotés avec la laine de leurs chèvres angoras. L'originalité de la démarche leur a valu un article dans le journal *Libération* (versions papier et électronique). Nos bergers y ont gagné une avalanche de contacts venus du monde entier (voir ci-dessous) ! Même un livre en a parlé ;-)

Réseau à poils

Bergers cathares fous de chèvres angoras, Marielle et Olivier Chautard ont ouvert un site pour se relier au reste du monde sans quitter leur vallon pyrénéen

Par Gilbert Laval

Le 17 juillet 1998

ISABELLE LEVY

Marielle Chautard, dans sa ferme d'Ariège. De ses chèvres angoras, elle tire chaque année 200 kilos de mohair avec lesquels elle crée toute une collection de vêtements en laine, visible sur l'Internet

Adresse du site: perso.wanadoo.fr/bergers.cathares/

Saint-Victor-Rouzaud envoyé spécial

C'est bête, une chèvre angora. Que ce soit pour le papier glacé d'un catalogue ou pour les pixels d'un site web, elle ne se laisse jamais facilement photographier. *«Allez les biquettes, soyez sympas.»* Marielle et Olivier Chautard s'épuisent à courir derrière la maison pour que le troupeau regarde enfin vers l'objectif. L'informatique révolutionnera peut-être la commercialisation du mohair tiré de ces bêtes. Mais il est à craindre qu'elle ne puisse jamais rien changer à la zoologie.

Comment un site web (http://perso.wanadoo.fr/bergers.cathares/) *a généré de multiples contacts en suscitant un article dans la presse !*

Au mieux, devenez le site de référence dans votre domaine : intégrez des infos, une liste de sites web complémentaires (et non concurrents, quoique...), des lettres d'actualité, des forums, des bibliographies, des coordonnées d'associations qui œuvrent dans un domaine proche du vôtre, des offres d'emplois, des colloques, etc. Vous pouvez aussi recenser des possibilités de formation, ajouter un planning de conférences, des guides d'achat, des dossiers complets sur des points précis, etc.

> Autre possibilité, plus anecdotique et « accidentelle », pour vous faire connaître : détenir un nom de domaine qui induise l'internaute en erreur. Celui-ci croira aller ailleurs que sur vos pages.
>
> Un exemple : le site d'*AltaVista Technologies Inc*. Cette société californienne détenait encore à l'été 1998 (le moteur de recherche actuellement détenu par CMGI essayait à cette époque de le lui racheter) le nom de site *www.altavista.com*. La société recevait à cette époque 500 000 hits par jour sur son serveur. La majorité de ces connexions émanait d'internautes croyant se connecter sur AltaVista, le moteur de recherche de Digital et Compaq (qui, alors, répondait encore à l'adresse *altavista.digital.com*)...
>
> D'autres sociétés peu scrupuleuses ont acheté des domaines, tels que alatvista.com ou exite.com, afin d'attirer des usagers victimes d'une faute de saisie dans l'adresse de leur outil de recherche favori. Tactique plutôt malhonnête, mais ces manœuvres étaient déjà courantes en France du temps du Minitel. Faites une recherche sur le nom AltaVista à l'aide d'un outil de recherche sur les noms de domaines, et vous découvrirez que les dénominations alltavista.com, alta-vista.com, altavistta.com, altavysta.com, alttavista.com, haltavista.com, aaltavista.com, altavaista.com, altaveista.com, altaviesta.com, altavist.com, altavistaa.com, et bien d'autres sont déjà réservés...
>
> N'en concluez pas pour autant qu'il est conseillé d'acheter un nom de domaine à des fins de chantage ou de détournement de nom...

Votre phase d'exploration préalable du Web devrait vous aider également à trouver des idées auprès de la concurrence. Ne les pillez pas mot pour mot, mais inspirez-vous-en. La pratique est courante et acceptée sur le Web, à partir du moment où vous y apportez un peu de vous-même. Le copier-coller « bête et méchant » est, en revanche, très mal vu. De surcroît, il est fortement déconseillé, voire légalement répréhensible.

Autre exemple très connu : les « webcamers » du Printemps. Ces vendeurs, montés sur des rollers et disposant d'une webcam portative, proposent sur leur site web de déambuler « en live » dans les rayons du grand magasin parisien, afin de satisfaire aux demandes des internautes distants qui se sont référencés auparavant. Les images qu'ils captent en direct sont diffusées sur le Web au fur et à mesure. Il n'est pas certain que le chiffre d'affaires généré par cette innovation technologique soit absolument renversant, bien sûr. Toujours est-il que, lorsqu'un magazine connu, ou une chaîne de télévision à forte audience, désire réaliser un reportage « vivant » sur l'Internet et le commerce électronique (c'est-à-dire montrer autre chose que des copies d'écrans statiques), il pense souvent à cette application. D'où une publicité indirecte colossale pour la société !

Ce type d'informations connexes mises en ligne vous démarquera de la concurrence, et apportera un niveau de connivence plus fort avec votre visiteur. Gardez toujours en mémoire que ce n'est pas la présence d'une information donnée qui est indispensable aujourd'hui sur un site web, mais le fait qu'elle soit de meilleure qualité qu'ailleurs.

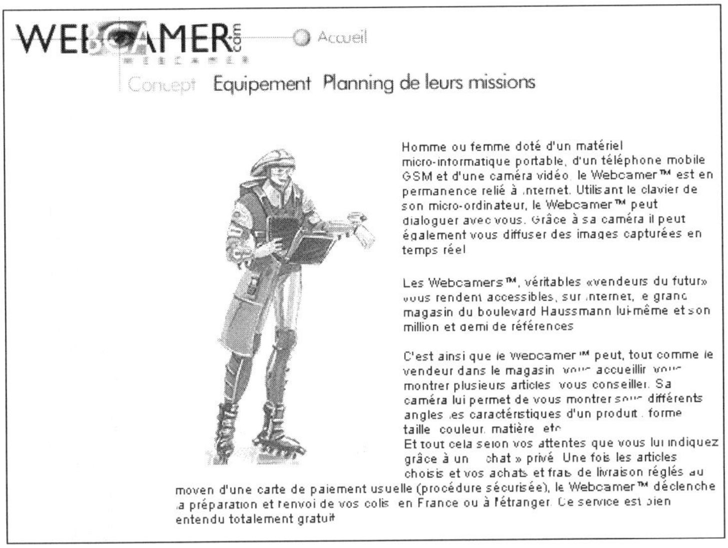

*Les webcamers du Printemps (*http://www.webcamer.com/*) :*
un concept original génère toujours
des retombées indirectes importantes.

Une autre possibilité très usitée pour fournir une information aux visiteurs est une page de liens intéressants, voire un annuaire complet, qui concerne le le domaine traité par le site web. Outre les liens négociés lors d'échanges (voir chapitre 5), il peut être également intéressant de donner d'autres pistes, donc d'autres adresses, à l'usager. Attention cependant, ces liens externes à votre site auront comme fonction première d'inciter vos « invités » à s'en aller, alors que vous vous efforcez de les retenir... Vous pouvez, et souvent même devez, mettre en place une page de liens. Mais il n'est pas certain que la page d'accueil soit le meilleur endroit pour cela... Attendez que l'internaute ait parcouru vos pages pour lui proposer une indication de type « Pour en savoir plus ». Vous lui rendez alors un service qu'il appréciera à sa juste valeur. Et il reviendra souvent visiter vos pages.

Hâtez-vous de prendre votre temps

En règle générale, vous passerez un temps important à définir le contenu de votre site, aussi bien le côté « institutionnel » que l'aspect « connexe ». Toutefois, n'attendez pas que vos concurrents soient présents en ligne pour démarrer votre réflexion ou la mise en place du site. Réfléchir pour être en avance, c'est bien, essayer de rattraper le retard dû à un excès de réflexion, c'est autre chose...

Placez la barre le plus haut possible au niveau de l'information proposée. C'est bien souvent sur ce point que se fait aujourd'hui la différence sur le Web. L'internaute ne se contente que très rarement de renseignements vagues. Soyez à la fois prolixe et précis. Proposez des fiches techniques, des prix si ceux-ci sont publics, des avis d'utilisateurs, des exemples pratiques fondés sur l'expérience de vos clients (avec leur accord, bien entendu), etc.

Ne proposez cependant pas trop de choix dès la page d'accueil. Hiérarchisez les thèmes que vous désirez traiter sur votre site. Regroupez-les par grands domaines, classés par ordre d'importance décroissant. Ne présentez pas plus de cinq à sept grands thèmes dans votre sommaire principal, et respectez la hiérarchie que vous avez établie auparavant. Construisez, si nécessaire, des pages qui présentent des sous-sommaires et qui détaillent les grands domaines présentés sur l'accueil principal.

S'il vous faut choisir, passez plus de temps sur le contenu que sur les capacités techniques (voire les gadgets, comme nous le verrons par la suite) de votre site. L'internaute sera toujours indulgent sur la forme si le fond est présent et répond à ses attentes. Vous pourrez toujours améliorer la présentation plus tard. La réciproque est loin d'être vraie. Un site qui sonne creux est irrémédiablement perdu à moyen terme, même s'il est très beau.

N'oubliez pas, cependant, que la forme présente un intérêt certain dans le succès de votre site ! (Nous en reparlerons). Mais si vous êtes très pressé, consacrez plutôt quelques heures de plus sur le contenu que sur le contenant. Vous avez également la possibilité de différer de quelques jours l'ouverture de votre site. Mais nous y reviendrons...

Prévoyez de répondre aux questions des visiteurs

Proposez aussi sur votre site des procédures de *feedback*. Mettez en ligne des pages où l'usager pourra interroger les services commercial ou technique. Attention ! Prévoyez une logistique grâce à laquelle l'internaute verra revenir rapidement les réponses à ses questions. La gestion catastrophique des e-mails sur les sites web d'un grand nombre d'entreprises, notamment françaises, me force à insister sur ce point. Une personne qui utilise couramment le courrier postal commence à s'inquiéter lorsqu'elle n'a pas de réponse à l'une de ses missives au bout d'une semaine. Avec l'e-mail, le délai se réduit à moins de vingt-quatre heures ! Vous devrez donc répondre aux messages de vos visiteurs de façon rapide et efficace.

Cela ne pose généralement pas de problème lorsque l'on traite trois ou quatre messages par semaine. Mais votre objectif étant d'être connu sur le réseau, ce chiffre passera peut-être rapidement à plusieurs dizaines, voire des centaines de courriers électroniques par jour. Ne vous laissez pas surprendre...

Vous pouvez également mettre en œuvre un système de réponse automatique. Dès qu'un message est reçu, un serveur renvoie dans les secondes qui suivent une réponse du type : « Merci de nous avoir écrit. Nous transmettons votre message, et répondrons le plus rapidement possible à votre attente. » Vous gagnez ainsi une demi-journée avant que l'internaute ne s'impatiente. Mais n'oubliez pas pour autant de répondre aux messages reçus de façon personnalisée par la suite... Faites également en sorte que les adresses e-mail proposées sur vos pages soient valides. Bien entendu, il n'est jamais arrivé qu'un site web — notamment parmi ceux des grandes entreprises françaises — propose à ses visiteurs d'envoyer un message à une adresse inexistante qui renvoie immédiatement un message d'erreur. Bonjour l'image de marque...

En règle générale, évitez de proposer une adresse de messagerie électronique si vous n'êtes pas certain de répondre avec rigueur et célérité aux courriers reçus.

Il vaut mieux avoir un site sans e-mail qu'un e-mail sans réponse ! N'affichez vos adresses de courrier électronique sur vos pages que lorsque vous êtes sûr d'avoir mis en place une logistique logicielle, matérielle et humaine adaptée. Une fois que cela est fait, répétez l'adresse générique de votre site (du type *info@societe.com*) sur chacune des pages. Autre possibilité : une page « contact » sur laquelle les visiteurs peuvent poser leur question à l'aide d'un formulaire. Les deux solutions sont possibles et peuvent cohabiter sans problème sur votre site.

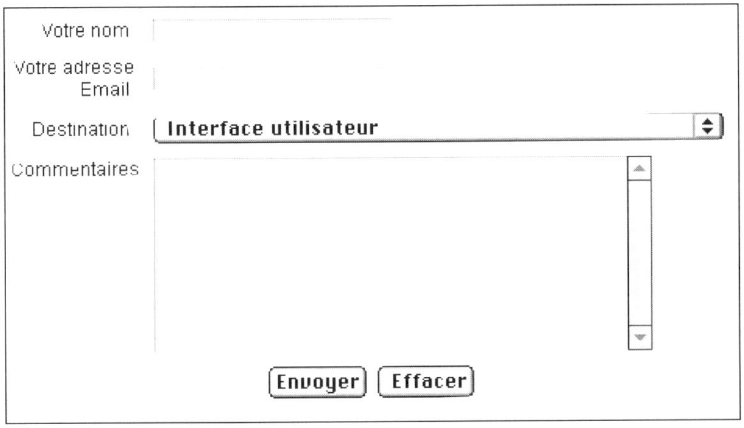

Formulaire de prise de contact d'Altavista France (http://www.altavista.fr/) *: une autre façon de récolter les impressions de vos visiteurs.*

Mise à jour de l'information et périodicité

Définissez aussi le type des informations qui seront mises à jour régulièrement, ainsi que la périodicité. N'oubliez jamais qu'un site qui ne vit pas est un site mort. Au-delà du pléonasme, cette phrase illustre un comportement simple de l'internaute : imaginez qu'un usager du réseau vienne sur vos pages un jour donné. Une semaine plus tard, il revient et constate que le contenu est absolument identique. Ou, pis, le site est différent, mais l'internaute ne s'en aperçoit pas. Pourquoi reviendrait-il une troisième fois ? Vous avez perdu un visiteur.

Il est donc essentiel de créer sur votre site des rubriques intéressantes et mises à jour le plus régulièrement possible. Comme précédemment, cette information peut avoir trait à votre métier ou à l'objet du site (actualité, revue de presse, chiffre ou site de la semaine, etc.), mais pas obligatoirement.

Un certain nombre de sites proposent la blague ou la citation du jour, le *cartoon* de la semaine, le proverbe du mois, l'histoire du saint du calendrier que l'on fête ce jour-là, l'info sportive, l'horoscope, la météo, un nouveau site web intéressant, des trucs et astuces pour rechercher de l'information sur l'Internet. Bref, la liste est longue, et la gamme potentielle très large. Adaptez simplement cette partie aux besoins et surtout aux goûts — professionnels ou personnels — de votre cible, tels que vous les avez définis dans la phase 1. Encore une fois, votre exploration préalable du Web doit vous aider grandement dans cette tâche. Prenez le temps de la réflexion sur cette partie « vivante » de votre site. En effet, si elle est primordiale pour fidéliser votre clientèle, elle peut également se retourner contre vous en cas de mauvais choix.

N'hésitez cependant pas à être original si votre cible s'y prête, à l'image d'Electrolux, qui a mis en place une *webcam* (caméra numérique dont les images sont diffusées sur l'Internet) dans un réfrigérateur ! Résultat : la presse a parlé de son site dans de nombreux articles.

*Electrolux a mis une webcam dans un réfrigérateur (*http://www.electrolux.se/house/kitchen/fridge/real_fridge_cam/*). Sur le site web, de nombreuses images sont regroupées sous diverses rubriques, telles que : « La dernière fois que quelqu'un a ouvert la porte », « Les plus belles ouvertures de porte », etc. Hilarant...*

N'oubliez pas que trouver puis mettre en ligne une information de façon hebdomadaire, voire quotidienne, demande du temps. Soyez prévoyant. Il serait catastrophique pour votre image que vous soyez obligé par la suite de renoncer à offrir ce service aux internautes. Prévoyez également, de la façon la plus fine possible, la mise en place d'une structure logistique et humaine qui se chargera de ces mises à jour. Evaluez la charge de travail que cela représentera.

La date de dernière mise à jour devra également apparaître sur les pages qui sont souvent modifiées sur votre site. Attention ! N'employez pas cette méthode de datation de pages à tort et à travers. Les documents qui présentent votre entreprise ne seront peut-être pas souvent modifiés, car ils n'en ont pas besoin. S'ils mentionnent une information du type : « Dernière mise à jour : 4 avril 1998 », alors que l'on est en 2001, cela discréditera la page, donc le site, et par voie de conséquence l'entreprise. Et cela, même si l'information qui y présentée est encore tout à fait valable ! N'employez la date de dernière modification qu'à bon escient. Veillez à ce qu'elle ne soit pas trop éloignée de la date courante (un mois au plus semble être une bonne limite). Sinon, dispensez-vous de l'inscrire, même si elle est exacte. Bien entendu, évitez également de proposer des informations obsolètes sur votre site !

Dites-vous bien que le plus gros investissement dans votre projet de création de site sera constitué par le temps passé à mettre à jour les informations proposées, à vous faire connaître sur l'Internet (et même parfois en dehors du réseau) et à répondre aux questions des internautes !

Quand le « pull » cède la place au « push »

Il est maintenant temps de susciter une nouvelle interrogation. Si vous pouvez mettre en place une information vivante et captivante sur votre site, pourquoi attendre chaque jour que l'internaute vienne la consulter ? Et pourquoi ne pas la lui envoyer directement par e-mail ?

C'est une stratégie adoptée par de nombreux sites. Ils mettent à la disposition du public une information sous la forme d'une lettre d'actualité gratuite, en demandant à l'internaute de simplement fournir son adresse électronique pour effectuer l'envoi.

Ce sera effectivement l'un des grands paris de votre site que d'essayer de « récupérer » les coordonnées des gens qui viennent faire un tour sur vos pages. Il faudra qu'ils aient une motivation assez forte pour vous laisser leurs coordonnées — notamment leur adresse e-mail — alors que beaucoup d'usagers du réseau rechignent à « laisser des traces » sur un site, de peur d'être ensuite submergés de messages publicitaires. Vous devrez parfois mettre votre visiteur en confiance avant de lui proposer cette fonctionnalité.

Vous pouvez mettre en œuvre une *newsletter* sous deux formes différentes. La première consiste en une lettre qui présente uniquement les nouveautés du site : vous envoyez un e-mail lorsque de nouvelles rubriques sont créées ou lorsque le contenu des pages existantes a été modifié. Il faudra, cependant, que le contenu du site soit réellement passionnant pour que l'internaute, qui se plaint en général de recevoir déjà beaucoup trop de messages *via* l'Internet, s'abonne à un tel bulletin...

Seconde solution, plus efficace peut-être : créer un vrai bulletin d'informations sur le domaine, une *newsletter*, à périodicité hebdomadaire ou mensuelle et pourquoi pas quotidienne. Là encore, la phase de réflexion préalable sur votre cible devrait vous en dire plus sur les attentes de vos futurs visiteurs. Les messages envoyés comprendront alors — pour information et de façon accessoire — un rappel des rubriques mises à jour sur le site. Ce bulletin remplit son objectif, qui est d'informer l'usager (qui sera alors beaucoup plus motivé pour s'abonner à ce système), et accessoirement lui indique que votre site vit et est toujours à sa disposition ! Avec un peu de chance, et le nombre d'abonnements augmentant, vous trouverez peut-être même un sponsor qui paiera pour faire passer un court message publicitaire dans le corps des messages... La pratique est devenue classique et s'est étendue à bon nombre de *newsletters* actuelles (voir chapitre 5).

Autre possibilité : l'e-mail envoyé intègre le titre et le chapeau (le début) d'articles dont le contenu complet est disponible sur le site web, sur une page dont l'adresse est également indiquée. C'est le schéma classique qu'ont adopté la quasi-totalité des services de dépêches d'actualité aujourd'hui, tels News.com de Cnet, Individual.com ou Wired News. Il s'agit d'un système d'alerte : l'usager est prévenu de l'existence de l'article. Mais il doit faire l'effort d'aller en lire le contenu complet (et

News.com :
http://www.news.com/
Individual.com :
http://www.individual.com/
Wired News :
http://www.wired.com/news/

la publicité qui y est associée, bien sûr...), comme le montre l'exemple suivant.

TOP STORIES

Intel's low-cost assault

Starting Monday, the chip giant will release the first high-perhormance, low-cost Celeron processors for sub-$1,000 PCs, followed by a faster Pentium II. Meanwhile, rival AMD has a K6-2 up its sleeve.

http://www.news.com/News/Item/0%2C4%2C25497%2C00.html?dd.ne.tx.ts

Image isn't everything

You won't find Ping-Pong tables and Odwalla juices at the accounting-likeoffices of Lycos, which sees the nuts and bolts of success in the steady growth of its audience.

http://www.news.com/News/Item/0%2C4%2C25442%2C00.html?dd.ne.tx.ts

Exemples de messages envoyés quotidiennement par le site www.news.com *: le titre, un court résumé et l'adresse de l'article complet sur le Web sont indiqués. La messagerie électronique sert simplement à signaler la disponibilité de l'article sur le Web.*

Attention ! L'internaute ne doit pas avoir l'impression que vous ne lui envoyez une information par e-mail qu'à des fins bassement commerciales. Il ne doit jamais penser que le message reçu n'est qu'un appât et flairer une quelconque « arnaque ». Donner les titres et chapeaux à la place des articles en entier doit signifier : « Vous ne venez sur le site que si l'un des articles vous intéresse. Nous ne désirons pas vous imposer de longs articles qui ne vous intéresseraient pas. » Cela sera bien perçu. Si vous envoyez le début d'un seul article (disons les trois ou quatre premiers paragraphes), et uniquement cela, dans un message en disant : « Pour la suite, venez sur notre site web », l'internaute pourra avoir la sensation d'être manipulé. Il en concevra de l'animosité, nuisible à votre image. Envoyez plutôt l'article en entier par e-mail. Le message envoyé doit être perçu par le destinataire comme une aide, et non comme une contrainte ou une manœuvre de marketing. Vous n'êtes pas sur le Web pour manipuler votre public, mais pour répondre à ses questions.

En revanche, l'e-mail ne doit pas engendrer une désaffection du site web, mais bien une occasion supplémentaire de renforcer le trafic sur vos pages. L'idéal sera donc de coupler, dans les messages envoyés — le plus « honnêtement » possible — une information intéressante aux annonces de nouvelles rubriques ou de nouveaux contenus sur le site.

Quelques exemples d'abonnements à des bulletins d'informations proposés par les pages d'accueil de divers sites web. Les renseignements demandés sont simples et rapides à fournir : adresse e-mail et, « au pire », le prénom et le nom de l'internaute.

Le formulaire d'abonnement à ces lettres d'information doit le plus souvent être proposé sous une forme la plus simple possible. Pas question de mobiliser votre interlocuteur en lui posant de multiples questions et en lui demandant de se « mettre à nu » : nom, adresse, goûts professionnels et personnels, salaire, adresse de sa crémière, mensurations, etc. Dans un premier temps, ne demandez qu'une information minimale, telle que son adresse de messagerie électronique et, au maximum, son nom et son prénom, si vous désirez personnaliser vos futurs courriers électroniques (« Cher monsieur Jean-Paul Dubois... »). La méthode la plus efficace consiste à mettre sur votre page d'accueil un formulaire simple avec un champ unique pour la saisie de l'adresse e-mail, couplé à un bouton de validation qui indique que l'inscription est gratuite (voir les exemples de la page précédente). Vous aurez tout le temps de mieux creuser le profil de vos abonnés par la suite, en créant un jeu-concours ou en organisant un sondage, par exemple.

Si vous donnez (ou si vous vendez) une information à haute valeur ajoutée et très ciblée — lettre d'information sur l'actualité des produits d'un domaine ou revue de presse mondiale sur un sujet, par exemple —, vous pouvez vous permettre de faire remplir au prospect un questionnaire plus fouillé : âge, métier, habitudes de consommation, goûts personnels, etc. Bref, toutes les informations dont vous avez besoin pour mieux définir encore votre cible. Mais cette façon d'affiner la connaissance de votre public n'est pas incompatible avec un formulaire simple qui permet l'envoi d'une information plus « basique » (le terme n'est pas péjoratif) qui vous amènera une grande quantité de contacts.

La lettre « grand public » vous amènera la quantité, un grand nombre de prospects. La lettre « professionnelle » vous amènera la qualité, c'est-à-dire un meilleur ciblage de votre public.

Cette capacité qu'aura votre site à fonctionner en *push* (envoi de l'information à l'usager) aussi bien qu'en *pull* (l'usager vient de lui-même consulter vos pages), ainsi que la complémentarité des deux méthodes de diffusion des informations, occuperont une part importante dans la phase de fidélisation de l'internaute. Ce dernier n'aura plus à errer sur le Web à la recherche de l'information (ce qui risque de l'amener également chez vos concurrents) ou pour être prévenu qu'un renseignement est disponible. Tout cela lui est adressé automatiquement. Ce type de services crédibilise votre site et augmente la confiance que l'internaute lui accorde. Sans utiliser de processus de *push*, il est quasi impossible de maîtriser le fait que l'internaute reviendra sur votre site afin de se tenir au courant. Le *push* est ainsi une arme commerciale redoutable. Le message électronique en est le premier outil. Mais ne pensez pas que, spontanément, des milliers d'internautes vont vous laisser leurs coordonnées sans rien recevoir en retour, ou si peu. Là encore, soyez imaginatif, inspirez-vous de ce qui se fait ailleurs pour faire mieux encore...

Bien entendu, ne présentez pas l'information envoyée par e-mail à l'image d'un mailing publicitaire. La réponse de l'internaute sera alors évidente et négative. Demandez à vos prospects s'ils sont d'accord pour recevoir une information quotidienne, hebdomadaire ou mensuelle, sur l'actualité du site ou du domaine traité. Vous pouvez vous montrer rusé en vous situant à l'extrême limite entre information et publicité, mais faites les choses sérieusement et répondez aux attentes de votre public. En règle générale, il est inutile de tricher sur le Web. (J'aurai l'occasion d'en reparler dans les pages qui viennent.) Les internautes ne vous donneront en retour que s'ils sont satisfaits de vos services. De fructueux échanges se noueront alors. Et il n'y a pas d'autre alternative pour vous que de passer du temps à concevoir une réelle information à valeur ajoutée, que vous enverrez périodiquement, ou un jeu-concours intéressant, comme nous le verrons par la suite.

Rien ne vous empêche cependant, ainsi que nous l'avons déjà évoqué, de coupler à cette information essentielle quelques lignes sur les nouveautés du site ou vos produits récents. La pratique est courante et, là encore, tout à fait acceptée si elle est mise en œuvre intelligemment.

Le mieux, dans ce domaine, est de mettre en place un système d'alerte personnalisé. A l'instar des services tels que *News.com, Individual.com* ou *Wired News*, qui permettent de choisir les domaines pour lesquels vous recevez les dépêches d'actualité, de nombreuses librairies (*Amazon.com* ou *la librairie*

Amazon.com :
http://www.amazon.com/
Librairie Eyrolles :
http://www.eyrolles.com/

Eyrolles, par exemple) proposent aujourd'hui de vous tenir informé des dernières parutions relatives à des domaines précis ou des titres les plus récents de vos auteurs favoris. Vous remplissez un formulaire en fournissant quelques mots clés ou renseignements divers, et vous recevez un message électronique dès que l'auteur indiqué sort un nouvel ouvrage ou que votre centre d'intérêt privilégié fait l'objet d'une nouvelle parution. Cette personnalisation représente certainement le futur du Web. Soyez un pionnier dans ce domaine. L'internaute vous en remerciera.

*La librairie Eyrolles a mis en place un système d'abonnement aux nouveautés (*http://www.eyrolles.com/*).*
Selon les champs remplis, on reçoit un e-mail dès qu'un nouveau CD-Rom ou livre relatif aux thèmes indiqués paraît.

Sachez toutefois que si vous proposez une lettre d'information sur vos produits et services, les premiers abonnés seront vos concurrents...

De la même façon, proposez des services inédits de personnalisation, à l'instar de ces pages sur lesquelles le visiteur peut concevoir sa propre voiture en choisissant ses options, son couteau suisse en optant pour les fonctions désirées, sa pizza en indiquant les ingrédients, ou son bouquet en sélectionnant roses, tulipes et autres fleurs... Bien entendu, une fonction d'achat suit logiquement la page de création/configuration/personnalisation...

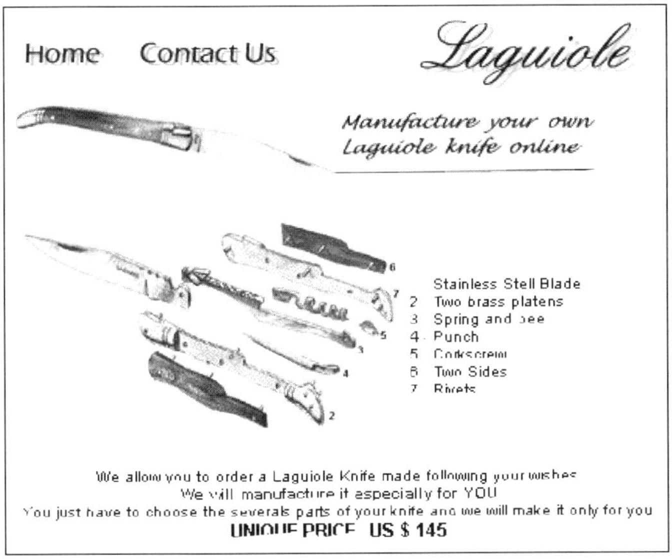

*La célèbre coutellerie Laguiole (*http://www.laguiole.com/*) propose sur son site de créer votre propre couteau, et de commander la gravure de votre nom sur le manche.*

Broadvision :
http://www.broadvision.com/
Vignette :
http://www.vignette.com/
Netperception :
http://www.netperception.com/
Allaire :
http://www.allaire.com/

Les systèmes de personnalisation de l'offre seront certainement très importants dans les années à venir. Des sociétés telles que *Broadvision*, *Vignette*, *Netperception* ou *Allaire* se sont spécialisées dans l'édition de logiciels qui permettent d'adapter parfaitement une offre à une demande selon le principe du *one-to-one*. Ces solutions, assez lourdes et onéreuses, mais extrêmement pointues, sont fondées sur plusieurs types de collectes d'informations : tout d'abord sur des profils de départ, élaborés par les sociétés qui mettent en œuvre ce type de logiciels, et sur la base de leur connaissance des gammes de produits et de leurs acheteurs « types ». Ces données sont ensuite complétées en temps réel par les informations indiquées par les visiteurs dans des formulaires adéquats, par exemple à l'occasion de jeux, de concours ou de sondages (voir chapitre suivant). Autres sources de données pour personnaliser les informations proposées : l'analyse approfondie de la navigation des visiteurs sur le site et l'installation de *cookies* sur la machine des internautes.

Lors de votre dernière visite du site de la librarie Untel, vous avez acheté un livre de Stephen King. A votre prochaine connexion, le site analysera les livres qu'ont également achetés les amateurs de cet écrivain, et vous les proposera en page d'accueil. Sous-entendu : « Les autres clients qui ont acheté un livre de Stephen King le mois dernier ont également acheté un livre de tel ou tel autre auteur. Ils devraient vous plaire ». Le site reconnaît votre profil d'acheteur grâce aux *cookies* ; il peut ainsi vous proposer une page d'accueil personnalisée à chacune de vos visites, en tenant compte de l'historique de vos achats — qui révèlent vos goûts — qui va ainsi s'enrichir au fur et à mesure de vos venues. Bien entendu, un seul code à saisir sera nécessaire pour acheter les produits désirés, puisque vous aurez déjà indiqué votre adresse, votre moyen de paiement, bref toutes les informations « administratives » lors de votre premier achat. Tout cela est conservé en mémoire, pas la peine de le saisir de nouveau ! C'est d'ailleurs pour le site marchand un bon moyen de vous garder parmi ses clients. En effet, vous n'avez pas obligatoirement envie de ressaisir toutes ces données rébarbatives sur un site concurrent.

Même chose si, sur un site qui vend des vêtements, vous allez chaque fois ou presque regarder d'abord la rubrique qui traite des tenues sportives. Si un système de personnalisation est mis en place, il connaîtra vos préférences et vous proposera les promotions de ce rayon dès la page d'accueil ! Et si, à l'occasion de l'envoi d'informations personnalisées lors d'un concours, vous avez indiqué (afin de recevoir votre prix) que vous habitiez dans le sud de la France, le site va vous proposer des tee-shirts légers plutôt que des doudounes polaires, ainsi que le calcul adéquat des frais de port en fonction de votre lieu géographique ! Mais également la liste des magasins situés près de chez vous où vous pourrez éventuellement retirer les produits commandés (système des « relais colis » de la VPC traditionnelle). Tout est imaginable, de façon plus ou moins fine, plus ou moins adaptée aux demandes du consommateur.

Bref, on voit apparaître des sites « intelligents » qui apprennent à connaître leurs visiteurs au fur et à mesure, de façon totalement personnalisée.

Jeux, concours et sondages

Une autre façon de collecter les coordonnées des visiteurs de votre site est d'organiser des jeux, concours ou sondages, sur un sujet propre ou connexe à votre activité. Préférez des questions simples, directes, fermées (l'internaute peut répondre par l'intermédiaire de menus déroulants, de boîtes à cocher ou de boutons radio ; il doit saisir le moins de texte possible) et peu nombreuses. Votre visiteur ne doit pas passer plus de cinq minutes à répondre aux questions. Son temps est précieux. Dans un grand nombre de cas, l'usager paye (au moins à son opérateur téléphonique) au prorata de sa durée de connexion. La réponse au concours ou au sondage ne doit pas devenir une contrainte, quelle que soit la « carotte » qui se trouve au bout du questionnaire.

Dotez le concours ou le sondage de prix intéressants si vous désirez qu'il ait du succès. Pensez une fois encore à adapter les lots aux attentes des internautes et à votre activité.

Vous trouverez, à l'adresse :
http://www.abondance.com/ressources/concours.html
des liens vers des sites qui présentent la plupart des jeux concours actuels. N'hésitez pas à vous en inspirer pour votre propre site.

Enfin, lorsque vous demanderez au visiteur son adresse e-mail, afin de le tenir au courant des résultats, proposez-lui toujours de cocher une option indiquant s'il désire être informé de l'actualité du site. Par défaut, laissez de préférence cette case désactivée.

En effet, il est interdit — ou plutôt fortement déconseillé par la *netiquette* — d'envoyer des messages électroniques publicitaires non sollicités sur le réseau. Votre prospect devra donc avoir au préalable accepté de recevoir les courriers que vous lui enverrez par la suite. N'oubliez pas de prévoir également par la suite une possibilité de désabonnement – au cas où – et rappelez-la dans tous vos messages envoyés.

ab

Vous trouverez, à l'adresse :
http://www.abondance.com/ressources/netiquette.html
une liste de liens qui présentent la netiquette, sous forme de textes qui expliquent ce que l'on peut faire et ce qui est à éviter sur l'Internet.

Vous pouvez également proposer des actions futures, dans le but de responsabiliser l'internaute. Si vous prévoyez de mettre en place de nouvelles fonctionnalités sur votre site dans les prochains mois, demandez-lui s'il désire les tester en exclusivité (devenir « bêta-testeur »). Valorisez-le, faites-lui sentir que vous faites le maximum pour lui — et pour lui seul —, que vous avez besoin de son aide pour lui apporter encore plus d'informations et vous adapter encore mieux à ses attentes. Demandez-lui ce qu'il pense de votre site, ou tout simplement du sujet traité, en lui proposant d'éditer sa correspondance sur votre site, dans une rubrique du type « Courrier des lecteurs ». Proposez de récompenser par un cadeau chaque courrier sélectionné.

Au mieux, envoyez (*via* l'Internet ou le courrier postal) un petit présent à chaque nouvel inscrit à votre bulletin d'information. Sachez cependant que vous pouvez recevoir plusieurs milliers de demandes, que vous devrez honorer ! Mais le cadeau peut également se trouver sur le Web, sous la forme d'un logiciel ou d'un ouvrage intéressant, d'un utilitaire à télécharger, d'un économiseur d'écran original, etc. Votre site devra, d'une façon générale, proposer des services ou des produits gratuits. Cette stratégie a été largement éprouvée depuis des années. Elle est considérée comme gagnante sur le Web. La seule condition pour avoir accès à cette manne est, bien entendu, de répondre à un rapide questionnaire...

Autre possibilité : proposez un échantillon de vos produits ou un abonnement gratuit d'un trimestre à votre lettre d'information professionnelle. En règle générale, l'internaute aime bien voir avant d'acheter. En effet, il n'a pas obligatoirement confiance dans une entreprise qui se trouve peut-être à plusieurs milliers de kilomètres de chez lui. De la même façon que le concepteur d'un logiciel proposera le téléchargement d'une version de démonstration de son programme, offrez à l'internaute la possibilité de tester vos services gratuitement – si ceux-ci s'y prêtent, bien sûr. Sinon, proposez une promotion « géante » sur le premier achat, afin d'inciter l'usager à commander « en aveugle ».

Créez des communautés

Si cela est possible, il serait opportun de faire de votre site – partiellement ou intégralement – un lieu où les gens viendraient se retrouver « entre initiés », sans toutefois prôner un élitisme de mauvais aloi. Organisez des forums. Créez des listes de discussion (*mailing lists*) dont les archives seront accessibles au moyen de mots clés.

Si vous ne désirez pas mettre en place vous-même ce type d'outils, proposez des adresses de listes existantes (en expliquant la procédure d'abonnement, souvent absconse pour l'internaute non averti) ou de forums *Usenet* intéressants.

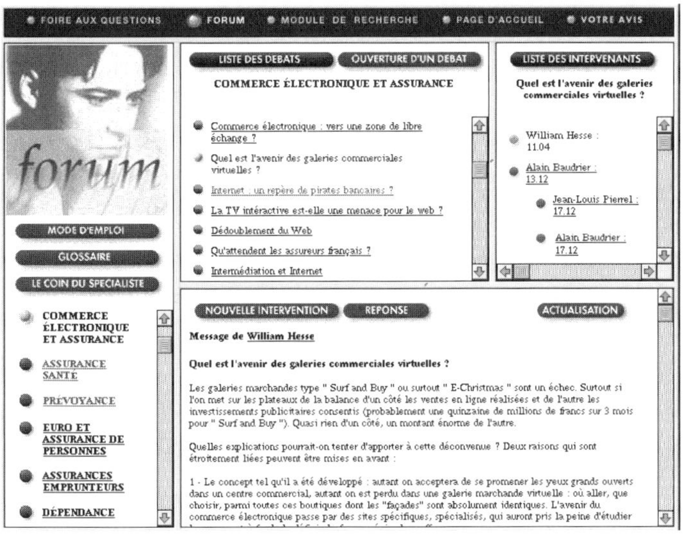

*Les assurances CNP ont créé un site web spécifique pour leurs différents forums (*http://www.cnp-forum.tm.fr/*) sur l'assurance.*

Vous trouverez sur le site web du livre, à l'adresse :
http://www.abondance.com/ressources/communautes.html
une liste d'outils ou de sites qui permettent d'ouvrir de façon simple une liste de discussion.

Si vous ouvrez vous-même un forum ou une liste de discussion, faites en sorte qu'ils soient fréquentés. Rien n'est plus triste qu'un forum réduit à une ou deux interventions sur chaque thème proposé, et dont la matière n'a pas été renouvelée depuis quinze jours... Vous devrez ainsi nommer une personne responsable de l'outil, chargée de l'animer : réponses aux questions posées, demandes de renseignements complémentaires, etc. Son objectif sera de susciter du trafic sur le forum afin de le faire « bouger », et de faire en sorte que de nouvelles contributions apparaissent chaque jour.

Si vous hésitez sur le type d'outils à mettre en œuvre — entre liste et forum —, choisissez plutôt la liste de discussion. Elle est plus souple, plus simple à créer et plus directe pour l'utilisateur puisqu'elle est fondée sur l'e-mail. Pour reprendre une analogie déjà évoquée, le forum web s'appuie sur le *pull* (l'usager doit aller sur votre site web pour « poster » ses questions et lire les réponses) ; la liste de discussion est plutôt fondée sur une méthode de *push* (l'internaute reçoit les contributions directement dans sa boîte e-mail).

Selon le thème de votre site, vous pouvez créer des communautés de toutes pièces, tel ce restaurant qui commercialisait du steak de baleine et avait proposé un repas gratuit à toute personne prénommée

Jonas. Vous pouvez vous en inspirer et proposer, par exemple, à tous les internautes qui utilisent le logiciel Lynx (un des plus anciens programmes de navigation sur le Web) de discuter entre eux, ou réserver une partie de votre site aux fanas de cerf-volant (si vous vendez des éoliennes), en créant une chasse au trésor couplée à un forum qui permette aux Indiana Jones en herbe d'échanger leurs tuyaux, etc.

Enfin, proposez des FAQ afin de renseigner les internautes sur votre métier ou votre activité. C'est encore le meilleur moyen d'attirer les usagers du réseau. Votre phase d'exploration préalable du profil type et de la concurrence devrait vous aider à bâtir ce type de document (cela a déjà été évoqué précédemment).

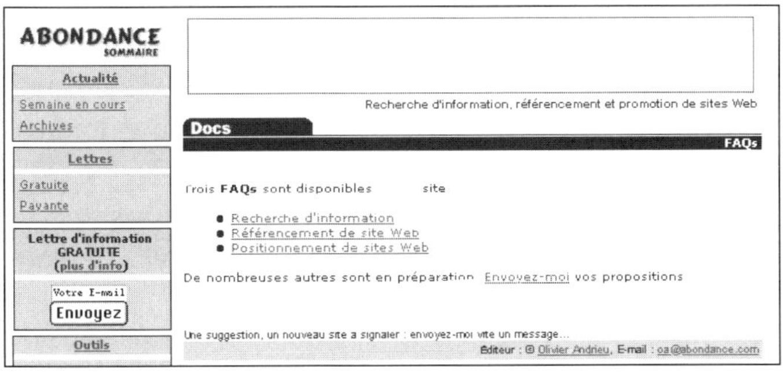

Les FAQ du site Abondance
*(*http://www.abondance.com/docs/faq.html*) :*
une bonne façon de faire venir les internautes
pour consulter des documents « de référence ».

Les possibilités de contenu intéressant sont innombrables : bibliographies, interviews des acteurs du domaine, témoignages de clients, zone « emploi » avec vos offres dans le domaine, etc. N'hésitez pas à être original et créatif, afin de vous démarquer des autres sites (si votre cible le permet, bien entendu).

Vous pouvez aussi vous poser la question du style de langage employé sur le site : *je* ou *nous* pour la première personne, *vous* ou, pourquoi pas, *tu* pour la deuxième. On dit souvent que le « je » doit être banni, car il sonne trop égocentrique, nombriliste. Pourtant, je (eh oui...) pense qu'il convient bien à une activité de conseil ou de travailleur indépendant. Il instaure un climat plus convivial que le « nous » si le visiteur sait qu'il n'y a qu'une personne derrière le site. A l'inverse, dans ce cas, ce serait plutôt le « nous » qui pourrait sembler mégalomane ! Préférez quand même la première personne du pluriel si vous parlez au nom d'une entreprise. En tout cas, ne « tartinez » pas vos pages de références à l'entreprise, ses produits et ses services. L'internaute n'est pas venu pour supporter un discours bassement commercial. Cessez de parler de vous, et cherchez à répondre aux questions que se pose l'usager.

N'oubliez pas les règles d'or déjà vues aux pages précédentes : votre site doit être beau, utile, efficace (tous les liens devront bien fonctionner), bien fait, interactif. Il doit répondre aux questions des internautes et combler leurs attentes. Il doit mélanger *pull* et *push*, être ressenti comme vivant et régulièrement mis à jour. Si vous avez bien pris en compte ces paramètres, tout devrait bien se passer.

Faites également attention, lors de la rédaction de vos pages, à l'orthographe. Les fautes d'orthographe et les coquilles pénalisent un site web. Elles donnent une image de marque peu professionnelle. L'internaute qui les remarque les excuse rarement. Faites plutôt relire vos textes plusieurs fois avant une diffusion en ligne.

Phase 5 : définition d'une structure adéquate

Au cours des quatre premières phases, vous avez pu définir le profil de l'usager ainsi que l'offre de la concurrence. En outre, vous avez soigneusement peaufiné vos objectifs, et vous avez déterminé le contenu de votre site. Avant de passer à la mise en œuvre technique de votre projet, qui est l'objet principal de ce livre, vous devez maintenant définir dans quelle structure évolueront les principaux intervenants de votre site.

Dans le cadre de cet ouvrage, nous ne répondrons pas à des questions telles que : Faut-il créer soi-même un site, ou plutôt le faire sous-traiter ? Faut-il scanner soi-même les images, concevoir en interne la charte graphique, ou demander à une agence de communication de s'en charger, de façon complète ou sous forme de conseil et d'accompagnement ?

Des ouvrages existent sur ce sujet. Je vous invite à les lire si vous vous posez ce type de questions, comme c'est d'ailleurs le cas de la plupart des entreprises qui se lancent dans un tel projet.

Dans tous les cas, nommez un responsable Internet, qui sera l'unique interlocuteur en interne (et avec l'extérieur si vous décidez de faire sous-traiter une partie du projet).

Le seul conseil que je puisse vous donner est de vous faire aider, à un moment ou à un autre, par quelqu'un (indépendant ou entreprise) qui a de l'expérience dans un domaine précis. Soit vous êtes un génie, et vous menez à bien tout le projet sans faire appel à quiconque, soit vous ne maîtrisez pas tous les aspects d'un site web : graphisme, communication, création HTML, mise en place de bases de données, programmation JavaScript ou Java si nécessaire, aspect commercial, marketing, promotion, référencement, publicité, etc.

Il ne s'agit pas de faire sous-traiter entièrement votre projet, mais de solliciter une aide en ce qui concerne les points que vous maîtrisez moins bien. Il peut s'agir simplement de bénéficier d'un regard neuf sur votre projet. Il n'est pas question ici de vous amener à renoncer à vos prérogatives, mais plutôt de vous inviter à tirer le meilleur parti d'apports extérieurs.

Si vous partez « bille en tête » en refusant obstinément toute vision extérieure, il y a de fortes chances que vous soyez obligé de refaire entièrement votre site six mois après son lancement. Cela vaut-il les quelques milliers de francs économisés au départ ?

Phase 6 : définition d'un planning

Enfin, vous devrez mettre en place un planning pour les phases de réflexion, de création, de tests, l'inauguration de votre site web, sans oublier un prévisionnel pour les mises à jour, le suivi, etc.

Si vous en avez la possibilité, prévoyez de créer un site test accessible par mot de passe. Donnez-le à évaluer à une population représentative de votre future cible. Cette phase de « mesure » bousculera peut-être légèrement le calendrier de votre projet, mais elle vous apportera un plus indéniable au moment du lancement.

Vous pouvez également faire évaluer votre site par la junior entreprise d'une école d'ingénieurs, ou par des amis, des stagiaires, des connaissances ou encore le personnel de votre entreprise, même si l'adéquation du profil de ces personnes avec celui de la cible visée n'est pas obligatoirement parfaite dans ce cas. Essayez de coller le mieux possible au profil de votre futur public. Mettez vos « cobayes » en face de votre site, et étudiez leur comportement, mesurez leur niveau de compréhension du domaine abordé, leur navigation parmi les pages proposées. Vérifiez qu'ils réagissent comme vous l'espériez au départ. Filmez-les, au besoin — avec leur accord, bien entendu...

Collectez ensuite leurs remarques, et tenez-en compte dans la suite de la construction du site, les modalités de navigation et les fonctionnalités proposées.

Choisissez bien l'époque à laquelle vous allez lancer le site. Bon nombre d'entreprises préfèrent un lancement au début ou au milieu des vacances scolaires, en juillet ou en août. Cela permet d'effectuer un rodage pendant un ou deux mois, avant d'envisager une montée en puissance couplée aux premiers retours des usagers. Le véritable lancement « officiel » se fera en septembre ou en octobre.

Prévoyez une campagne de lancement pour le jour de la mise en place de votre site. Certains optent pour un *teasing*. Par exemple, ils font apparaître un compte à rebours sur les pages du site : « Plus que 40... 39... 38 jours avant l'événement », ou ils entretiennent le mystère : « Savez-vous ce qui se passera ici dans 40... 39... 38 jours ? » (avec un indice nouveau chaque jour). Cela apporte un atout supplémentaire par rapport à l'horrible « Site en chantier », à bannir absolument ! Faites en sorte que l'événement en vaille la peine afin de ne pas décevoir vos futurs visiteurs.

Décidez quelle partie du site fera l'objet de la promotion de départ. Vous avez peut-être prévu un « produit d'appel » dans vos pages qui drainera les internautes sur votre site. A vous de les aiguiller sur d'autres zones une fois qu'ils seront « entrés dans la boutique ». Il n'est pas obligatoire de prévoir une promotion sur le site en entier. Quelques pages originales et bien ciblées sont souvent bien plus efficaces.

Ne prévoyez pas un événement impossible à repousser au cas où le lancement aurait du retard (réception en présence d'un ambassadeur qui n'est disponible que le 30 juin de 17 heures à 17 heures 30... Et votre site web qui ne sera finalement prêt que le 1er juillet à midi !) En règle générale, on estime que le site doit être bouclé quinze jours avant la date de lancement prévue (hors actualité « brûlante » fournie de façon quotidienne, bien entendu). Imposez-vous des objectifs datés dès le départ. Il est tellement facile de modifier dix virgules par jour sur chaque page web et de prendre ainsi rapidement un retard irrattrapable... Scindez, si possible, votre projet en phases distinctes et balisées dans le temps.

Faites attention également aux délais de référencement, par les annuaires notamment, qui peuvent couramment atteindre deux mois (nous verrons ce sujet au chapitre 4). Ce point est important. En effet, lorsque vous vous inscrivez auprès d'un outil tel que Yahoo! vous devez être sûr que votre site « tient la route », car il sera visité quelques jours plus tard par les *netsurfers* de l'annuaire pour évaluation. S'il est en travaux, il n'a quasi aucune chance d'être retenu et indexé.

Ceci explique également pourquoi il est impossible de commencer des travaux de référencement avant qu'un site web soit totalement bouclé et opérationnel. J'aurai l'occasion d'y revenir plus loin dans cet ouvrage.

D'autre part, lorsque vous commencerez à faire une promotion de votre site, quiconque en aura entendu parler par l'intermédiaire du bouche-à-oreille doit pouvoir le trouver sur Yahoo! ou tout autre annuaire.

L'idéal serait donc que vous boucliez votre site le jour J. Ce même jour, vous vous inscrivez sur les annuaires. Deux mois plus tard, vous serez référencé (si tout va bien, comme nous le verrons par la suite). Vous pourrez alors commencer votre promotion sur les autres médias et outils en ligne et hors ligne.

Cette chronologie des tâches n'est pas applicable tout le temps. Il faudra éventuellement composer avec les événements en attendant que vos pages soient bien référencées sur les différents annuaires et moteurs de la planète.

Enfin, essayez de définir des critères de réussite de votre projet. Après le lancement, faites un point tous les mois par rapport aux objectifs. Au besoin, ajustez-les. Au bout de six mois, prenez des décisions : on continue ou on change tout. Remettez-vous en question le plus souvent possible. Surtout, soyez extrêmement réactif et le plus possible à l'écoute de votre public. Des procédures de *feedback* auront dû être prévues dans vos pages, par l'intermédiaire de formulaires à remplir et à expédier, afin que les internautes puissent vous indiquer leur vision de votre site et de son éventuelle évolution.

Phase 7 : définition des mots clés

Pour terminer ce chapitre d'introduction à la construction technique du site, il reste une procédure essentielle, une action indispensable à réaliser avant toute chose : définir les mots clés qui permettront à l'internaute de vous trouver.

Cette phase est essentielle !

N'allez pas plus loin dans votre projet tant que cette étape n'est pas terminée et tant que vous n'en êtes pas satisfait. Ces mots clés vous serviront maintes fois dans un avenir proche, comme nous le verrons très bientôt. Soignez particulièrement cette partie. Vous n'aurez qu'à vous en féliciter par la suite !

Une fois votre site mis en place, vous pourrez — au bout d'un certain temps et grâce à des outils d'analyse de vos fichiers log (voir chapitre 5) qui sont la « mémoire » des connexions à votre site — connaître de façon précise les mots que les internautes ont employés sur les moteurs de recherche pour vous trouver. Vous pourrez également en déduire les mots clés avec lesquels ils ne vous ont pas trouvé. En attendant, au démarrage, vous devrez formuler avec la plus grande précision possible les termes qui décrivent au mieux votre activité.

Vous devez donc définir un minimum de vingt mots clés (cinquante est même un meilleur chiffre) qui définissent votre entreprise, votre activité professionnelle, votre site web et le contenu des pages. Pour cela, comme dans la phase 1, projetez-vous à la place de l'internaute et essayez d'imaginer les mots que vous emploieriez pour trouver réponse à vos questions (vous avez logiquement déjà défini celles-ci à la phase 1 de votre démarche de réflexion). Quels sont les mots clés que vous entreriez dans les formulaires proposés par les moteurs de recherche, si vous étiez un utilisateur du Web, pour trouver un site semblable à celui que vous désirez mettre en œuvre et promouvoir ? S'il le faut, demandez autour de vous — à des connaissances qui ont peut-être plus de recul que vous — quels sont les mots qui, à leurs yeux, qualifieraient le mieux votre activité.

Pensez à deux types de mots clés : les mots primaires (ou « larges ») et les mots secondaires (ou « profonds »). Les mots clés primaires permettent de définir de façon globale le domaine dans lequel vous intervenez, l'horizon dans lequel s'inscrit votre site : *agroalimentaire, informatique, presse, histoire, santé, médecine*, etc.

Les mots clés secondaires permettent, pour leur part, de définir de façon plus précise vos domaines de compétences à l'intérieur du domaine général défini précédemment. Ils donnent la possibilité à l'internaute, une fois le cadre général défini par les mots clés primaires, d'approfondir la recherche en fonction de ses besoins. Des mots clés secondaires peuvent être : *moulin de Daudet, résultats Coupe de France, achat disque Rolling Stones, New York Manhattan, BTP Bouygues, tableur Excel*, etc.

La notion de mot clé recoupe à la fois des mots isolés et des expressions, qui regroupent plusieurs mots les uns à côté des autres et dans l'ordre indiqué : *Rolling Stones*, *Coupe de France*, *New York*, etc. En règle générale, les guillemets sont utilisés pour caractériser ces expressions sur les moteurs de recherche.

Il peut également être intéressant de trouver des mots clés qui ne correspondent pas à votre domaine, mais qui pourraient induire les internautes en erreur lors de leurs recherches. Ces termes sont les « mots clés interdits ». Par exemple, si vous désirez mettre en place un site relatifs aux recettes de tarte aux pommes, vous choisirez les mots *cuisine*, *cooking*, *gastronomie* en tant que mots clés primaires ; *pomme*, *tarte*, *recette*, *apple* et *pâte* en tant que mots clés secondaires et enfin *computer* en tant que mot clé interdit, ce qui vous permettra d'éliminer les ordinateurs Macintosh de la marque américaine Apple. Le mot *Adam* peut également être considéré comme étant un mot clé interdit (la pomme d'Adam n'a, en effet, qu'un très lointain rapport avec vos tartes).

Choisissez en tout vingt mots clés, et ajoutez les mots interdits qui vous semblent importants. Si vous trouvez (et je vous y encourage) plus de vingt mots clés, classez-les par groupes de cinq, dans l'ordre d'importance.

Par exemple, si vous trouvez quarante termes, faites huit groupes. Le premier contiendra les cinq mots les plus importants, le huitième les termes plus accessoires.

Reprenez cette liste de nombreuses fois afin d'être certain que vous n'avez rien oublié. Présentez-la à plusieurs personnes, et organisez des *brain-stormings* pour tester toutes les possibilités imaginables.

Pour trouver ces mots clés, servez-vous de votre intuition. Si vous connaissez un tant soit peu votre domaine d'activité (et l'on peut imaginer que c'est le cas), vous devriez assez facilement trouver dans une première approche les termes représentatifs de votre métier et de vos spécificités. N'oubliez pas les critères géographiques (pays, région, département, ville), s'ils ont une importance notable.

Autre possibilité : saisissez les plus importants de ces mots clés sur un moteur de recherche tel Altavista et étudiez les résumés des pages web proposées. C'est le plus souvent le contenu des balises <META NAME="description"> (voir chapitre 3) qui est affiché (lorsque les pages en contiennent, bien entendu). Ces résumés — ainsi que les titres des pages — devraient déjà vous indiquer certains mots clés intéressants auxquels vous n'auriez pas obligatoirement pensé dans un premier temps.

Vous pouvez également utiliser les moteurs Altavista, HotBot et Excite ainsi que l'annuaire Yahoo!, qui proposent d'autres choix de recherche par rapport à votre requête. En effet, lorsque vous saisissez un mot isolé sur ces outils et que ce terme n'est pas trop spécifique, les moteurs proposent leurs *Related Searches*. Il s'agit des couples de mots clés qui contiennent le mot demandé, et qui sont le plus souvent saisis sur ces outils. Ces indications, regroupées sur la page de résultats des outils de recherche, vous donnent donc des expressions très importantes à inclure dans vos balises.

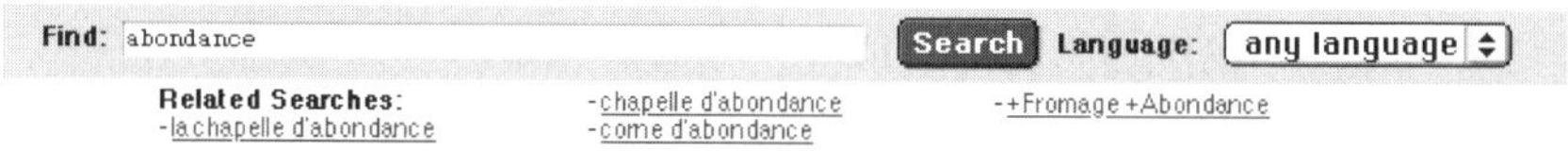

Les Related Searches *d'Altavista : des couples de mots clés, parmi ceux le plus souvent demandés par les internautes dans les mois précédents, sont proposés lorsqu'un seul mot trop générique est demandé sur le moteur.*

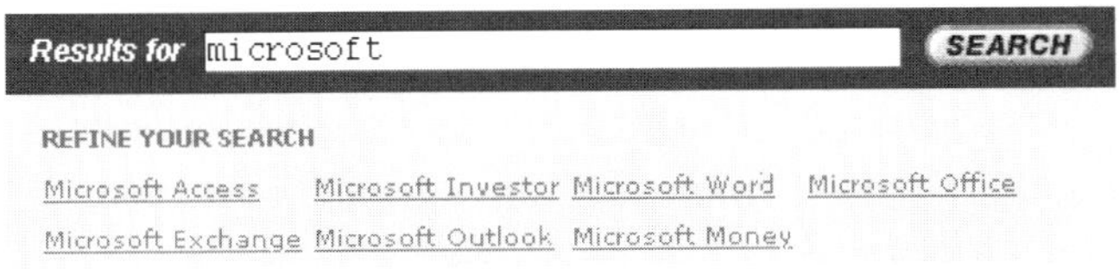

La fonction Refine your search *du moteur Hotbot, semblable à la fonctionnalité proposée précédemment par Altavista.*

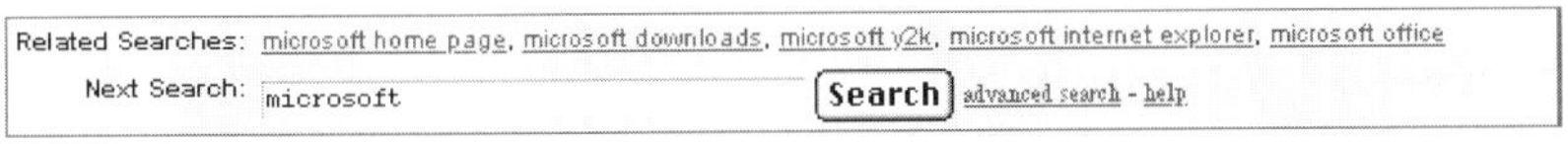

La fonction Related Searches *de l'annuaire Yahoo.com, analogue à celle d'Altavista.*

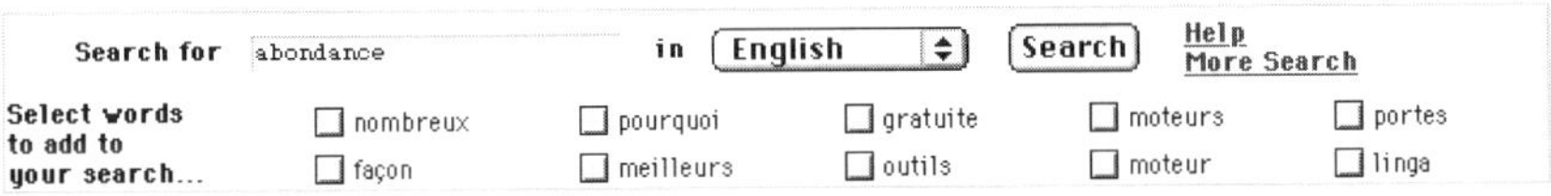

Excite propose également la possibilité d'ajouter à sa requête des mots clés approchants. Assez peu efficace en règle générale, il faut bien le dire...

Altavista proposait, jusqu'au début de l'année 1999, une fonction baptisée *Refine your search* (également connue sous l'appellation *Live Topics*, *Refine* ou *Cow9*). Elle permettait de faire ressortir les mots le plus souvent cités dans une collection de plusieurs centaines de milliers de pages web. Elle était parfaite pour trouver des mots clés très intéressants. Mais la fonction *Refine* a hélas disparu du moteur, sans beaucoup d'espoir de retour. Dommage, elle constituait une aide non négligeable à la définition des mots clés...

Il existe aussi des banques de données de mots-clés, que vous pouvez parfois interroger... par mots-clés ! Il en existe énormément pour le monde anglophone, et certains sites voient le jour, petit à petit, pour les mots en français.

Vous trouverez sur le site web du livre, à l'adresse :

http://www.abondance.com/ressources/motcle.html

une liste de sites qui vous permettront de vous connecter sur la plupart des bases de données de mots clés disponibles sur le web à l'heure actuelle.

Enfin, rien ne vous empêche d'aller sur les sites web de vos concurrents, afin de regarder dans le code HTML des pages quels sont les mots-clés qui y sont proposés. Mais chut ! je ne vous ai rien dit ;-)

Notez précisément tous les mots retenus et surtout ne les oubliez pas. Vous en aurez besoin très bientôt...

Chapitre 2 Construction

Avant d'aborder de façon plus précise la construction du site web — et notamment des trois points qui sont certainement le plus importants, à savoir la réalisation des pages HTML, la rapidité de l'affichage et la prise en compte des critères de tri des moteurs de recherche —, il convient de passer en revue quelques points généraux. Ils seront, à n'en pas douter, essentiels dans la perception qu'aura l'internaute de votre site. Ces points joueront donc un rôle capital dans le succès de votre projet.

Nom de domaine et URL des pages

Vous devrez, dès le départ, porter une attention particulière au nom du site et à l'URL (adresse) correspondante pour votre page d'accueil. Si vous désirez exercer une activité réellement professionnelle, bannissez les sites d'hébergement gratuits, tels que Multimania, Chez ou Geocities. Préférez une adresse du type *http://www.monsite.com/* ou *http://www.monsite.fr/*. De même, si vous êtes hébergé, n'optez pas pour une adresse de type *http://www.monhebergeur.com/monsite/*, mais pour un nom de domaine spécifique : *monsite.com* ou *monsite.fr*.

Multimania :
http://www.multimania.com/
Chez :
http://www.chez.com/
Geocities :
http://www.geocities.com/

En effet, les sites d'hébergement gratuits proposent des possibilités extraordinaires. Cela les a rendus aujourd'hui indispensables au développement du

Web. Toutefois, ils ne correspondent en général pas (et ils le revendiquent la plupart du temps) à un profil d'hébergeur de site d'entreprise qui proposent une activité commerciale. Si vous désirez donner à l'internaute l'image d'une association à but non lucratif ou d'une page personnelle, alors, ces offres peuvent très bien vous convenir.

En revanche, il est absolument nécessaire aujourd'hui d'acquérir un nom de domaine spécifique en *.fr*, *.net* ou *.com* dans le cadre d'une activité professionnelle. Et ce, pour plusieurs raisons :

• Disposer de son propre nom de domaine fait « plus sérieux ». En tout cas « moins amateur » (notez les guillemets...). Cela conforte l'internaute, même inconsciemment, dans l'idée que vous avez accompli une démarche d'investissement sur l'Internet et que vous détenez un « bout » de ce réseau. Il sera ainsi plus enclin à vous faire confiance.

• L'usager du réseau cherchera très souvent à accéder directement à votre site en utilisant un éventuel nom de domaine. Désire-t-il aller sur le site de la Fnac ? Il va essayer *www.fnac.fr* ou *www.fnac.com*. Décathlon ? Va pour *www.decathlon.fr* ou *www.decathlon.com*. Cherche-t-il le site d'une société quelconque, que nous appellerons Stela (la société Stela nous servira énormément dans les exemples tout au long de cet ouvrage ; il est important d'indiquer que cette société est totalement fictive !) ? Il va saisir *www.stela.fr* ou *www.stela.com* sur son logiciel de navigation. C'est devenu un réflexe chez l'utilisateur du Web. Dans un grand nombre de cas, si vous n'avez pas de nom de domaine de ce type, l'internaute ne vous trouvera pas. N'oubliez pas, enfin, que les logiciels de navigation — lorsque l'utilisateur saisit, par exemple, le nom « stela » dans la zone d'adresse — ajoutent les caractères *www.* à gauche et *.com* à droite (voir l'illustration ci-dessous). D'ailleurs, cela a créé quelques problèmes par le passé. Si l'adresse de votre site est *www.stela.com*, vous avez gagné, sinon...

De nombreux usagers du réseau ont saisi sur leur navigateur le terme *whitehouse,* afin de visiter le site de la Maison Blanche. Malheureusement, au lieu du site « officiel » présent à l'adresse *www.whitehouse.gov*, ils se sont vu proposer *www.whitehouse.com*, un site pornographique notoire.

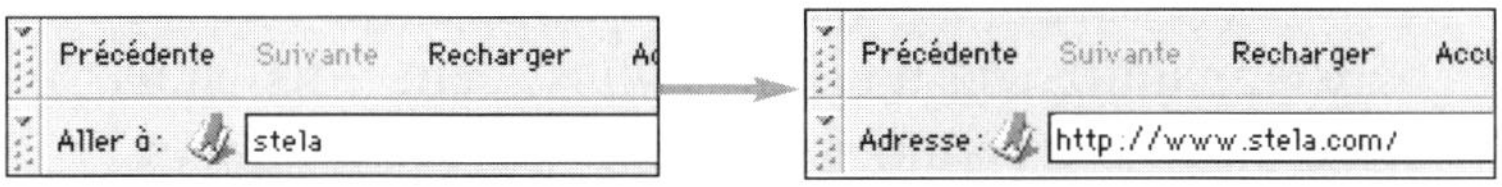

Lorsque vous saisissez le mot « stela » dans la zone d'adresse de votre navigateur (ici Netscape), celui-ci l'interprète comme étant l'adresse http://www.stela.com/ *(second écran).*

• Les annuaires de type Yahoo!, même s'ils s'en défendent parfois, sont plus enclins à vous inclure dans leurs rubriques si vous détenez un nom de domaine qui vous est propre. Ce n'est en aucun cas une garantie de référencement automatique, mais cela peut représenter le petit plus qui fera pencher la balance de votre côté et vous fera gagner ainsi votre inscription dans l'annuaire. Nous reverrons ce point lorsque nous étudierons plus en profondeur l'inscription chez Yahoo! (voir chapitre 4). En ce qui concerne les moteurs de recherche, la crainte du *spamming* (« fraude ») incite parfois les administrateurs à se méfier des pages qui émanent d'un hébergeur gratuit. De plus, les moteurs privilégient de plus en plus dans leurs résultats les pages d'accueil de sites (*http://www.votresite.com/*), et notamment ceux qui contiennent des mots clés dans leur nom de domaine (*http://www.motcle.com/*)

• Imaginez que votre site ait, dans un premier temps, une adresse du type *http://www.monhebergeur.com/monsite/*. Vous allez logiquement référencer ce service sur un grand nombre d'annuaires et de moteurs de recherche. Dans les mois qui suivent, il y a 99 chances sur 100 pour que, le succès aidant — c'est en tout cas tout le mal que je vous souhaite —, vous achetiez un nom de domaine spécifique, par exemple *monsite.com*. Vous devrez donc vous « déréférencer » de tous les annuaires et moteurs pour apparaître de nouveau. Mais, cette fois, sous votre adresse récemment acquise. Certes, au mieux, vous n'aurez qu'à modifier la fiche qui vous concerne. Mais cette tâche est tout de même très longue, et souvent aléatoire, (nous le verrons au chapitre 4), lorsqu'elle doit être accomplie sur de nombreux outils de recherche. Epargnez-vous un travail fastidieux en fournissant d'emblée l'adresse définitive. Cela sera encore pire si vous utilisez un outil de référencement automatique, tel que *Submit-It* ou *Promote-It*. En effet, ces services sont plutôt prévus pour effectuer des « premiers référencements », et non pour modifier ceux que vous auriez déjà effectués. L'investissement représenté par l'achat d'un nom de domaine spécifique est minime (quelques centaines de francs). Il se révèle, à l'usage, largement rentable.

Nom de domaine
Nom du site
Design
Navigation
Fond d'écran
Titre des pages
Couleur des liens
Taille des pages
Gadgets
Mise en page
Frames
Moteur interne
Tests
Vitesse d'affichage
Autres points

Afnic :
http://www.nic.fr/
Network Solutions :
http://www.networksolutions.com/

Vérifiez, enfin, très rapidement, sur les sites de l'*Afnic* (pour les *.fr*) et de *Network Solutions* (pour les *.com*, *.net* et *.org*), que le nom de domaine que vous pressentez n'est pas déjà pris. Réservez-le au plus tôt si vous avez la chance qu'il soit encore libre ! S'il est déjà retenu en *.com*, essayez un *.net.* Ce suffixe sonne aussi souvent très bien. Une terminaison nationale, telle que *.fr* (France), *.ca* (Canada), *.be* (Belgique) ou *.ch* (Suisse) peut également être retenue (en tenant compte des critères spécifiques de chaque organisme — les *NIC* (*Network Information Center*) — qui gèrent ces noms de domaines) si votre public potentiel est essentiellement francophone. Le *.org*, bien que moins usité, peut être intéressant si vous êtes un organisme à but non lucratif.

ab Vous trouverez, à l'adresse :
http://www.abondance.com/ressources/domaine.html
des liens vers les principaux outils qui permettent d'effectuer des vérifications sur la disponibilité des noms de domaines.

Lorsque vous aurez réservé votre nom de domaine, soignez bien les URL des documents que vous présenterez. N'oubliez jamais que, par l'intermédiaire des moteurs de recherche par mots clés, les internautes peuvent arriver directement sur n'importe quelle page de votre arborescence. Si vous proposez un catalogue de mobilier de bureau en teck, l'adresse :

http://www.monsite.com/produits/mobilier/teck.html

est préférable à :

http://www.monsite.com/Pr47/MbapEurox,0,78/4455.html

De plus en plus d'internautes prennent l'habitude de regarder, par réflexe, l'URL de la page sur laquelle ils se trouvent. Fournissez-leur des indications de sorte qu'ils puissent, grâce à cette information, se situer dans l'arborescence de votre site. N'oubliez pas non plus que cette adresse est affichée par les moteurs de recherche sur leurs pages de résultats. Si elle contient quelques informations complémentaires, une URL « nette » peut donner une raison supplémentaire à l'utilisateur de venir faire un tour chez vous. D'autre part, cet intitulé fait parfois partie des informations prises en compte par les moteurs de recherche par mots clés, afin de rechercher des documents dans leur index (voir chapitre 3). Vous pouvez donc habilement ajouter des mots clés potentiels et explicites dans les adresses de vos pages, en jouant sur les noms de répertoires et de fichiers.

Observez de quelle façon un annuaire tel que Yahoo! a calqué sa classification de pages sur ses adresses (ou inversement). A l'URL *http://www.yahoo.fr/Sports_et_loisirs/Tourisme/ Nautisme/*, vous retrouvez comme par miracle la catégorie « Sports et loisirs : Tourisme : Nautisme » ! On ne peut trouver plus simple ni plus efficace comme principe de navigation...

D'autre part, restez homogène dans l'utilisation des majuscules et des minuscules pour vos URL. Ne passez pas de l'adresse *http://www.monsite.com/produits/mobilier/teck.html* à *http://www.monsite.com/SAV/CLIENTS/FORMULAIRE.HTML*. Les internautes risquent de ne pas le supporter bien longtemps !

Rendez-vous au chapitre 3 de ce livre pour voir comment appréhender la casse (minuscules, majuscules) des lettres dans les URL de vos pages.

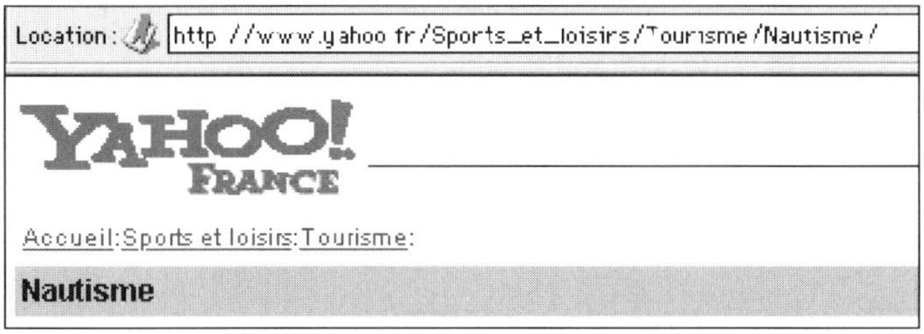

Yahoo! propose un plan de navigation simple et très efficace : vous pouvez remonter la hiérarchie de ses catégories en cliquant sur l'un des mots proposés en haut d'écran sur une « barre de navigation en arborescence horizontale ».

Nom du site

Le nom du site est également important ; il n'est pas obligatoirement équivalent à celui de votre entreprise ou de votre organisme. Il doit, si possible, commencer par la lettre A, afin de se retrouver en première position dans les listes alphabétiques, qui sont nombreuses sur le Web. Si le site web associé à ce livre s'appelle Abondance, ce n'est pas par pur hasard...

Le nom peut même commencer par un caractère situé avant la lettre A, afin de se retrouver à une meilleure place. En effet, les classements alphabétiques tiennent compte en général de la table ASCII (dans laquelle chaque caractère est associé à un nombre) des caractères classés en ordre croissant (voir annexe 2). Ainsi, dans cette table, des signes tels que le dièse (#, code ASCII 35) et le signe +

(code ASCII 43) sont classés avant les chiffres (codes 48 à 57), les lettres majuscules (codes 65 à 90) et les minuscules (codes 97 à 122).

Les sites suivants sont donc « logiquement » classés par ordre alphabétique :

!Abondance
"Abondance"
#Abondance
*Abondance
+Abondance
123-Abondance
@bondance
Abondance
abondance

Reportez-vous à la table ASCII fournie en annexe 2, et faites en sorte que votre site ait un nom qui soit le plus éloigné possible de *zyrconium*... Quand on regarde certaines pages d'annuaires — sur Yahoo! notamment — qui recensent plusieurs dizaines de sites, si ce n'est plus, il est clair que ceux qui sont en fin de liste ne doivent pas être très souvent consultés (à partir de ces pages-là en tout cas) même si le contenu est de première valeur...

Attention à ne pas abuser de ce système, car certains moteurs de recherche ou annuaires pourraient vous pénaliser si la manœuvre semble par trop évidente ! Trouvez donc un titre en adéquation avec le contenu de vos pages. Par exemple, il est douteux qu'un nom ressemblant à !!!##*+123-AAAConseil soit bien accepté par nombre d'usagers du réseau et d'annuaires qui flaireront rapidement une tentative de « détournement de nom » ! D'autant plus que les netsurfers des annuaires ne sont pas tombés de la dernière pluie et connaissent toutes les « magouilles » plus ou moins subtiles utilisées depuis des lustres par les internautes. Ainsi, sur Yahoo! France, les sites dont le nom commençait par un chiffre (*123-voyages,* par exemple) étaient classés il y a encore quelques mois en tête de liste. Ils sont maintenant classés en dernier ! Et les webmasters de ces sites se mordent aujourd'hui les doigts d'avoir voulu être plus malins que les annuaires... En règle générale, dites-vous que la lettre *a* initiale suffit largement pour être bien classé par ordre alphabétique, sans déployer des trésors d'imagination qui pourraient se retourner contre vous. Nous aurons largement l'occasion d'en reparler. Sachez que, sur l'Internet, toute tentative de fraude risque d'être sanctionnée sans appel !

A noter une initiative très astucieuse de l'annuaire de l'outil de recherche Google, qui classe, à l'intérieur d'une rubrique donnée, les sites non pas par ordre alphabétique, mais par indice de popularité :

http://directory.google.com/

Pour bien comprendre ce qu'est l'indice de popularité, voir le chapitre 3 de cet ouvrage (Moteurs de recherche).

Comme vu précédemment, le nom de votre site n'est pas obligatoirement équivalent à celui de votre entreprise. Il y a un bémol cependant : si votre société s'appelle *Zyrconium* et que l'adresse de votre site soit *www.zyrconium.com*, vous devrez faire avec. Pour les annuaires, il sera nommé « Zyrconium ». Cette appellation sera donnée de façon obligatoire par les netsurfeurs de l'outil de recherche. Dans ce cas, il vous faudra peut-être changer votre fusil d'épaule, et modifier le nom de domaine de votre site. Par exemple, en *www.affinage-zyrconium.com*, avec pour noms de site *Affinage et Zyrconim.* Attention, cependant à ce que, sur la page d'accueil du site, ce nom apparaisse de façon claire et évidente. Soyez un peu plus fin que des essais tels que *Au bon Zyrconium* ou *ABC-Zyrconium.* Soyez inventif, et vous trouverez certainement un terme particulier, original et efficace, même s'il vous faut pour cela relire le dictionnaire — ou en tout cas le début — puisque, *a priori,* la fin vous intéressera moins ! Prévoyez également un argumentaire, afin de justifier ce nom auprès des annuaires qui pourraient subodorer une tentative de *spam* (voir chapitre 3). De même, une part du succès de votre site, de sa notoriété future, sera fondée sur la simplicité de son nom et la faculté qu'auront les internautes à s'en souvenir. Pensez-vous, dans ce cadre, que !!!##*+123-AAAConseil soit un bon choix ?

Un détail, pour terminer : si votre site a un nom et une adresse sur le Web (URL) et que vous proposez une adresse e-mail, n'oubliez pas pour autant d'indiquer votre adresse postale, assortie de vos numéros de téléphone et de fax sur vos pages, si vous pensez que l'internaute en aura besoin à un moment ou à un autre... Naviguer dans le virtuel ne doit pas vous faire oublier la vie réelle. Certaines personnes utilisent encore le combiné téléphonique ou la télécopie. Si, si...

Mieux encore, vous pouvez proposer, sur une page spécifique, vos coordonnées complètes : numéros Siren et Siret, code APE, numéro d'immatriculation au registre du commerce, etc. Si vous faites partie d'un syndicat ou d'une association reconnus dans votre domaine professionnel, mentionnez-le. La confiance étant l'un des problèmes numéro un sur le Web, vous démontrez ainsi à vos visiteurs que vous existez bel et bien et que vous n'êtes pas une entreprise « fantôme » !

Design et « look » général du site

Dans le processus de création de votre site web, il est souvent préférable de travailler dans un premier temps essentiellement avec du papier et un crayon. Oubliez au départ le langage HTML, et réalisez des esquisses de vos futures pages sur un bloc papier ou sur des pages blanches au format A4, voire des bouts de nappe (en papier)... Employez un *paperboard* si vous l'estimez nécessaire, notamment si vous êtes en réunion avec d'autres personnes.

Griffonnez, raturez, cent fois sur le métier remettez votre ouvrage, donc vos pages. En quelques heures, peut-être quelques jours, un *look* intéressant devrait en ressortir. Aidez-vous de vos pérégrinations passées sur le réseau (phase 2 du chapitre précédent) et des adresses alors mémorisées dans vos *bookmarks* pour mieux cerner vos idées.

Cherchez des sites primés pour leur *look* général, ainsi que pour leur contenu. Inspirez-vous-en.

Voici deux adresses, sur Yahoo! International et Yahoo! France, qui regroupent les sites qui présentent « le meilleur du Web » :

Sur Yahoo! France :

http://www.yahoo.fr/Informatique_et_multimedia/Internet/World_Wide_Web/Le_meilleur_du_Web/

L'équivalent sur Yahoo! International :

http://www.yahoo.com/Computers_and_Internet/Internet/World_Wide_Web/Best_of_the_Web/

Passez également faire un tour à cette adresse, qui regroupe des sites présentant ce qui se fait de pire sur le Web, histoire de prendre, là encore, quelques idées sur ce qu'il ne faut pas faire (lors de la rédaction de cet ouvrage, cette rubrique n'avait pas encore d'équivalent sur Yahoo! France, mais vous trouverez certains sites en saisissant la requête *pire du web* sur cet annuaire) :

http://www.yahoo.com/Computers_and_Internet/Internet/World_Wide_Web/Best_of_the_Web/Not_Really_the_Best/

De nombreux sites proposent un classement des services les plus efficaces ou les plus beaux. D'autres ont primé ceux qui offraient le meilleur contenu. En règle générale, les critères de distinction (beauté, efficacité, qualité du contenu) sont explicites, et il est impossible de se tromper. Allez voir ces « concours », naviguez dans les sous-rubriques et les sites présentés. Inspirez-vous de ce qui se fait ailleurs pour réaliser vos propres pages.

Une fois que vous avez dessiné des esquisses papier de votre page d'accueil, soumettez-les à des collaborateurs ou à des amis. Tenez compte de leurs remarques, et affinez le *design* jusqu'à trouver un consensus. Ne touchez toujours pas le moindre éditeur HTML lors de cette phase. Faites-vous aider par un cabinet conseil si nécessaire.

N'hésitez pas à proposer plusieurs versions très différentes de vos projets si le besoin s'en fait sentir.

Les personnes qui auront à discuter du site avec vous disposeront ainsi de plusieurs pistes de réflexion. Leur créativité s'en trouvera décuplée.

Une fois que vous serez très proche de la réalisation finale, faites un dessin plus soigné. Commencez par y inclure les cotes en pixels (voir plus loin). Aidez-vous du code HTML des pages visualisées auparavant sur le réseau. Regardez notamment la largeur, qui est très souvent indiquée dans la taille des premiers tableaux du fichier sous la forme : <TABLE WIDTH="600"> ou <TABLE WIDTH=600> (cela indique ici un tableau d'une largeur de 600 pixels). Nous reviendrons très bientôt sur cette notion de taille de page en pixels.

Ainsi que j'ai déjà eu l'occasion de le préciser, une connaissance assez approfondie du langage HTML est requise dans cet ouvrage. Si vous n'êtes pas familiarisé avec ces balises, je vous conseille fortement de lire un bon livre sur le sujet (voir la bibliographie en annexe 1). La présentation de ce langage n'entrant pas dans les objectifs de cet ouvrage, je considérerai qu'il vous est familier. D'autre part, si vous pensiez que vous pouviez faire du HTML avec un bon éditeur « WYSIWYG » (*What You See Is What You Get*) sans jamais jeter un coup d'œil au code généré, j'ai l'immense regret de devoir vous dire que cela est impossible. Vérifier le code doit devenir un réflexe... Vous vous apercevrez, d'ailleurs, que certains logiciels ont parfois une vision assez fantaisiste de la norme HTML...

En règle générale, lorsque vous naviguez sur le Web, pensez à sauvegarder le code HTML d'une page que vous appréciez. Puis, lisez-le à tête reposée. Analysez-en le contenu. Faites le point sur les aspects positifs et négatifs de la page.

Pour sauvegarder le code HTML d'une page, choisissez l'option « Afficher/Source de la page », « Affichage/Source », « View/page Source » ou « View/Source », selon le type et la version de votre navigateur.

Lorsque l'architecture générale de votre page d'accueil est prête sur le papier, réalisez le même travail avec les pages internes du site. Prévoyez des pages vierges dont le *design* général restera immuable. Elles constitueront des guides de travail. Par la suite, il suffira de les « remplir » avec un contenu de texte différent chaque fois, sans que la trame graphique en soit modifiée. Cette façon de procéder facilitera grandement votre travail de maintenance.

Rédigez votre cahier des charges, même si vous le développez en interne. Décrivez également soigneusement l'arborescence du site, et soumettez-la à d'autres personnes pour tester la navigation à l'intérieur de vos pages. Encore une fois, mettez-vous à la place de l'internaute qui consulterait votre site. Décrivez des recherches et des navigations types. Evaluez en combien de temps, c'est-à-dire en combien de clics de souris, l'internaute arrive à une information importante.

Navigation sur le site

Portez une attention toute particulière à la navigation sur le site. Si l'internaute se trouve (ou « arrive » par l'intermédiaire d'un moteur de recherche) sur une rubrique qui ne l'intéresse pas, il doit pouvoir passer facilement à une autre partie plus appropriée à ses attentes (s'il y en a). Elle doit donc être bien visible sur la page. Si l'internaute se trouve sur une rubrique qui l'intéresse, il doit avoir la possibilité d'en savoir plus très simplement, en un ou deux clics de souris. A partir de la page d'accueil, un ou deux clics doivent suffire pour obtenir une information de première importance (actualité, produits, services, commande en ligne). Trois clics, voire plus selon le cas, sont appropriés pour accéder aux données secondaires (listes de liens, chiffres clés de votre entreprise, etc.).

D'autre part, un visiteur qui « débarque » sur vos pages directement depuis un moteur de recherche doit savoir en quelques secondes qui vous êtes et, bien entendu, ce que vous proposez, à la fois au niveau de la page visualisée et au niveau de votre site. Rappelez donc sur toutes les pages, en une ligne, l'objectif de votre entreprise, de votre organisme, de votre activité ou de votre site web. Une barre de navigation simple et efficace doit aussi être mise en place. Elle permettra à l'internaute de se repérer facilement.

Dites-vous bien que, dès que vos visiteurs auront l'impression de « galérer » sur vos pages pour trouver une information, ils partiront au bout de quelques secondes pour un autre site, histoire de voir si le renseignement désiré n'y est pas plus accessible. D'une façon générale, l'internaute aime bien trouver rapidement ce qu'il cherche. Il répugne à consacrer plus de quelques minutes à cette démarche.

Votre futur visiteur doit également avoir une impression d'homogénéité lorsqu'il navigue sur le site. Respectez les polices de caractères que vous vous fixez au départ, l'harmonie des couleurs sur toutes les pages. Le visiteur ne doit pas être désorienté par la navigation que vous lui proposez. Il doit se sentir « chez lui » et y être bien. Cela évitera qu'il soit tenté d'aller chez le voisin.

En ce qui concerne les polices de caractères, notamment pour les titres de vos documents, il est très difficile d'en maîtriser l'affichage sur le Web. En effet, vous ne saurez jamais si l'internaute dispose de la bonne police sur sa machine. La solution « classique », dans ce cas, est d'afficher le texte sous forme d'images, ce qui vous permettra de proposer toutes les polices souhaitées, notamment si elles sont caractéristiques de votre activité ou de votre entreprise. Pour les polices les plus classiques (Arial, Helvetica, Times, Verdana, Courier), vous pouvez appliquer sur le texte visible la balise <FONT> ... </FONT> avec l'option FACE :

```
<FONT FACE="arial,helvetica">Ceci est un texte de présentation</FONT>
```

La police utilisée sur le navigateur distant sera ainsi en premier choix de l'Arial. Si l'internaute n'en dispose pas, ce sera de l'Helvetica. Et si aucune de ces deux polices ne se trouve sur le disque de l'utilisateur, la police par défaut sera utilisée (en règle générale, le Times).

En utilisant cette balise, vous gagnez du temps d'affichage (le texte est plus rapidement téléchargé qu'une image), mais vous maîtrisez moins bien l'affichage chez l'utilisateur.

Evaluez également la logique de la navigation que vous allez proposer à votre visiteur. Vous pouvez ainsi l'orienter de façons différentes et complémentaires, selon ses besoins, son profil : celui qui sait ce qu'il recherche sur votre site (et il doit le trouver tout de suite) ; celui qui découvre ou « surfe » au hasard (et il faut l'aider à visiter les pages importantes, les *must* du site, lui proposer une visite guidée). Mettez-vous à sa place, et naviguez dans vos pages. Efforcez-vous de compter le nombre de clics nécessaires pour arriver à une information, notamment pour aller consulter les rubriques les plus importantes. Au-delà de deux ou trois clics depuis la page d'accueil, révisez votre plan de navigation.

Cela va sans dire, (mais beaucoup mieux en le disant), évitez à tout prix les liens internes qui conduiraient à des pages vides et donc à la redoutable Erreur 404 (*Document Not Found*, *Page Not Found*) qui signale l'inexistence d'un document. Si cela arrivait, cependant, faites en sorte que la page qui affiche ce message d'erreur (qui est un document en bonne et due forme, présent sur le serveur) soit bien faite, à votre nom, qu'elle pointe vers la page d'accueil du site et, si possible, vers un document qui présente le plan d'ensemble du service sous une forme schématisée. Cela aidera l'internaute égaré à retrouver son chemin. Vous pouvez, d'ailleurs, inclure ce plan du site à l'intérieur de la page d'erreur. Cela épargnera à l'internaute un clic de souris supplémentaire. Cette page très intéressante permettra à votre visiteur de se situer dans sa navigation. Elle aura aussi une autre fonction lors du référencement de votre site sur les moteurs de recherche (point que nous étudierons au chapitre 4).

Evitez, en revanche, les pages du style « site en construction » ou « rubrique en chantier », vides ou ornées d'un horrible panneau du plus pur style « BTP, années 50 ». Ne faites pas la promotion de votre site tant que toutes les rubriques ne sont pas finalisées. Si une partie du site n'est pas terminée, mieux vaut ne pas la montrer et ajouter plus tard un lien vers cette zone, une fois qu'elle aura été formalisée.

La « galerie des horreurs », à éviter absolument sur votre site web.

En règle générale — et cela vaut également pour le contenu proposé de façon globale — il est préférable de « bien faire peu de choses » que « mal faire beaucoup » ! Soignez donc les quelques portions du site que vous mettrez en ligne dès le départ, puis ajoutez graduellement des fonctions après les avoir travaillées de façon professionnelle, autant sur la forme que sur le fond. Votre projet aura ainsi l'image d'un site qui bouge, qui évolue constamment, ce qui est un gage de réussite.

Soignez notamment la page d'accueil. Un site web en entier est le plus souvent jugé uniquement sur celle-ci, et ce en quelques secondes : l'aspect (professionnel ou amateur), le ton, la lisibilité, les couleurs, l'esprit qu'elle dégage, l'adéquation par rapport à la cible. Elle doit compter au maximum entre cinq et sept choix principaux. En quelques secondes, l'usager qui « tombe » sur votre page doit connaître et comprendre le contenu global et l'objectif du site. Naviguez sur le Web, vous verrez que c'est loin d'être toujours le cas ! Regardez les sites qui se placent dans les vingt premières positions aux classements fournis notamment par *Mediametrix* et autres *Netvalue*. Prenez des idées pour vos propres pages.

Pour connaître les sites « qui marchent », allez faire un tour chez Mediametrix et Netvalue qui proposent un « Audimat » du Web mondial et européen :

http://www.mediametrix.com/

http://www.netvalue.fr/

Vous trouverez également les coordonnées d'autres sites qui vous proposent ce type de statistiques, à l'adresse :

http://www.abondance.com/ressources/etudes.html

Souvenez-vous de vos réactions lors de vos pérégrinations sur le réseau. Ayez ensuite le même œil critique sur votre travail. Si vous n'y arrivez pas — c'est tout à fait possible, on sait bien que tous les parents disent que leur bébé est le plus beau —, faites-vous aider par des amis, des connaissances, des collaborateurs ou un cabinet extérieur.

Tout se joue pourtant dans les quelques secondes pendant lesquelles l'internaute va découvrir votre page. Soit elle lui plaît, et il reste encore un peu (mais ce n'est pas gagné pour autant). Soit elle lui déplaît, et il part. Et là, c'est irrémédiablement perdu. Il y a, de plus, peu de chances qu'il revienne...

Le nouveau contenu doit être indiqué en page d'accueil. Le visiteur ne doit pas avoir besoin d'aller sur une page spécifique pour le découvrir. Ne mettez donc pas sur votre page d'accueil un lien immuable du type « Pour voir ce qui est nouveau sur le site, cliquez ici », personne n'ira jamais. Offrez l'information nouvelle directement sur votre sommaire général, même si elle n'est visualisée que sous la forme d'un titre. L'usager pourra alors lire les détails sur une autre page, comme sur l'exemple ci-dessous.

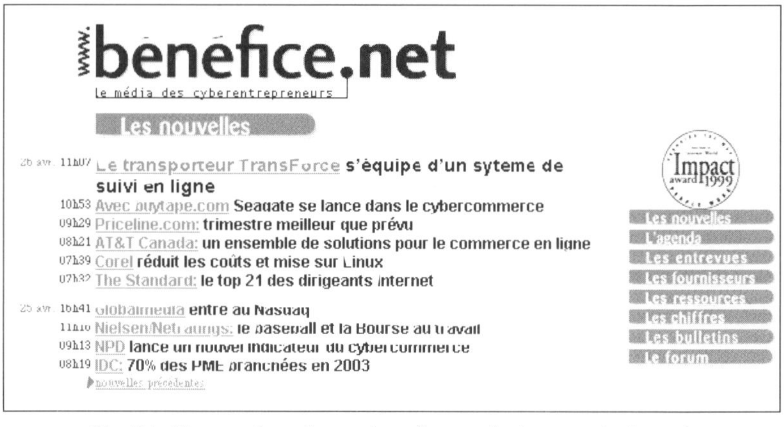

*Site Bénéfice.net (*http://www.benefice.net/*) : les grands titres de l'actualité quotidienne sont rappelés sur la page d'accueil, qui est ainsi modifiée tous les jours et donne un réel sentiment de mise à jour continue du site. Le détail des dépêches est accessible en cliquant sur les titres désirés. C'est le type même du site qui donne envie de revenir quotidiennement.*

Ces quelques conseils (non exhaustifs) vous auront permis, je l'espère, de ne pas tomber dans les pièges classiques du Web. Ceux-ci peuvent clairement s'exprimer en une phrase : « Faites plaisir à vos futurs visiteurs avant de viser votre propre contentement ! »

Nous allons maintenant (enfin) entrer dans l'analyse plus technique de la construction du site web à l'aide du langage HTML. Dans un premier temps, nous verrons quelques points importants qui contribueront à éviter la désertion de votre site par l'internaute que vous avez eu tant de mal à faire venir. Ensuite, nous étudierons quelques astuces techniques qui feront que les pages de votre site s'afficheront rapidement, en tout cas le plus rapidement possible, condition *sine qua non* du succès de votre projet.

Enfin, après avoir passé en revue quelques définitions nécessaires, nous verrons comment faire en sorte que vos pages soient mieux classées dans les listes fournies par les moteurs de recherche, tels que Altavista, HotBot ou Infoseek.

Dans un premier temps, nous allons donc voir quelques points techniques, quelques « trucs et astuces » qui donneront à vos pages un *look* plus professionnel.

Fond d'écran

Le fond d'écran d'une page HTML peut :

• Soit être visualisé sous la forme d'une image qui sera répétée horizontalement et verticalement autant de fois qu'il le faut en fonction de la taille de votre écran (dans cet exemple, le fichier Fond.gif) :

<BODY BACKGROUND="http://www.monsite.com/images/Fond.gif">

• Soit se présenter sous la forme d'une couleur, uniforme (ici la couleur blanche, représentée par le code FFFFFF) :

<BODY BGCOLOR="#FFFFFF">

Vous trouverez, à l'adresse :

http://www.abondance.com/ressources/outils.html

une liste d'utilitaires qui constitueront votre trousse à outils pour la création d'un site web. Parmi ceux-ci, de nombreux logiciels permettent de choisir au mieux les couleurs (et donc les codes correspondants) que vous utiliserez sur vos pages.

Premier constat : en règle générale, les images de fond complexes sont à bannir. Notamment si elles représentent un paysage, un objet, votre logo — gaufré ou non — ou tout autre indication répétée plusieurs fois, aussi bien verticalement qu'horizontalement, dans la fenêtre du navigateur. Les seuls fonds d'écran « acceptables » sont le plus souvent uniformes, blancs ou de couleur claire.

Regardez les sites qui drainent le plus de trafic sur le Web : ils arborent tous un fond blanc ou légèrement pastel. Pas (ou très peu) de fonds noirs, ou qui représentent la nuit étoilée, *le Radeau de la Méduse*, la petite famille, le chat ou encore le champ de betteraves de l'oncle Ferdinand.

Les fonds qui proposant une photo notamment gênent énormément la lisibilité du texte. Il en est de même pour les lettres blanches sur fond noir, qui sont plus fatigantes à lire. Bien entendu, je préfère passer sous silence les fonds verts avec des textes en lettres bleues ou roses !

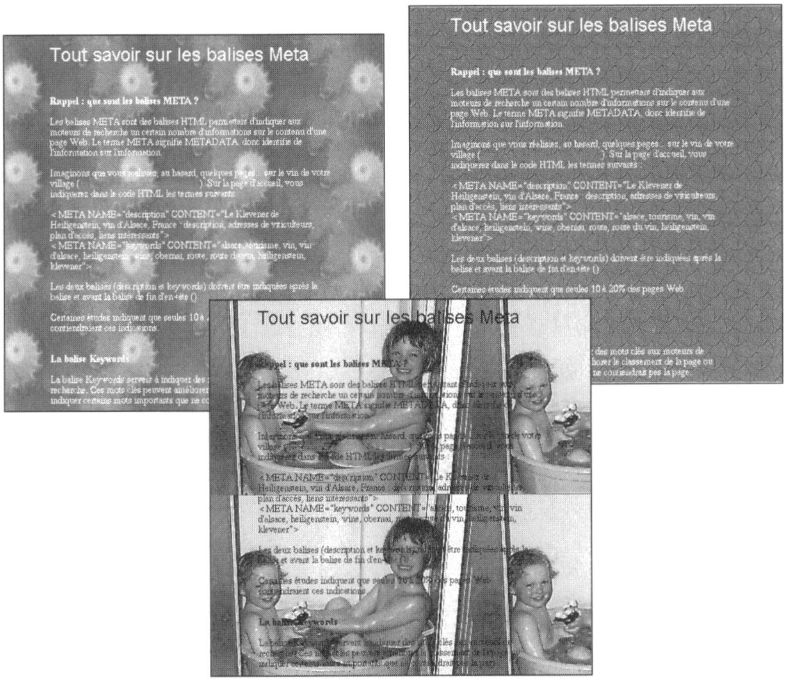

Les fonds d'écran qui proposent une image sont généralement à proscrire, car ils gênent fortement la lisibilité du texte. Ci-dessus, quelques cas caricaturaux... Bien entendu, aucun d'entre nous n'a jamais vu sur le Web des pages aussi horribles (ce qui ne met pas en cause la jolie frimousse des enfants sur la photo...).

Vous pouvez, en revanche — comme c'est le cas de nombreux sites actuels — adopter un bandeau vertical de couleur sur le côté gauche de l'écran pour y indiquer des possibilités de navigation dans le site (voir l'écran du *Journal du Net* ci-après).

Si vous réalisez un fond qui comprend ce type de bandeau vertical, la balise BODY ressemblera donc à ceci :

<BODY BACKGROUND="http://www.monsite.com/images/Fond.gif">

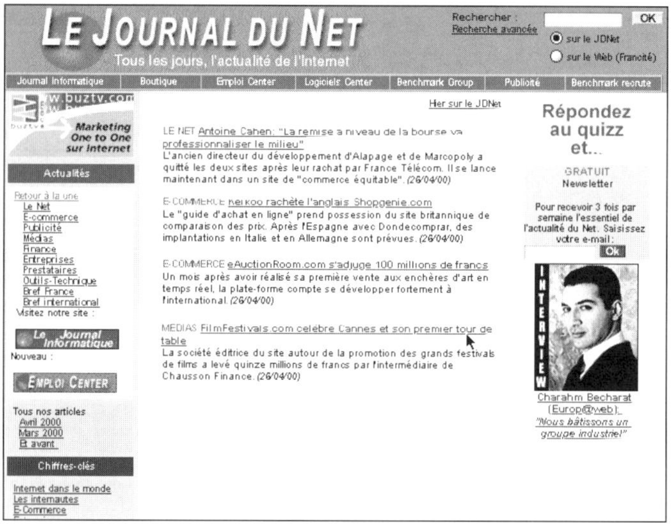

Un bandeau vertical à gauche de la page peut, en revanche, aider l'internaute dans sa navigation sur le site, comme ici sur le site du Journal du Net *(*http://www.journaldunet.com/*).*

Une image de fond, avec un bandeau de couleur à gauche et un fond blanc sur la droite, sera répétée verticalement par le navigateur autant de fois que nécessaire pour remplir le fond d'écran. Donnez à ce fichier une hauteur de 20 à 25 pixels et une largeur de 1 000 pixels environ.

La largeur de 1 000 pixels permettra de remplir horizontalement l'écran du navigateur, ce qui évitera une recopie disgracieuse du bandeau sur la droite de l'écran. La hauteur de 20 à 25 pixels (alors qu'un seul pixel suffirait logiquement, le bandeau étant recopié par le navigateur verticalement autant de fois que nécessaire) est optimisée pour en accélérer l'affichage par votre logiciel de navigation. Le temps d'affichage d'un fichier de fond qui ne possède qu'un seul pixel de hauteur est très long et peu convivial. Faites le test sur une machine qui comptabilise quelques heures de vol, et vous comprendrez aisément.

De même, si vous optez pour un fond uniforme, préférez l'option BGCOLOR à BACKGROUND pour la balise <BODY>. Evitez une balise du type :

```
<BODY BACKGROUND="http://www.monsite.com/images/Fond.gif">
```

Avec une image Fond.gif d'une couleur uniforme et d'un format de 1 pixel sur 1 ! L'erreur est pourtant communément commise sur le Web, notamment dans les milieux francophones. Ce type de balises obligera votre navigateur à dupliquer cette image horizontalement et verticalement autant de fois que nécessaire, afin de remplir l'écran, soit plus de six cents fois horizontalement et quatre cents fois verticalement pour une résolution d'écran de 640 x 480 pixels ! Sur une machine « dernier cri », puissante comme l'est certainement la vôtre, cela peut passer inaperçu, mais cela devient rapidement insupportable sur un ordinateur de puissance moyenne. De plus, l'emploi de l'option BACKGROUND est inutile ; en effet, dans le cas d'une couleur de fond uniforme, il vaut bien mieux utiliser BGCOLOR. Faites des essais en ligne si vous tenez absolument à conserver l'option BACKGROUND, avec un fichier image d'une taille minimale de 40 pixels de large sur 20 de haut.

Titre des pages

On ne le dira jamais assez, la balise <TITLE>...</TITLE> est absolument capitale sur une page web, notamment parce qu'elle représente un poids considérable dans votre futur classement auprès des moteurs de recherche. C'est aussi la première information que le moteur présente à l'internaute dans sa page de résultats. Plus ce titre sera explicite, plus l'usager aura envie de venir voir ce qu'il « cache », ou plutôt ce qu'il promet. Nous verrons ce point au chapitre 3.

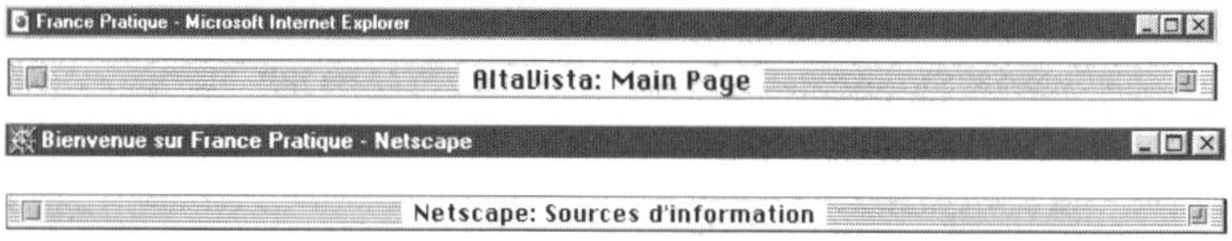

Le titre de la page est affiché en haut de l'écran du navigateur, respectivement (de haut en bas) : Explorer PC et Mac, Netscape PC et Mac.

Le titre de la page est également important, car il est l'une des premières informations affichées par le navigateur. Il propose ainsi à l'internaute une première vision de la page, de son contenu (même si aucun texte ni aucune image ne sont encore affichés), et l'aide parfois à attendre la visualisation complète du contenu. Enfin, c'est sous ce nom que la page qui a retenu l'attention de votre visiteur sera sauvegardée sous forme de signet (*bookmark*, favori). Autant savoir tout de suite de quoi il retourne grâce à un nom explicite.

Nous parlerons plus longuement du titre des pages, dans le cadre de l'étude des critères de tri des moteurs de recherche (chapitre 3).

Couleur des liens

Il est possible en HTML de changer la couleur des liens de vos pages à l'aide de la balise <BODY>. Par exemple :

```
<BODY BGCOLOR="#FFFFFF" LINK="#663300"
VLINK="#996633" TEXT="#000000">
```

LINK définit la couleur des liens non visités ; VLINK indique la couleur des liens déjà consultés. TEXT représente la couleur du « texte visible » de l'ensemble du document, hors liens hypertexte. Rappelons que l'attribut BGCOLOR indique la couleur de fond de la page.

En règle générale, les logiciels de navigation affichent par défaut du bleu pour les liens non visités et du violet pour les liens visités, couleurs très souvent reconnues comme étant non optimisées au niveau ergonomique, mais qui peuvent être considérées comme étant des standards de fait à l'heure actuelle. L'utilisateur peut changer ces teintes *via* le menu de configuration de son navigateur.

Vous pouvez également changer la couleur d'un seul lien dans la page, en utilisant la balise <FONT COLOR>, comme dans l'exemple ci-dessous :

<A HREF="http://www.monsite.com">Ceci est un lien vers mon site</A> induira un affichage dans la couleur définie par l'utilisateur ou la balise <BODY LINK> de la page.

<A HREF="http://www.monsite.com"><FONT COLOR= #000000>Ceci est un lien vers mon site</FONT></A> fera apparaître le texte du lien en noir, même si une autre couleur a été définie dans la balise <BODY LINK>. Ce texte restera en noir même si vous êtes déjà allé sur le site en question (lien déjà consulté).

Cette « astuce » ne doit pas être utilisée à tort et à travers, notamment pour donner, sans raison valable, des couleurs différentes aux liens de la page, ce qui désorientera complètement l'internaute. Cet expédient est le plus souvent utilisé pour inclure dans la page des tableaux dont les cellules possédent un fond sombre. Cela permet de faire ressortir les liens si, dans le reste de la page, le fond est clair.

La balise <BODY> vous permet donc de modifier ces couleurs côté serveur si cela se révèle nécessaire pour le design et l'harmonisation des teintes d'ensemble de votre site. Effectuez ces opérations sur la pointe des pieds (ou du clavier) si vous pensez que votre future cible est plutôt classique et n'apprécie guère les changements dans ses habitudes. Le fait d'imposer à l'usager des couleurs de liens qu'il n'a pas choisies est susceptible de le désorienter. Aussi, réfléchissez-y à deux fois avant de le lui proposer. Evitez quand même d'injecter dans vos pages une bonne dose de perversion technologique en proposant les liens visités en bleu et les liens non visités en violet, soit exactement l'inverse des habitudes de l'utilisateur *lambda* !

Taille des pages

Il existe de nombreuses « écoles » qui tentent de définir de façon précise la taille, et notamment la longueur, optimisée d'une page HTML. Il est difficile de faire ressortir l'unanimité. Certains disent qu'une bonne page tient dans la fenêtre du navigateur, sans que l'on ait à utiliser l'ascenseur — situé à droite de l'écran. D'autres prétendent que cela est égal, tant qu'on ne dépasse pas une certaine longueur de défilement (en général, deux voire trois fois la hauteur de l'écran). Bref, il n'y a pas de règle stricte. Le plus souvent, c'est le bon sens qui prévaudra. N'oubliez pas cependant que peu d'utilisateurs du Web utilisent l'ascenseur (voir en chapitre 4 de cet ouvrage, la partie « Comportement des internautes »).

Une seule chose est aujourd'hui certaine : la plupart des écrans utilisés par les internautes proposent une définition de 640 x 480 ou 800 x 600 pixels, avec une prépondérance de plus en plus nette pour cette dernière résolution. Il faudra tenir compte de cette information. En effet, si on peut discuter de la hauteur de votre page pendant des heures, la largeur en est aujourd'hui clairement définie. Il est vivement conseillé de créer des pages dont la largeur moyenne oscille entre 500 et 600 pixels. La seconde valeur semble être une limite supérieure (tous les internautes ne disposent pas d'un écran de 21 pouces).

En règle générale, on estime qu'une page d'accueil doit pouvoir être entièrement affichée sur un écran 800 x 600, sans que l'on ait à utiliser l'ascenseur vertical. Une page interne du site pourra, pour sa part, être plus « généreuse » en hauteur.

Si vous tenez à proposer aux internautes un contenu volumineux, pensez plutôt à mettre également (ou uniquement) à leur disposition cette information sous la forme de fichiers au format PDF (*Portable Document Format*) — simples à télécharger et à visualiser — en indiquant à l'aide d'un lien l'endroit où ils pourront se procurer gratuitement le *viewer* adéquat (sur le site d'Adobe, à l'adresse *http://www.adobe.com*). Eventuellement, proposez des fichiers Word ou RTF (*Rich Text Format*), lisibles sur de nombreuses plates-formes (PC, Macintosh, Unix, etc.).

Comme indiqué précédemment, lisez le code HTML de sites web importants et reconnus pour leur ergonomie, afin de connaître la taille de leurs pages (fournie par les paramètres des tableaux HTML correspondants).

Pensez également que l'utilisateur aura peut-être envie d'imprimer certaines pages. Testez cette éventualité avec vos documents, afin d'éviter des ruptures de pages à l'impression. Faites en sorte qu'il tienne sur une seule page au format A4. En tout cas, dans le sens horizontal.

Gadgets et haute technologie

On rencontre encore sur le Web beaucoup (trop !) de pages — et notamment de pages d'accueil, ce qui est encore pire — truffées des derniers gadgets, images animées et *plug-in* à la mode. Fuyez ces fonctions et faites simple, le plus simple possible, au moins au lancement de votre site ! Seule exception : si vous désirez montrer à vos visiteurs que vous êtes techniquement très bon et que vous maîtrisez totalement toutes les subtilités technologiques proposées par les nouveautés du Web.

Il peut arriver qu'on veuille consulter certains sites (très connus) et qu'on se retrouve devant une page vide, un splendide écran blanc ! Pourquoi ? Parce que l'affichage des données nécessite que le logiciel de navigation utilisé par le visiteur comprenne JavaScript, ce qui n'est pas toujours le cas. Imaginez une entreprise qui dépense plusieurs centaines de milliers de francs pour créer un site web et qui finisse par proposer une page blanche comme accueil ! On est alors obligé d'aller lire le code source de la page pour s'en sortir et enfin afficher le sommaire général. Incroyable ! Cela ne signifie pas qu'il faut bannir JavaScript, mais que son utilisation ne doit en aucun cas gêner l'affichage de la page si l'internaute n'en dispose pas.

Une mésaventure identique — page vide et blanche — m'est arrivée maintes fois (vous me direz que je n'ai pas de chance...) sur des pages qui avaient intégré un test afin de savoir si ma machine disposait sur son disque dur du *plug-in* Macromedia Flash. Ce test est tout à fait réalisable techniquement dans une page, mais il vaut mieux le tester à fond (plusieurs plates-formes, marques et versions de navigateurs) avant de le mettre en ligne !

D'autre part, comme nous le verrons bientôt, vous devez tester vos documents HTML avec les logiciels Microsoft Explorer et Netscape Navigator (ou Communicator), car ils manifestent une plus ou moins grande tolérance envers les « petites fautes de HTML » et une interprétation souvent différente de la norme, qui peuvent parfois donner des résulats bien surprenants sur l'un ou l'autre de ces outils...

Ayez toujours à l'esprit, lorsque vous réalisez vos pages, que les internautes du monde entier ne sont pas tous pourvus, comme vous, d'une machine « dernier cri », avec 256 Mo de RAM et 20 Go d'espace disque, ainsi que du navigateur X ou Y dans sa toute dernière version. Beaucoup de gens ne passent pas leur temps de connexion sur le Web à rapatrier le maximum de *plug-in* pour en remplir leur disque. Vos pages — notamment celles qui sont importantes, qui constituent les carrefours par lesquels passeront obligatoirement vos futurs visiteurs — doivent être réalisées de façon simple et ne pas nécessiter un logiciel spécifique (un *plug-in*, par exemple) pour s'afficher ! Si vous utilisez du JavaScript — ou toute autre fonctionnalité technologique en marge du langage HTML « standard » — sur vos pages, assurez-vous qu'il ne bloque pas l'affichage des informations sur l'écran de l'utilisateur qui n'en dispose pas. N'utilisez pas les balises HTML spécifiques à Netscape ou à Microsoft. Ne vous risquez pas non plus en dehors du HTML proposé par le W3C dans sa version « officielle » en cours, compréhensible par Netscape Navigator (et Communicator) et Microsoft Explorer dans leur version courante et les deux précédentes ! Si la version diffusée de ces deux logiciels est la 6.0, faites en sorte que vos pages soient lisibles de la même façon dans leurs variantes 5.0 et 4.0. Nous y reviendrons lorsque nous parlerons de la phase de test du site (à la fin de ce chapitre).

Le W3C propose un excellent outil de vérification du code HTML de vos pages, à l'adresse :
http://validator.w3.org/

Si vous ne pouvez pas vous passer des derniers gadgets à la mode, créez une rubrique intitulée « Innovations technologiques », afin de vous y défouler. Cela peut même devenir un but de visite pour les internautes technophiles. Bien évidemment, si vous décidez de créer un site dédié au *plug-in* Macromedia Flash, oubliez tout ce que j'ai pu dire auparavant. Quoique...

Le premier chargement de Java sur certains navigateurs actuels (Netscape notamment) est également très long (plusieurs secondes le plus souvent).

N'ajoutez donc une fonction Java sur votre page d'accueil qu'à l'unique condition qu'elle apporte un plus indéniable à l'usager. Quoi de plus énervant que d'attendre de longues secondes l'affichage d'une page pour s'apercevoir que Java n'est utilisé qu'aux fins de faire défiler un texte publicitaire ou d'une importance insignifiante dans une petite fenêtre ! Pensez à l'usager du réseau qui paye sa connexion, avant de vous faire plaisir. L'objet de votre site et de la page d'accueil est-il d'énerver l'usager ou d'essayer de l'intéresser et de le retenir sur vos pages ?

Il en va de même pour les compteurs. Il n'est pas certain qu'un compteur « public » sur une page web serve réellement à grand-chose. Si votre site web est intéressant, l'internaute n'est pas réellement concerné par le fait que deux mille personnes ou plus (ou moins...) soient passées par là avant lui. Ce qui l'intéresse, c'est plutôt d'avoir une réponse à ses attentes. Si vous ne les lui donnez pas, ce n'est pas le compteur qui va sauver votre site. Les statistiques n'apportent un réel plus qu'à une seule personne : vous ! Le pire étant, bien sûr, l'affichage d'un compteur qui indique « déjà vingt visites sur cette page depuis six mois » ! Mais personne n'a jamais vu cela sur le Web, bien entendu...

En règle générale, partez plutôt d'un site dont le contenu tient réellement la route. Proposez des pages simples et sans gadgets. Pensez aussi que les *netsurfers* de Nomade, Yahoo! et consorts vont venir sur vos pages pour les évaluer (voir chapitre 4), alors soignez-les (les pages et les *netsurfers*).

Ces gens-là n'ont pas obligatoirement installé tous les derniers *plug-in* à la mode sur leurs machines. Si votre page fait planter leur système à cause d'un problème technique ou les ralentit dans leur évaluation pour cause de *plug-in* manquant — imaginez-vous qu'ils visitent des sites toute la journée et qu'ils n'ont pas obligatoirement le temps d'aller télécharger un utilitaire quelconque pour visualiser spécifiquement vos pages —, il est à craindre que l'indexation de votre site dans leur base soit légèrement compromise. Réfléchissez-y donc à deux fois avant de remplir à ras bord votre site d'applets Java, de *plug-in* Shockwave et de contrôles Active X de haute volée. Certains utilisateurs du Web risquent même de redouter qu'un site trop « clinquant techniquement » cache un fond un peu trop creux...

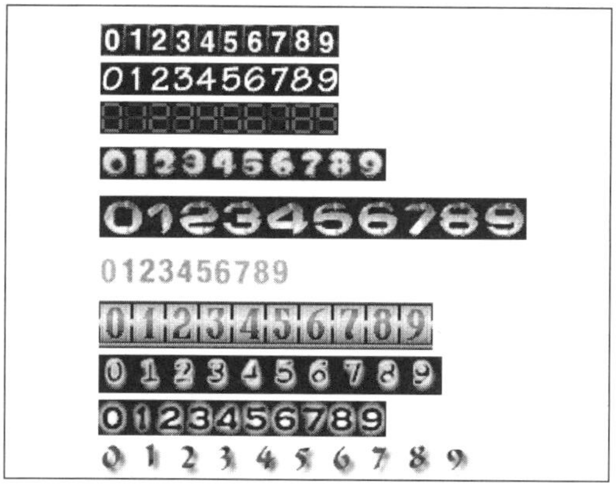

Quelle que soit sa forme, réflechissez bien avant d'installer un compteur sur votre site.

Même chose pour les images dites « GIF animés », certainement très belles et « sympas », mais qui détournent l'attention de l'internaute de ce qui fait la réelle valeur ajoutée de votre site : le contenu ! Il ne s'agit pas pour autant de proposer un site austère, mais usez avec modération des « gadgets qui bougent » dont l'objectif premier doit être d'apporter un plus, par exemple, en soulignant une information importante (promotion, actualité, nouveauté sur le site, bandeau publicitaire, etc.).

De la même façon, évitez de télécharger puis d'utiliser des illustrations qui feraient trop « amateur » ou que l'on voit partout sur le Web, disponibles sur bon nombre de sites ou sur certains CD-Rom (du style « 6 000 clip-arts pour 99 F seulement »). Mieux vaut un site sobre et bien fait qu'une compilation d'images mille fois vues et récupérées sur des sites grand public. Si vous désirez communiquer à l'aide d'une image vraiment sérieuse, contactez un graphiste, ou une agence de communication, qui développera pour vous des icônes spécifiques. Evidemment, cela coûte plus cher...

Faites donc, dans un premier temps, un site simple qui sera testé par des milliers d'internautes ayant chacun un environnement technique différent, puis insérez les avancées technologiques l'une après l'autre. Mettez alors en ligne un formulaire de *bug report* qui permettra à vos visiteurs de vous signaler d'éventuels dysfonctionnements. Faites-leur gagner un tee-shirt ou un petit cadeau pour tout problème réel signalé !

Mise en page

En règle générale, les graphistes professionnels déconseillent d'utiliser la balise <HR>, qui permet d'insérer une règle, ou, pis, les lignes graphiques diverses et variées que vous proposent de multiples sites web (voir illustration plus loin) pour séparer vos différents paragraphes. En effet, insérer une telle barre horizontale dans la page brise le schéma de lecture et ne permet pas un parcours harmonieux de vos pages.

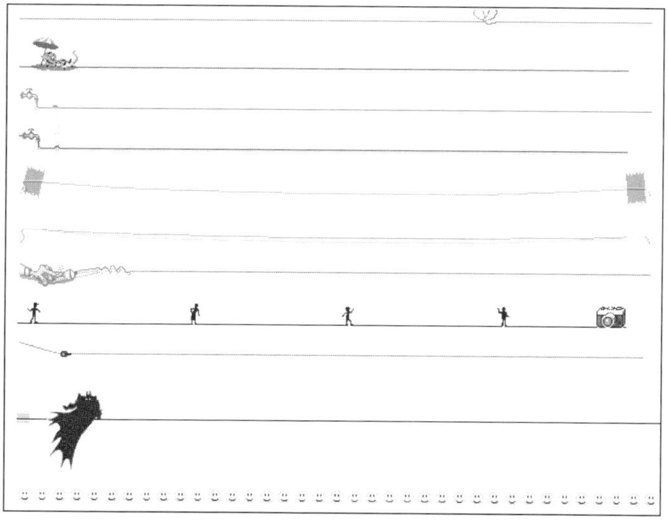

Quelques-unes des centaines de lignes graphiques de séparation à votre disposition sur le Web. A éviter autant que possible !

En règle générale, pour tout ce qui concerne la mise en page de votre site, je vous recommande l'ouvrage suivant : **Créer des sites web spectaculaires**, de David Siegel, aux éditions Simon & Schuster Macmillan (ISBN : 2-7440-0429-4). Une bible pour les créateurs de sites !

Préférez largement les espaces blancs pour séparer vos paragraphes. Cela les rendra bien plus lisibles. Les blancs verticaux peuvent être obtenus de deux façons en HTML. La plus simple et la plus classique est d'insérer une succession de renvois à la ligne :

```
<P><BR><BR>
```

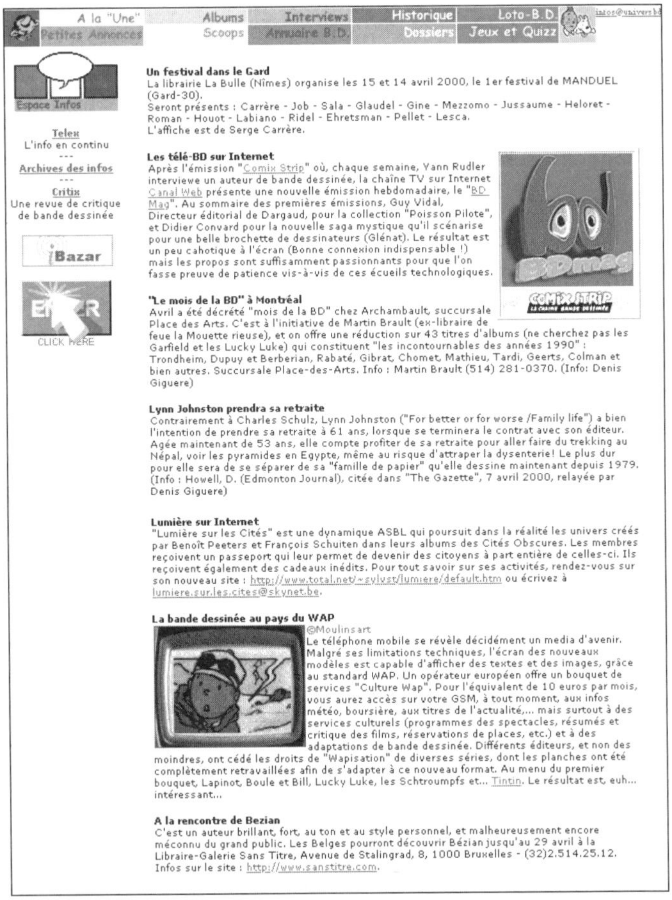

A la "Une" | Albums | Interviews | Historique | Loto-B.D.
Petites Annonces | Scoops | Annuaire B.D. | Dossiers | Jeux et Quizz

infos@universbd

Espace Infos

Telex
L'info en continu

Archives des infos

Critix
Une revue de critique de bande dessinée

iBazar

ENTER
CLICK HERE

Un festival dans le Gard
La librairie La Bulle (Nîmes) organise les 15 et 14 avril 2000, le 1er festival de MANDUEL (Gard-30).
Seront présents : Carrère - Job - Sala - Glaudel - Gine - Mezzomo - Jussaume - Heloret - Roman - Houot - Labiano - Ridel - Ehretsman - Pellet - Lesca.
L'affiche est de Serge Carrère.

Les télé-BD sur Internet
Après l'émission "Comix Strip" où, chaque semaine, Yann Rudler interviewe un auteur de bande dessinée, la chaîne TV sur Internet Canal Web présente une nouvelle émission hebdomadaire, le "BD Mag". Au sommaire des premières émissions, Guy Vidal, Directeur éditorial de Dargaud, pour la collection "Poisson Pilote", et Didier Convard pour la nouvelle saga mystique qu'il scénarise pour une belle brochette de dessinateurs (Glénat). Le résultat est un peu cahotique à l'écran (Bonne connexion indispensable !) mais les propos sont suffisamment passionnants pour que l'on fasse preuve de patience vis-à-vis de ces écueils technologiques.

BDmag
COMIX STRIP

"Le mois de la BD" à Montréal
Avril a été décrété "mois de la BD" chez Archambault, succursale Place des Arts. C'est à l'initiative de Martin Brault (ex-libraire de feue la Mouette rieuse), et on offre une réduction sur 43 titres d'albums (ne cherchez pas les Garfield et les Lucky Luke) qui constituent "les incontournables des années 1990" : Trondheim, Dupuy et Berberian, Rabaté, Gibrat, Chomet, Mathieu, Tardi, Geerts, Colman et bien autres. Succursale Place-des-Arts. Info : Martin Brault (514) 281-0370. (Info: Denis Giguere)

Lynn Johnston prendra sa retraite
Contrairement à Charles Schulz, Lynn Johnston ("For better or for worse /Family life") a bien l'intention de prendre sa retraite à 61 ans, lorsque se terminera le contrat avec son éditeur. Agée maintenant de 53 ans, elle compte profiter de sa retraite pour aller faire du trekking au Népal, voir les pyramides en Egypte, même au risque d'attraper la dysenterie! Le plus dur pour elle sera de se séparer de sa "famille de papier" qu'elle dessine maintenant depuis 1979. (Info : Howell, D. (Edmonton Journal), citée dans "The Gazette", 7 avril 2000, relayée par Denis Giguere)

Lumière sur Internet
"Lumière sur les Cités" est une dynamique ASBL qui poursuit dans la réalité les univers créés par Benoît Peeters et François Schuiten dans leurs albums des Cités Obscures. Les membres reçoivent un passeport qui leur permet de devenir des citoyens à part entière de celles-ci. Ils reçoivent également des cadeaux inédits. Pour tout savoir sur ses activités, rendez-vous sur son nouveau site : http://www.total.net/~sylvst/lumiere/default.htm ou écrivez à lumiere.sur.les.cites@skynet.be.

La bande dessinée au pays du WAP
©Moulinsart
Le téléphone mobile se révèle décidément un media d'avenir. Malgré ses limitations techniques, l'écran des nouveaux modèles est capable d'afficher des textes et des images, grâce au standard WAP. Un opérateur européen offre un bouquet de services "Culture Wap". Pour l'équivalent de 10 euros par mois, vous aurez accès sur votre GSM, à tout moment, aux infos météo, boursière, aux titres de l'actualité,... mais surtout à des services culturels (programmes des spectacles, résumés et critique des films, réservations de places, etc.) et à des adaptations de bande dessinée. Différents éditeurs, et non des moindres, ont cédé les droits de "Wapisation" de diverses séries, dont les planches ont été complètement retravaillées afin de s'adapter à ce nouveau format. Au menu du premier bouquet, Lapinot, Boule et Bill, Lucky Luke, les Schtroumpfs et... Tintin. Le résultat est, euh... intéressant...

A la rencontre de Bezian
C'est un auteur brillant, fort, au ton et au style personnel, et malheureusement encore méconnu du grand public. Les Belges pourront découvrir Bézian jusqu'au 29 avril à la Libraire-Galerie Sans Titre, Avenue de Stalingrad, 8, 1000 Bruxelles - (32)2.514.25.12. Infos sur le site : http://www.sanstitre.com.

Placer des blancs entre les paragraphes rend le texte lisible et agréable à parcourir.

(Notez qu'une succession de sauts de paragraphe <P> ne fonctionne pas à l'affichage sur la plupart des navigateurs.)

Autre méthode, plus fiable et qui présente l'avantage de s'afficher de façon équivalente sur tous les navigateurs ou presque : l'espace insécable ( ) utilisé conjointement avec le saut à la ligne :

```
<BR> <BR> <BR>
```

Vous obtenez ainsi un espace de séparation entre les différents paragraphes. Vos pages seront bien plus lisibles et agréables à consulter.

Enfin, puisqu'on parle de la lisibilité d'un site, évitez de faire coller vos textes aux limites droite et gauche de votre navigateur.

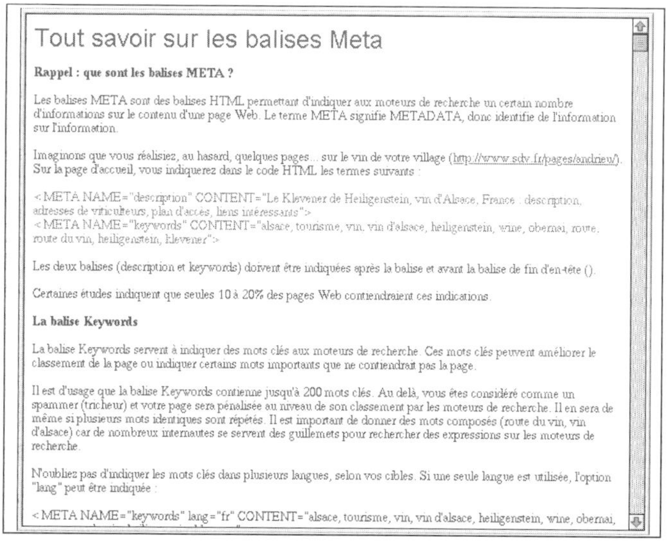

Tout savoir sur les balises Meta

Rappel : que sont les balises META ?

Les balises META sont des balises HTML permettant d'indiquer aux moteurs de recherche un certain nombre d'informations sur le contenu d'une page Web. Le terme META signifie METADATA, donc identifie de l'information sur l'information.

Imaginons que vous réalisiez, au hasard, quelques pages... sur le vin de votre village (http://www.sdv.fr/pages/andrieu/). Sur la page d'accueil, vous indiquerez dans le code HTML les termes suivants :

```
<META NAME="description" CONTENT="Le Klevener de Heiligenstein, vin d'Alsace, France : description, adresses de viticulteurs, plan d'accès, liens intéressants">
<META NAME="keywords" CONTENT="alsace, tourisme, vin, vin d'alsace, heiligenstein, wine, obernai, route, route du vin, heiligenstein, klevener">
```

Les deux balises (description et keywords) doivent être indiquées après la balise et avant la balise de fin d'en-tête ().

Certaines études indiquent que seules 10 à 20% des pages Web contiendraient ces indications.

La balise Keywords

La balise Keywords servent à indiquer des mots clés aux moteurs de recherche. Ces mots clés peuvent améliorer le classement de la page ou indiquer certains mots importants que ne contiendrait pas la page.

Il est d'usage que la balise Keywords contienne jusqu'à 200 mots clés. Au delà, vous êtes considéré comme un spammer (tricheur) et votre page sera pénalisée au niveau de son classement par les moteurs de recherche. Il en sera de même si plusieurs mots identiques sont répétés. Il est important de donner des mots composés (route du vin, vin d'alsace) car de nombreux internautes se servent des guillemets pour rechercher des expressions sur les moteurs de recherche.

N'oubliez pas d'indiquer les mots clés dans plusieurs langues, selon vos cibles. Si une seule langue est utilisée, l'option "lang" peut être indiquée :

```
<META NAME="keywords" lang="fr" CONTENT="alsace, tourisme, vin, vin d'alsace, heiligenstein, wine, obernai,
```

Evitez de faire coller vos textes sur les bords de la fenêtre de votre logiciel de navigation.

Insérez des marges de chaque côté de vos pages. Pour cela, il existe plusieurs techniques. La première — la plus simple également — consiste à remplir un tableau de largeur fixe avec votre texte et de le centrer.

Le code HTML est alors :

```
<DIV ALIGN=CENTER>
<TABLE WIDTH=500 BORDER=0>
<TR>
<TD>Début du texte ... Fin du texte</TD>
</TR>
</TABLE>
</DIV>
```

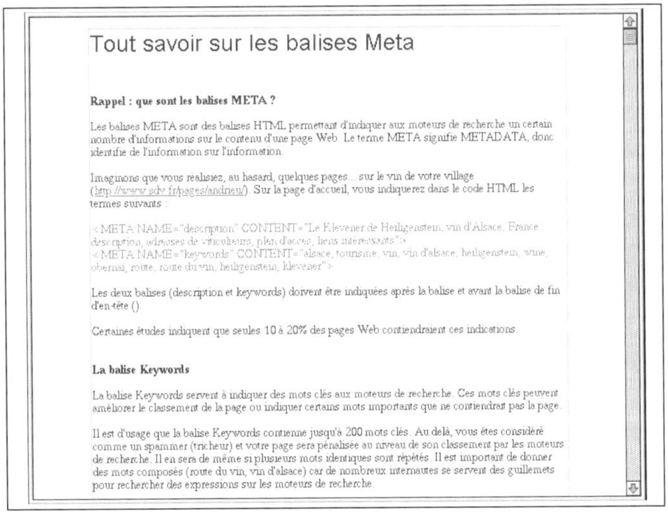

Tout savoir sur les balises Meta

Rappel : que sont les balises META ?

Les balises META sont des balises HTML permettant d'indiquer aux moteurs de recherche un certain nombre d'informations sur le contenu d'une page Web. Le terme META signifie METADATA, donc identifie de l'information sur l'information.

Imaginons que vous réalisiez, au hasard, quelques pages... sur le vin de votre village (http://www.sdv.fr/pages/andrieu/). Sur la page d'accueil, vous indiquerez dans le code HTML les termes suivants :

<META NAME="description" CONTENT="Le Klevener de Heiligenstein, vin d'Alsace, France : description, adresses de viticulteurs, plan d'accès, liens intéressants">
<META NAME="keywords" CONTENT="alsace, tourisme, vin, vin d'alsace, heiligenstein, wine, obernai, route, route du vin, heiligenstein, klevener">

Les deux balises (description et keywords) doivent être indiquées après la balise et avant la balise de fin d'en-tête ().

Certaines études indiquent que seules 10 à 20% des pages Web contiendraient ces indications.

La balise Keywords

La balise Keywords servent à indiquer des mots clés aux moteurs de recherche. Ces mots clés peuvent améliorer le classement de la page ou indiquer certains mots importants que ne contiendrait pas la page.

Il est d'usage que la balise Keywords contienne jusqu'à 200 mots clés. Au delà, vous êtes considéré comme un spammer (tricheur) et votre page sera pénalisée au niveau de son classement par les moteurs de recherche. Il en sera de même si plusieurs mots identiques sont répétés. Il est important de donner des mots composés (route du vin, vin d'alsace) car de nombreux internautes se servent des guillemets pour rechercher des expressions sur les moteurs de recherche.

Un tableau de largeur fixe est centré dans la page. Des marges gauche et droite sont ainsi ajoutées naturellement. Nous avons, pour cette copie d'écran, ajouté l'argument BORDER=1 à la définition du tableau, afin qu'il reste visible.

Les balises <DIV ALIGN=CENTER>...</DIV> permettent de centrer le tableau (équivalent en HTML 4.0 de l'ancien <CENTER>...</CENTER>). Celui-ci est limité en largeur à 500 pixels (argument WIDTH=500 de la balise <TABLE>).

Autre méthode : ajouter des colonnes de taille fixe à gauche et à droite de votre tableau :

```
<TABLE WIDTH=500 BORDER=0>
<TR>
<TD WIDTH=100> </TD>
<TD WIDTH=300>Début du texte ... Fin du texte</TD>
<TD WIDTH=100> </TD>
</TR>
</TABLE>
```

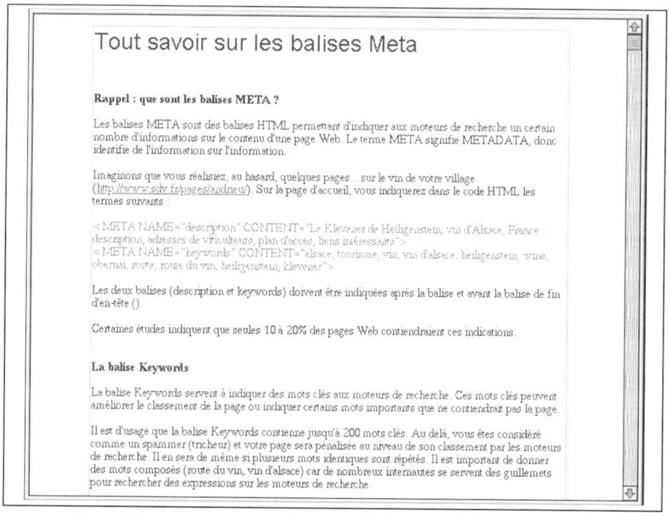
Tout savoir sur les balises Meta

Rappel : que sont les balises META ?

Les balises META sont des balises HTML permettant d'indiquer aux moteurs de recherche un certain nombre d'informations sur le contenu d'une page Web. Le terme META signifie METADATA, donc identifie de l'information sur l'information.

Imaginons que vous réalisiez, au hasard, quelques pages... sur le vin de votre village (http://www.sdv.fr/pages/andneu/). Sur la page d'accueil, vous indiquerez dans le code HTML les termes suivants :

<META NAME="description" CONTENT="Le Klevener de Heiligenstein, vin d'Alsace, France : description, adresses de viticulteurs, plan d'accès, liens intéressants">
<META NAME="keywords" CONTENT="alsace, tourisme, vin, vin d'alsace, heiligenstein, wine, obernai, route, route du vin, heiligenstein, klevener">

Les deux balises (description et keywords) doivent être indiquées après la balise et avant la balise de fin d'en-tête ().

Certaines études indiquent que seules 10 à 20% des pages Web contiendraient ces indications.

La balise Keywords

La balise Keywords servent à indiquer des mots clés aux moteurs de recherche. Ces mots clés peuvent améliorer le classement de la page ou indiquer certains mots importants que ne contiendrait pas la page.

Il est d'usage que la balise Keywords contienne jusqu'à 200 mots clés. Au delà, vous êtes considéré comme un spammer (tricheur) et votre page sera pénalisée au niveau de son classement par les moteurs de recherche. Il en sera de même si plusieurs mots identiques sont répétés. Il est important de donner des mots composés (route du vin, vin d'alsace) car de nombreux internautes se servent des guillemets pour rechercher des expressions sur les moteurs de recherche.

Le tableau est maintenant pourvu de marges de chaque côté. Elles seront symbolisées par des cellules de taille fixe (ici 100 pixels). Le texte est proposé dans une cellule de taille fixe de 300 pixels.

Enfin, pour une meilleure lisibilité de vos documents, ne jouez pas de façon abusive sur les couleurs des textes (une ou deux couleurs différentes suffisent largement sur une page). N'utilisez surtout pas des horreurs, telles que la balise <BLINK> ... </BLINK>, qui fait clignoter le texte.

« Frames » ou cadres

Utiliser des *frames* (ou « cadres ») pour vos pages web consiste à les diviser en plusieurs parties indépendantes les unes des autres.

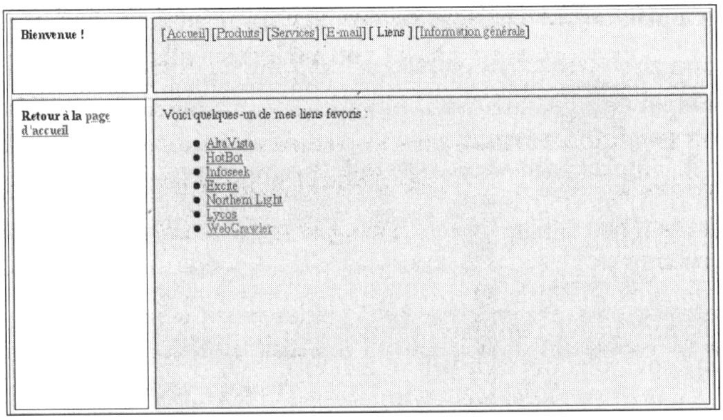

Un exemple de page web qui utilise quatre cadres.

En règle générale, il est fortement déconseillé d'employer des cadres de façon quasi systématique. Bien entendu, ils peuvent être utilisés avec parcimonie et à bon escient suivant le type d'informations à afficher. Ils ont également de nombreux avantages en termes de navigation et de maintenance de site. Toutefois, ils présentent un inconvénient de taille :

les informations qu'ils contiennent n'ont que très peu de chances d'être prises en compte de façon optimale par les moteurs de recherche à l'heure actuelle, comme nous le verrons dans la suite de cet ouvrage. Il en est des cadres comme de tout ce que l'on a déjà vu jusqu'à maintenant : ils ne doivent être utilisés que s'ils apportent un réel plus à l'utilisateur. Dans de nombreux cas, l'utilisation de tableaux (<TABLE>...</TABLE>) sera bien préférable.

D'autre part, les utilisateurs débutants sont souvent complètement désorientés devant une page qui utilise ces fonctionnalités. Enfin, certains usagers du réseau disposent encore d'un logiciel de navigation qui n'affiche pas ce type de pages (même si cela commence aujourd'hui à devenir difficile de trouver un utilisateur de Netscape 1.1 !).

Si vous désirez quand même utiliser des frames sur vos pages, prenez en compte la balise <NOFRAMES>, comme nous le verrons au chapitre qui traite des moteurs de recherche. Testez également vos pages en résolution 640 x 480 et 800 x 600, afin d'éviter le problème classique de l'information qui devient invisible dans l'une des fenêtres car elle est masquée par un ascenseur horizontal ou vertical, voire d'une information illisible et sans ascenseur pour y parvenir, comme cela arrive parfois avec des frames mal gérées.

Sachez cependant que l'on voit de moins en moins de sites réalisés avec des frames. Si vous étudiez les services les plus visités dans le monde, vous verrez qu'aucun n'en utilise. Même Netscape — pourtant leur inventeur — les a abandonnés depuis bien longtemps dans ses documents... N'oubliez pas les difficultés éprouvées par l'utilisateur pour mettre un *bookmark* sur ce type de pages ou pour imprimer uniquement le contenu d'une fenêtre. Pensez au *webmaster* lointain qui désire créer un lien vers vos pages internes depuis son propre site... Au pire, si votre site est entièrement géré ainsi, épargnez au moins sa page d'accueil.

En revanche, une partie de votre site qui s'y prêterait particulièrement pourra tirer un grand profit des cadres. Mais je reste persuadé qu'un site complet réalisé uniquement avec des frames est une grosse erreur de marketing. Nous aurons l'occasion d'en reparler au chapitre 3.

Moteur de recherche interne

Si votre site web propose une vingtaine de pages réparties dans une arborescence simple, pas de problème, votre visiteur saura naviguer rapidement et efficacement parmi vos pages. Mais si le volume de documents augmente de jour en jour jusqu'à atteindre plusieurs centaines de fichiers HTML, peut-être est-ce le moment de mettre en place un système de recherche par mots clés au moyen d'un moteur interne, comme l'illustrent les exemples ci-dessous.

Vous trouverez, à l'adresse :
http://www.abondance.com/ressources/moteurs.html
une somme de liens qui traitent des moteurs de recherche internes.

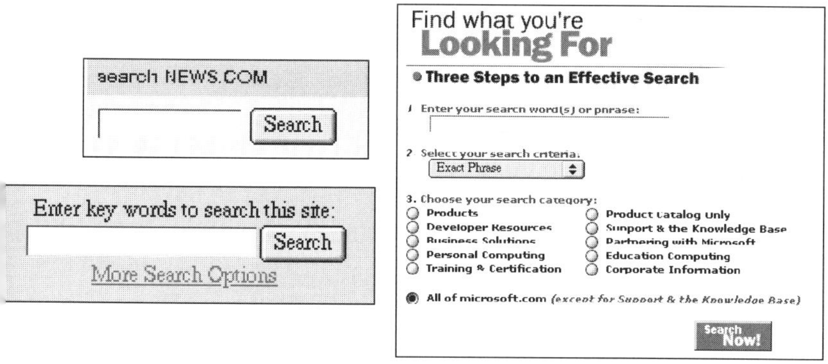

Du plus élémentaire au plus complet, plusieurs moteurs internes sont envisageables.

Demandez à votre hébergeur un devis pour la mise en place sur votre site de ce type de systèmes dont il dispose certainement déjà. Ces moteurs internes sont généralement assez simples à mettre en œuvre. (Selon les sites, cette solution pourra cependant devenir rapidement très complexe, renseignez-vous bien auparavant.) Un moteur apporte une aide indéniable à l'usager pressé de trouver une information.

D'autres solutions, telles que les systèmes Extense (*http://www.extense.com/*) ou l'excellent AtomZ (*http://www.atomz.com/*), permettent très simplement de faire indexer vos documents à distance par un site web, puis d'installer un formulaire de saisie de mots clés dans vos documents. La recherche et l'affichage des résultats s'effectueront alors sur le site distant, avec une page de résultats configurée aux couleurs de votre site. Ces systèmes épargnent ainsi d'avoir à installer un quelconque logiciel sur votre serveur, puisque tout se fait à distance ! En outre, ils sont très souvent extrêmement puissants.

Tests en ligne et hors ligne

Vos pages sont presque terminées, parfait ! Il faut maintenant les tester. N'hésitez pas, procurez-vous un PC, un Macintosh et si possible une station Unix. Sur chacune de ces plates-formes, testez les deux navigateurs « classiques » (Netscape Navigator et Microsoft Explorer) dans leur version actuelle ainsi que les deux précédentes (si la version actuelle est la 6, prenez également en compte la 5 et la 4) pour avoir une idée de la façon dont vos pages apparaîtront chez l'internaute. Utilisez, en règle générale, ces logiciels en configuration « sortie d'usine » ou « brut de téléchargement ». Ces paramètres par défaut sont ceux qui prévalent chez des millions d'utilisateurs du Web.

Cette phase de test est certes fastidieuse. Toutefois, elle est indispensable à la réussite de votre projet. En effet, vous vous apercevrez bien vite que l'affichage des documents varie très souvent selon le modèle et la version du navigateur utilisé ou le type de machine ! Mais si vous utilisez des gabarits de pages pour votre site — dont seul le contenu au format texte change — le travail en sera simplifié.

Selon les résultats des tests, essayez de corriger vos pages web pour obtenir la meilleure homogénéité possible sur le plus grand nombre de logiciels de navigation.

D'autre part, s'il est simple et rapide de tester vos pages en local, depuis votre disque dur, il est indispensable de les évaluer également dans des conditions réelles, c'est-à-dire en ligne, avec un modem de débit moyen : 28 800 ou 33 600 bps. C'est la configuration « classique » de nombreux internautes. Attention ! Pour effectuer un test en conditions réelles, choisissez un autre site d'hébergement (même temporaire) que celui de votre fournisseur d'accès. Sinon, l'examen risque d'être faussé, car vous vous connecteriez directement chez votre prestataire habituel pour télécharger les pages, sans passer par les obstacles internationaux habituels du réseau Internet. Tentez d'obtenir un compte temporaire sur un site distant, basé par exemple aux Etats-Unis, pour effectuer vos essais.

Vérifiez que vos pages se chargent assez rapidement. Chronométrez l'affichage. Si vous l'estimez trop long (supérieur à 10 ou 15 secondes), passez aux pages suivantes de cet ouvrage qui vous expliqueront comment l'accélerer.

Enfin, lorsque votre site aura quelques « heures de vol », consultez les statistiques de votre serveur. Vous y trouverez logiquement de nombreuses informations relatives à la plate-forme et au logiciel de navigation utilisés par les personnes qui ont visité votre site. Vous pourrez ainsi adapter de façon plus efficace l'aspect « multimédia » de vos pages aux possibilités des logiciels utilisés en majorité (voir le chapitre 6 pour plus d'information).

Vitesse d'affichage des pages

Un point se révèle de la plus haute importance lorsque l'on désire mettre en place un site efficace : le temps d'affichage de ses pages web. En effet, si vous examinez vos réactions face aux pages HTML que vous visualisez sur votre logiciel de navigation, vous vous apercevrez bien vite que, au bout de dix à quinze secondes, une irrépressible envie d'aller voir ailleurs vous tenaille quand l'information que vous attendiez n'est pas encore affichée et que la page est encore en train de se charger.

Le pari de votre site sera donc de fournir des informations — c'est-à-dire d'afficher des pages — en moins de quinze secondes. Ce délai peut être considéré comme un temps d'attente maximal de la part de l'internaute.

Toute page HTML pèse un certain nombre de kilo-octets. Ce poids correspond à celui du fichier HTML, additionné à celui de chaque image utilisée et téléchargée depuis le serveur distant jusque sur la machine de l'utilisateur.

De son côté, l'internaute *lambda* est le plus souvent pourvu d'un modem pour sa connexion à l'Internet. Ce type de liaisons au réseau est de loin le plus répandu sur la planète, en attendant que les connexions par câble, satellite ou haut débit sur fil téléphonique (ADSL) se répandent largement. L'accès par modem est également l'un des moins performants en termes de débit, de vitesse de transmission de données. Il faudra en tenir compte lorsque vous allez réaliser votre site. Nous prendrons comme postulat — pour simplifier — que vos visiteurs disposent d'un débit moyen de 40 Kbps (kilobits par seconde). En effet, les modems « classiques » les plus répandus proposent un débit théorique de l'ordre de 56 000 bps, mais aucun modem ne peut atteindre la capacité maximale théorique annoncée.

Un caractère, donc un octet, étant représenté par 8 bits (les puristes nous pardonneront cette approximation), notre débit moyen estimé passe donc de 40 Kbps à 5 Kops (kilo-octets par secondes), soit environ 5 000 caractères par seconde.

Dans cette fourchette de débit, une attente de 10 à 15 secondes sera donc équivalente à un poids donné, soit, pour un débit de 40 Kbps (5 Kops) : 10 secondes = 50 Ko. Le même débit sur une période de 15 secondes permettra de charger 75 Ko (5 Kops x 15 secondes).

Sachant qu'un débit de 40 Kbps n'est pas toujours atteint sur la plupart des modems et chez une majorité de fournisseurs de connexion, on peut estimer que la taille moyenne d'une page ne devra jamais atteindre plus de 50 Ko, et que le poids optimal est même de 30 à 40 Ko.

Rappelons bien ici que ce « poids » correspond à la somme « taille du fichier HTML + taille de chaque image » ! Cette donnée sera surtout importante pour la page d'accueil. Celle-ci sera bien souvent la première vision qu'aura l'internaute de votre site, parfois sans savoir qui vous êtes ni ce que vous lui proposez. La taille — donc le temps d'affichage de ce document — sera un élément déterminant dans cette première approche. Ne décevez pas vos visiteurs dès leur entrée !

Visualisons sur un tableau (voir page 124) ce qu'il en est pour les pages d'accueil de quelques sites existants.

Pour cette étude, j'ai pris en compte dix sites web parmi les plus fréquentés. J'ai ensuite téléchargé le code source (HTML) de la page d'accueil, puis chaque image affichée, l'une après l'autre. Il ne restait plus alors qu'à « peser » chaque élément constitutif de la page (appellé un « contact » ou un *hit* dans le jargon du Web) : fichier texte, image, etc.

• La taille du fichier texte (en octets), qui représente le code HTML.

• Le nombre d'images de la page — qui présente un intérêt indéniable, car il constitue autant d'allers-retours entre l'ordinateur de l'internaute et le serveur. Plus le nombre d'images sera important, plus le chargement sera ralenti.

• La taille totale des images (en octets), obtenue en additionnant le poids de chaque fichier (en général au format GIF ou JPEG).

• Le poids total de la page (en octets), obtenu en faisant la somme des poids précédents (texte + graphiques).

• Enfin, j'ai essayé d'estimer en combien de temps (en secondes) cette page serait chargée sur le navigateur de l'internaute qui dispose d'un débit moyen de 40 Kbps, soit 5 Kops (kilo-octets par secondes).

Dans le tableau suivant, les sites sont classés en fonction de la taille des pages d'accueil (dans un ordre croissant). Première constatation, les trois premiers entrent dans les « normes ». La taille totale de leur page d'accueil est inférieure ou proche des 75 Ko préconisés. Le champion est Google avec un total de 25 Ko, une seule image et un temps de chargement moyen de moins de six secondes.

Les quatre derniers de ce classement cumulent deux handicaps : un nombre important d'images (donc d'allers-retours client-serveur) et une taille qui frise la minute de chargement pour le moins bon !

N'hésitez pas, de votre côté, à faire ces mêmes tests avec vos pages ou bien des sites qui vous intéressent plus particulièrement, par exemple ceux de vos concurrents. Si vos pages s'affichent plus rapidement que les leurs, vous avez déjà gagné (à distance) un point précieux.

Taille des pages d'accueil de sites web majeurs

Nom du site	Adresse	Taille du fichier HTML (octets)	Nombre d'images	Taille totale des images (octets)	Poids total de la page (octets)	Temps de chargement estimé (secondes)
Google	www.google.com	8 039	1	17 382	25 871	5,17
Yahoo!	www.yahoo.com	26 580	3	18 024	44 604	8,92
Altavista	www.altavista.com	44 970	11	33 340	78 310	15,66
Microsoft	www.microsoft.com	28 581	9	52 792	81 373	16,27
Lycos France	www.lycos.fr	37 820	7	48 092	85 912	17,18
Excite	www.excite.com	53 733	10	42 211	95 944	19,19
Voila	www.voila.fr	48 278	26	82 992	131 270	26,25
AOL France	www.aol.fr	60 561	33	129 547	190 108	38,02
Amazon	www.amazon.com	53 113	35	169 223	222 336	44,47
Libertysurf	www.libertysurf.com	47 313	52	210 385	257 698	51,54

Google est recordman des poids légers : seulement 25 Ko et une unique image affichée !

N'oubliez pas, dans ce cas, plusieurs points importants :

• Vérifiez, dans le code HTML, que vous avez bien téléchargé toutes les images. Effectuez pour cela, dans votre traitement de texte ou votre éditeur HTML, une recherche automatique sur l'expression IMG. De nombreuses pages renferment en effet des images invisibles qui servent à des fins publicitaires ou de mise en page. Il est nécessaire de les compter dans vos statistiques.

• Pour les bandeaux publicitaires, ou les images, affichés de façon aléatoire sur les pages, la dimension — donc souvent le poids — est très proche d'un bandeau à l'autre, si ce n'est toujours identique. Une approximation de quelques octets ne faussera pas vos calculs.

• Prenez bien en compte la taille exacte des documents. Sur PC, vous l'obtenez en sélectionnant le fichier en question, puis en cliquant sur le bouton droit de la souris, et en choisissant l'option « Propriétés ». Sur Mac, sélectionnez le(s) fichier(s) dans le *Finder,* puis choisissez l'option *Fichier/Lire les informations*. La taille exacte à un octet près est indiquée entre parenthèses dans le champ Taille.

• Si une image est affichée plusieurs fois, ne comptabilisez qu'une occurrence. En effet, une fois chargée, elle se trouvera dans la mémoire cache de votre machine et ne sera pas téléchargée de nouveau lors d'un second affichage.

• Si votre site contient des frames, il faut bien entendu comptabiliser les chiffres de chaque fichier, à la fois de la page « mère » qui décrit les frames, mais également de chaque page de contenu (pages « filles »).

Utilisez également une des fonctions de votre navigateur. Le plus souvent, elle est proposée à côté de l'option qui permet de visualiser le code HTML de la page. Ce menu, qui s'intitule *Affichage/informations sur la page* (ou *le document*) ou *View/page info*, permet d'afficher de nombreuses indications sur le document actif.

Adresse:	http://us.yimg.com/promotions/netgrocer/hp_netgrocer1.gif
Fichier MIME Type:	image/gif
Source:	Actuellement dans le cache sur disque
Fichier cache local:	cache1456136.gif
Dernière mise à jour:	Ven 15 Avr 1994 0:00:00 heure locale
Dernière mise à jour:	Ven 15 Avr 1994 0:00:00 GMT
Longueur du contenu:	2230
Expire:	Ven 24 Déc 1999 23:59:59
Jeu de caractères:	Inconnu
Sécurité:	Ce document non protégé n'est pas chiffré et n'offre aucune protection de sécurité.

Taille normale (octets):	7888
Dimensions de l'image:	230 x 33
Couleur:	pseudo-couleur à 8 bits
Carte de couleurs:	253 couleurs
Transparence:	non
Commentaire:	GifBuilder 0.5 by Yves Piguet

Votre navigateur peut vous fournir de nombreuses données techniques sur la page en cours d'affichage (fonction Affichage/informations sur la page*).*

La taille, et donc le temps d'affichage de vos pages, est un point qui mérite qu'on y consacre du temps. Plusieurs études ont montré que plus de 50 % des utilisateurs du Web désertent un site dès qu'ils estiment avoir attendu une information trop longtemps. Vous trouverez dans les pages qui suivent quelques astuces et informations qui vous permettront d'alléger vos documents avant de les mettre en ligne.

Taille des images

Ayez toujours à l'esprit le fait que 50 Ko tout compris pour une page web, c'est très, très peu ! Une solution évidente pour arriver à ce chiffre minimaliste consiste à créer un site qui ne contiendra que du texte, et aucune image. Bref, cela revient à proposer un site austère que personne n'appréciera. Si vous désirez quand même conférer un aspect graphique à vos documents (et je vous y encourage), vous devrez porter une attention toute particulière au poids de chaque image lors de sa création ou de son traitement (numérisation) grâce à des logiciels tel Adobe Photoshop.

Il ne s'agit pas ici d'écrire un traité exhaustif sur l'utilisation de ces logiciels adaptés aux images du Web. De multiples ouvrages traitent de ce sujet. Vous en trouverez une liste, dans l'annexe 1, ainsi que sur le site du livre.

Grosso modo, si vous réalisez des images GIF, jouez sur le nombre de couleurs (le nombre de bits par pixels) pour en diminuer la taille. Si vous traitez des documents JPEG (par exemple des photos numérisées), c'est plutôt le taux de compression qu'il faudra prendre en compte pour diminuer la taille des fichiers. Quel que soit le type de fichiers — GIF ou

JPEG —, on part généralement d'une image lourde mais de bonne facture, puis on la dégrade petit à petit pour en diminuer le poids. Une fois que cette dégradation n'est plus acceptable, on revient à l'étape précédente (fonction *Annuler* du logiciel utilisé) pour obtenir une image optimisée. Je vous engage fortement à lire de nombreuses sources d'information sur le sujet, car il est tout à fait possible de réduire de façon très significative la taille d'un fichier image afin de l'adapter au Web, et ce sans que la qualité en souffre trop.

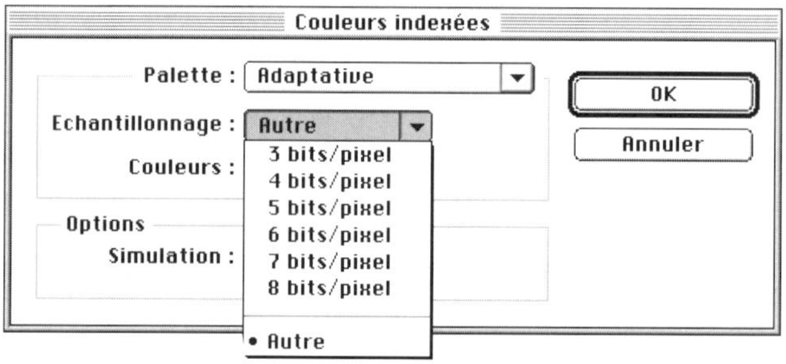

Dans Photoshop, jouez sur le nombre de bits par pixel en mode couleurs indexées, afin de diminuer la taille d'une image GIF.

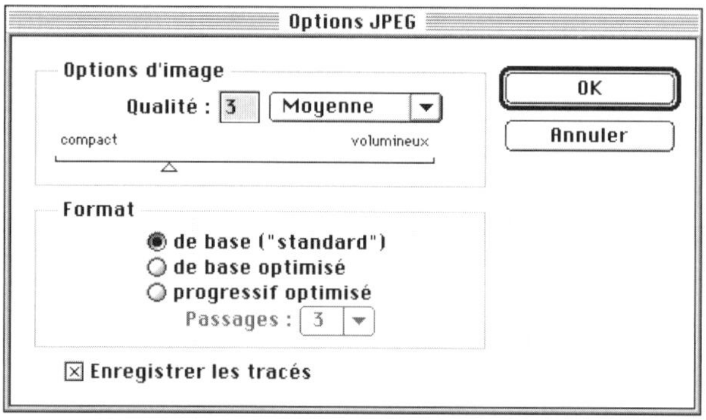

Pour les documents JPEG, c'est le taux de compression/qualité qu'il faut prendre en compte.

Bien entendu, ne proposez jamais une page d'accueil qui contient une image de 120 Ko de votre siège social ou de votre président, qui sera bien le seul à être heureux dans ce cas...

Si vous ne pouvez vraiment pas faire autrement que de proposer une image lourde dans l'une des pages intérieures de votre site (reproduction d'œuvres d'art en grand format, par exemple), optez pour une vignette de format moyen, optimisée au niveau de la taille. Et proposez à l'utilisateur de cliquer dessus en lui indiquant qu'ainsi il pourra l'obtenir en grand format. Précisez alors la taille de l'image restaurée, afin qu'il sache à quoi s'attendre.

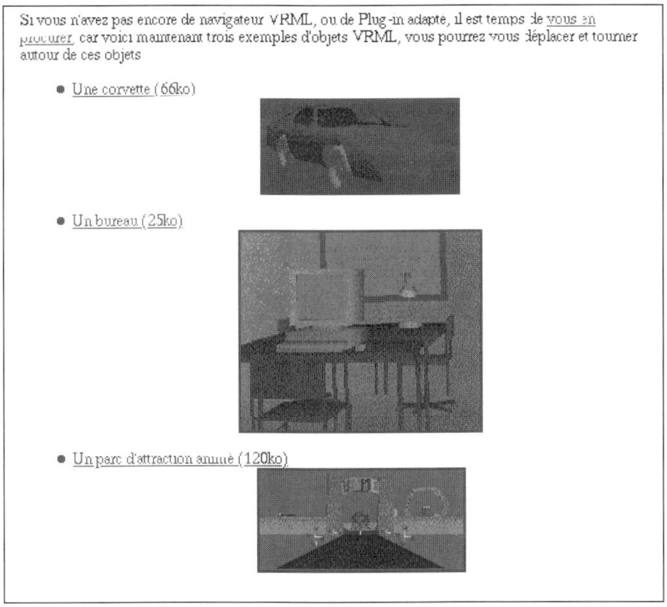

Un exemple de ce qu'il faut faire si vous désirez proposer des images de bonne définition : une vignette, une possibilité d'obtenir la même image agrandie en cliquant dessus, et la mention du poids de l'image en grand format.

Tableaux HTML

En fait, le secret d'une mise en page réussie en HTML réside dans l'utilisation de tableaux. Cette fonctionnalité, très souple, permet de réaliser des pages de bonne facture en jouant sur le positionnement des différents blocs d'images ou de texte.

Une manipulation simple permet de visualiser la constitution d'éventuels tableaux sur une page que vous êtes en train d'examiner sur le Web : sauvegardez le fichier HTML, éditez-le, puis modifiez les balises <TABLE> ou <TABLE BORDER=0> en <TABLE BORDER=1>. Affichez de nouveau le fichier une fois qu'il aura été modifié et sauvegardé. Des filets apparaissent alors, matérialisant les cellules des tableaux utilisées par le concepteur pour construire sa page.

L'argument BORDER=1 des balises <TABLE> de la page d'accueil de Yahoo! fait apparaître sa mise en page, effectuée à l'aide de tableaux.

Vous pouvez ainsi vous faire une meilleure idée de la façon dont les autres créateurs HTML ont réalisé leurs pages, et glaner de nombreuses idées au fil de vos pérégrinations sur le Web.

Voici quelques conseils qui vous seront utiles au moment de réaliser des mises en page évoluées.

En règle générale, évitez les pages construites à l'aide d'un tableau unique qui regroupe tous les éléments — texte et graphiques — de la page.

En effet, la plupart des navigateurs attendent d'avoir reçu le contenu complet d'un tableau (le texte plus chaque image) avant d'afficher quoi que ce soit. L'internaute risque donc de devoir patienter devant une page vierge avant de visualiser d'un seul coup toute la page.

Pour éviter ce délai, vous pouvez recourir à plusieurs stratégies :

• Afficher en premier un texte qui ne fera pas partie du tableau, lequel viendra à la suite. Cela permet de tromper l'impatience de l'usager pendant l'affichage du tableau.

• Utiliser une suite de petits tableaux plutôt qu'un grand. Ils se chargeront les uns après les autres et feront patienter votre visiteur.

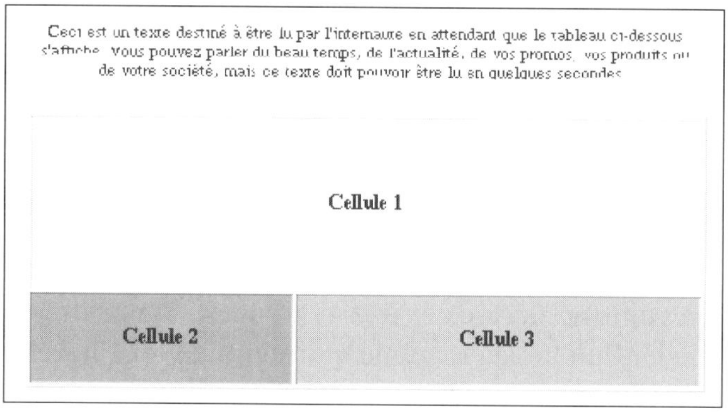

Un texte affiché avant le tableau permet de faire patienter l'internaute. Pour rester dans les marges définies par la mise en page, le texte peut être inscrit dans un petit tableau indépendant qui s'affichera rapidement.

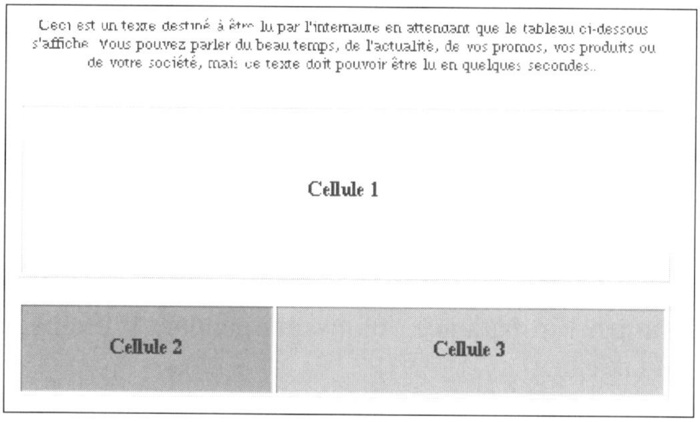

Mieux encore : le tableau de l'exemple précédent est maintenant scindé en deux parties : un premier tableau affiche la cellule 1 qui va s'afficher en premier pendant que le navigateur reçoit les données du deuxième tableau qui affichera les cellules 2 et 3.

En revanche, évitez le plus possible d'employer des tableaux imbriqués. En effet, s'ils permettent de réaliser des mises en page très performantes et recherchées, ils prennent plus de temps à s'afficher. Au-delà de trois tableaux insérés les uns dans les autres, le handicap commence à devenir important.

Attention au nombre de tableaux imbriqués les uns dans les autres, qui rallongent le temps d'affichage. Faites simple : n'imbriquez pas plus de deux ou trois tableaux.

Pensez également à utiliser les attributs WIDTH et HEIGHT de la balise <IMG>. Vous donnez ainsi au navigateur les « cotes » des images que vous transmettez. De cette façon, le logiciel pourra afficher plus rapidement les informations, car il calculera plus facilement la mise en page.

Ainsi, au code suivant :

```
<IMG SRC="Logo.gif">
```

on préférera :

```
<IMG SRC="Logo.gif" WIDTH="20" HEIGHT="35">
```

L'attribut WIDTH indique la largeur de l'image en pixels, et HEIGHT la hauteur. N'oubliez jamais de remplir ces champs dans votre code HTML. Ces informations sont données par votre logiciel de retouche d'images (Adobe Photoshop ou autre).

Si possible, privilégiez également l'usage d'une seule image plutôt que d'en afficher plusieurs les unes à côté des autres. En effet, plus il y aura de fichiers différents dans votre page, plus cela impliquera de requêtes, d'allers-retours entre le navigateur qui les affichera et le serveur qui les diffusera. Le temps d'affichage en sera allongé d'autant.

Enfin, privilégiez la répétition d'images identiques lors de la navigation de l'internaute de page en page. Les images, téléchargées au premier affichage, seront ainsi présentes dans le fichier cache de l'ordinateur de l'internaute, et ne seront pas rapatriées sur sa machine lors de l'affichage des pages HTML suivantes. Ce point peut s'appliquer à des images ou à des parties d'images récurrentes sur le site.

Cette astuce m'amène à vous indiquer une façon judicieuse d'utiliser ce système de cache sur le disque dur de vos visiteurs. En effet, imaginez que vous ayez à mettre en place une succession de pages dont la deuxième est la suite logique de la première. Dans l'exemple suivant, le fichier Vins.html décrit un vin d'Alsace. Si, une fois arrivé sur cette page, le visiteur clique sur le bouton « Plan d'accès », une deuxième page, intitulée Plan.html, affiche un plan pour arriver jusqu'au village où le vin est vendu. L'image de ce plan (appelée Plan.gif) pèse 70 Ko et mesure 300 x 400 pixels. Son temps de chargement risque donc d'être très long. Sa définition HTML dans le document Plan.html sera :

```
<IMG SRC="Plan.gif" width="300" height="400">
```

L'astuce consiste ici à insérer également — cette fois dans le premier document (Vins.html) — une balise sous la forme :

```
<IMG SRC="Plan.gif" width="1" height="1">
```

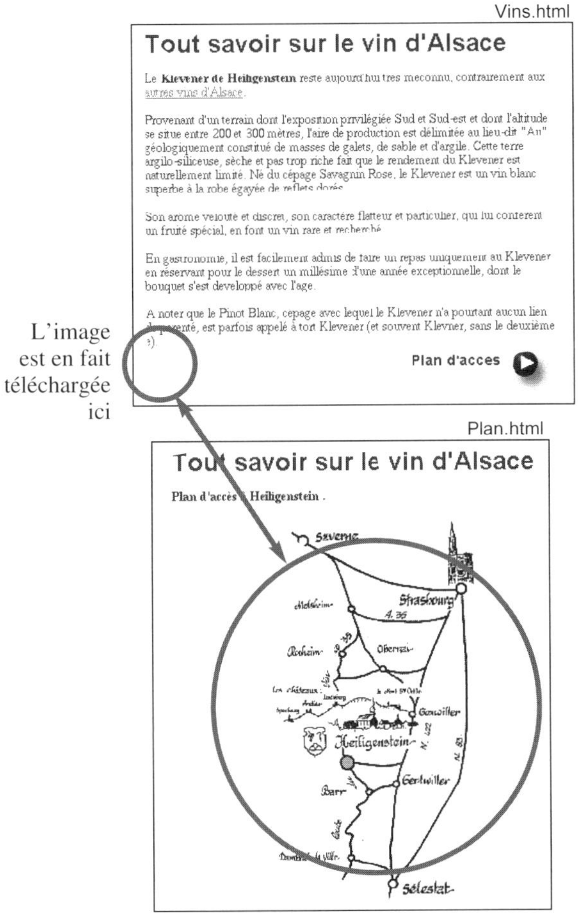

Ainsi, pendant que l'internaute lira le texte de la première page, le plan se chargera dans la mémoire cache de sa machine, sans qu'il s'en aperçoive, car une image de un pixel sur un est quasi invisible. Lorsqu'il ira sur la page Plan.html, l'image se chargera rapidement, puisqu'elle se trouve déjà sur le disque, dans le cache !

Cette astuce ne peut, bien entendu, être employée que dans le cas que nous venons de voir, avec deux ou plusieurs pages qui se succèdent de façon logique.

Comme recommandé précédemment, n'hésitez pas à « nettoyer » le code source de vos pages manuellement ou grâce à des utilitaires logiciels spécifiques. Certains développeurs — que l'on pourrait qualifier de maniaques — vont jusqu'à chasser le moindre octet de trop dans leurs pages et à effacer tous les retours à la ligne, les sources HTML devenant ainsi quasi illisibles. Sans aller jusque-là, n'hésitez cependant pas à alléger le code HTML de façon à gagner quelques kilo-octets, donc quelques secondes lors du chargement.

Enfin, n'oubliez pas qu'il existe de nombreux goulets d'étranglement sur l'Internet. Evitez de faire en sorte que le principal d'entre eux soit représenté par l'organisme qui hébergera vos pages. Il ne sert en effet pas à grand-chose d'optimiser vos documents et d'en ôter le moindre octet superflu si la bande passante de l'entreprise ou de l'organisme qui héberge vos pages est ridiculement faible par rapport au trafic supporté. Pour cela, testez les sites déjà hébergés chez un éventuel fournisseur avant de lui confier le vôtre... Si votre cible se trouve aux Etats-Unis, n'oubliez pas d'effectuer vos tests aux heures de « forte affluence » américaines, et non uniquement pendant les heures de pointe européennes.

Autres points

Nous avons vu, dans les pages précédentes, les points généraux les plus importants dans le cadre de la création de vos pages web. En conclusion, voici divers conseils qui devraient vous aider dans la construction de votre site :

• Utilisez les options ALT dans les balises <IMG>, afin de faire apparaître un texte de remplacement sur les ordinateurs équipés d'un navigateur qui n'affiche pas les images. Les utilisateurs concernés sont bien plus nombreux que vous ne le pensez. De plus, ces données sont importantes lors du référencement de vos pages dans les moteurs de recherche par mots clés (comme nous le verrons bientôt).

• Utilisez les commentaires (<!-- ... -->) dans votre code HTML si certaines fonctions utilisées sont complexes — JavaScript notamment — et/ou pour favoriser la maintenance des pages. Ces commentaires peuvent également jouer un rôle — même minime — dans le classement des documents sur les moteurs de recherche.

• N'utilisez pas les balises <U> ... </U>, qui permettent de souligner un texte. L'usager du Web prendra immanquablement ces mots pour des liens hypertexte. Il tentera vainement de cliquer dessus !

• N'oubliez pas que l'Internet n'est pas au-dessus des lois. Si vous utilisez des images qui proviennent d'autres sources (téléchargement ou *scan*), vérifiez qu'elles ne sont pas protégées par un *copyright*. Dans l'affirmative, vous devrez payer des droits d'auteur.

• Comme nous le verrons plus tard, n'utilisez pas uniquement du graphique dans vos pages. Certains moteurs de recherche très connus n'indexent pas les documents comprenant moins d'un certain nombre de mots dans le texte visible. Recherchez un bon équilibre entre texte et images. (Nous y reviendrons.)

• Nettoyez votre code HTML si la page est assez lourde : supprimez les retours à la ligne inutiles, les doubles espaces, etc. On allège rapidement une page HTML de 10 à 20 %, voire plus, en la nettoyant périodiquement, tout en la gardant lisible. Au besoin, recourez à des utilitaires logiciels, qui font cela très bien.

• Testez les liens internes et externes de vos pages, afin d'éviter le plus possible les « erreurs 404 » (adresse invalide), d'autant plus si elles sanctionnent une page interne de votre propre site. Employez des utilitaires logiciels qui effectuent ces vérifications de manière automatique. Avant de promouvoir votre site, vérifiez également que, en ligne, toutes les images s'affichent correctement sur les pages (on oublie parfois de mettre en ligne le logo de l'entreprise sur la page d'accueil qui s'affichait pourtant très bien sur la machine de test, en local...). En règle générale, après avoir testé les pages sur la machine de développement, téléchargez les nouveaux documents. Puis vérifiez, toujours en ligne, le résultat final.

Vous trouverez, à l'adresse :

http://www.abondance.com/ressources/outils.html

une liste d'outils de toutes sortes, qui constitueront une trousse à outils efficace pour la création de votre site.

Nous terminons ici la présentation des petites astuces de programmation les plus importantes pour créer des pages agréables à l'œil et surtout éviter les fautes grossières que l'on voit encore souvent sur le Web.

Chapitre 3 Moteurs de recherche

Faisons un point. Vous avez fait en sorte que vos pages soient « légères » et qu'elles se chargent rapidement sur les ordinateurs de vos futurs visiteurs. C'est une excellente chose. Vous avez réfléchi au contenu de votre site, mis en œuvre les fonctionnalités qui intéressent votre cible, testé l'affichage de vos pages, etc. Bravo ! Les gens qui viendront voir votre site vous en remercieront certainement en restant quelques instants supplémentaires pour consulter vos pages. Mais le travail n'est pas terminé, loin de là. Avant de venir faire un tour chez vous, il faudra bien que les internautes vous trouvent. Et un réflexe fort répandu pour trouver une information ou un site sur le Web est d'interroger un moteur de recherche ou un annuaire.

Un petit rappel s'impose peut-être : les moteurs de recherche par mots clés (Altavista, HotBot, Northern Light, Infoseek, Excite, Lycos, Alltheweb, Google, et bien d'autres) effectuent leurs recherches en texte intégral sur le contenu des pages web, à l'inverse des annuaires tels que Yahoo! ou Nomade qui sont, pour leur part, des compilations de fiches descriptives de sites, classées par catégories. Nous aurons l'occasion d'y revenir au chapitre 4.

Nous n'étudierons dans les pages qui suivent que les moteurs de recherche par mots clés. En effet, la construction technique des pages de votre site n'aura généralement d'incidence qu'auprès de ces outils. Les techniques que nous allons envisager pour optimiser le code HTML des pages n'ont aucun intérêt pour votre inscription dans les annuaires tels que Yahoo!, qui sont gérés par des êtres humains.

Revenons aux moteurs de recherche. Dans leur cas, des robots logiciels, appelés également *agents*, *spiders*, *wanderers*, *crawlers, aspirateurs* ou simplement *robots* — le terme *worms* est également employé, bien que tous ces mots ne désignent pas exactement les mêmes outils —, sont spécifiquement chargés de scruter le Web, d'aller de lien en lien, et de sauvegarder le code HTML des pages rencontrées au fil de leurs pérégrinations. Ils agissent à l'instar des « aspirateurs » en sauvegardant le code source (HTML) de chaque document et en suivant ensuite les liens qu'ils contiennent pour aller ensuite sur d'autres documents dont ils capturent le code, et ainsi de suite. Les fichiers ainsi compilés (dont le nombre s'élève à plusieurs centaines de millions pour les moteurs les plus évolués) constituent une base, une énorme collection de pages web, appelée « index de recherche ». Nous y reviendrons.

Lorsque l'internaute arrive sur l'un de ces moteurs et saisit un mot clé, une recherche est lancée dans l'index pour savoir quelles sont les pages qui répondent le mieux à sa demande, c'est-à-dire les documents les plus pertinents (nous verrons très bientôt ce que ce mot signifie réellement). Puis un classement est établi. Si vous entrez, par exemple, le mot *Microsoft*, un outil tel Altavista trouvera dans son index environ 10 millions de pages qui le contiennent. Mais il effectuera, au moyen d'un algorithme propriétaire, un « classement de pertinence » dans cette masse de documents afin de vous présenter en premier celui qu'il juge le mieux répondre à la demande. Puis il vous proposera le deuxième, etc. Un moteur tel Altavista classe ainsi les deux cents premiers résultats trouvés, par « ordre de pertinence », au rythme de dix documents proposés par page de résultat.

Chaque moteur de recherche possède sa propre base de documents, son propre index et, surtout, son propre algorithme de classement des pages, son propre système pour évaluer la pertinence des documents collectés — et donc affichés — en fonction de la demande de l'utilisateur.

Il est donc bien évident que, lorsque vous mettez en œuvre un site web, la condition *sine qua non* pour que les internautes trouvent vos pages dans l'index d'un moteur est tout d'abord qu'elles y soient présentes !

Cela signifie que les documents qui constituent votre site auront été au préalable visités par le *spider* du moteur en question. Pour cela, il existe deux possibilités. La première consiste à attendre que le *spider* qui parcourt le Web arrive un jour sur un document ayant établi un lien vers votre page d'accueil, et vienne automatiquement visiter votre site en suivant cette piste. Cela peut cependant prendre quelque temps. En outre, l'issue reste aléatoire. Dans ce cas, vous ne maîtrisez pas grand-chose, et surtout pas le délai d'indexation de vos documents (le temps nécessaire pour que vos pages soient présentes — donc qu'elles puissent être trouvées — dans les index des moteurs).

Heureusement, chaque moteur propose également, sur sa page d'accueil, un choix intitulé la plupart du temps « Add URL », qui vous permet de lui fournir l'adresse d'une page web (en général, la page d'accueil), afin que le robot vienne directement la visiter et par là même indexer vos pages, en suivant les liens hypertexte qu'elle contient. Nous décrirons de façon plus approfondie cette fonctionnalité lorsque nous parlerons plus spécifiquement du référencement, au chapitre 4.

Une fois que vos pages se trouvent dans l'index du moteur, le but ultime est alors qu'elles soient affichées dans les tout premiers résultats fournis par ces outils pour certains mots clés, parmi les plus importants. Cette technique s'appelle le positionnement ; nous aurons l'occasion d'en reparler au chapitre 5. Si vous êtes situé à Besançon, une recherche sur ce mot doit faire figurer au moins l'une de vos pages dans les premières adresses proposées. Si vous vendez de la confiture, l'un de vos documents — si possible la page d'accueil — doit apparaître dans les premiers résultats du moteur si l'internaute a fourni le mot clé *confiture*. Si l'une des pages de votre site parle des confitures à l'abricot, elle doit pouvoir être visualisée en bonne position pour la requête *confiture abricot* ou *confiture ET abricot*.

En règle générale, on estime qu'une situation idéale est l'apparition de vos documents dans les dix premiers résultats proposés par les moteurs de recherche et, au pis, dans les trente premiers pour les mots clés que vous avez définis comme étant essentiels dans le cadre de votre activité. Au-delà de cette limite, peu d'utilisateurs s'aventurent à regarder les liens proposés par les moteurs (voir la partie « Comportement des internautes », au chapitre 4).

Mais cela ne se fait pas tout seul, de façon « naturelle » ; vos pages doivent absolument avoir été réalisées en tenant compte de certains critères pour être bien classées par ces outils. Il faut pour cela bien connaître la façon dont les moteurs de recherche effectuent leurs calculs, et construire ainsi des documents conformes à ces obligations. Nous verrons, dans les pages qui suivent, quels sont ces critères et comment les appliquer à votre site. Il est également important de savoir que certaines options techniques (frames, Flash, pages dynamiques), si elles sont retenues dans votre projet, peuvent être rédhibitoires, voire constituer un frein important au bon référencement de votre site web.

Créer une page avec un objectif d'optimisation en fonction des critères de pertinence sélectionnés par les moteurs de recherche est un art difficile et souvent assez éphémère. Rien ne peut vous garantir que vous y arriverez chaque fois, ni que vous resterez longtemps à ce rang. Un suivi sur la base de tableaux de bord devra le plus souvent être mis en place, comme nous le verrons par la suite.

Tout cela peut, certes, vous paraître bien compliqué. Pourtant, cette phase de construction en fonction des moteurs est absolument essentielle dans le processus de promotion de votre site. Ne la négligez pas, car elle vous apportera bien des satisfactions (et du trafic !) par la suite. Si vous ne désirez pas allez aussi loin dans votre démarche, les principales zones à soigner dans vos documents — et ce, quels que soient les moteurs de recherche — seront rappelées à la fin de ce chapitre.

Avant d'aborder plus précisément ce sujet, il est cependant nécessaire de passer en revue au préalable quelques définitions qui nous serviront abondamment dans les pages qui suivent.

Définitions

Les moteurs de recherche se servent d'un certain nombre de critères très précis pour déterminer le classement d'une page. Nous allons en détailler quelques-uns, parmi les plus importants.

Indice de densité d'un mot (IDM)

La formule de calcul de l'indice de densité d'un mot donné est simple :

$$\text{IDM} = \frac{\text{nombre d'occurrences du mot demandé dans la page}}{\text{nombre total de mots dans la page}}$$

Imaginons qu'une page web contienne dix mots dans son texte visible. Si celle-ci contient une fois le mot *Microsoft*, il recevra un indice de densité de

10 %. Si le mot est présent deux fois, son indice passera à 20 %. Si les dix mots sont égaux (*Microsoft* est répété dix fois), l'IDM de ce mot passera à 100 %.

Autre façon de voir les choses : si la page ne contient qu'un mot, celui-ci reçoit automatiquement un indice de densité de 100 %. S'il y a deux mots différents, ils ont chacun une densité de 50 %, et ainsi de suite.

Il est à noter que ce calcul ne prend pas en compte, dans la grande majorité des cas, les *stop words,* ou « mots transparents » (*at, the, I, of, to*, etc.), que nous verrons très bientôt.

La formule de calcul est presque toujours la même. En revanche, chaque moteur accorde une importance plus ou moins grande à l'IDM d'un mot lorsqu'il le recherche dans une page pour effectuer son calcul de pertinence. Nous verrons au chapitre 4 quelle est la teneur de ce poids pour les moteurs les plus importants du Web. Différents moteurs ne prennent en compte que certaines zones pour effectuer le calcul et pas d'autres : texte visible uniquement, texte visible plus balises <META>, texte visible plus balises <META> et balise <TITLE>, etc.

Le logiciel *Keyword Density Analyzer* calcule automatiquement l'indice de densité d'un mot sur une page, ce qui vous épargne quelques laborieuses heures de comptage...

Vous pouvez acheter et télécharger ce logiciel à l'adresse suivante :

http://www.grsoftware.net/grkda.html

(voir également le site du livre :

http://www.abondance.com/ressources/outils.html)

Indice de popularité d'une page (IPP)

L'indice de popularité d'une page (IPP) est également très largement utilisé par les moteurs de recherche dans leurs calculs. On pourrait définir cet indice en disant qu'il est proportionnel au nombre de liens qui mènent d'autres pages web à celle dont l'IPP est calculé.

Prenons l'exemple d'une page située à l'adresse *http://www.monsite.com/produits/prix.html*. Parmi les documents de son index, le moteur de recherche dénombrera ceux dont le code HTML contient un lien vers cette page. Il s'agit de repérer les balises du type :

```
<A HREF="http://www.monsite.com/produits/prix.html">
Texte du lien (indifférent)</A>
```

Plus il y aura de documents « pointant » vers une page web, plus l'IPP de cette dernière sera élevé. Attention ! Les moteurs ne tiennent pas toujours compte des pages internes du site en question (celles qui sont situées sur la machine *www.monsite.com* dans notre exemple) dans ce calcul.

La formule est donc :

$$\textbf{IPP} = \frac{\text{nombre de pages qui contiennent un lien vers le document}}{\text{nombre de pages total de l'index}}$$

Une page qui serait ainsi « référencée » deux cents fois sur le Web obtiendrait un meilleur indice de popularité pour un moteur donné qu'une page identique, mais « pointée » par seulement cent cinquante documents. Chaque moteur attribuera un IPP différent à une page donnée, puisque chacun de ces outils de recherche travaille sur des index différents. L'IPP peut être calculé pour une page précise ou pour un site global. Dans ce dernier cas, on prendra en compte les liens pointant vers toutes les pages du site en question.

A l'heure actuelle, il est possible de connaître le nombre de documents qui ont mis en place un lien vers une page web, donc d'avoir une idée de l'IPP d'un document, auprès de plusieurs moteurs. Pour rechercher cette information pour le site présent à l'adresse *http://www.monsite.com/*, vous devrez saisir les requêtes suivantes :

AltaVista

link:www.monsite.com

link:www.monsite.com -**host:**monsite.com

HotBot

linkdomain:www.monsite.com/

linkdomain:www.monsite.com -**domain:**monsite.com

Infoseek

link:www.monsite.com

link:www.monsite.com -**site:**monsite.com

Google

link:www.monsite.com

*A priori, il semble impossible d'utiliser conjointement les fonctions **link:** et **site:**, pourtant toutes deux disponibles sur Google.*

Alltheweb

ml:www.monsite.com

*A priori, il semble impossible d'utiliser conjointement les fonctions **ml:** et **h:** (équivalent de **site:**), pourtant toutes deux disponibles sur Alltheweb.*

Remarque 1 : pour chaque moteur, la première ligne indique la requête pour connaître les pages externes et internes au site qui proposent un lien vers le site ; la deuxième ligne ne concerne que les documents externes (qui n'appartiennent donc pas au site concerné).

Remarque 2 : pour HotBot, cette fonctionnalité existe également dans la recherche avancée — choix *Links to this URL,* dans le premier menu déroulant. Idem pour Alltheweb, dans sa recherche avancée (zone « WORD FILTERS », menu « in the link to URL »).

Les autres moteurs, au moment où ces lignes sont écrites, ne fournissent pas d'outils simples et adéquats pour effectuer ce type de recherches. Vérifiez cependant ce point sur le site du livre.

Vous trouverez, à l'adresse :

http://www.abondance.com/docs/popularite.html

plus d'information sur la façon de calculer l'indice de popularité de votre site web, ainsi qu'une liste des sites qui effectuent ce calcul automatiquement et vous adressent périodiquement le résultat par e-mail.

Un bon indice de popularité pour vos pages impliquera donc que vous fassiez une campagne de promotion spécifique d'échanges de liens avec ce que l'on appelle des « sites cousins ». Cela explique également pourquoi, parfois, vous devrez vous-même soumettre aux moteurs les pages de ces sites cousins si elles ne figurent pas dans les index des outils de recherche, afin d'augmenter votre IPP ! Mais nous aurons l'occasion d'y revenir au chapitre 5.

Certains moteurs, tel Google, vont également plus loin pour calculer l'IPP d'une page. Dans un premier temps, ils vérifient le nombre de pages qui contiennent un lien vers le document à classer, puis ils calculent l'IPP de chacune de ces pages. Ils partent alors du principe qu'une page « pointée » par des sites populaires sera plus pertinente qu'une autre qui réunit le même nombre de liens sur le Web, mais en provenance de sites peu connus. Un lien vers votre site qui émane des pages de Wanadoo, Yahoo! ou Microsoft aura donc plus de poids qu'un lien mis en place sur un site personnel très peu connu. Bien que plus complexe, ce type de calculs est effectivement intéressant. Et ce, d'autant plus qu'il interdit toute fraude qui consiste à créer de fausses pages de liens pour faire croître de façon « artificielle » un IPP !

Indice de clic

Autre critère pris en compte par un nombre croissant de moteurs : l'indice de clic ou *click analysis,* en anglais. Le premier à avoir utilisé ce système est la société Direct Hit (*http://www.directhit.com/*). L'indice de clic commence, petit à petit, à révolutionner les algorithmes de classement des moteurs, qui l'incorporent de plus en plus dans leur méthodologie de classification des documents.

Pour bien comprendre comment il fonctionne, analysons le comportement « classique » d'un internaute lorsqu'il utilise un moteur de recherche : il va sur la page d'accueil, saisit un ou plusieurs mots dans un formulaire, il consulte la page de résultats proposée (sur laquelle plusieurs liens sont indiqués, classés par ordre de pertinence), il choisit l'un d'entre eux, va sur le site correspondant, le consulte. Si cette page ne lui convient pas, il revient sur la page de résultats du moteur, choisit un autre lien, et ainsi de suite jusqu'à ce qu'il ait trouvé son bonheur.

DirectHit va, en fait, profiter du comportement de l'internaute pour tenter de trouver les pages les plus « populaires » sur un moteur de recherche, et ainsi améliorer leur classement.

Il fonctionne, en règle générale, en tâche de fond sur un moteur. A chaque consultation d'un internaute, il va noter sur quel lien celui-ci a cliqué et quel était le rang de ce lien. Il calcule ensuite combien de temps l'utilisateur met avant de revenir sur la page de résultats. Si il ne revient pas, il en « déduit » que le site proposé était *a priori* pertinent puisque l'internaute a trouvé « chaussure à son pied ». Son adresse sera alors mieux classée dans les résultats suivants, lors d'une interrogation sur le même mot clé. Et ainsi de suite. Les interrogations et la façon d'interroger et de naviguer des internautes vont alors enrichir la base de données de DirectHit.

Ce système, très ingénieux, fonctionne sur de nombreux moteurs, tels HotBot et LookSmart, mais également sur des sites web, tel celui de ZDNet. Direct Hit, pionnier dans ce domaine, a, depuis, été copié, et de nombreuses autres sociétés (dont Inktomi et Altavista) prennent maintenant en compte un système identique et propriétaire dans le classement de leurs résultats.

Il s'agit là du seul système qui tienne compte, pour le classement des pages, du comportement « humain » de l'internaute. De plus — et ce n'est pas négligeable — il est très complexe à *spammer* (voir plus loin). C'est pour cela qu'il faut le suivre de près, car il est certainement appelé à un bel avenir !

Stop words (mots transparents ou mots vides)

Lorsque vous saisissez un terme précis dans le formulaire que vous propose le moteur, celui-ci va rechercher les occurrences de ce mot dans sa base de documents. Pourtant, certains mots, trop communs, ne sont pas pris en compte lors de cette investigation. On parle de *stop words*, « mots vides » ou « mots transparents », car ils sont présents, mais les moteurs ne les voient pas.

Il s'agit, par exemple, des mots *to, the, at, of, I, you, etc*. en anglais ou *le, la de, des* en français. Les moteurs ne les prennent pas en compte, car personne n'effectuera jamais une recherche pour connaître les documents qui contiennent le mot *of*. Cela serait effectivement dénué de tout intérêt. Ce tri permet également de gagner de la place sur les disques au moment de l'indexation. En effet, de nombreux outils de recherche ignorent tout simplement les mots transparents au moment de la sauvegarde de la page.

Certains moteurs ignorent également des mots trop communs et qui apparaissent trop souvent dans les documents, tels que *Internet* ou *Web*. Le plus souvent à juste titre, ces termes ne sont pas jugés assez significatifs pour s'appliquer à une recherche précise sur l'Internet.

```
word count freedom 624254 , days 34 678 7
gnored int* 358640546 of 2147483647
```

Altavista, par exemple, affiche les chiffres qui résultent de la requête effectuée (dans ce cas, days of freedom int*) *en bas de la page de résultats. Il signale si un mot trop commun a été refusé. Cela arrive notamment quand on utilise la troncature (symbolisée par l'astérisque *) pour effectuer des recherches sur des parties de mots. Dans notre exemple, la partie de mot* int *a été trouvée près de 358 millions de fois !*

Le spamdexing

L'Internet représente des enjeux énormes, parfois phénoménaux. La présence d'une page donnée — notamment si l'objectif est clairement commercial — dans les meilleurs résultats des moteurs de recherche pour un mot clé donné est un critère extrêmement important dans le processus de promotion d'un site. Il n'est donc pas étonnant que certains aient essayé — et essaient encore — de « tricher » pour arriver à se « caser » dans cette première page de résultats si convoitée.

Nous verrons dans les pages qui suivent la plupart des techniques employées à l'heure actuelle pour frauder de la sorte. Ces procédés répondent indifféremment — même si certains points les différencient légèrement — aux noms de *spam*, *search engine spamming*, *spamdexing*, *keyword stuffing*, *keyword spamming,* ou même spammage !

J'ai longtemps hésité à parler de ces artifices dans ce livre. En effet, il serait malhonnête d'apprendre à tricher au lecteur. Pourtant, si je le fais, c'est parce que la plupart de ces possibilités — comme nous le verrons par la suite — sont aujourd'hui connues et combattues avec bonheur par les moteurs de recherche. Ceux-ci pénalisent — souvent lourdement — au niveau de leur classement les pages qui présentent ce type de fraude — quand elles ne sont pas victimes d'une élimination pure, simple et automatique. L'exclusion porte alors non seulement sur le fichier en question, mais également sur toutes les pages du site ! *Grosso modo*, l'arsenal des pénalités possibles est le suivant :

- la page qui contient du spam peut être ignorée et ne pas être indexée ;
- la page est indexée mais pénalisée (mal classée) dans les classements effectués par les moteurs ;
- la page n'est pas indexée et, en cas de faute grave, toutes les autres pages du site sont retirées de l'index ;
- la page n'est pas indexée, les autres pages du site sont bannies, et le site est mis en « liste noire », ce qui signifie qu'il ne pourra plus être référencé sur le moteur avant nouvel ordre (avant que le moteur décide qu'il peut sortir de la « black list » !).

On le voit, les moteurs disposent de toute une série de dispositions, de « punitions », qu'ils ne se gênent pas d'appliquer, loin de là...

D'autre part, je décris ces techniques afin que vous puissiez mieux les identifier lorsque vous en rencontrerez la trace dans un code source « étranger ».

Enfin, un grand nombre de moteurs de recherche ne font plus uniquement confiance à la technique pour « dépolluer » leur base. Ils ont mis en place des logiciels de détection des fraudes, mais également des « brigades anti-spam », composées de personnes dont la tâche est de prélever régulièrement, de façon aléatoire ou non, des échantillons de l'index de documents et d'en vérifier le code. Si celui-ci contient des tentatives de spam, les pages seront fortement pénalisées.

Ne vous amusez donc pas à « truffer » vos pages de techniques plus ou moins habiles (ou douteuses) dans le but de gagner une place dans les classements des moteurs de recherche. Les risques encourus vont grandissant. Vous risquez de vous y brûler les ailes. Si vous avez de l'énergie à dépenser, passez plutôt du temps à promouvoir votre site ailleurs que sur les moteurs de recherche (voir chapitre 5), il y a de fortes chances que cela apporte des résultats plus tangibles que les quelques heures que vous allez dépenser pour finalement voir votre site éjecté des index des moteurs. Mais vous restez libre de faire à votre convenance...

Certains vous proposeront également une tactique prétendument éprouvée : vous saisissez tout d'abord sur chaque moteur les mots clés les plus importants pour votre activité. Puis vous regardez les pages proposées dans les dix premiers résultats. Si, dans l'une d'elles, vous détectez une technique de spam, vous pouvez alors la réutiliser sur votre page en « pis », afin que celle-ci soit encore mieux classée. En effet, si une page « spammée » est située en bonne place sur un moteur, cela voudra logiquement dire que celui-ci ne prend pas en compte ce type de tricherie, dont vous pouvez alors user à loisir.

C'est malheureusement (ou heureusement !) faux. Et ce, pour deux raisons principales. En effet, les moteurs tentent de détecter le spam dans le code HTML au moment de l'« aspiration » des pages par le logiciel *crawler*, et le document que vous avez trouvé — qui utilise une de ces techniques — a peut-être été indexé il y a six mois, à une époque où le moteur était moins sensible à ce type de fraudes. Si ce document n'a pas été modifié depuis, le robot ne l'a pas réaspiré et ne l'a donc pas contrôlé de nouveau, sa date de dernière modification — fournie par le serveur distant — n'ayant pas bougé depuis.

Cependant, même si le moteur en question ne prend effectivement pas en compte aujourd'hui la technique de spam que vous avez utilisée, rien ne dit qu'il ne le fera pas demain ou après-demain. Tous les outils de recherche revoient et réaménagent fréquemment leurs algorithmes. Ne jouez donc pas au jeu du spam sans savoir où vous mettez les pieds...

D'autre part, afin de connaître le rang de vos pages spammées, il faut effectuer maintes fois des tests en direct, c'est-à-dire soumettre vos documents aux moteurs au moyen du lien « Add URL », jusqu'à arriver effectivement dans les dix premiers résultats, ce qui n'est jamais acquis au départ. Or, le robot qui se déplace vers vos pages pour les prendre en compte peut mettre de deux à quinze jours — voire beaucoup plus — pour les indexer, même si vous le lui avez expréssement demandé. Ce délai est un peu long, surtout si vous devez renouveler plusieurs fois l'opération. Etant donné que les index des moteurs sont très mouvants (des milliers d'adresses sont soumises et visitées chaque jour), tout ce travail est rendu très aléatoire...

Seul Infoseek a longtemps indexé les pages quelques minutes après leur soumission. Il y a par la suite renoncé, en partie à cause des incessantes tentatives de spam dont il était victime, et est revenu à un délai plus « classique » de une à deux semaines (quand tout va bien...).

Voici maintenant les trésors d'ingéniosité que les apprentis *webmasters* ont déployé depuis quelques années pour obtenir un classement intéressant de leurs pages. Encore une fois, il n'est en aucune façon bénéfique de vous en inspirer pour vos propres pages.

La répétition de mots

Il s'agit de la technique la plus usitée. La plupart des autres méthodes de spam s'en inspirent plus ou moins.

Sans doute êtes-vous déjà tombé, lors de vos recherches sur le Web, sur des pages dont le titre est ainsi conçu :

```
<TITLE>société société société société société société
société ... société</TITLE>
```

La ruse est simple : il s'agit de répéter le plus de fois possible un mot, afin d'en faire grimper l'indice de densité (IDM), car certains moteurs prennent encore simplement en considération le nombre d'occurrences d'un mot dans une page pour effectuer leurs calculs de pertinence.

Le terme en question peut être le nom d'une entreprise, d'un produit ou d'une activité commerciale (restaurant, logiciel, mobilier, etc.). Certains ajoutent également les noms de leurs concurrents, de façon transparente. Ils ne les placent bien évidemment pas dans le texte visible, mais, par exemple, dans les balises <META> (voir plus loin). Imaginez que Renault (qu'ils veuillent bien me pardonner...) intégre dans chacune de ses pages web les mots *Peugeot* et *Citroën* plusieurs dizaines de fois. Si un internaute entre le mot clé *Peugeot* sur un moteur, ce seront alors les pages de Renault qui seront affichées en premier, puisqu'elles contiennent le mot demandé avec de multiples occurrences.

Certains ont poussé le vice jusqu'à intégrer des mots très souvent utilisés par les internautes. Quelques exemples pris tout à fait au hasard, bien sûr : *sexe, nude, xxx, Penthouse, Playboy, Playmate, Playmate of the year*, etc. Nous en reparlerons lorsque nous décrirons les balises <META>. En règle générale, n'employez jamais un nom déposé (*Penthouse* et *Playboy* en sont de parfaits exemples), même — et surtout — de façon invisible dans vos pages. Le propriétaire de ces marques peut très bien vous attaquer en justice pour utilisation illégale de son nom. La jurisprudence existe — elle est en faveur des plaignants dans ce cas — et certains avocats se spécialisent dans la recherche sur le Web de telles fraudes afin de proposer leurs services aux sociétés dont le nom est usurpé.

L'emplacement des mots répétés est également important. On sait qu'un terme trouvé dans le titre donne au document un classement plus avantageux que le même mot dans le corps de la page, ce qui explique les balises de titre comme celle que nous avons vue précédemment.

Vous trouverez parfois une répétition de mots dans des commentaires :

```
<!-- société société société société société société société ... société -->
```

Certains moteurs prennent en compte ces champs lors de leur indexation. D'autres spammeurs utilisent également l'attribut ALT des balises <IMG>, qui sert à fournir un texte de remplacement si l'image n'est pas chargée sur le navigateur :

```
<IMG SRC="image.gif" ALT="société société société
société société société société ... société">
```

Effectivement, bon nombre de moteurs prennent également en compte l'attribut ALT dans l'indexation des pages, comme nous le verrons à la fin de ce chapitre.

Même lorsque la page ne nécessite pas réellement l'affichage d'images, il est possible d'ajouter ce type d'informations en créant une image « infinitésimale » — de dimensions un pixel sur un — de même couleur que le fond, et d'ajouter à la page le code :

```
<IMG SRC="image.gif" ALT="société société société
société société ... société" WIDTH=1 HEIGHT=1>
```

Il est, bien entendu, possible d'ajouter une deuxième fois cette commande avec une deuxième répétition de mots clés, et ainsi de suite :

```
<IMG SRC="image2.gif" ALT="produit produit produit
produit produit ... produit" WIDTH=1 HEIGHT=1>
```

Il s'agit là de l'astuce vue à la fin du chapitre 2, afin d'accélérer le temps de chargement d'une image, mais « détournée » à des fins de spam.

Certains utilisent également cette technique, couplée à des balises <A HREF>, comme dans l'exemple suivant :

```
<BODY BGCOLOR=#FFFFFF>

<A HREF="http://www.monsite.com/produit1.html">
<IMG SRC="image.gif" ALT="produit1 ... produit1"
WIDTH=1 HEIGHT=1 BORDER=0></A>

<A HREF="http://www.monsite.com/produit2.html">
<IMG SRC="image.gif" ALT="produit2 ... produit2"
WIDTH=1 HEIGHT=1 BORDER=0></A>

<A HREF="http://www.monsite.com/produit3.html">
<IMG SRC="image.gif" ALT="produit3 ... produit3"
WIDTH=1 HEIGHT=1 BORDER=0></A>
```

Globalement, ces trois lignes HTML vont afficher trois « images invisibles », puisqu'elles ont une taille de un pixel sur un, et sont de couleur blanche sur fond blanc. L'attribut BORDER=0 supprime le pourtour bleu des liens graphiques.

Par cet artifice, l'indice de popularité des pages *produit1.html*, *produit2.html* et *produit3.html* sera augmenté puisqu'un document supplémentaire sur le Web pointe vers elles... Elles seront ainsi mieux classées par les moteurs de recherche qui prennent en compte les pages internes du site dans leurs calculs d'indice de popularité (IPP) ! En outre, il est ainsi possible d'ajouter des mots clés potentiels à l'attention des moteurs qui prennent en compte l'intitulé des adresses lors de l'indexation (ici : *produit1*, *produit2*, *produit3*).

Dernier point, la répétition de mots dans un titre, qui ressemblerait à cet exemple :

```
<TITLE>Chaussures, chaussures de sport, chaussures
de tennis, chaussures de running, chaussures de déten-
te, chaussures de footing, chaussures de plage</TITLE>
```

Ce titre correspond à une suite d'expressions différentes qui contiennent toutes le mot « chaussures ». Cette technique de répétition n'est pas à proprement parler une technique de spamdexing, bien qu'on puisse penser qu'elle est très « limite ». Mais elle sera pourtant pénalisée par les moteurs de recherche, car de trop nombreuses occurrences du mot *chaussures* sont présentes dans la balise. Une balise « acceptable » devrait alors se présenter ainsi :

```
<TITLE>Chaussures de sport, tennis, running, détente,
footing, plage</TITLE>
```

Les mots invisibles

Certains ont ainsi déployé toutes les astuces possibles et imaginables pour cacher une répétition de mots dans les recoins les plus inattendus d'une page web.

Mais d'autres les ont intégrés directement dans la page, dans ce que l'on pourrait appeler le « texte visible » indiqué dans le corps du document. Dans un premier temps, on peut afficher ces répétitions en tout petits caractères :

```
<H6>société société société société société ... société</H6>
```

ou

```
<FONT SIZE=1>société société société société société ... société</FONT>
```

Mais cela reste encore peu esthétique, car, même petits, les caractères se voient et rendent la lecture peu compréhensible. Les spammeurs ont alors imaginé de les afficher dans la couleur du fond de la page :

```
<BODY BGCOLOR=#FFFFFF>
<FONT SIZE=1 COLOR=#FFFFFF>société société société société société ... société</FONT>
```

Le texte apparaît, dans cet exemple, en blanc sur fond blanc et reste invisible, sauf lorsque, avec sa souris, l'utilisateur sélectionne tout le texte et le fait apparaître en inversé vidéo. Mais cela reste un procédé assez rare chez l'internaute *lambda*... En revanche, lorsqu'il s'en aperçoit, bonjour l'image de marque du site...

Les moteurs ont alors commencé à traquer les pages qui contiennent les mêmes indications de couleur dans les balises <BODY BGCOLOR> et <FONT COLOR> pour faire la chasse à ce texte invisible. Qu'à cela ne tienne, les spammeurs ont joué d'astuce en utilisant des couleurs presque identiques, mais dont les différences sont quasi indécelables par l'œil :

```
<BODY BGCOLOR=#FFFFFF>
<FONT SIZE=1 COLOR=#FFFFFE>société société
société société société ... société</FONT>
```

ou :

```
<BODY BGCOLOR=#FFFFFF>
<FONT SIZE=1 COLOR=#FFFFFD>société société
société société société ... société</FONT>
```

La couleur de fond est le blanc (#FFFFFF) ; les lettres sont colorées en jaune très clair (#FFFFFE ou #FFFFFD), invisible à l'œil nu.

Plutôt qu'une couleur, on peut également afficher un fond d'écran sous la forme d'une image, ce qui est encore moins aisément décelable :

```
<BODY BACKGROUND="Fondblanc.gif">
<FONT SIZE=1 COLOR=#FFFFFF>société société
société société société ... société</FONT>
```

Bien entendu, *Fondblanc.gif* est une image... entièrement blanche.

Attention ! Il peut arriver qu'une page « non spammée » soit pourtant rejetée par certains moteurs. Imaginons une page avec un fond blanc :

```
<BODY BGCOLOR=#FFFFFF>
```

Ensuite, nous créons un tableau qui contient une cellule avec un fond bleu foncé et du texte blanc :

```
<TABLE>
<TR>
<TD BGCOLOR=#000033><FONT
COLOR=#FFFFFF>Bonjour et
bienvenue</FONT></TD>
</TR>
</TABLE>
```

Un fond de page blanc avec un tableau qui comprend du texte blanc sur fond bleu peut parfois poser des problèmes.

Aucune tentative de spam ne vient « obscurcir » cette page. Pourtant, elle sera rejetée par certains moteurs, car le fond est blanc (balise <BODY BGCOLOR=#FFFFFF>) et le texte du tableau blanc également (balise <FONT COLOR=#FFFFFF>). Certains outils de recherche n'ont pas encore appris à prendre en compte dans la détection de techniques douteuses la couleur de fond de la cellule d'un tableau. Attention, donc, à ce point lorsque vous créerez vos pages. En règle générale, soyez vigilant pour les couleurs de fond des cellules d'un tableau. Certaines versions anciennes des navigateurs ne les affichent pas. Dans le cas que nous venons de voir, du texte blanc sur fond blanc serait affiché — et serait donc illisible — si votre visiteur utilisait ce type de logiciels.

La répétition des titres

Après avoir répété maintes fois des mots dans le texte ou dans des balises, certains ont également trouvé une tactique intéressante : répéter les balises de titres :

<TITLE>Stela, spécialiste de la vente de chaussures de sport</TITLE>
<TITLE>Stela, spécialiste de la vente de chaussures de sport</TITLE>
<TITLE>Stela, spécialiste de la vente de chaussures de sport</TITLE>
<TITLE>Stela, spécialiste de la vente de chaussures de sport</TITLE>
<TITLE>Stela, spécialiste de la vente de chaussures de sport</TITLE>
<TITLE>Stela, spécialiste de la vente de chaussures de sport</TITLE>
<TITLE>Stela, spécialiste de la vente de chaussures de sport</TITLE>

Tout cela parce que l'un des critères de chasse du spam pour les moteurs était la reconnaissance de la répétition des mots situés entre deux balises de début et de fin (par exemple <TITLE> et </TITLE>). La réaction des fraudeurs a été quasi immédiate : si on ne peut plus répéter ces mots à l'intérieur des balises... eh bien, on va répéter les balises !

Ce procédé est permis par les navigateurs qui n'afficheront que la première occurrence du titre et ignoreront les autres. Le *crawler* du moteur, en revanche, prendra en compte toutes les répétitions.

Le « cloaking » ou « IP Delivery »

Certains essayent également de tromper les moteurs en fournissant à leurs robots une page qui n'est pas celle que visualise l'internaute.

La technique est simple sur le papier. Imaginons qu'un moteur ne tienne pas compte du spamming.

Votre page d'accueil s'appelle *index.html*. Vous allez créer, dans un premier temps, une copie conforme de cette page, et l'appeler *index2.html*. Vous allez ensuite réaliser deux versions de ce document. L'une sera « propre », l'autre contiendra du spam.

Si vous vendez des cacahuètes, il suffit de créer une page avec comme seul contenu cent fois le mot « cacahuètes ». Vous soumettez alors cette page (qui est donc la version « spammée » d'*index2.html*) au moteur de recherche (fonction *Add URL*). Puis vous attendez que le robot passe l'indexer. Vous regardez sur vos fichiers *log* (fichiers qui retracent toutes les connexions sur votre serveur), et lorsque le *crawler* a indexé votre page « malhonnête », vous la remplacez sur le Web par la page *index2.html* « propre ».

Les personnes qui se connectent directement sur votre site (sans passer par un moteur de recherche) auront toujours sous les yeux votre page « normale » intitulée *index.html* (qui n'a jamais changé) ;

ceux qui passent par le moteur — bien grugé en l'occurrence — auront sous les yeux *index2.html*, dont le contenu est redevenu identique à *index.html* après votre petit tour de passe-passe.

Bien entendu, cette technique est contraignante, c'est le moins que l'on puisse dire. A vrai dire, elle est même quasi inopérante. Elle nécessite en effet de commuter rapidement la page « spammée » et la page réelle dès que le robot est passé sur votre serveur. Etant donné que certains *crawlers* mettent plusieurs jours à indexer vos pages, cela peut vite devenir fastidieux. D'autant plus que, si le robot repasse quinze jours plus tard pour mettre à jour sa base, il faut renouveler l'opération, sans savoir vraiment à quel moment passera le robot, ce qui devient rapidement impossible à gérer...

Jamais à court de ressources, nos spammeurs ont donc imaginé une nouvelle ruse : mettre en place sur le serveur un logiciel (appelé *script CGI*) qui « scanne les appels » et se met en attente des numéros IP ou des noms de machine des *crawlers*.

En effet, chaque machine sur l'Internet est identifiée par un numéro IP (de type 130.56.29.10) et un nom de machine (de type *spider.moteur.com*). Il suffit alors au logiciel de détecter l'arrivée d'un *spider* et de lui fournir alors automatiquement une page *index.html* « spéciale », remplie de répétitions de mots clés (ou simplement optimisée au mieux en fonction des critères de pertinence des moteurs) en lieu et place de la vraie page qui, elle, n'est pas spammée.

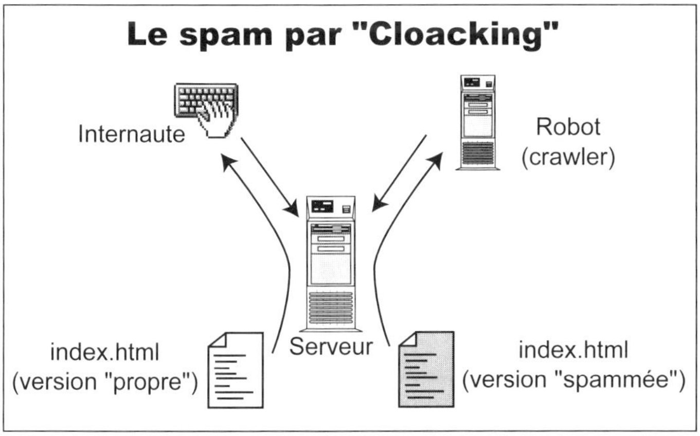

Dans le spam par commutation de documents, le serveur substitue le document HTML « réel » à un document spammé.

Les noms de machines des spiders actuels sont disponibles à l'adresse : *http://searchenginewatch.com/webmasters/spiderchart.html*

Cette technique, qui porte de nombreux noms (« Cloaking », « IP Delivery », etc.) peut même aller plus loin. Lorsqu'on est un peu familiarisé avec les critères de pertinence des différents moteurs, il est possible de créer de nombreuses pages, chacune étant optimisée pour tel ou tel moteur et/ou tel ou tel mot clé. Dès que *Scooter* — le *spider* d'Altavista — par exemple, est détecté, il est alors possible de lui fournir des pages optimisées pour ce moteur. Lorsque l'adresse IP de Slurp — le *spider* de Hotbot — est détectée, ce seront alors des pages créées spécifiquement pour lui qui seront fournies, etc.

Tout se fait alors de façon automatique. Le moteur voit toujours ce que le serveur veut bien lui donner à voir, et l'internaute dispose, quant à lui, d'une autre version des pages...

Ce système — s'il est assez lourd à mettre en œuvre — est quasi indétectable par les moteurs, car ils croient avoir affaire à des pages tout à fait « admissibles » lorsqu'ils viennent « aspirer » un site.

Les logiciels adéquats sont assez faciles à trouver sur le Web en fouillant un peu, mais ne comptez pas sur moi pour vous fournir les adresses, la tentation de fraude étant trop forte avec ces outils ;-)

La copie de page web

Un peu dans le même contexte, certains webmasters ont trouvé une technique qu'ils ont imaginée imparable pour tenter de spammer les moteurs. Ils ont appliqué le raisonnement suivant : si je saisis un mot clé donné, il me suffit de regarder les résultats proposés par le moteur et d'aller ensuite sur la première page proposée (la « tête de liste »). Je copie le code HTML de cette page, qui est parfaitement optimisé pour être bien classé par rapport au mot clé indiqué, puis je crée une page absolument identique sur mon site, en changeant quelques mots, bien entendu, et notamment le nom de la société affiché ;-)

Il suffit alors de référencer cette page plagiée sur le moteur. Elle apparaîtra au mieux en première position, au pire en seconde, derrière son modèle.

Bien imaginé, effectivement. Mais, hélas... Ça ne marche pas. Pourquoi ? Parce que les moteurs tiennent compte de nombreux critères dits « off the page » (qui ne tiennent pas compte du code HTML du document) — dont l'indice de popularité n'est pas le moindre — pour effectuer leurs classements. Ceci explique que deux pages, très proches l'une de l'autre au niveau du contenu, peuvent obtenir des classements très différents pour un même mot clé. Les critères « off the page » majeurs sont présentés plus loin, dans ce chapitre.

Pages satellites : spamdexing ou non ?

Enfin, pour en terminer avec cette longue série de techniques plus ou moins fines destinées à tromper les moteurs de recherche, il est nécessaire de parler des pages satellites (également nommées « pages alias » et, en anglais, *bridge page*, *entry page*, *jump page*, *gateway page*, *shadow page*, *portal page*). Ces documents sont réalisés de façon spécifique pour chaque mot clé important et chaque moteur de recherche.

Il existe une légère différence entre les appelations page alias et page satellite. Une page alias est une copie parfaite de la page d'accueil du site, mais optimisée (au niveau du titre, des balises META, etc.) pour un mot clé et/ou un moteur donné. Elle contient toutes les rubriques du site et se présente exactement comme la page d'accueil « réelle ». Inconvénient majeur : en cas de modification de cette dernière, les pages alias doivent bien entendu toutes être modifiées en conséquence. Si les pages sont réalisées de façon dynamique, cela peut être assez facile à gérer. Dans le cas de pages statiques, la mise à jour et la maintenance risquent d'être rapidement lourdes.

Une page satellite, en revanche, est une page de préentrée sur le site. Elle contient le plus souvent un texte du style « Pour aller sur le site de Stela, cliquez ici ».

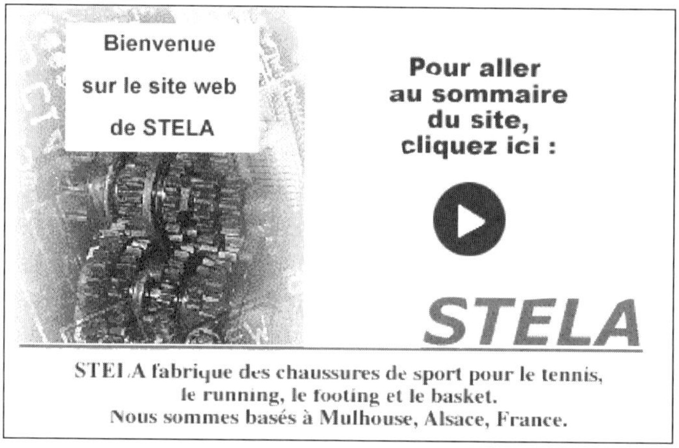

Exemple type de page satellite.

Pour un mot clé donné, vous allez ainsi réaliser une page HTML spécifique dont l'objet unique est d'être affichée dans les dix premiers résultats d'un moteur de recherche donné pour le mot clé en question.

Une page spécifique sera donc réalisée en fonction des caractéristiques propres à Altavista. Une autre sera soumise à HotBot et construite en fonction des critères de classement de ce moteur. L'opération sera répétée pour les outils de recherche les plus importants et les mots clés les plus sensibles correspondant à votre activité.

Comme vous l'imaginez aisément, cela représente un travail colossal. Si vous définissez trois mots clés importants et que vous désirez effectuer ce travail sur les sept moteurs de recherche les plus consultés sur le Web (voir plus loin), vous devrez donc réaliser vingt et une pages différentes ! Mais cette tâche est parfois nécessaire si vous désirez réellement voir vos documents classés de façon optimale. Voici quelques conseils à suivre si vous désirez vous engager dans cette voie :

• En règle générale, on ne donnera pas aux différentes pages satellites des noms trop approchants — tels que *index1.html*, *index2.html*, *index3.html* — mais plutôt *demo.html*, *test.html*, *entree.html*, *bienvenue.html*, etc. Sinon, le *spider* s'apercevra rapidement que quelque chose cloche s'il est programmé pour combattre le spam.

• Le contenu de la balise <TITLE> de chaque page satellite sera également différent chaque fois, afin d'éviter, une fois de plus, que le robot ne soit alerté par des documents qui possèdent le même titre.

• Enfin, pour un même moteur, il sera bon de modifier également le contenu (le texte visible) des différentes pages satellites créées. De plus en plus de moteurs vérifient si plusieurs pages sont identiques dans leur index, et les éliminent, quand ils ne suppriment pas également toutes les pages du site pour les mettre sur leur *black list* !

Alors, spam ou pas spam ? Difficile de le dire dans ce cas, il est vrai souvent à la limite des techniques de fraude employées couramment. Personnellement, je pense qu'il ne s'agit pas là de spam si la page satellite a été construite sans répétition de mots et en utilisant uniquement les critères de classement des moteurs : mot clé dans le titre, indice de densité (IDM) le plus fort possible, etc. Disons que c'est « limite », mais acceptable...

La plupart des moteurs de recherche acceptent d'ailleurs ces techniques à partir du moment où les mots clés utilisés pour l'optimisation des pages sont pertinents par rapport au contenu du site et où aucune technique « classique » de spam n'est utilisée. Si vous vendez des voitures et que vous créiez des pages satellites optimisées pour les mots *sex*, *Playboy*, *Rolling Stones* ou *Spice Girls*, vous risquez de connaître quelques ennuis et quelques sanctions... Attention également à certains moteurs, tel Lycos, qui n'indexeront pas la page si elle ne contient pas assez de mots visibles (voir le descriptif de chaque moteur à la fin de ce chapitre). La mise en place de pages satellites est donc risquée. Toutefois, avec un peu d'expérience et aucune tentative de spam, même légère, ces documents peuvent donner de bons résultats.

Attention ! Cependant, la tendance actuelle chez les moteurs de recherche est clairement de prendre en compte, au moment de la soumission, uniquement la racine du site.

Pour plus de clarté, prenons un cas concret. Sur Infoseek, par exemple, si vous allez sur le formulaire de soumission et que vous proposez l'adresse *http://www.stela.com/produits/basket.html*, le moteur va ôter toute la partie droite de l'adresse, et ne plus prendre en compte que l'URL *http://www.stela.com/*. Les pages internes d'un site ne sont plus prises en compte lors d'une soumission volontaire. Infoseek n'est pas le seul à prendre en compte cette restriction, il s'agit là d'une tendance croissante chez les moteurs actuels, qui estiment que vous n'avez à leur soumettre que la page d'accueil de votre site et qu'ils iront eux-mêmes aspirer les autres documents. Cela ne signifie pas, bien entendu, que les pages internes d'un site disparaissent de l'index du moteur, mais bien que c'est lui qui décide du moment où celles-ci seront indexées.

Or, une page satellite a souvent une adresse du type *http://www.stela.com/satellite.html*. Cette page est, la plupart du temps, totalement déconnectée du site (aucune page ne pointe vers elle). Il n'est donc pas possible de soumettre dans un premier temps la page d'accueil (*http://www.stela.com/*), puis d'attendre que le *spider* du moteur suive les liens présents dans cette page, car, *a priori*, la page satellite, par définition, est isolée des autres. Donc, sur des moteurs tel Infoseek, il est *a priori* impossible de soumettre une page satellite.

Excepté si vous incluez dans la page d'accueil « réelle » un lien vers la page satellite. Oui, mais il faut le « cacher » à l'internaute, car ce lien ne doit être proposé qu'aux *spiders* !

Il faudra donc, dans ce cas, utiliser dans la page d'accueil la technique de l'image invisible (un pixel sur un) qui servira à proposer le lien désiré. Démonstration en HTML :

```
<A HREF="http://www.stela.com/satellite.html">
<IMG SRC="image.gif" WIDTH=1 HEIGHT=1
BORDER=0></A>
```

L'image n'apparaît pas à l'écran, car elle est trop petite. En revanche, elle propose un lien vers la page satellite ; ce lien sera suivi par les *spiders* lors de l'indexation du document.

Si vous êtes arrivé à ce niveau du chapitre sans problèmes, je vous accorde quelques minutes pour aller prendre une aspirine ;-)

Attention cependant aux pages satellites : elles sont « traquées » par les moteurs de recherche, qui les éliminent purement et simplement de leur index lorsqu'ils en trouvent une. Cette « purge » des pages satellites dans leur index est également une tendance grandissante des moteurs. Cela peut même pénaliser les autres pages de votre site ! A utiliser donc avec modération...

Une page satellite est donc un document qui a été conçu pour être bien classé par les moteurs et qui contient un lien vers la vraie page d'accueil. Mais vous pensez peut-être qu'il serait dommageable pour votre futur public d'aller sur une page de « préaccueil » et de cliquer sur un lien avant de visualiser enfin votre sommaire général. Vous allez donc mettre en œuvre ce que l'on appelle une « page de redirection automatique ».

Mise en place d'une page satellite

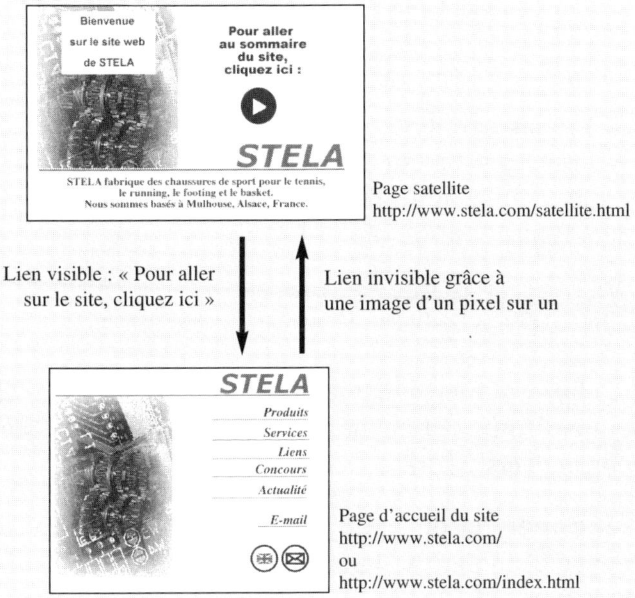

Exemple de mise en place d'une page satellite.
Le spider *du moteur qui viendra aspirer la page d'accueil suivra le lien symbolisé par l'image invisible et indexera la page satellite.*

Les pages de redirection automatique

Il vous est certainement arrivé maintes fois sur le Web de visualiser une page qui propose le texte suivant : « Le document demandé n'existe plus et a changé d'adresse. Si vous ne faites rien d'ici quelques secondes, vous serez automatiquement redirigé vers son nouvel emplacement. »

Effectivement, au bout de quelques instants, vous vous retrouvez sur une nouvelle page, qui correspond à une URL totalement différente de celle sur laquelle vous vous trouviez auparavant.

Ce système de redirection — version moderne de l'éternelle « erreur 404 » — est obtenu à l'aide d'une simple ligne HTML dans l'en-tête du document (entre <HEAD> et </HEAD>) :

```
<META HTTP-EQUIV="REFRESH"
CONTENT="3;URL=http://www.monsite.com/">
```

Le chiffre 3 représente ici le nombre de secondes (le temps d'attente) au bout duquel l'internaute sera redirigé vers l'adresse *www.monsite.com.*

Cette redirection peut également être réalisée au moyen d'un petit programme en langage JavaScript, du type :

```
<Script language="javascript">
document.location.href="index.html"
</script>
```

Bien entendu, vous pouvez utiliser une page de ce type en tant que page satellite. Au lieu de devoir cliquer sur un lien pour atteindre votre page d'accueil réelle, l'internaute y est dirigé automatiquement. C'est également cette page satellite qui sera optimisée en fonction d'un mot clé, et soumise au moteur.

Il me semble cependant nécessaire de vous prévenir que les administrateurs des moteurs de recherche n'apprécient guère ce type de techniques. Si l'une de vos pages est prise « en flagrant délit de redirection automatique » (il suffit que le moteur relève l'existence des termes « META HTTP-EQUIV="REFRESH" » dans l'en-tête de la page, le code JavaScript restant plus complexe à détecter), vous risquez de la voir pénalisée, voire éliminée de l'index. Cette sanction peut également être généralisée à toutes les pages du site, comme nous l'avons vu précédemment. En fait, il semble que les moteurs n'apprécient pas la balise <META REFRESH> uniquement si elle indique un délai très court. La limite semble se situer aux alentours de 20 à 30 secondes. Si le délai d'attente est inférieur à ce chiffre, le moteur risque de pénaliser la page ou, plus simplement, de ne pas la prendre en compte.

Les soumissions multiples

Enfin, au rayon des tricheries diverses et variées, je ne saurais passer sous silence la soumission multiple. Cette fraude consiste à proposer au système de référencement des moteurs de recherche la même page sous des adresses différentes :

http://www.monsite.com/
http://www.monsite.com/index.html
http://monsite.com/
http://monsite.com/index.html

Il est très simple, au niveau du DNS (*Domain Name Server*), de créer plusieurs noms de machine différents (dans l'exemple précédent *www.monsite.com* et *monsite.com*), soit en créant des « alias », soit en fournissant des adresses IP différentes. Certaines entreprises achètent même des noms de domaine spécifiques qui servent uniquement aux soumissions de leurs pages auprès des moteurs de recherche. Il est aussi très facile de créer des noms de sites tels que :

http://www.stela.com/
http://chaussures.stela.com/
http://tennis.stela.com/
http://footing.stela.com/

et de faire « pointer » toutes ces adresses vers le même site, la même page d'accueil (on crée alors des « sites miroirs virtuels »). Les moteurs enregistrent alors plusieurs copies de la même page, mais avec des adresses différentes, croyant avoir affaire à des sites distincts. La technique est « séduisante », mais la plupart des moteurs tentent de détecter cette fraude. Gare à ceux qui exagèrent !

Je n'irai pas plus loin dans la technique de ce type de pratiques (on peut encore faire beaucoup de choses de ce type en se creusant la cervelle...) afin de ne pas sortir du cadre de ce livre, qui n'a pas été écrit pour donner de mauvaises idées aux concepteurs de sites web.

Certains *webmasters* modifient également le titre des documents HTML dès que le *spider* a aspiré la page. Ainsi, lorsque celui-ci reviendra rafraîchir sa base, le fait que le titre du document ait changé l'induira parfois en erreur, et il dupliquera le fichier. Du coup, celui-ci figurera en double exemplaire dans l'index. Cela ne fonctionne cependant pas chaque fois. Seuls certains moteurs se laissent abuser par un tel stratagème.

En règle générale — il faut le savoir avant d'avoir à l'esprit toute velléité de fraude — la plupart des moteurs de recherche, à l'heure actuelle, prennent en compte le phénomène du spam, à des degrés divers. Ils pénalisent donc la plupart des techniques vues précédemment. Ces pratiques ne sont pas marginales. Altavista indiquait que, sur les 20 000 adresses de pages qui lui étaient soumises de façon directe tous les jours, plus de la moitié contenaient des techniques qui pouvaient être considérées comme étant frauduleuses ! Certains jours, le chiffre monte jusqu'à 95 % des pages soumises... Il ne faut pas s'étonner que les moteurs prennent du temps à lutter contre ce fléau, et oublient parfois que leur objectif premier est d'abord de fournir une réponse pertinente à l'internaute.

A vous de voir donc les risques que vous désirez courir lors de la création de vos documents. Sachez que la lutte est incessante et que les techniques « anti-spam » mises en œuvre par les outils de recherche sont de plus en plus sophistiquées...

N'oubliez pas non plus que, si vous soumettez des pages spammées et que, par bonheur (par malheur ?), celles-ci soient acceptées par le moteur, il reste néanmoins une « police » très vigilante qui peut intervenir n'importe quand : les utilisateurs — et notamment vos concurrents lorsqu'ils exploreront le Web après avoir lu ce livre ;-). Ils ne manqueront pas de se plaindre par e-mail auprès des propriétaires d'outils de recherche. Ceux-ci risquent alors de proposer vos pages à leurs brigades anti-spam pour vérification « à la main »... Un internaute averti en vaut deux...

Enfin, il est important de rappeler (voir chapitre 4) que le référencement sur les annuaires tels que Yahoo! ou Nomade s'effectue selon le jugement d'un être humain. Cet « éditeur » viendra consulter votre site pour l'évaluer. Je doute qu'il aille bien loin s'il détecte la moindre technique de spam sur vos pages. Et soyez sûr que l'un de ses premiers réflexes sera peut-être d'aller fouiner dans votre code HTML...

A bon entendeur...

Prise en compte de critères de pertinence des moteurs de recherche

Une fois les techniques de spam oubliées, vous devez canaliser toute votre énergie sur l'écriture « judicieuse » de votre code HTML. En effet, selon la façon dont vos documents seront écrits, la page correspondante connaîtra des classements très différents en fonction des moteurs qui la référenceront.

Dans un premier temps, nous allons voir quels sont les champs importants, et comment les utiliser au mieux. Puis nous étudierons, pour chaque moteur, quels sont les critères pris en compte dans le classement des pages. Enfin, nous différencierons les critères dits « off the page » de ceux nommés « in the page », et établirons une liste des critères bloquants pour les *spiders* des moteurs.

Le titre

Le titre de vos pages se situe, comme nous l'avons déjà vu, entre les balises <TITLE> et </TITLE>.

Attention ! Si vous utilisez un éditeur HTML, les balises de titre doivent être placées le plus haut possible dans la page. Idéalement, le code source de votre document doit commencer ainsi :

```
<HTML>
<HEAD>
<TITLE>Titre de la page</TITLE>
```

Déplacez après le titre les balises <META> (voir pages suivantes) ou toute autre information qui serait ajoutée de façon fortuite par votre éditeur HTML entre <HEAD> et <TITLE>. Plus la balise de titre sera placée haut dans le fichier HTML, meilleures seront vos chances d'optimiser le classement de votre page.

En ce qui concerne le libellé du titre, choisissez une expression qui répéte le plus possible de mots clés déterminants, sans pour autant verser dans le spam ! En effet, ce champ est l'un des critères les plus importants pour la majeure partie des moteurs actuels. Soignez tout particulièrement les titres de vos documents. Evitez les expressions banales, comme « Bienvenue », « Homepage » (pis : « Bienvenue sur ma Homepage » ou « Bienvenue sur notre site web »), « Welcome », « Accueil », « Page d'accueil », etc. Tous ces titres sont à proscrire.

Attention à ne pas répéter trop souvent certains mots clés, cela pourrait être pris pour du spam par certains moteurs. Si un mot est répété, essayez d'en espacer le plus possible les occurrences. Positionnez les termes les plus importants au début du titre. Certains moteurs n'indexent pas le champ en entier, comme nous le verrons à la fin de ce chapitre. Placez les termes importants dans les dix premiers mots du titre. Pour être efficace, restreignez d'ailleurs la longueur du titre à une dizaine de mots. N'oubliez pas les codes HTML pour les lettres accentuées (é pour la lettre *é,* par exemple), car il s'agit là d'un texte à part entière.

Evitez également de créer un titre qui soit une compilation de mots clés, et qui « oublie » de décrire le contenu de la page, même sans répétition frauduleuse :

```
<TITLE>chaussure, sport, stela, running, footing, stretching...</TITLE>
```

En effet, le titre est la première information que voit l'internaute lorsqu'un moteur lui présente l'une de vos pages dans ses résultats. La formulation doit donc être explicite et présenter le contenu du document. L'internaute aura le plus souvent le choix entre dix pages présentées par le moteur comme résultat de sa requête. Il choisira peut-être celle qui proposera le titre le plus clair. Un bon compromis est donc à trouver entre la lisibilité et l'efficacité, et donc un placement optimisé des mots clés.

N'oubliez pas que le titre est aussi l'information qui est affichée en premier sur l'écran du navigateur lorsqu'on appelle la page. Parfois bien avant que le contenu ne s'affiche !

La création de titres efficaces est donc une phase essentielle de la promotion de votre site. A vous de vous entraîner en vous aidant des mots clés que vous avez répertoriés dans votre phase de réflexion (chapitre 1). Point important : pour la quasi-totalité des moteurs de recherche, le titre est le critère de pertinence numéro un ! Raison de plus pour le soigner du mieux possible.

Comme nous l'avons vu précédemment, lorsqu'un visiteur placera un *bookmark* sur votre page, c'est le titre positionné entre les balises <TITLE> et </TITLE> qui sera pris en compte en tant qu'intitulé dans le menu des « marque-pages ». Faites donc en sorte que cet intitulé rappelle à l'internaute le contenu proposé.

Supposons que votre activité consiste à vendre des chaussures de sport, notamment des tennis. Essayez un titre comme :

Chaussures de tennis Stela : terre battue, dur et herbe. Paris, France

ou :

Stela, fabricant de chaussures de tennis pour terre battue, dur et herbe à Paris, France

qui sera préférable aux exemples suivants :

Stela : bienvenue
Bienvenue sur le site web de Stela
Chaussures Stela
Chaussures de tennis

Le titre « Bienvenue sur le site web de Stela » est un bon exemple de « cyber hara-kiri ». Seul le mot *Stela* pourra faire l'objet d'une recherche par un internaute dans l'intitulé. Malheureusement, c'est le dernier mot du titre...

N'oubliez pas de donner des informations géographiques (ici *Paris* et *France*) si vous pensez qu'elles peuvent être importantes dans le cadre d'une recherche.

La taille d'un titre est souvent limitée à un nombre de mots. Evitez les mots transparents (*stop words*) ou trop généraux, trop vagues, qui ne désignent pas de façon fine votre activité. Un titre comme :

The first and best of all restaurants in the town

est catastrophique : il contient cinq mots transparents (*the, and, of, in, the*) et quatre mots très courants (*first, best, all, town*) sur dix termes ! Seul le mot *restaurant* apporte une information, mais il est extrêmement générique et ne qualifie pas assez le site. Evitez donc ce type d'erreurs. Retravaillez maintes fois vos titres afin d'arriver à un résultat convenable.

Si votre site s'adresse à plusieurs communautés linguistiques, les pages bilingues ou trilingues sont à déconseiller. En règle générale, il vaut mieux scinder votre site web en plusieurs entités distinctes, avec des pages différentes, des titres différents, et donc des mots clés différents. Utiliser des pages qui contiennent du texte en deux langues nécessiterait de créer des titres également bilingues. D'une part, cela induirait des répétitions qui pourraient passer pour du spam. D'autre part, la présence conjointe de mots en français et en anglais risque de désorienter certains internautes, et d'altérer la lisibilité du titre. Une autre limitation des pages bilingues sera étudiée lorsque nous parlerons du corps du texte de la page.

Bien entendu, n'omettez pas de donner un titre à vos pages (certaines pages du Web n'ont tout simplement pas de balise <TITLE> !). N'optez pas non plus pour un titre vide (aucun caractère inséré entre les balises <TITLE> et </TITLE>). Regardez les résultats fournis par les moteurs de recherche et le nombre de documents intitulés *no title*. Vous comprendrez alors que ce genre d'oubli n'est pas exceptionnel... Les navigateurs peuvent afficher un document même si la balise de titre manque dans le code HTML. Mais une telle absence ne peut aboutir qu'à un classement médiocre. Est-ce réellement votre objectif ?

En outre, certains moteurs qui effectuent des recherches par mots clés trient encore les documents qu'ils proposent par ordre alphabétique. S'il vous est possible de créer un titre qui commence par la lettre *a*, cela pourra parfois donner un petit plus à vos classements. Mais une telle aubaine devient de plus en plus rare. Ne passez pas des heures à cogiter sur ce point — qui n'est donné ici qu'à titre indicatif —, le tri par ordre alphabétique devenant de plus en plus anecdotique sur les moteurs.

Toutes les pages de votre site doivent bien entendu recevoir un titre différent et conforme à leur contenu.

Dernier conseil : il vaut parfois mieux mettre en ligne plusieurs petites pages qui proposent des titres performants (émaillés de mots clés bien ciblés) qu'un seul grand document qui traite de sujets divers et qui posséde donc un titre plus vague. Plus le sujet traité dans la page sera précis, plus il vous sera possible de créer un titre explicite, donc efficace eu égard aux critères des moteurs de recherche. Ne l'oubliez pas lors de l'élaboration de l'arborescence de votre site !

Les balises **<META>**

En HTML, les balises <META> permettent de fournir aux moteurs de recherche un certain nombre d'informations sur le contenu d'une page web. Meta est une abréviation de *Metadata*. Ces balises signalent donc de l'information sur l'information.

Signalons pour commencer, dans un souci de clarté, que les balises <META> n'ont d'effet que sur les moteurs de recherche (Altavista, Lycos, Hotbot, Voila, etc.). Les annuaires (Yahoo!, Nomade, Snap, Looksmart, Open Directory, etc.) ne les prennent aucunement en compte. En effet, les annuaires sont gérés, comme nous le verrons par la suite, par des êtres humains qui ne vont jamais regarder le code HTML de vos pages, à l'inverse des *spiders* des moteurs qui viennent « aspirer » ce code pour le copier sur leurs disques et en faire un index de recherche par la suite.

Ce point étant clarifié, voyons comment élaborer ces fameuses balises. Imaginons que vous réalisiez un site relatif à votre société, toujours nommée Stela, et dont l'activité consiste à vendre des chaussures de sport. Sur la page d'accueil, vous indiquerez dans le code HTML les termes suivants :

```
<META NAME="description" CONTENT="Stela,
sp&eacute;cialiste de la vente de chaussures de sport,
bas&eacute; &agrave; Paris, France">

<META NAME="keywords" CONTENT="stela, chaussu-
re, chaussures, chaussure de sport, chaussures de
sport, sport, tennis, running, footing, stretching, terre bat-
tue, dur, herbe, wimbledon, flushing meadow, roland gar-
ros, flinders park, grand chelem">
```

Les deux balises <META> (NAME="description" et NAME="keywords") doivent être placées après la balise <TITLE>...</TITLE> et avant la balise de fin d'entête (</HEAD>). Si votre éditeur HTML les place avant la balise <TITLE>, remettez cette dernière en première position, comme nous l'avons vu précédemment.

Un code HTML « propre », eu égard aux critères des moteurs de recherche, commencera donc toujours ainsi :

```
<HTML>
<HEAD>
<TITLE>Titre de la page</TITLE>
<META NAME="description" CONTENT="...">
<META NAME="keywords" CONTENT="..., ...">
```

Les balises <META> permettent d'ajouter une description de la page affichée, ainsi que des mots clés spécifiques de façon transparente à l'attention des moteurs. Elles ne sont cependant pas une garantie absolue que les pages qui les contiennent obtiendront obligatoirement un meilleur classement que d'autres. Ces balises sont utiles, mais la meilleure garantie d'un bon classement reste la présence de mots clés pertinents dans le titre de la page et dans le texte visible, en haut de page, comme nous le verrons par la suite. Certains moteurs ne prennent pas du tout en compte les balises <META>. D'autres les affichent dans leurs résultats (pour la balise « description ») mais ne les intègrent pas dans leurs classements de pertinence. Enfin, certains (la plupart) les prennent bien en considération, mais rarement avec un « poids » très élevé. Dans certains cas — assez rares mais néammoins sur des moteurs importants — la présence de balises <META> peut même s'avérer préjudiciable. Bref, chaque moteur gère ces zones d'information d'une manière spécifique.

Certaines études indiquent malgré tout que seules 20 à 30 % des pages web contiendraient ces indications. Ce chiffre assez faible laisse supposer qu'une page qui contient des balises <META> aura quand même tendance, à un moment donné, à procurer un léger avantage sur un autre document qui n'en contiendrait pas, sauf cas particulier.

La balise <META NAME="description"> permet d'indiquer au moteur de recherche une phrase de résumé du contenu de la page. Cette description sera affichée par certains moteurs dans leur page de résultats, sous le titre. Si la page ne contient pas de balise <META NAME="description">, les premiers mots visibles sur la page seront affichés en règle générale. Cette balise permet donc de mieux maîtriser la présentation de la page proposée à l'internaute.

Ainsi, en l'absence de balise <META NAME="description">, un moteur affichera (premiers mots du texte) :

> 1. Chaussures de sport Stela
> Site optimisé pour Netscape 6 et Explorer 5.
> Téléchargez ces logiciels pour profiter pleinement de nos pages.
> *http://www.stela.com/* - size 5K - 20-Mar-2001

On ne peut pas dire que la ligne de résumé nous renseigne réellement sur le contenu de la page. En revanche, si une balise <META NAME="description"> existe et qu'elle est proposée sous la forme :

```
<META NAME="description" CONTENT="Stela,
sp&eacute;cialiste de la vente de chaussures de sport,
bas&eacute; &agrave; Paris, France.">
```

le moteur affichera le résumé suivant :

> 1. Chaussures de sport Stela
> Stela, spécialiste de la vente de chaussures de sport, basé à Paris, France.
> *http://www.stela.com/* - size 5K - 20-Mar-2001

Le contenu de la balise <META NAME="description"> sera donc repris intégralement. Notez les lettres accentuées qui sont codées en HTML dans la balise (é correspond à la lettre « é », à à la lettre « à »).

Limitez le contenu de la balise <META NAME="description"> à cent cinquante, voire deux cents caractères, espaces compris. La plupart des moteurs limitent l'espace alloué aux résumés. Si votre descriptif est plus long, faites en sorte que, réduite aux cent cinquante premiers caractères, la phrase ait quand même un sens. Dans votre calcul, prenez en considération une lettre par caractère accentué, bien que la représentation de ceux-ci en langage HTML soit plus longue. Dans ce cas, c'est la phrase affichée qui compte (il en sera autrement avec la balise <META NAME="keywords">).

Bien entendu, faites en sorte que la phrase descriptive proposée contienne le plus de mots clés représentatifs de votre activité. En effet, cette balise est indexée par les moteurs et prise en compte dans le classement de pertinence effectué lors d'une requête. Une solution est de recopier le titre proposé (balise <TITLE>) et de le développer. En effet, une « bonne » (au sens de l'optimisation par rapport aux moteurs de recherche) balise <TITLE> contient en général une dizaine de mots. Ceux-ci peuvent être repris et complétés pour proposer une balise <META NAME="description"> tout à fait convenable, si vous restez dans la limite des 150 à 200 caractères.

Bien entendu, pour être totalement efficace, chaque page de votre site doit contenir une balise <META NAME="description"> différente, qui décrit exactement le contenu de ladite page ! Autre solution plus rapide : décrire des « zones globales » dans votre site et y dupliquer vos balises (voir plus loin).

La balise <META NAME="keywords"> sert à fournir des mots clés supplémentaires aux moteurs de recherche. Bien entendu, à l'instar de la phrase de description de la balise <META NAME="description">, ils ne sont pas affichés dans la page web, mais sont « aspirés » par les *spiders* des moteurs qui choisissent ensuite d'en tenir compte ou non. Ces mots clés peuvent améliorer le classement de la page ou indiquer certains mots importants que ne contiendrait pas le document. Ces mots sont séparés — au choix — par une virgule, un espace ou encore une virgule suivie d'un espace.

Dans le cas de notre société Stela, fabricant de chaussures de sports, une balise <META NAME="keywords"> pourrait être :

```
<META NAME="keywords" CONTENT="stela, chaussure de sport, fabricant, tennis, running, footing, stretching, athl&eacute;tisme, terre battue, dur, herbe, wimbledon, flushing meadow, chaussures, roland garros, flinders park, grand chelem">
```

Il est d'usage que la balise <META NAME="keywords"> contienne jusqu'à cent mots clés, ou mille caractères. Au-delà, vous pouvez être considéré comme étant un « spammer », et votre page peut être pénalisée. Il en sera logiquement de même si plusieurs mots identiques sont répétés. N'oubliez pas non plus que plus vous ajoutez de mots clés dans cette balise, plus vous augmentez la « taille » de la page, donc plus vous faites baisser l'indice de densité de chaque terme qui la constitue.

Dans votre comptage des mille caractères au maximum, veillez à compter le nombre de caractères des lettres accentuées une fois codées en HTML. Par exemple, la lettre « é », codée é en HTML compte donc pour huit caractères.

La balise <META NAME="keywords"> sert également à proposer aux moteurs diverses orthographes de vos mots importants.

En règle générale, proposez dans cette balise les occurrences suivantes :

• Noms propres : une occurrence en minuscules, une en majuscules, une en minuscules avec capitale initiale. Exemple : stela, STELA, Stela.

• Noms communs : une occurrence au singulier et éventuellement une occurrence au pluriel et au féminin (singulier et pluriel). Exemple : chien, chiens, chienne, chiennes.

• Lettres accentuées : indiquez une version non accentuée et une version accentuée en HTML. Exemple : athletisme, athlétisme. Il en est de même pour les caractères diacritiques, notamment le « ç » : francais, français.

En effet, si une personne saisit, en tant que requête sur un moteur, le mot « chaussures », très peu d'outils de recherche trouveront une page qui contient ce terme au singulier. L'inverse peut également être vrai : « chaussure » ne trouve pas obligatoirement « chaussures » (c'est le cas, par exemple, d'Altavista, sur lequel il faut saisir « chaussure* » pour obtenir les pluriels). Toutes les occurrences doivent donc être proposées pour vos mots clés importants.

L'ordre des mots clés est important : placez les mots les plus importants en premier, sachant que le poids accordé aux mots de la balise <META NAME="keywords"> décroît au fur et à mesure de leur placement dans la balise : les premiers mots proposés sont les plus importants, les derniers les moins importants.

N'oubliez pas de proposer des expressions, des mots composés (chaussure de sport, roland garros) en plus des mots isolés. Attention cependant à ne pas répéter un mot à l'intérieur de ces expressions.

Par exemple, la balise suivante :

```
<META NAME="keywords" CONTENT="chaussure de sport, chaussure de tennis, chaussure de footing, chaussure de training, chaussure de basket">
```

risque d'être interprétée par les moteurs comme étant une tentative de fraude, car le mot « chaussure » est trop souvent répété. La bonne syntaxe sera plutôt :

```
<META NAME="keywords" CONTENT="chaussure de sport, tennis, footing, training, basket">
```

Vous choisirez dans la première expression (ici « chaussure de sport ») le mot le plus important pour votre activité, afin de l'indiquer dans la première occurrence proposée. Les autres termes (dans l'exemple, tennis, footing, training, basket) viendront ensuite.

D'autre part, si vous reproduisez certains mots clés, ne les mettez pas les uns à côté des autres, comme dans cet exemple : chien, chiens, chienne, chiennes, élevage, élevage, élevages, élevages.

Mais préférez la répétition d'une séquence de mots clés : chien, élevage, bébé, chiot, puis chiens, élevages, bébés, chiots, puis chienne, élevage, bébés...

En règle générale, comptez environ dix mots entre deux occurrences proches d'un même terme. En clair, il faudra ici que dix mots séparent chien et chiens, élevage et élevage, chien et chienne, etc. Belle gymnastique en perspective... ;-)

Enfin, comme nous l'avons vu auparavant, classez vos mots clés du plus important au plus accessoire. En effet, certains moteurs n'indexeront que les premiers mots clés présentés dans la balise <META NAME="keywords">. Si vous avez cinquante termes à insérer dans votre balise, les premiers seront les plus importants, les plus accessoires seront les derniers cités.

Si possible, privilégiez :

• Noms propres : l'occurrence en minuscules avec capitale initiale, puis celle tout en minuscules, et enfin celle tout en majuscules. Donc dans l'ordre : Stela, stela, STELA (avec, à chaque fois, dix mots minimum entre chaque occurrence).

• Noms communs : l'occurrence au singulier, puis éventuellement les occurrences au pluriel et au fémin. Privilégiez dans ce cas les mots les plus logiques qui sont susceptibles d'être saisis par un internaute.

• Lettres accentuées : la version accentuée en HTML d'abord, puis la version non accentuée.

Attention ! Il ne s'agit pas de « faire du remplissage » dans la balise <META NAME="keywords"> avec des mots qui n'ont aucune chance d'être saisis par un internaute sur un moteur. Soyez réaliste, et ne retenez que des occurrences logiques et répandues de vos mots clés.

Prétez attention également aux éventuelles fautes de saisie qui pourraient être faites par les internautes si votre nom est complexe. Exemple : si votre société s'appelle Schmidt, insérez également les mots clés schmit, chmidt, schmid, chmit, etc.

Raisonnons par l'exemple : imaginons que vous soyez un viticulteur alsacien, nommé Joseph Amhan, basé à Barr, dans le Bas-Rhin (département 67).

Dans un premier temps, vous allez définir les mots clés importants pour votre activité, et les ranger dans un tableau à deux colonnes. Dans la première, vous aller ranger les mots et expressions trouvés dans leur version la plus « logique » (celle que les gens vont saisir sur un outil de recherche de la façon la plus vraisemblable selon vous). La seconde colonne servira à indiquer les autres orthographes possibles pour les mots déjà identifiés.

Mots clés	Déclinaisons possibles
vin	vins
Alsace	alsace, ALSACE
Amhan	amhan, AMHAN, Amann, Hamann, Aman, Amman, etc.
Joseph	joseph, JOSEPH
Barr	barr, BARR
route des vins	route du vin
cépages	cepage, cépage, cepages
Bas-Rhin	bas-rhin, BAS-RHIN
sylvaner	Sylvaner
gewurrztraminer	Gewurztraminer, gewurz, gewurtz, gewurtztraminer
riesling	Riesling
muscat	Muscat
pinot blanc	Pinot
tokay pinot gris	Tokay
pinot noir	
klevener	Klevener
edelzwicker	Edelzwicker
vente	
achat	
en ligne	
paiement sécurisé	securise

De nombreux mots clés pourraient encore être trouvés, mais nous allons nous arrêter là. La phase suivante consiste à classer les mots trouvés par ordre d'importance. Ici, imaginons que ce classement donne :

1. vin
2. Alsace
3. Amhan

4. Barr

5. riesling (imaginons que notre viticulteur soit spécialiste de ce cépage particulier).

6. cépages

Ces six mots, écrits de cette façon, seront donc les plus importants. Ils devront donc être présents dans les balises des pages HTML du site.

Exemple :

<TITLE>Domaine **Amhan** : vente de **vin** d'**Alsace** à **Barr**. Spécialiste du **riesling**</TITLE>

<META NAME="description" CONTENT="Domaine **Amhan** : vente et négoce en ligne de **vin** d'**Alsace** à **Barr**. Tous **cépages** disponibles. Spécialiste du **riesling**">

<META NAME="keywords" CONTENT="vin, Alsace, Amhan, Barr, riesling, cépages, Joseph, route des vins, Bas-Rhin, Amman, sylvaner, gewurrztraminer, muscat, pinot blanc, tokay gris, klevener, Hamann, edelzwicker, vente, achat, gewurtztraminer, en ligne, paiement sécurisé, pinot noir, vins, alsace, amhan, joseph, barr, route du vin, cepage, bas-rhin, Sylvaner, Gewurztraminer, Aman, Riesling, Muscat, Pinot, Tokay, Klevener, Edelzwicker, securise, ALSACE, AMHAN, JOSEPH, BARR, cépage, BAS-RHIN, gewurz, Amann, cepages, gewurtz,">

Résultat : le titre (onze mots) contient les cinq mots les plus importants. Cette phrase est déclinée en dixhuit mots pour la balise <META NAME="description">, en rajoutant le sixième mot le plus important ainsi que d'autres mots de la liste.

Enfin, la balise <META NAME="keywords"> permet de proposer toutes les occurrences des mots touvés, en prenant bien soin de ne jamais indiquer deux occurrences proches d'un même terme dans la liste. Suivez cette même méthodologie pour votre site, tout devrait bien se passer.

N'oubliez pas d'indiquer les mots clés dans plusieurs langues, selon vos cibles et l'orientation linguistique de vos pages. Si une seule langue est utilisée, l'option « lang » peut être indiquée :

```
<META NAME="keywords" lang="fr" CONTENT="stela,
chaussure, chaussures, chaussure de sport, chaussures
de sport, sport, tennis, running, footing, stretching, terre
battue, dur, herbe, wimbledon, flushing meadow, roland
garros, flinders park, grand chelem">
```

Si vous utilisez plusieurs langues dans votre page, employez plusieurs balises :

```
<META NAME="keywords" lang="fr" CONTENT="stela,
chaussure de sport, tennis, running, footing, stretching,
terre battue, dur, herbe, wimbledon, flushing meadow,
roland garros, flinders park, grand chelem">

<META NAME="keywords" lang="en" CONTENT="stela,
sport shoe, tennis, running, footing, stretching, hard tray,
green, wimbledon, flushing meadow, roland garros, flin-
ders park, grand chelem">
```

Evitez cependant le plus possible les pages bilingues ou trilingues. Elles risquent de poser des problèmes lors de la recherche linguistique effectuée par des moteurs tels que Altavista. En effet, ces outils de recherche mettent en œuvre une technologie de reconnaissance linguistique qui leur permet, au moment de l'indexation d'une page par leur *spider*, de détecter la langue dans laquelle la page est écrite. Altavista, par exemple, décèle la langue de la page lors de son indexation, et permet ensuite à l'internaute d'effectuer des recherches dans un choix de plus de vingt-cinq langues.

Si votre page est multilingue, il sera impossible à *Scooter* de déterminer quelle langue est prédominante. Il n'inscrira donc aucune indication dans ce « champ ». Une page écrite en anglais et en français ne sera donc pas trouvée lors d'une demande sur Altavista qui se restreint aux pages en français. Elle sera seulement identifiée lorsque le choix *in any language* sera activé. Il en va de même sur bon nombre de moteurs, parmi les plus importants (Northern Light, Hotbot, Alltheweb, Google, etc.), qui proposent maintenant une recherche linguistique.

Ne répétez pas plus de sept fois un même mot. Ce nombre est considéré comme un standard, mais on recommande plutôt trois répétitions au maximum en règle générale. Si vous reproduisez certains mots clés, ne les mettez pas les uns à côté des autres, comme dans cet exemple :

tennis, tennis, tennis, running, running, running, footing, footing, footing, etc.

Mais préférez la répétition d'une séquence de mots clés :

tennis, running, footing, tennis, running, footing, tennis, running, footing, etc.

Tous les moteurs ne prennent pas en compte ces indications, comme nous le verrons à la fin de ce chapitre. Certains les ignorent totalement. D'autres indexent le texte des balises <META NAME="keywords">, mais ils n'affichent pas la zone <META NAME="description">. D'autres encore acceptent les deux. Un certain nombre de ces moteurs affichent le contenu de la balise <META NAME="description"> dans la page de résultats, sans l'intégrer dans le calcul de pertinence. Bref, chaque moteur gère ces zones d'information d'une manière spécifique.

Ces balises seront également utilisées pour compléter le contenu des pages qui ne contiendraient pas de mots clés importants dans le texte visible, notamment celles qui recèlent un certain nombre de choix ou de titres au format graphique, sans équivalent textuel.

Terminons avec une mise en garde : si vous aviez l'idée d'inclure dans les balises <META NAME="keywords"> de vos pages tous les noms de vos concurrents — afin que vos pages soient trouvées même si l'internaute s'intéresse en priorité à vos rivaux économiques — sachez que plusieurs entreprises américaines (notamment Oppedahl & Larson et Playboy) ont déjà attaqué en justice d'autres sociétés coupables de ce type de fraudes. De plus, les administrateurs des moteurs de recherche ont mis en place des « brigades » chargées de vérifier le contenu des pages. Il vaudra mieux que les mots clés que vous allez insérer dans vos documents aient un sens par rapport au contenu du site. Il en va de même pour le titre et le texte de la page. Donc, à moins d'être une ancienne « Playmate of the year » (le cas est véridique et a été jugé en 1998 aux Etats-Unis en faveur d'une certaine Terri Welles), évitez de répéter cent fois *Playboy* dans vos balises <META>...

Vous trouverez, à l'adresse :

http://www.abondance.com/ressources/meta.html

un nombre important d'indications complémentaires sur les balises <META>, ainsi que des liens vers d'autres dossiers les présentant sur le Web. Des indications sur les procès en cours sont également apportées.

De très nombreuses autres balises <META> sont disponibles et parfois visibles dans le code HTML des pages rencontrées au cours de vos pérégrinations sur le Web : "revisit-after", "classification", "distribution", "rating", "identifier-URL", "copyright", etc. Il faut savoir qu'elles ne sont clairement prises en compte par aucun moteur de recherche majeur. Leur présence est donc superflue dans vos pages, si ce n'est pour d'autres buts que le référencement.

Une seule, cependant, peut avoir une certaine importance : la balise <META NAME="author"> est prise en compte par quelques moteurs, dont Hotbot. Sa syntaxe est la suivante :

```
<META NAME="author" CONTENT="Studio de creation
graphique Tartempion">
```

Elle permet d'indiquer qui a créé le site Web, ainsi que la page en question. Rien ne vous empêche d'indiquer ici le nom de votre société. C'est une possibilité simple de rajouter un mot clé pertinent dans votre code.

Une autre balise <META> est également prise en compte : la balise <META NAME="robots">, qui sera décrite plus loin dans ce chapitre.

Pour terminer avec les balises <META>, ainsi que nous l'avons vu, il est nécessaire de les différencier sur chaque page de votre site. Cela peut ne pas poser problème si votre site contient quelques dizaines de documents HTML. Si le nombre de pages s'élève à plusieurs centaines ou plusieurs milliers, le travail peut se révéler plus que fastidieux, voire quasi impossible.

Il est possible, à ce moment-là, de définir des « zones globales » dans votre site. Par exemple : « présentation de la société » (40 pages), « produits » (100 pages), « communiqués de presse » (30 pages), « liens » (20 pages), etc.

Pour chacune de ces zones, vous définissez un couple <META NAME="description"> et <META NAME="keywords">. Vous pouvez alors dupliquer ce couple de balises dans chacune des pages de la zone correspondante. Chaque document disposera alors des informations proches de leur contenu, ce qui peut suffire dans la plupart des cas.

Dernier point : on a parfois pu lire que le séparateur (virgule, point-virgule, espace, espace puis virgule) avait une importance dans la prise en compte par le moteur. *A priori* (et jusqu'à preuve du contraire), il n'en est rien. Vous pouvez les utiliser indifféremment. Privilégiez toutefois l'espace ou la virgule suivie d'un espace, car ce sont les plus lisibles lorsque vous retravaillez votre code HTML. La seule différence est que, si vous prenez en compte la virgule suivie d'un espace, vous utilisez deux caractères qui compteront dans le total des mille caractères maximaux. Si vous êtes un peu « juste » au niveau de la taille de la balise <META>, privilégiez alors l'espace ou la virgule seule.

Créer des balises <META> sur vos pages n'est pas complexe. Tous les éditeurs HTML proposent cette fonctionnalité. Vous pouvez également le faire « à la main », directement dans le code, de façon très aisée. Attention ! Certains logiciels « polluent » légèrement (ou fortement) le code HTML généré en insérant des balises qui ne servent à rien pour l'optimisation de votre code (ce qui ne signifie pas qu'elles ne servent à rien dans l'absolu). Il vous faudra donc, de façon obligatoire, retravailler manuellement le code de vos pages si vous désirez l'optimiser au mieux et obtenir un code « propre » tel qu'il a été défini au début de ce chapitre.

Si vous ne désirez vraiment pas vous pencher sur le sujet de l'insertion technique de ces balises dans vos pages, un certain nombre de sites (ou de logiciels) permettent également de générer automatiquement des balises <META>. Vous leur indiquez un certain nombre d'informations (mots clés, phrase de description, etc.) et vous obtenez — sur le Web ou par e-mail — les balises correspondantes. La plupart de ces services ajoutent une ligne de commentaires, afin de préciser que les balises ont été créées grâce à un utilitaire. Exemple :

```
<!-- Meta-tags created by the Meta-Tag Generator
http://www.websitepromote.com/resources/meta -->
```

Cette ligne peut, bien entendu, être supprimée du code final. Vous trouverez sur le site du livre les coordonnées de bon nombre de sites qui proposent ce type de fonctionnalités.

Le texte visible de la page

L'un des critères importants pris en compte par les moteurs lors du calcul de pertinence d'une page par rapport à un mot donné est la présence de ce terme au début du document plutôt qu'à la fin. Plus le mot en question sera placé haut dans la page, plus sa présence en sera jugée pertinente.

Il sera donc nécessaire d'écrire ce texte le plus finement possible, et de positionner le plus haut possible tout mot clé important.

C'est pour cela qu'il est primordial de doubler vos pages très graphiques avec des menus au format texte. Non seulement les *spiders* ne savent pas toujours interpréter les *imagemaps* (voir plus loin), mais vos menus — certes splendides — créés sous la forme d'images, ne représenteront pas des mots clés potentiels, et pénaliseront donc vos pages lorsqu'un internaute interrogera un moteur. Nous verrons plus loin qu'il est possible d'y remédier en partie avec l'attribut ALT de la balise <IMG>.

Doubler les menus avec des liens textuels est important, car la plupart des moteurs accordent une priorité aux mots clés qui sont présents dans les liens (donc en couleurs et soulignés) par rapport à des termes qui seraient présents dans le texte (classiques). Sont également privilégiés les mots qui sont mis en exergue dans la page. Exemples :

```
<H1>Mots clés importants</H1>
<B>Mots clés importants</B>
<FONT SIZE=5>Mots clés importants</FONT>
<A HREF="http://www/monsite.com">Mots clés impor-
tants</A>
```

N'oubliez pas d'optimiser l'indice de densité de mot (IDM) des termes les plus importants. Pour cela, deux solutions se présentent à vous : soit vous ne proposez pas beaucoup de texte autour, soit vous répétez le mot plusieurs fois si la page est longue.

Dans le premier cas, vous pouvez proposer des pages courtes, mais très « denses ». Dans le second cas, faites attention à ne pas être taxé de spam : si un mot a plusieurs occurrences, celles-ci doivent se situer en différents endroits de la page, bien espacées les unes des autres.

N'oubliez pas les féminins, les pluriels, ainsi que certains mots qui auraient la même racine (*poisson, poissons, poissonnerie, poissonneries, poissonnier, poissonniers, poissonnière, poissonnières*, etc.).

Privilégiez également les couples de mots et les expressions (*chaussures de tennis*, *société de service*, etc.), c'est ce qui fera peut-être la différence sur des recherches plus précises émanant d'un internaute. N'oubliez pas les termes connexes : dans « restaurant à Paris », il y a *restaurant* — qui est un terme important — mais également *Paris*. Essayez de faire en sorte d'être également bien classé sur ce mot. En effet, quelqu'un qui désire obtenir des informations sur la ville de Paris sera peut-être bien content de trouver les coordonnées d'un restaurant, même si ce n'était pas là le but premier de son interrogation.

Comme pour le titre, privilégiez les pages plutôt courtes qui parlent d'un thème unique plutôt que de longs documents qui traitent de nombreux concepts très différents. Certains moteurs tentent de faire ressortir d'un document l'idée principale et en tiennent compte dans leurs classements. Facilitez-leur la tâche...

Evitez également les pages bilingues ou trilingues, comme nous l'avons déjà vu auparavant.

Dernier point : lorsque les pages de votre site seront indexées par les moteurs, vous aurez certainement besoin — à un moment ou à un autre — de connaître combien d'entre elles sont présentes dans l'index de ces outils. Certains moteurs, tels que Altavista ou HotBot, vous permettent de le faire simplement à l'aide d'une fonctionnalité telle que *host:* ou *domain:*. Mais d'autres ne proposent aucune fonction avancée pour ce type de recherches.

Vous pouvez insérer au préalable dans vos pages quelques mots très spécifiques ou inconnus (par exemple un code précis donné à chaque fichier, de type ABX20-08-4), de façon transparente ou non (dans les balises <META> ou les attributs ALT des balises IMG, par exemple) pour retrouver facilement vos documents. Une simple recherche sur *ABX20-08**, par exemple, retrouvera tous les documents qui contiennent un terme qui débute par ces lettres, donc certainement les vôtres. Cela vous permettra également de répertorier ceux qui ne sont pas présents dans la base.

Vous trouverez, à l'adresse :
http://www.abondance.com/docs/ref/referencement.html
une interface de vérification de la présence de vos pages dans les principaux moteurs de recherche mondiaux et francophones.

Les commentaires

Comme nous l'avons vu précédemment, il est possible d'inclure des commentaires dans les pages web, au moyen de la balise <!-- .. -->. Ceux-ci serviront notamment à la maintenance des pages web, en ajoutant quelques informations à l'attention des développeurs HTML.

Ces commentaires peuvent également servir à indiquer des mots clés importants aux moteurs qui ne prennent pas en compte les balises <META>. Malheureusement, certains de ces outils — la plupart — ne prennent pas non plus en considération les commentaires...

N'abusez pas de cette fonctionnalité. Elle alourdira votre page de façon plus ou moins utile. Utilisez les commentaires à bon escient, soit pour signaler un point technique important, soit pour soumettre la page à un moteur dont vous savez qu'il prend en compte ces champs.

L'attribut ALT de la balise <IMG>

Il est souvent très intéressant d'utiliser sur vos pages l'attribut ALT des balises <IMG>. Il sert à fournir un texte de remplacement aux internautes qui n'affichent pas les images, ou en cas de problème technique lors du téléchargement de l'une d'elles. Voir l'illustration ci-dessous, correspondant au code suivant :

```
<IMG SRC="Image.gif" ALT="Ceci est un texte de remplacement">
```

A l'inverse des commentaires, ces attributs doivent être systématiquement employés. Il existe encore de nombreux usagers qui naviguent sur le réseau après avoir inhibé la fonction d'affichage des images, en raison des délais d'attente supportés, notamment sur le Web, selon le fournisseur de connexions qu'ils ont choisi. D'autre part, sur certains navigateurs, lorsque l'internaute passe la souris sur une image, le contenu de la balise ALT est affiché dans un cadre.

Sur certains navigateurs, le texte présent dans l'option ALT de la balise IMG est présenté lorsque l'on passe la souris sur l'image.

Les mots présents dans l'attribut ALT sont pris en compte par un certain nombre de moteurs, assez important pour que vous vous penchiez plus près sur le contenu de cette balise. Indiquez, pour chaque image, des mots clés pertinents par rapport au contenu graphique représenté, car un internaute ne comprendrait pas que, lorsqu'il passe sa souris sur un logo, le contenu proposé dans le cadre d'information ne soit pas conforme à ce que représente l'image.

Les tableaux

Nous l'avons vu au chapitre précédent, les tableaux permettent d'effectuer des mises en page tout à fait performantes et efficaces. Il est cependant nécessaire de toujours se rappeler un point important : les moteurs de recherche prennent en compte le texte de la page de façon linéaire, depuis le haut du code HTML jusqu'en bas.

Imaginons le code HTML suivant :

```
<TABLE WIDTH=400 BORDER=1>
<TR>
<TD WIDTH=50 HEIGHT=150 BGCOLOR=#FF9933
ALIGN=CENTER ROWSPAN=3><B>Cellule 1</B>
</TD>
<TD WIDTH=350 HEIGHT=20 BGCOLOR=#FFFF99
ALIGN=CENTER><B>Cellule 2</B></TD>
</TR>
<TR>
<TD WIDTH=350 HEIGHT=110 BGCOLOR=#FF6666
ALIGN=CENTER><B>Cellule 3</B></TD>
</TR>
<TR>
```

```
<TD WIDTH=350 HEIGHT=20 BGCOLOR=#FF9933
ALIGN=CENTER><B>Cellule 4</B></TD>
</TR>
</TABLE>
```

Ce code donnera à l'écran le tableau suivant :

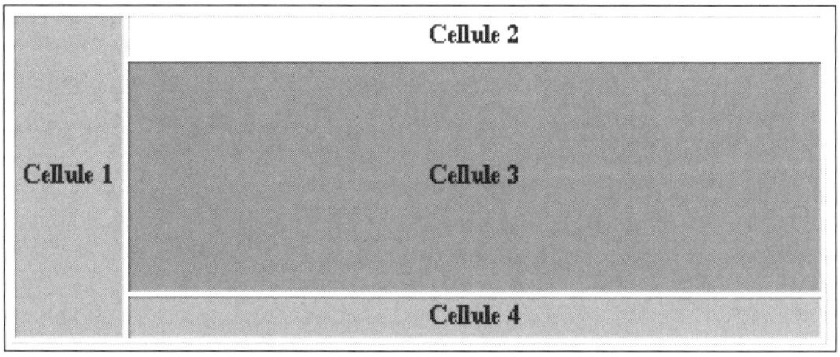

Attention à l'ordre de définition des cellules dans le code HTML, parfois foncièrement différent de celui de l'affichage.

Imaginons que la cellule 1 soit occupée par les thèmes de la navigation, la cellule 2 par le titre, et la cellule 4 par les coordonnées postales de l'entreprise. Le réel contenu de la page — donc *a priori* celui qui contient les mots clés les plus pertinents — est situé dans la cellule 3, qui se trouve au milieu, voire en bas du code HTML. Ce n'est donc pas la meilleure place pour être « visible » auprès des moteurs.

N'oubliez pas, lorsque vous bâtissez vos mises en page à l'aide de tableaux, que la lecture de votre code par le *spider* est linéaire, et qu'elle peut être totalement différente de celle qu'en aura votre visiteur. Faites donc en sorte que le contenu important soit situé dans une cellule identifiée en haut de la définition du tableau.

N'oubliez jamais que les phrases — donc les mots clés — les plus importantes pour votre activité doivent se trouver le plus près possible de la balise <BODY> de vos pages, tout en restant en-dessous de cette dernière.

Les imagemaps

De nombreuses pages n'utilisent que des images en guise de menu. Et ce, à l'exclusion de tout texte. Le résultat est effectivement souvent très beau. Mais il est surtout catastrophique par rapport aux moteurs de recherche.

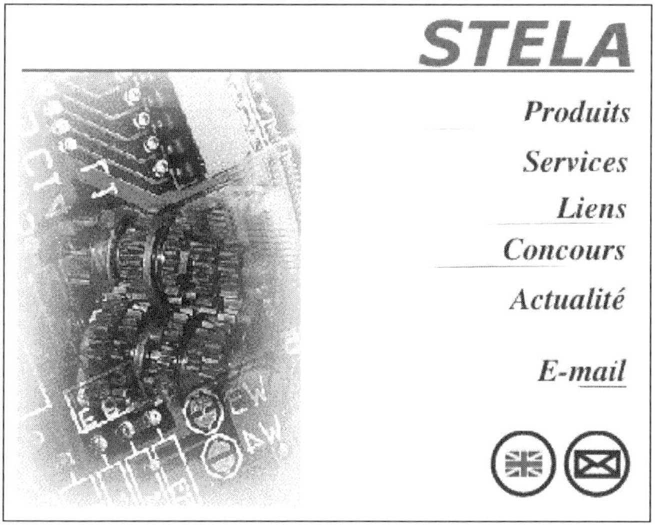

De nombreux menus sont présentés de façon graphique sur le Web.

L'objet de ces pages consiste à afficher une image unique (appelée *imagemap*, « image réactive » ou « image cliquable »). Certaines zones de cette image auront été définies préalablement en tant qu'hyperliens. En cliquant dessus, le visiteur accédera à d'autres pages du site.

Ces *imagemaps* peuvent être réalisées de deux manières :

• Le nom de la page de destination, en fonction de l'endroit où l'internaute a cliqué, est calculé par le serveur. L'argument ISMAP est alors indiqué dans la balise <IMG> qui correspond à l'image affichée. Ce cas de figure se rencontre de moins en moins souvent. Si l'image réactive a été définie ainsi, les *spiders* des moteurs sauront rarement aller plus loin. Ils s'arrêteront à l'aspiration du code de la page qui contient l'image. Ils ne pourront pas visiter les pages internes de votre site.

• L'image est découpée en zones sensibles, et les destinations correspondantes sont indiquées à l'intérieur du code HTML de la page. L'attribut USEMAP est indiqué dans la balise <IMG>, et une balise <AREA> définit les zones « cliquables » de l'image. Une majorité de *spiders* peuvent, en revanche, traiter ce type d'images, qui sont aujourd'hui vivement recommandées.

N'oubliez pas, cependant, si vous décidez d'utiliser une image réactive en lieu et place de texte, que l'affichage en sera désastreux chez l'internaute qui aura inhibé l'affichage des images sur son navigateur...

Il est donc recommandé la plupart du temps de doubler ces *imagemaps* par un texte qui reprend les choix proposés au niveau graphique. Cela est important également du fait que certains moteurs de recherche — certainement échaudés par plusieurs pages satellites ne contenant qu'un mot en guise de texte (IDM = 100 %) — ont décidé de n'indexer que les pages qui contiennent un minimum de termes en clair (quarante à cinquante le plus souvent). Si possible, insérez le texte au-dessus de l'image, c'est encore mieux puisque celui-ci sera situé au sommet du document HTML et les termes qui le constituent seront mieux classés.

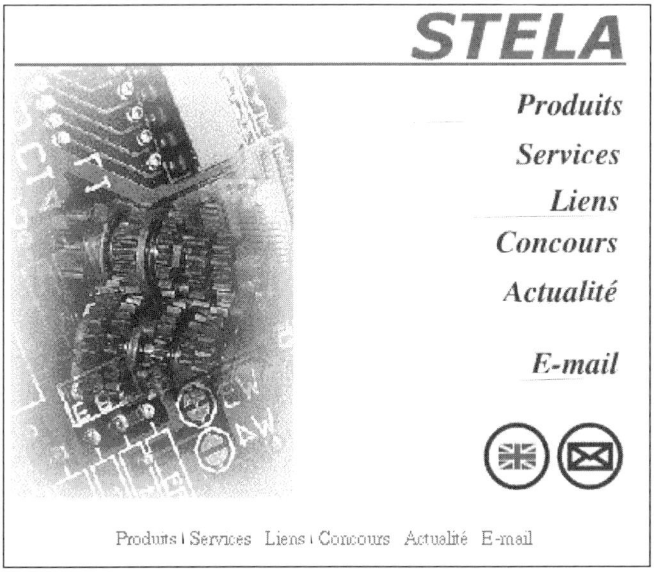

Doublez toujours vos imagemaps *de liens au format texte afin de permettre aux moteurs de les activer.*

Si aucun texte n'est visible sur votre écran, le bilan sera simple : les moteurs de recherche ne pourront pas toujours visiter votre site, les usagers du réseau qui ont désactivé l'affichage des images non plus. En espérant que la taille (donc le poids) de l'image principale ne fasse pas fuir les autres, cela vous fait quand même cumuler pas mal de handicaps, non ?

Les noms de domaines

Il est aujourd'hui possible de réserver des noms de domaines d'une longueur maximale de 67 caractères (en tenant compte des .com, .org ou .net). Cela peut vous permettre d'acheter des noms de domaines comprenant plusieurs mots clés importants tels que : immobilier-strasbourg-alsace.com ou bouillabaisse-vieux-port-marseille.com, par exemple, voire beaucoup plus longs. Cela ne donnera pas obligatoirement un énorme coup de « boost » à vos classements, mais peut aider. N'en attendez pas des miracles, cependant.

Si vous désirez acheter des noms de domaines particuliers, ou même si vous ne désirez en acheter qu'un seul, suivez ces quelques conseils :

• Si vous achetez un nom de domaine en .fr, faites-le pointer vers la page d'accueil en français. Ce sera l'adresse que vous fournirez aux outils de recherche francophones. Si votre site comprend une partie en anglais, achetez un nom de domaine en .com, et faites-le pointer sur la page d'accueil en anglais. De la même façon, il s'agit là de l'adresse que vous fournirez aux outils de recherche anglophones. Si votre site n'est disponible que dans une seule langue (français ou anglais), faites pointer les deux adresses sur la même page d'accueil.

• Si vous désirez acheter un nom de domaine qui comprend plusieurs mots, choisissez plutôt la dénomination qui sépare les termes à l'aide d'un tiret. Plus clairement, préférez immobilier-paris.com à immobilierparis.com. En effet, le tiret étant comptabilisé en tant que séparateur par les moteurs, le nom de domaine immobilier-paris.com sera trouvé pour la requête *immobilier paris*. Il n'en est pas de même pour le domaine immobilierparis.com. Et il y a peu de chances qu'un internaute saisisse la requête *immobilierparis* sur un moteur de recherche ! Etant donné que, de plus en plus, l'intitulé du nom de domaine fait partie des critères de pertinence des moteurs, pourquoi ne pas y inclure des mots clés pertinents ?

Cependant, il semblerait que les internautes n'aiment pas — lorsqu'ils doivent saisir une adresse sur leur navigateur pour aller directement sur un site — saisir le tiret (ils ne savent pas où ce caractère se trouve sur le clavier) et préfèrent aller à l'essentiel en saisissant l'appellation immobilierparis.com. Donc : les moteurs préfèrent immobilier-paris.com, et les internautes immobilierparis.com. Dans l'expectative, achetez les deux !

• Si votre site propose un contenu en anglais et a des vues sur l'international, préférez un nom de domaine en .com plutôt qu'en .fr. En effet, de nombreux moteurs anglophones privilégient les pages qui émanent d'un site en .com dans leurs classements. Attention, cependant, certains moteurs francophones ne répertorient dans ce qu'ils appellent le « Web français » que des pages qui proviennent de sites en .fr, quelle que soit leur langue, et font donc l'impasse sur les pages en français présentes sur des sites en .com. Cela est difficilement concevable, mais c'est comme ça ! Moralité : achetez un nom en .fr et un en .com...

Point très important : une simple redirection d'un nom de domaine vers un autre ne suffit pas. En clair, prenons l'exemple d'un site dont le nom de domaine est *stela.com* et le nom « officiel » pour son site : *www.stela.com*. Son webmaster achète, par exemple, le nom de domaine *chaussures-tennis.com*, et crée ainsi un nouveau nom de site : *www.chaussures-tennis.com*.

Pour les moteurs de recherche, la redirection ne sera efficace que s'il s'agit d'une véritable nouvelle adresse. En d'autres termes, si un internaute entre dans la barre d'adresse de son navigateur l'URL *http://www.chaussures-tennis.com/*, il ne doit pas voir apparaître, comme par enchantement — et redirection — l'adresse *http://www.stela.com/*. Il doit rester sous l'adresse *www.chaussures-tennis.com/* tout au long de sa navigation sur le site. Les moteurs ne prennent en compte que l'adresse finale soumise, une fois la page affichée. La définition du nom de domaine acheté devra donc tenir compte de ce point primordial, sous peine d'être totalement inopérant.

Les URL

Nous avons déjà eu l'occasion d'en parler, un grand nombre de moteurs indexent l'adresse de la page et la comptent comme étant un champ de recherche des mots clés demandés. Utilisez donc des termes clairs et précis plutôt que des abréviations, des chiffres ou des signes cabalistiques que vous seriez seul à comprendre.

Une adresse telle que :

http://www.stela.com/produits/stylos/recharges/prix.html

propose cinq mots clés intéressants : *stela*, *produits*, *stylos*, *recharges* et *prix*. Cela est loin d'être négligeable...

Utilisez également, en règle générale, des lettres et des chiffres simples, et bannissez les caractères tels que *, + ou ? de vos URL. Certains moteurs ne les acceptent pas. Ils rejetteront la page correspondante. Nous y reviendrons lorsque nous parlerons des pages dynamiques.

Si vous en avez la possibilité, n'utilisez que des minuscules, car beaucoup d'internautes saisissent ainsi leurs mots clés sur les moteurs. De plus, à l'instar des noms de domaines, l'intitulé des URL est de plus en plus souvent pris en compte dans les calculs de pertinence ; autant proposer des mots clés les plus efficaces possibles. Comme c'est le cas pour les balises <META>, indiquez l'orthographe la plus logique dans l'URL : en minuscules avec capitale initiale pour les noms propres, et tout en minuscules pour les noms communs. Exemples :

http://www.stela.com/produits/stylos/recharges/prix.html

http://www.stela.com/clients/automobile/Peugeot.html

Eventuellement, créez un nom de site qui comprend un mot clé important. Ce nom sera réservé au référencement :

http://stylos.stela.com/

Les frames

Les frames, ainsi que nous l'avons précédemment indiqué, sont un réel obstacle pour les moteurs de recherche. Avant de voir comment ceux-ci réagissent lorsqu'ils arrivent sur une page ainsi conçue, il est nécessaire de dire deux mots sur la réalisation de ce type de pages en HTML.

Prenons la page présentée à la figure suivante, qui a pour nom *Frames.html*. Le code HTML en est le suivant :

```
<FRAMESET ROWS=20%,80%>
<FRAME SRC="FH.html" NAME="haut">
<FRAMESET COLS=*,2*>
<FRAME SRC="FGB.html" NAME="gauchebas">
<FRAME SRC="FDB.html" NAME="droitebas">
</FRAMESET>
<NOFRAMES>
Cette page a été réalisée avec des frames.
</NOFRAMES>
</FRAMESET>
```

La balise <FRAMESET> ... </FRAMESET> permet de définir les cadres qui constitueront l'écran total, et d'indiquer quels fichiers HTML (ici *FH.html*, *FGB.html* et *FDB.html*) seront affichés à l'intérieur de ces zones. Notez bien que le fichier *Frames.html*, que nous appellerons « fichier mère », sert uniquement à la description des zones de découpage de l'écran et ne contient aucune indication sur le texte ou les images qui y seront affichés.

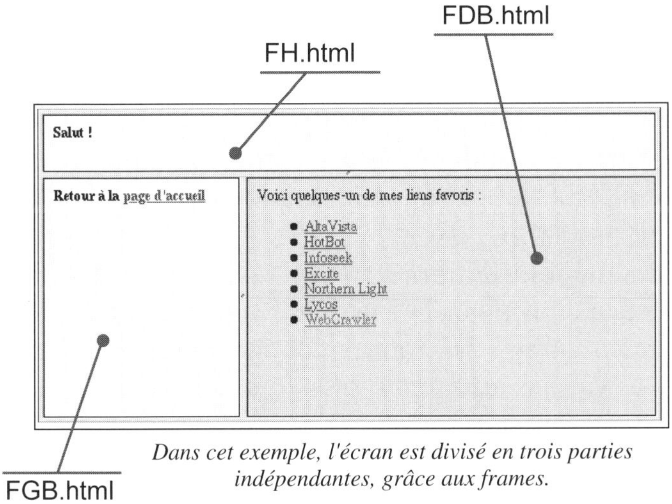

Dans cet exemple, l'écran est divisé en trois parties indépendantes, grâce aux frames.

Les fichiers *FH.html*, *FGB.html* et *FDB.html,* que nous appellerons « fichiers filles », contiennent pour leur part les informations à afficher dans chaque partie d'écran.

Mettons-nous maintenant à la place du *spider* qui arrive sur une page, obligatoirement de type « mère » au départ. Il peut avoir quatre réactions différentes :

• Premièrement, il ignore complètement la page web et ne l'indexe pas, car il a décidé (enfin, ses concepteurs ont décidé pour lui) de ne pas prendre en compte les pages avec frames.

• Deuxièmement, il indexe les fichiers « mère » et « fille » et opère exactement comme il le ferait pour une page sans frames. La situation est idéale : si un mot clé est trouvé dans l'une des pages « filles », il peut revenir au fichier « mère », et afficher la page telle qu'elle doit l'être normalement, restaurant ainsi le contexte d'affichage initial. Très peu de moteurs (et pour tout dire aucun) savent faire cela. Pas de chance...

• Troisièmement, le *spider* indexe uniquement la « mère » — notamment le contenu de la balise <NOFRAMES>...</NOFRAMES> — et ignore délibérément les fichiers « filles ». Bon nombre de moteurs fonctionnent ainsi. Et d'autres, censés prendre en compte les frames comme dans le cas que nous verrons juste après, n'en font souvent pas plus.

• Quatrièmement, le *spider* indexe les fichiers « mère » et « filles ». Puis il les considère tous comme étant des pages web distinctes, sans rapport les unes avec les autres. Si un mot clé est trouvé — dans notre exemple, sur la page *FDB.html* — le moteur proposera un lien direct vers ce document, et non vers *Frames.html*. *FDB.html* s'affichera alors seul sur l'écran du navigateur (voir figure suivante). Le moteur n'a pas pu reconstituer le lien entre le fichier « fille », *FDB.html,* et le « mère », *Frames.html*. Le contexte des frames est ainsi perdu.

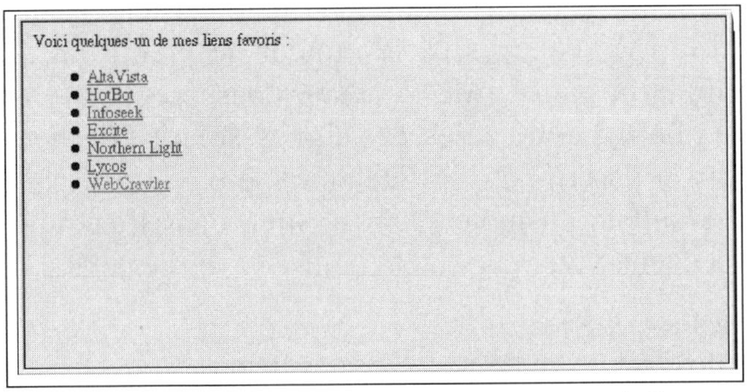

Le moteur de recherche n'a pas pu reconstituer le lien entre le fichier « fille » ci-dessus et sa « mère ». Seul le premier document est donc affiché.

Conclusion simple, car la situation est bien souvent irrémédiable : réfléchissez bien avant d'utiliser des frames dans vos pages. Leur contenu risque de ne pas être visible dans les moteurs qui, en règle générale, gèrent peu ou mal ces documents. De plus, étant donné qu'il existe de moins en moins de sites réalisés avec des frames (visualisez les cinquante premiers sites mondiaux en termes d'audience, et vous verrez vite qu'aucun n'utilise cette technique, abandonnée même par son concepteur — Netscape — sur son site), il y a peu de chances que les moteurs fassent quoi que ce soit pour mieux les prendre en compte à l'avenir.

Deux palliatifs peuvent atténuer ce problème : l'emploi de balises <META> — qui se révèlent ici absolument indispensables — et l'utilisation de la balise <NOFRAMES> ... </NOFRAMES>, qui permet d'indiquer un texte, à l'origine destiné aux navigateurs qui n'acceptent pas cette fonctionnalité.

Soignez le texte que vous allez indiquer ici, car il y a de fortes chances, si le moteur ne prend pas en compte la balise <META NAME="description"> (voir plus haut), que seules ces lignes soient affichées dans la description du fichier « mère » sur la page de résultats du moteur. Si, comme dans l'exemple précédent, votre page a été réalisée avec ce code :

```
<NOFRAMES>
Cette page a été réalisée avec des frames.
</NOFRAMES>
```

cela donnera sur la page de résultats du moteur :

> 1. Chaussures de sport Stela
> Cette page a été réalisée avec des frames.
> http://www.stela.com/index.html - size 1K - 20-Mar-20001 - French -

On peut rêver mieux comme description de document, non ? Soignez donc les textes introduits par les balises <NOFRAMES>.

Voici aussi une astuce qui devrait vous être d'un grand secours lors de la réalisation de vos pages : insérez un lien dans la partie <NOFRAMES> vers les documents « filles » qui affichent les liens de navigation internes à votre site.

Pour être plus explicite, reprenons la page de début, intitulée *Frames.html*, et adaptons ce fichier à notre entreprise fictive appelée Stela (voir copie d'écran suivante).

Le code de cette page est le suivant :

```
<FRAMESET COLS=15%,85%>
<FRAME SRC="FG.html" NAME="gauche">
<FRAMESET ROWS=20%,80%>
<FRAME SRC="FDH.html" NAME="droitehaut">
<FRAME SRC="FDB.html" NAME="droitebas">
</FRAMESET>
<NOFRAMES>
Cette page a été réalisée avec des frames.
</NOFRAMES>
</FRAMESET>
```

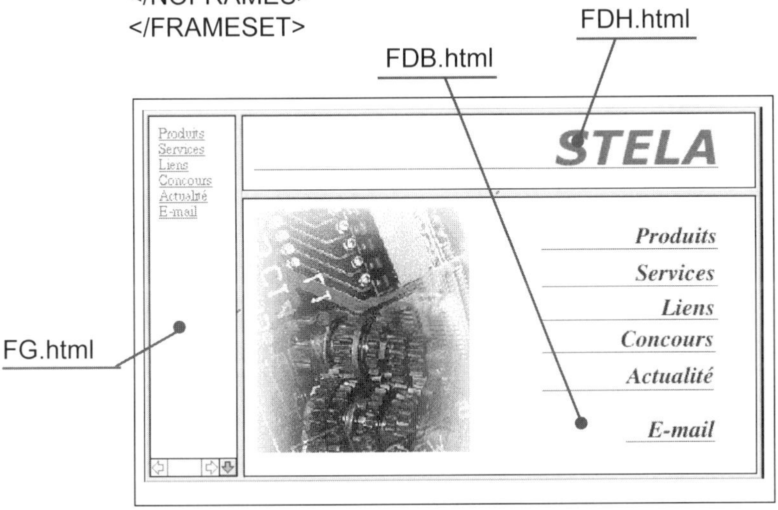

Une page qui utilise trois frames présente l'entreprise Stela.

Résumons : un fichier appelé *FG.html* permet d'afficher des liens hypertexte vers les différentes zones de visite du site. Un fichier appelé *FDH.html* affiche le mot Stela (le nom de l'entreprise) et un dernier document, appelé *FDB.html,* affiche une *imagemap* de navigation.

La zone <NOFRAMES> est remplie avec un texte de remplacement tout à fait commun. Modifions maintenant cette zone ainsi (on en profitera pour coder les lettres accentuées en langage HTML, comme cela est nécessaire) :

```
<NOFRAMES>
<A HREF="FG.html">Stela</a>, sp&eacute;cialiste de la
vente de <A HREF="FDH.html">chaussures de sport</a>,
bas&eacute; &agrave; <A HREF="FDB.html">Paris,
France.</A><BR>
</NOFRAMES>
```

Que fait le robot qui, dans un grand nombre de cas, ne connaît que le contenu de cette balise <NOFRAMES> ? Il va indexer la description fournie (Stela, spécialiste... France), puis il va suivre les liens proposés vers les fichiers *FG.html, FDH.html et FDB.html*. Or, souvenez-vous, ces fichiers contiennent des liens vers les autres parties du site. Vous avez gagné ! Le *spider* va alors visiter les pages importantes de votre site et les indexer. En revanche, elles seront enregistrées et visualisées ensuite sans les frames sous la forme de fichiers « filles ». Mais la situation est tout de même bien meilleure que précédemment, où votre site devenait entièrement « transparent » pour le moteur de recherche.

Il y a également une façon de contourner le fait que les moteurs peuvent proposer un lien vers la page « fille » devenue « orpheline ». Dans le code HTML de chacun de ces fichiers « filles » (dans la balise <HEAD>), insérez le code JavaScript suivant :

```
<SCRIPT Language="javascript">
if (parent.frames.length==0) parent.location.href="page-
mere.html"
</SCRIPT>
```

Indiquez, à la place du nom *pagemere.html*, le nom de la page « mère » qui correspond à chacune des pages « filles » pour lesquelles vous allez insérer ce code (dans notre exemple, *Frames.html*), qui ne permet pas l'affichage de la page « fille » seule, et qui recrée l'environnement de la page avec des frames dans ce cas.

Bon, tout cela fait un peu « bidouille » et représente de plus un travail non négligeable — et que vous n'aviez pas obligatoirement planifié —, mais nécessaire si vous désirez que votre site réalisé avec des frames soit bien référencé.

Point important : tenez compte des mots et expressions importants pour insérer des liens dans la balise <NOFRAMES>. Dans l'exemple précédent, nous avons choisi les mots *Stela*, *chaussures de sport* et *Paris, France* pour y insérer les liens. Pourquoi ? Parce que les moteurs privilégient les termes situés entre les balises <A> et </A> dans leurs calculs de pertinence. Alors, autant y proposer des mots importants...

Une autre solution consiste à inclure directement dans la balise <NOFRAMES> du fichier *Frames.html* tous les liens présents dans la page *FG.html*. Les deux techniques sont identiques, mais la première est à privilégier. Elle nécessite moins de travail de maintenance en cas de modification d'un lien dans le fichier *FG.html*.

Enfin, bien que cela ne soit pas nécessaire sur les documents « filles » pour lesquels la balise <TITLE>

n'est pas requise, donnez un titre explicite à la page *FG.html* ainsi qu'aux autres documents qui seront indexés par le *spider*, car cela constituera une zone de mots clés importants. De même, insérez des balises <META> spécifiques à chacune des pages « filles », puisqu'elles seront traitées comme étant des pages à part entière par les moteurs. Bref, traitez les pages « filles » exactement comme si elles n'étaient pas incluses dans des frames.

Si, éventuellement, vous ne voulez pas insérer le code JavaScript de reconstitution de l'environnement avec frames, et que vous désiriez éviter que les pages « filles » soient indexées par les moteurs (seules seraient prises en compte, dans ce cas, les pages « mères »), il vous faudra insérer des balises <META NAME="ROBOTS" CONTENT="NONE"> (voir la suite de ce chapitre) dans chacun de ces documents.

Un avantage inattendu des pages réalisées avec des frames — notamment des documents « mères » — est que le peu de mots qu'elles contiennent ont de très bons indices de densité. Cela les fait souvent classer en tête dans les résultats. Mais il sera cependant difficile de compter uniquement sur ce point tout en sachant que l'utilisation de frames pose quand même de sérieux problèmes pour l'indexation du contenu des documents « filles »...

Si vous avez le choix, évitez de toute façon l'utilisation des frames sur la page d'accueil, afin que celle-ci soit prise en compte par **tous** les moteurs !

Vous trouverez, à l'adresse :

http://www.abondance.com/docs/ref/referencement.html

un exemple de ce qu'il est possible de faire pour mieux référencer la zone d'un site réalisée avec des frames. Le code HTML des pages présentées à cette adresse suit les conseils indiqués dans ce chapitre.

Le JavaScript

De nombreuses pages, sur le Web, contiennent des scripts JavaScript. Ceux-ci sont souvent très utiles mais parfois alourdissent la page. Il ne s'agit pas ici de discuter des heures durant de l'usage de tel ou tel script, mais de bien noter un point important : la définition de ces « miniprogrammes » (balises <SCRIPT> ... </SCRIPT>) se fait souvent en début de document.

Cela empêche donc le texte visible de votre page d'être bien classé en le renvoyant parfois au beau milieu de la page ! Réfléchissez donc bien avant de « farcir » votre code HTML de cent cinquante lignes qui auront pour unique fonction de faire défiler la date de gauche à droite sur l'écran ! L'énergie dépensée pour ce petit joyau de génie technique risque de mettre à mal le classement de votre page pour vos mots clés essentiels... Dans ce cas, les balises <META> deviennent vitales auprès des moteurs qui les supportent. Il est souvent encore plus simple de s'abstenir d'afficher ce type de gadgets inutiles.

Autre point important : si des liens sont réalisés à l'aide de commandes JavaScript (notamment ce que l'on appelle des *roll-over*, image qui change au passage de la souris), les *spiders* ne sauront pas suivre ces liens et ne pourront explorer les pages internes de votre site. Moralité : doublez toujours vos liens graphiques de liens textuels, aisément compris et suivis par les moteurs.

Le Flash

De très nombreuses pages web sont aujourd'hui agrémentées d'animations réalisées au format Flash, grâce aux produits d'animation d'images de la société Macromedia (*http://www.macromedia.fr*).

La technologie Flash permet, de façon assez simple, d'insérer des images animées et de véritables petits dessins animés vectoriels dans vos pages web. Bien entendu, ces animations ont une incidence sur le référencement de votre site.

Dans un premier temps, voyons comment est structuré un fichier Flash. Lorsque vous créez une animation, vous obtenez un fichier, nommé, par exemple, *anim.fla* (l'extension *.fla* est caractéristique du format Flash). Pour afficher ce fichier dans une page web, il est nécessaire de l'exporter au format Shockwave Flash (extension *.swf*). C'est ce fichier, une fois exporté, que vous allez utiliser pour votre site web.

Pour insérer l'animation dans le code HTML, il faut utiliser les balises <EMBED> et <OBJECTS>. La balise <OBJECT> permet l'affichage sur Internet Explorer (sous Windows). <EMBED>, de son côté, sert à Netscape Navigator (Macintosh et Windows) et Internet Explorer (Macintosh). Vive la compatibilité des navigateurs ! Le code HTML d'une page qui propose une animation Flash ressemble alors à celui-ci :

```
<OBJECT width=100 height=80>

<PARAM name="Movie" value="anim.swf">

<EMBED src="anim.swf" width=100 height=80>
</EMBED>

<NOEMBED>
<IMG src="anim.gif" width=100 height=80>
</NOEMBED>

</OBJECT>
```

La balise <NOEMBED> sert à afficher une image « classique » — aux formats GIF ou JPEG — ou du texte pour les navigateurs qui n'acceptent pas le format Flash. En ce sens, elle joue exactement le même rôle que la balise <NOFRAMES> pour les pages réalisées avec des frames.

Les balises présentées ici peuvent contenir de nombreuses autres informations (adresse de téléchargement du logiciel Flash si l'internaute n'en dispose pas sur sa machine, qualité, couleur du fond, etc.). Mais seules les options proposées dans l'exemple précédent nous intéresseront dans le cadre du référencement.

Premier point, évident : si l'animation réalisée contient du texte, celui-ci ne sera pas pris en compte par le *spider*, bien entendu. Une page (voire un site !) entièrement réalisée en Flash passera donc quasi inaperçue pour les moteurs de recherche. Dans ce cas, le remède sera très proche de celui déjà indiqué pour les frames : utilisation optimisée des balises <TITLE>, <META> et, dans notre cas, <NOEMBED> (de la même façon qu'on emploie <NOFRAMES>). Dans la balise <NOEMBED>, essayez d'insérer le plus possible de texte visible, afin que celui-ci soit « aspiré » par les *spider*s. Il n'existe malheureusement pas, à ma connaissance, d'autres solutions pour tenter de référencer au mieux des pages réalisées en Flash. Si c'est le site en entier qui est concerné, vous ne pouvez jouer que sur les seules (rares ?) pages HTML présentées pour en optimiser le contenu.

En tout état de cause, retenez toujours un point essentiel : un *spider* (donc un moteur de recherche) ne sait lire que du code HTML ! Le contenu d'une animation Flash en est donc banni.

Les pages dynamiques

Certaines pages web sont également réalisées sur la base de formulaires de saisie de critères, et construites en allant « piocher » des informations sur une base de données pour créer une page « à la volée ». L'exemple type de ces systèmes peut être visualisé dans le domaine de la presse. Prenons le cas du journal *Les Echos* (*http://www.lesechos.fr/*) et de son système d'archives.

Dans un premier temps (figure 1), un formulaire très complet vous permet de choisir vos critères d'interrogation de la base d'articles : mots clés, opérateurs

(ET, OU, SAUF), période ou date précise, zone de recherche (titre, corps du texte, rubrique), etc.

Une fois ces zones renseignées, un clic sur le bouton *Lancer la recherche* lance une requête spécifique sur la base de données des articles du journal selon les critères demandés. Une fois les articles correspondants rapatriés depuis la machine qui abrite les archives, une page spécifique est créée par un logiciel afin de présenter « à la volée » les titres des documents qui répondent à vos attentes (figure 2).

Vous avez ensuite la possibilité de lire le texte complet de l'article choisi sur une nouvelle page, l'article ayant été « sorti » de la base de données (dans le cas du site *Les Echos*, cette consultation est payante).

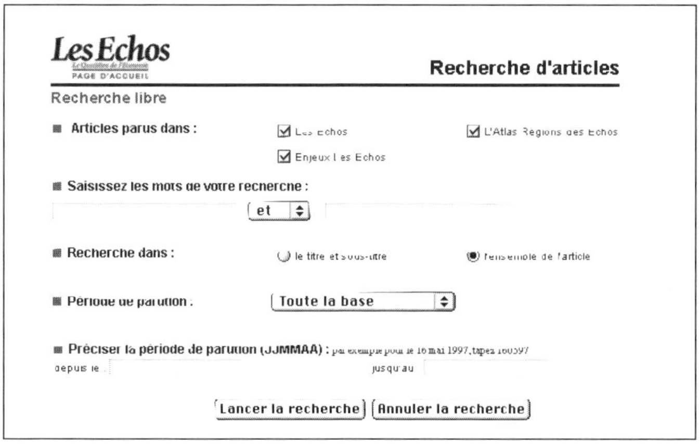

Figure 1. Un formulaire vous permet d'exprimer clairement vos critères de recherche.

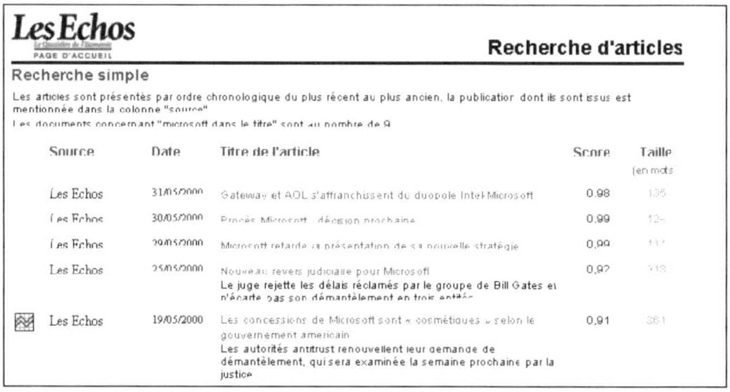

Figure 2. Les titres des articles qui répondent aux critères de la demande sont proposés sur une page unique créée « à la volée ».

La page représentée à la figure 2 n'existe pas en « statique » sur le serveur web des Echos. Il en est de même de la page qui présente l'article final. Cela signifie que celles-ci n'ont pas été préalablement écrites par un développeur HTML à l'aide d'un outil d'édition, puis sauvegardées « en dur » sur le disque du serveur. Elles ont été créées par un logiciel, spécifiquement en fonction des mots clés saisis par l'internaute. Non stockées sur le serveur au format HTML, elles ont une « durée de vie » égale à la durée de consultation par le visiteur du site des informations qu'elles contiennent.

De nombreuses pages de ce type (dites « dynamiques ») sont utilisées sur le Web. Elles ne sont pas « aspirables » par les *spiders* des moteurs de recherche. Cela est tout à fait logique. Imaginez un tel logiciel arrivant sur une page de formulaire, telle celle de la figure 1. Pour pouvoir aller plus loin, le logiciel devrait fournir des critères, choisir des opérateurs ET, OU, SAUF, une date d'exploration, une rubrique dans le journal, bref avoir un comportement « humain » pour chaque page de ce type rencontrée. Cela lui permettrait ensuite de visualiser une suite d'articles, de les sélectionner et de les visualiser pour pouvoir enfin les capturer. Aucun *spider* n'est aujourd'hui capable d'effectuer de telles opérations, bien entendu... Nos robots s'arrêteront donc à la page de formulaire.

Les pages dont l'adresse (URL) contient les termes « cgi-bin » (ce qui signifie qu'elles ont été créées dynamiquement à l'aide d'un programme appelé *cgi — common gateway interface* — le plus souvent écrit dans un langage tel que C ou Perl) ne seront pas non plus indexées par bon nombre de moteurs. La présence d'un *script cgi* sur une page d'accueil (par exemples, tests sur le système d'exploitation, le type de machine, le navigateur ou l'adresse de la machine de l'internaute) est d'ailleurs le plus souvent rédhibitoire pour les *spiders* qui arrêteront automatiquement l'aspiration de votre site. En d'autres termes, ils ne prendront aucune page en compte, car ils ne savent pas interpréter les commandes d'un *cgi*. Moralité : n'installez jamais de programmes sur la page d'accueil de votre site !

Des caractères tels que ?, %, $, + ou & (qui sont souvent présents dans l'adresse d'une page dynamique) peuvent également stopper l'indexation d'un document.

En revanche, les documents créés grâce à la technologie ASP (*Active Server Pages)* de Microsoft (le nom des documents se terminant alors par *.asp* au lieu de *.html*) ou au moyen de l'outil *Cold Fusion* (terminaison en *.cfm*) sont reconnus par une majorité de moteurs si leur adresse ne contient pas de caractères « exotiques », tel le point d'interrogation. Seront exclues des index les pages créées sur la base d'informations fournies par l'intermédiaire d'un formulaire, comme dans l'exemple précédent des archives de presse.

En règle générale, si vous utilisez un logiciel de création de pages dynamiques, testez les moteurs, et vérifiez qu'ils contiennent déjà des documents écrits avec cet outil (en effectuant une recherche sur la terminaison des fichiers comme *.asp*, *.cfm* ou *.pl*, qui est souvent spécifique). Evitez les caractères particuliers, tel le point d'interrogation, dans les URL générées. Evitez également de créer des pages dynamiques là où des pages statiques auraient largement suffi.

Si vous n'avez pas d'autre choix que de créer des pages dynamiques qui proposent des URL exotiques, il vous faudra en passer automatiquement par la création de pages satellites ou de pages alias (voir plus haut) pour que les moteurs prennent au moins en compte quelques pages de votre site. Il n'y a, *a priori*, pas d'autre solution !

Il existe en fait, sur certains serveurs, quelques solutions techniques qui permettent que les pages d'un site soient référencées, même avec des URL exotiques. Vous trouverez des pistes de réflexion sur le site PHP Builder, dans l'article intitulé « Building dynamic pages with search engines in mind », à l'adresse :

http://www.phpbuilder.com/columns/tim20000526.php3

Le fichier robots.txt

Nous avons vu dans les pages précédentes comment faire en sorte que vos pages soient indexées par les robots (*spiders*) des moteurs de recherche. Mais il peut également arriver que certaines de vos pages soient confidentielles, ou en tout cas que votre objectif ne soit pas de les diffuser largement sur lesdits moteurs. Un site ou une page en construction ne doivent pas obligatoirement être la cible d'une telle aspiration. Il faut alors empêcher certains *spiders* de les prendre en compte.

Cela se fait au moyen d'un fichier texte, appelé robots.txt, présent sur votre serveur. Ce fichier va donner des indications au *spider* sur ce qu'il peut faire et ce qu'il ne doit pas faire sur le site.

Dès que le *spider* d'un moteur arrive sur un serveur (par exemple, *http://www.monsite.com/*), il va rechercher le document *http://www.monsite.com/robots.txt* avant d'effectuer la moindre aspiration de document. Si ce fichier existe, il le lit et suit les indications qui y sont inscrites. S'il ne le trouve pas, il commence son travail de lecture et de sauvegarde de la page HTML qu'il est venu visiter, puisque *a priori* rien ne lui est interdit. Il ne peut exister qu'un seul fichier robots.txt sur un site ; il doit se trouver au niveau de la racine, comme le montre l'exemple d'adresse suivant. Le nom du fichier (robots.txt) doit toujours être créé en minuscules.

La structure d'un fichier robots.txt est la suivante :

```
User-agent: *
Disallow: /cgi-bin/
Disallow: /tempo/
Disallow: /perso/
Disallow: /entravaux/
Disallow: /abonnes/prix.html
```

Dans cet exemple :

• User-agent: * signifie que l'accès est accordé à tous les agents (tous les *spiders*), quels qu'ils soient.

• Le robot n'ira pas explorer les répertoires /cgi-bin/, /tempo/, /perso/ et /entravaux/ du serveur ni le fichier /abonnes/prix.html. Le répertoire /tempo/, par exemple, correspond à l'adresse *http://www.monsite.com/tempo/*. Chaque répertoire à exclure de l'aspiration du *spider* doit faire l'objet d'une ligne Disallow: spécifique.

La commande Disallow: permet d'indiquer que « tout ce qui commence par » l'expression indiquée ne doit pas être indexé.

Ainsi :

Disallow: /perso ne permettra l'indexation ni de *http://www.monsite.com/perso/index.html*, ni de *http://www.monsite.com/perso.html*

Disallow: /perso/ n'indexera pas *http://www.monsite.com/perso/index.html,* mais ne s'appliquera pas à l'adresse *http://www.monsite.com/ perso.html*

D'autre part, le fichier robots.txt ne doit pas contenir de lignes vierges (blanches). L'étoile (*) n'est acceptée que dans le champ User-agent ; elle ne peut servir de *joker* (ou d'opérateur de troncature) comme dans l'exemple : Disallow: /entravaux/*. Il n'existe pas de champ correspondant à la permission, de type Allow:. Enfin, le champ de description (User-agent, Disallow) peut être indifféremment saisi en minuscules ou en majuscules. Les lignes qui commencent par un signe dièse (#), ou plus exactement tout ce qui se trouve à droite de ce signe sur une ligne, est considéré comme étant un commentaire.

Voici quelques commandes importantes du fichier robots.txt :

Disallow:/	Permet d'exclure toutes les pages du serveur (aucune aspiration possible).
Disallow:	Permet de n'exclure aucune page du serveur (aucune contrainte). Un fichier robots.txt vide ou inexistant aura une conséquence identique.
User-Agent : Webcrawler	Permet d'identifier un robot particulier (ici, celui du moteur Webcrawler).
User-agent: Webcrawler Disallow: User-agent: * Disallow:/	Permet au *spider* de Webcrawler de tout aspirer, mais refuse les autres robots.

La liste des noms de la majeure partie des robots actuels est disponible à l'adresse :

http://info.webcrawler.com/mak/projects/robots/active/html/index.html

Enfin, n'oubliez pas que le fichier robots.txt est créé à l'intention des... robots et non des internautes. Ces derniers peuvent continuer à lire les zones de votre serveur que vous avez « interdites » aux *spiders*. L'internaute indiscret ira même lire votre fichier robots.txt (en saisissant directement l'adresse *http://www.monsite.com/robots.txt* sur son navigateur) pour aller explorer vos « zones d'ombre »...

Si vous n'avez pas la possibilité de créer un fichier robots.txt sur votre serveur, une balise <META> spécifique peut également être utilisée — dans chaque document HTML, cette fois — pour permettre ou interdire l'accès aux *spiders*. Elle se présente sous la forme :

```
<META NAME="robots"
CONTENT="ATTRIBUT1,ATTRIBUT2">
```

Où les champs ATTRIBUT1 et ATTRIBUT2 peuvent prendre les valeurs suivantes :

ATTRIBUT1 :

index : page à indexer par le *spider*

noindex : interdiction d'indexer la page

ATTRIBUT2 :

follow : le *spider* peut suivre les liens contenus dans la page pour indexer d'autres documents

nofollow : le *spider* ne peut pas suivre les liens de la page

Les indications *index, noindex, follow* et *nofollow* peuvent indifféremment être saisies en minuscules ou en majuscules. Voici les différentes possibilités offertes par cette balise :

<META NAME="robots" CONTENT="index,follow">
<META NAME="robots" CONTENT="noindex,follow">
<META NAME="robots" CONTENT="index,nofollow">
<META NAME="robots" CONTENT="noindex,nofollow">

Ces balises <META> — à l'image de celles présentées auparavant — doivent se trouver dans l'en-tête du document HTML, entre <HEAD> et </HEAD> et après la balise de titre. Elles doivent se trouver dans tous les documents dont vous désirez filtrer l'accès, à l'inverse du fichier robots.txt qui prenait en compte toute l'arborescence d'un site.

Derniers points :

- Le premier exemple ("index,follow") n'a pas d'application pratique. En effet, la balise ainsi libellée propose les mêmes options que si elle n'existait pas.
- Les syntaxes suivantes sont équivalentes :

<META NAME="robots" CONTENT="index,follow"> et <META NAME="robots" CONTENT="all">

<META NAME="robots" CONTENT="noindex, nofollow"> et <META NAME="robots" CONTENT="none">

Le site web de référence relatif aux fichiers et aux balises <META> d'exclusion de robots se trouve à l'adresse :
http://info.webcrawler.com/mak/projects/robots/robots.html

Testez vos mots clés sur les moteurs

Nous avons vu, au fil des pages précédentes, toutes les astuces qui permettent d'obtenir un bon classement de vos pages dans les résultats fournis par les moteurs de recherche. Une opération intéressante consiste à visualiser la situation existante proposée par ces moteurs avant de leur soumettre vos propres pages.

Lors de votre phase de réflexion, vous avez défini des mots clés. Dans un premier temps, choisissez-en trois ou quatre qui vous semblent essentiels. En clair, ce sont les termes que les internautes saisiront probablement sur les moteurs de recherche pour trouver des pages semblables aux vôtres.

Une fois que vous avez bien défini ces mots clés, allez sur les moteurs de recherche du *Big Eight*, c'est-à-dire Altavista, HotBot, Infoseek, Northern Light, Excite, Lycos, Alltheweb et Google (voir plus loin). Pour chacun de ces moteurs, testez les termes retenus, et sauvegardez le code HTML qui correspond aux pages proposées dans les dix premiers résultats. Analysez chaque fois ce code. Essayez de comprendre pourquoi la page correspondante obtient un aussi bon classement. Recherchez les occurrences du mot clé demandé dans le document. Efforcez-vous de comprendre la logique de classement du moteur en vous aidant des fiches descriptives fournies dans les pages suivantes pour chaque outil. Essayez notamment de détecter d'éventuelles tentatives de *spamdexing* qui expliqueraient ce classement. Mais ne vous en inspirez pas !

Pourquoi un tel déploiement d'efforts, direz-vous ? Eh bien, tout simplement pour faire mieux ! Pensez à tout ce que nous avons vu auparavant : indice de densité du mot, présence dans le titre en haut du document plutôt qu'en bas, etc. S'il le faut, effectuez un calcul de l'indice de popularité de la page si vous êtes sur Altavista, HotBot ou Infoseek. Cela constituera, à n'en pas douter, un excellent exercice de travaux pratiques qui vous permettra de réviser tout ce que nous avons vu jusqu'à maintenant. N'oubliez pas cependant que, de plus en plus, les moteurs prennent en compte des critères qui ne sont pas compris dans le code HTML des pages (voir critères « off the page » plus loin), ce qui pourra expliquer aussi le bon classement d'une page qui vous paraîtrait énigmatique.

Cela vous donnera également une idée des possibilités de positionnement de vos pages sur tel ou tel mot clé. Saisissez le mot ou l'expression en question, par exemple sur Altavista, et regardez le nombre de réponses : jusqu'à 20 000, vous pouvez tenter de faire quelque chose pour placer de façon efficace une de vos pages. Si Altavista propose 400 000 documents répondant à la requête, dites-vous bien qu'il est impossible de faire quoi que ce soit !

Attention ! Pour effectuer ce test, proposez au moteur le mot clé qui vous intéresse dans sa forme exacte : singulier, pluriel, masculin, féminin, accentué ou non, en minuscules ou non, etc. Le résultat sera chaque fois très différent. Si vous désirez tester une expression (par exemple « moteur de recherche »), saisissez les mots clés entre guillemets :"moteur de recherche".

Bien entendu, peu d'internautes connaissent l'utilisation des mots clés pour demander une expression. Mais, dans ce cas, ils vous servent à cerner uniquement les pages qui contiennent cette expression ainsi formulée (et non celles qui contiennent « recherche d'un moteur de Renault 5 »), donc uniquement celles qui seront « concurrentes » dans le cadre d'un positionnement.

S'il s'agit d'une association de mots (« voyage avion Montréal »), utilisez un ET devant chaque mot, la plupart du temps symbolisé par le signe + :

+voyage +avion +montréal

Vous obtiendrez ainsi le nombre de pages qui contiennent exactement les trois mots, et pas uniquement un ou deux parmi ceux-ci.

Autre point important : si l'une des pages proposées par le moteur aboutit à une erreur 404 (le document est obsolète et n'existe plus à l'adresse spécifiée), soumettez-la de nouveau à l'outil de recherche au moyen de la fonction « Add URL ». Cela aura, la plupart du temps, pour effet de l'éliminer de l'index du moteur, ce qui ajoutera une place libre pour accueillir vos pages...

N'oubliez pas que le moteur effectue ses recherches sur les pages que le *spider* a capturées parfois plusieurs semaines auparavant. Les délais de rafraîchissement des index étant très variables (de quelques jours à plusieurs mois), il peut arriver que la page que vous allez visualiser après avoir cliqué sur le lien proposé dans les résultats n'ait plus rien à voir avec celle qui avait été capturée à l'époque par le robot du moteur. Cela explique, outre des techniques de substitution de pages qui relèvent du spam (notamment du « *cloaking* » — voir précédemment—) que certains documents visualisés ne contiendront pas les mots clés demandés. Beaucoup de gens, dans ce cas, soumettent la page en question (même si elle ne leur appartient pas) au moteur. Deux éventualités peuvent résulter de cette opération, une fois la page « aspirée » par le *spider*. Soit le document indexé cette fois par le moteur est encore identique à celui qui figurait dans la base : il y a sûrement tentative de fraude par « *cloaking* ». Seconde possibilité : la page était « propre » et, étant donné qu'elle ne contenait plus le mot clé demandé dans sa version actuelle, elle a fait « place nette » pour vos pages. Certains moteurs, tel Google, donnent accès à la page telle qu'elle était disponible lors de son indexation (fonction de « cache »), ce qui rend la vérification plus facile.

Enfin, si les pages trouvées n'appartiennent pas à des concurrents, pourquoi ne pas en contacter le propriétaire, afin de lui proposer un échange de liens ? C'est un moyen détourné d'obtenir pour votre page d'accueil une présence (certes indirecte) dans les premiers résultats des moteurs !

Critères « in the page » et « off the page »

On vient de le voir, les moteurs de recherche prennent en compte de multiples critères dans leurs classements de pertinence pour un mot clé donné.

Historiquement, les premiers critères à avoir été pris en considération ont été le nombre d'occurrences, la présence du mot demandé dans les balises <TITLE> ou <META>, etc. : bref, tous les critères de recherche des termes de la requête dans le code HTML des pages.

Puis est venu le *spamdexing*. Des webmasters peu scrupuleux ont alors décidé de faire n'importe quoi en tentant de *spammer* les index des moteurs afin d'apparaître en première position. Les moteurs ont alors riposté et ont conclu que les seuls critères « in the page » (compris dans le code HTML des pages) ne seraient pas suffisants.

Ils ont donc « sorti l'artillerie » des critères « off the page », qui ne tiennent plus compte du code HTML mais de données externes aux pages, voire au site : indice de popularité, indice de clic, etc.

La tendance est clairement à une prise en compte de plus en plus forte de ces critères, pour la bonne raison qu'ils ne peuvent pas être *spammés*, en tout cas pas par la « petite délinquance » (on me pardonnera cette expression). Certaines entreprises, disposant de gros moyens, pourront peut-être tenter de frauder sur ce type de critères, mais on peut quand même se demander si les efforts en temps et en argent pour y arriver n'auraient pas été mieux investis dans d'autres stratégies de promotion !

Voici, en tout cas, un petit rappel de ces différents critères, vus aux pages précédentes :

Critères « in the page »

- Présence du mot demandé dans les champs <TITLE>, <META name="description">, <META name="keywords">, <META name="author">.
- Présence du mot demandé dans le texte visible (le plus haut possible dans le code HTML).
- Présence du mot demandé dans une zone mise en exergue dans le code (balises <A>...</A>, <B>...</B>, <H1>...</H1>, etc.).
- Présence du mot demandé dans les options ALT des balises IMG.
- Présence du mot demandé dans les commentaires (très rare).

Critères « off the page »

- Indice de popularité.
- Indice de clic.
- Présence du site dans la partie « annuaire » de l'outil de recherche (voir chapitre 4).
- Présence du mot demandé dans le nom de domaine ou l'URL de la page (critère « off the page », mais « in the site »).
- Choix humain des premières pages pour certains mots clés très populaires.

D'autre part, de nombreux moteurs ont également mis en place de nouveaux systèmes pour lutter contre le *spamdexing* (voir chapitre 4, rubrique « positionnement »).

Facteurs bloquants

Certaines options techniques sont entièrement ou partiellement rédhibitoires pour le bon référencement d'un site. Autant le savoir avant de démarrer la création technique de vos pages. La plupart de ces critères ont été vus aux pages précédentes. Ils sont ici résumés.

Pour éviter de voir votre site disparaître des index des moteurs, voici les options techniques à ne pas prendre en compte :

• Les frames (sans utilisation de la balise <NOFRAMES> et du code JavaScript de reconstitution des frames).

• La mise en place d'un script cgi en page d'accueil.

• Les pages trop graphiques (au minimum 50 mots en texte visible doivent être présents) ou les informations présentes dans des animations Flash.

• Le JavaScript — notamment les *roll-overs* — sans avoir doublé les liens graphiques d'une version textuelle « simple ».

• Les URL « exotiques », qui proposent des caractères tels que ?, & ou % dans leur énoncé.

• Les balises <META Refresh> ou les redirections réalisées au niveau du DNS. Exemple : la saisie de l'adresse *http://www.votresite.fr/* qui redirige automatiquement vers *http://www.votresite.com/fr/* (avec cette adresse visible dans la barre d'adresse de votre navigateur). Dans ce cas, l'adresse en .fr ne sera jamais référencée.

- Le *spamdexing*, bien entendu...

Bien sûr, il sera toujours possible de contourner ces obstacles en créant des pages satellites (voir précédemment) qui ne contiennent pas de « tares ». Mais celles-ci fonctionnent de moins en moins bien, et sont éliminées au fur et à mesure de l'index des moteurs. La tendance est clairement à des sites optimisés pour les moteurs et non à des sites plus ou moins « rafistolés » grâce à des pages satellites qui font office de « rustines » à court terme !

Moteurs de recherche

Il existe des centaines de moteurs de recherche sur l'Internet. Il est impossible de construire vos documents en fonction des critères de pertinence de tous ces outils. Heureusement pour vous, une minorité d'outils « captent » l'immense majorité des requêtes des internautes actuels (certainement 95 à 97 % des interrogations faites sur tous les moteurs de recherche de la planète).

Ces sites, au nombre de huit, constituent ce que l'on appelle le *Big Eight* :

Altavista (*http://www.altavista.com/*)
HotBot (*http://www.hotbot.com/*)
Infoseek / Go Network (*http://www.infoseek.com/*)

Northern Light (*http://www.nlsearch.com/*)
Excite (*http://www.excite.com/*)
Lycos (*http://www.lycos.com/*)
Google (*http://www.google.com/*)
Alltheweb (*http://www.alltheweb.com/*)

Nota : la version précédente de cet ouvrage comptabilisait encore le site américain Webcrawler (*http://www.webcrawler.com/*) dans la liste des moteurs majeurs. Il a été supprimé car, laissé à l'abandon par son propriétaire Excite, il ne draine quasiment plus de trafic sur les sites présents dans son index.

Pour un site francophone, il faudra également tenir compte de quatre moteurs majeurs (on parlera alors du *Big Twelve,* en tenant compte des huit moteurs mondiaux majeurs vus précédemment) :

Altavista France (*http://www.altavista.fr/*)
Voila (*http://www.voila.fr/*)
Lokace (*http://www.lokace.com/*)
Ecila (*http://www.ecila.com/*)

Ces quatre outils ne prennent en compte que les sites et pages francophones, il ne sera donc pas nécessaire d'y soumettre un site uniquement disponible en langue anglaise. Certains outils de recherche francophones, filiales de leur maison-mère américaine (Lycos France, Excite France, Infoseek France), seront automatiquement mis à jour lors d'une prise en compte de votre site sur leur équivalent américain. Il ne sera donc pas nécessaire d'y faire une soumission spécifique.

Il « suffira » donc, lors de la création de vos documents (pages du site ou pages satellites) de prendre en compte ces outils principaux. Tout devrait bien se passer au niveau de la fréquentation de votre site. Pour le reste, comme nous le verrons plus tard, des outils d'automatisation de référencement feront très bien l'affaire en vous inscrivant sur plusieurs centaines d'outils gratuitement ou pour quelques centaines de francs d'investissement.

Entendons-nous bien : nous ne parlons ici que de moteurs de recherche par mots clés, non d'annuaires tels que Yahoo! ou Nomade (pour le monde francophone). Ces outils-là seront décrits en détail au chapitre 4. Ils ne nécessitent pas une construction HTML spécifique de vos pages par rapport à des critères de tri de résultats. D'autres points précis devront cependant être pris en compte lorsque vous vous référencerez auprès de ces outils, mais nous y reviendrons plus tard.

Nous allons voir, pour chacun des moteurs principaux énoncés précédemment, quels sont les critères distinctifs qui font qu'ils classeront une page avant une autre. Nous n'envisagerons qu'au chapitre 4 la marche à suivre pour référencer vos pages sur ces outils (délai, nombre de pages, procédure, etc.).

Pour chacun des moteurs envisagés, voici les champs qui seront décrits de façon précise :

• **Description générale du moteur**

Il s'agit ici de donner des renseignements d'ordre général sur le moteur et son environnement.

Nom : nom sous lequel le moteur est connu.

URL : adresse de la page d'accueil.

Importance du référenceemnt : importance du fait que votre site soit référencé sur ce moteur, en référence au trafic généré le plus souvent observé.

Date de lancement : date à laquelle le moteur a été mis en œuvre et disponible sur le Web.

Propriétaire : entreprise qui possède l'outil.

Taille de l'index : nombre de pages dans la base de documents du moteur (en l'an 2 000).

Délai de rafraîchissement de l'index : délai moyen entre deux passages du *spider* sur une page déjà référencée (mise à jour de l'index).

Nom du spider : nom du robot *crawler* ou « aspirateur » de pages web.

• Champs et structures pris en compte par le moteur lors de l'indexation

Ce tableau indique quels sont les champs qui sont sauvegardés, aspirés et pris en compte par le *spider* sur les pages web visitées. Tous ces champs représenteront donc des mots clés potentiels lors de la recherche dans l'index.

Titre : prise en compte éventuelle de ce champ lors de l'indexation (le nombre de caractères pris en considération est indiqué entre parenthèses lorsque l'information était disponible).

Balise <META description> : prise en compte éventuelle de ce champ lors de l'indexation (le nombre de caractères pris en considération est indiqué entre parenthèses lorsque l'information était disponible).

Balise <META keywords> : prise en compte éventuelle de ce champ lors de l'indexation (le nombre de caractères pris en considération est indiqué entre parenthèses lorsque l'information était disponible).

Commentaires <! ... > : prise en compte éventuelle de ce champ lors de l'indexation.

Attributs ALT des balises IMG : prise en compte éventuelle de ce champ lors de l'indexation.

URL : prise en compte éventuelle de l'adresse d'une page en tant que détentrice de mots clés potentiels.

Frames : traitement d'une page réalisée avec des frames :

> A : la page est totalement ignorée.
>
> B : le fichier « parent » est indexé (notamment la section <NOFRAMES>), pas les fichiers « fils ».
>
> C : les fichiers « parents » et « fils » sont indexés en tant que fichiers indépendants.
>
> D : les fichiers « parents » et « fils » sont indexés, et la page complète est recréée si le mot clé est trouvé dans un document « fils ».

Imagemaps : capacité éventuelle du *spider* à suivre les liens proposés par ce type d'images.

Corps du texte : informations sur la façon dont le moteur intègre le corps du texte (le texte « visible » de la page).

• Importance relative des différents critères dans le classement

Pour les quatre champs ou notions indiqués (Titre, Balise <META keywords>, Indice de popularité de la page, Corps du texte), l'importance relative est indiquée pour le moteur décrit. Trois étoiles signifient que le critère a une forte influence sur le classement, une seule étoile indique une influence faible. Un tiret indique que le champ n'est pas pris en compte. Lors de la création de vos documents, vous devrez tenir compte des champs les plus influents d'un moteur donné, afin d'optimiser la page pour un mot clé précis.

• Modalités spécifiques de saisie de critères

Les informations suivantes décrivent la façon dont le moteur prend en compte les requêtes des internautes lors des recherches par mots clés. Elles sont importantes, car dans de nombreux cas, elles vont influencer la façon dont vous inscrirez les mots clés dans vos pages.

Ordre des mots : importance éventuelle de l'ordre de saisie des mots clés (paris dakar donne-t-il le même résultat que dakar paris ?).

Casse : façon de prendre en compte les lettres minuscules et majuscules.

Troncature (stemming) : importance éventuelle de la « troncature par défaut », appelée en anglais *stemming* (est-ce que la saisie de cap trouve cap, cape, capitaine, capsule, etc. ?). Un moteur qui effectue du *stemming* retrouvera également cap lorsque l'utilisateur saisira les mots clés caps ou cape.

Lettres accentuées : prise en compte éventuelle des lettres accentuées (la saisie de électricité équivaut-elle à celle de electricite ?).

Selon ces paramètres, vous serez peut-être obligé de saisir plusieurs occurrences de vos mots clés (par exemple, IBM, ibm, Ibm ou poisson, poissons et poissonnier) dans vos pages.

• Modalités d'exclusion de pages

Fichier robots.txt : prise en compte éventuelle du fichier robots.txt sur le serveur lors de la capture d'une page.

Balise <META Robots> : prise en compte éventuelle de la balise <META NAME="robots"> lors de la capture de la page.

• Affichage du résumé dans la page de résultats

Ces cinq informations (*Titre, Résumé, Taille du document, Date, URL*) vous donnent le format des informations affichées dans les pages de résultats, ainsi que la longueur des champs proposés. Cela vous permet de soigner et de mieux maîtriser les résumés affichés par les moteurs.

Le champ *Autres* donne des informations complémentaires affichées par le moteur, mais dont vous ne pouvez maîtriser le contenu (pourcentage de pertinence, par exemple).

Pour chacun des tableaux récapitulatifs proposés aux pages suivantes, l'URL qui fournit les mêmes informations mises à jour sur le site du livre est indiquée. Vous avez ainsi accès aux dernières données accessibles en ligne.

Les huit premiers moteurs sont mondiaux, les quatre suivants sont majoritairement francophones.

altavista:

Description générale du moteur

Nom	**AltaVista**
URL	http://www.altavista.com/ http://altavista.digital.com/ http://www.av.com/
Importance du référencement	☆☆☆
Date de lancement	Décembre 1995
Propriétaire	CMGI (www.cmgi.com)
Taille de l'index	350 millions de pages
Délai de rafraîchissement de l'index	Six semaines
Nom du *spider*	Scooter

Modalités de saisie des critères

Ordre des mots	Oui : *paris dakar* donne un résultat différent de *dakar paris.*
Casse	Si le mot clé est saisi en minuscules, la casse n'est pas prise en compte. *dakar* trouve *dakar*, *Dakar*, *DAKAR*, etc. Si le mot clé est saisi en majuscules, l'occurrence exacte est recherchée. *Dakar* trouve alors uniquement *Dakar* mais plus *dakar*, *DAKAR*, etc.
Troncature (*stemming*)	Non : *cap* ne trouve pas *caps, capitaine*, *capsule*, etc.
Lettres accentuées	Si le mot clé est saisi avec des lettres accentuées, l'occurrence exacte est recherchée. *électricité* trouve uniquement *électricité.* Si le mot clé est saisi sans lettre accentuée, toutes les occurrences sont recherchées. *electricite* trouve *electricite*, *électricité*, *électricite*, etc.

altavista:

Champs pris en compte lors de l'indexation

Titre	Oui (environ 100 caractères au maximum)
Balise <META description>	Oui (1 024 caractères au maximum)
Balise <META keywords>	Oui (1 024 caractères au maximum)
Commentaires <! ... >	Non
Attributs ALT des balises IMG	Oui
URL	Oui
Frames	B ou C, selon le cas
Imagemaps	Oui
Corps du texte	Tout le texte de la page est indexé jusqu'à 100 Ko. Au-delà, seuls les liens sont indexés. Au-delà de 4 Mo, plus rien n'est indexé.

Importance relative des différents critères

Titre	★★★
Balise <META description>	★
Balise <META keywords>	★
Corps du texte	★★★
Indice de popularité de la page	★★
Autres critères	Altavista prend en compte de nombreux autres critères de pertinence, tel l'indice de clic.

Modalités d'exclusion des pages

Fichier robots.txt	Pris en compte
Balise <META robots>	Prise en compte

altavista:

Affichage du résumé dans les résultats

Titre (longueur)	Contenu de la balise <TITLE> (80 caractères au maximum). Si la page n'a pas de titre, l'information *No Title* est affichée.
Résumé	Contenu de la balise <META description> (150 caractères au maximum) si la page en contient une. Sinon, les premières lignes du document, légèrement « relookées » si nécessaire.
Taille du document	Taille en kilo-octets du fichier texte HTML (*page size*).
Date	Date de dernière modification si le document est indexé par Scooter lors d'une visite « classique » depuis un lien externe. Date de l'entrée dans l'index si la page a été proposée par l'intermédiaire de la fonction « Add URL ».
URL	Adresse de la page
Autres	AltaVista indique également la langue dans laquelle a été écrite la page (s'il a réussi à la reconnaître). Il propose une possibilité de traduction automatique du document (choix *Translate*). Altavista fait du *clustering* (une seule page est proposée par site) : lien *More pages from this site*. La fonction *Related pages* propose des pages similaires. Le lien *Facts about* indique des informations sur la société propriétaire du site.

7 AltaVista Live: Home
REGISTER NOW ! AltaVista Members Sign in. Search Live Shopping. Local Free Internet Access Ema
Sports. Travel Careers
URL : live.av.com/home
Last modified on 11-Jan-2000 - 52K bytes in English
[Translate] [More pages from this site] Related pages] [Facts about: Compaq Computer Corp]

Altavista dispose également d'une version française de son moteur, décrite aux pages 281 et suivantes.

Mise à jour de ces tableaux :
http://www.abondance.com/outils/altavista.html

Description générale du moteur

Nom	**Hotbot**
URL	http://www.hotbot.com/
Importance du référencement	☆☆
Date de lancement	Mai 1996
Propriétaire	Wired (www.wired.com) Lycos (www.lycos.com) Terra Networks (www.terra.es)
Taille de l'index	500 millions de pages (Inktomi)
Délai de rafraîchissement de l'index	Quatre semaines
Nom du *spider*	Slurp

Modalités de saisie des critères

Ordre des mots	Non : *paris dakar* est identique à *dakar paris.*
Casse	Si le mot clé est saisi en minuscules, la casse n'est pas prise en compte. *dakar* trouve *dakar*, *Dakar*, *DAKAR*, etc. Si le mot clé est saisi en majuscules, l'occurrence exacte est recherchée. *Dakar* trouve alors uniquement *Dakar* mais plus *dakar, DAKAR, etc.* Fonctionnement identique à celui d'AltaVista à cet égard.
Troncature (*stemming*)	Oui : *cap* trouve *caps, capitaine, capsule*, etc., si l'option *"Enable Word Stemming"* est activée dans la recherche avancée.
Lettres accentuées	L'occurrence exacte est toujours recherchée : *electricite* trouve *electricite* et rien d'autre ; *électricité* trouve *électricité* et rien d'autre.

HOTBOT

Champs pris en compte lors de l'indexation

Titre	Oui
Balise <META description>	Oui
Balise <META keywords>	Oui
Commentaires <! ... >	Non
Attributs ALT des balises IMG	Non
URL	Nom du serveur (www.site.com)
Frames	A, parfois B
Imagemaps	Non
Corps du texte	Tout le texte de la page est indexé ; les premiers paragraphes sont importants ; une page courte est souvent mieux classée qu'une longue.

Importance relative des différents critères

Titre	★★★
Balise <META description>	★★
Balise <META keywords>	★★
Corps du texte	★★★
Indice de popularité de la page	★★
Autres critères	Hotbot prend en compte de nombreux autres critères de pertinence, tel l'indice de clic.

Modalités d'exclusion des pages

Fichier robots.txt	Pris en compte
Balise <META robots>	Prise en compte

Affichage du résumé dans les résultats

Titre (longueur)	Contenu de la balise <TITLE> (110 caractères environ). Si la page ne contient pas de titre, l'URL est affichée à sa place, et mise entre parenthèses.
Résumé	Contenu de la balise <META description> (250 caractères environ) si la page en contient une. Sinon, les premières lignes du document.
Taille du document	Non
Date	Non
URL	Adresse de la page
Autres	Possibilité de visualiser les pages d'un seul site (choix *See results from this site only*) pour le mot clé demandé (*clustering*).

3. HotBot Help: Common Questions
Find it alk about it Shop for it op / elp Getting Started ¿ ow do perform a basic search on HotBot? ¿ How do make my searches more effective ¿ Why do get
http://help.hotbot.com/?UID=0000000010AF16C6982D2CB88E15F38A30B997EBC
See results from this site only.

Hotbot ne propose pas de version française de son moteur.

Mise à jour de ces tableaux :
http://www.abondance.com/outils/hotbot.html

Description générale du moteur

Nom	**Infoseek / Go Network**
URL	http://www.go.com/ http://infoseek.go.com/ http://www.infoseek.com/ http://www.infoseek.com/Home?pg=Home.html&sv=FR (interface française)
Importance du référencement	☆☆
Date de lancement	Janvier 1994
Propriétaire	Disney (www.disney.com)
Taille de l'index	75 millions de pages
Délai de rafraîchissement de l'index	Deux à trois semaines
Nom du *spider*	Side Winder

Modalités de saisie des critères

Ordre des mots	Oui : *paris dakar* donne un résultat différent de *dakar paris.*
Casse	Si le mot clé est saisi en minuscules, la casse n'est pas prise en compte. *dakar* trouve *dakar*, *Dakar*, *DAKAR*, etc. Si le mot clé est saisi en majuscules, l'occurrence exacte est recherchée. *Dakar* trouve alors uniquement *Dakar* mais plus *dakar*, *DAKAR*, etc. Sur ce point, le fonctionnement est identique à celui d'AltaVista.
Troncature (*stemming*)	Non : *cap* ne trouve pas *caps, capitaine*, *capsule*, etc.
Lettres accentuées	Infoseek ne fait aucune différence entre lettres accentuées et non accentuées.

Champs pris en compte lors de l'indexation	
Titre	Oui (environ 60 caractères)
Balise <META description>	Oui (200 caractères environ)
Balise <META keywords>	Oui (1 000 caractères environ)
Commentaires <! ... >	Non
Attributs ALT des balises IMG	Non
URL	Nom du serveur (www.site.com)
Frames	B, parfois C
Imagemaps	Oui
Corps du texte	Oui : les mots clés importants doivent se trouver dans la première partie de celui-ci.

Importance relative des différents critères	
Titre	☆☆
Balise <META description>	☆☆☆
Balise <META keywords>	☆☆☆
Corps du texte	☆
Indice de popularité de la page	☆☆
Autres critères	Présence du site dans la partie « annuaire » du site (« *Go Guides* »).

Modalités d'exclusion des pages	
Fichier robots.txt	Pris en compte
Balise <META robots>	Prise en compte

Go.com — infoseek® — infoseek France

Affichage du résumé dans les résultats

Titre (longueur)	Contenu de la balise <TITLE> (75 caractères environ). Si la page ne contient pas de titre, la première ligne du texte visible de la page est affichée.
Résumé	Contenu de la balise <META description> (200 environ) si la page en contient une. Sinon, les premières lignes du document.
Taille du document	Taille en kilo-octets du fichier texte HTML
Date	Date d'entrée dans l'index d'Infoseek
URL	Adresse de la page
Autres	Taux de pertinence. Possibilité de voir les autres pages concernées par la recherche sur le même site (choix *More results from...*). Possibilité de trouver des pages analogues (*Find similar pages*) et de traduire la page proposée (*Translate this page*).

3 Infoseek Software Home Page
Infoseek Software's home page Find out the best way to add search to your intranet or public
Relevance 87% Date 3 Jul 1999 Size 9.4K, http://software.infoseek.com/
Find similar pages More results from software.infoseek.com Translate this page

Un référencement sur Infoseek (site américain) suffit pour être référencé sur l'interface en langue française. Un référencement spécifique sur Infoseek France n'est pas nécessaire.

Mise à jour de ces tableaux :
http://www.abondance.com/outils/infoseek.html
http://www.abondance.com/outils/infoseek-fr.html

Description générale du moteur

Nom	**Excite**
URL	http://www.excite.com/ http://www.excite.fr/ (interface française)
Importance du référencement	✯✯
Date de lancement	Octobre 1995
Propriétaire	@Home (www.home.net)
Taille de l'index	250 millions de pages
Délai de rafraîchissement de l'index	Six semaines
Nom du *spider*	Architext Spider

Modalités de saisie des critères

Ordre des mots	Non : *paris dakar* est identique à *dakar paris.*
Casse	Non. Le résultat est le même quelle que soit la casse des lettres. *dakar* trouve *dakar, Dakar, DAKAR*. Même résultat si *Dakar* ou *DAKAR* sont demandés.
Troncature (*stemming*)	Non : *cap* ne trouve pas *caps, capitaine, capsule*, etc.
Lettres accentuées	Seule la graphie exacte est recherchée : *electricite* trouve *electricite* et rien d'autre ; *électricité* trouve *électricité* et rien d'autre.

Excite / Excite France

Champs pris en compte lors de l'indexation

Titre	Oui (environ 50 caractères)
Balise <META description>	Non : affichée dans les résultats, mais non prise en compte dans les calculs de pertinence.
Balise <META keywords>	Non
Commentaires <! ... >	Oui
Attributs ALT des balises IMG	Non
URL	Oui
Frames	B
Imagemaps	Oui
Corps du texte	Oui : une page de petite taille est préférable à un long document.

Importance relative des différents critères

Titre	★★★
Balise <META description>	Non prise en compte
Balise <META keywords>	Non prise en compte
Corps du texte	★★★
Indice de popularité de la page	★★
Autres critères	Présence du site dans la partie « annuaire » du site

Modalités d'exclusion des pages

Fichier robots.txt	Pris en compte
Balise <META robots>	Non prise en compte

Affichage du résumé dans les résultats

Titre (longueur)	Contenu de la balise TITLE (70 caractères environ). Le terme *Untitled* est affiché si le document ne possède pas de titre.
Résumé	Un résumé de 200 à 400 mots est créé par Excite à l'aide d'un algorithme spécifique si la page ne contient pas de balise <META description>. Le texte pris en compte se trouve la plupart du temps plutôt en haut de la page. Sinon, la balise Description est prise en compte et affichée.
Taille du document	Non affichée
Date	Non affichée
URL	Oui (60 caractères au maximum)
Autres	Aucune autre information affichée

Excite UK Channels EXCITE UK Featured Today Headline News: Change This Page Add this to My P
Percent Change Quotes delayed 20 minutes. Quotes provided by S&P Comstock.
http://www.excite.co.uk/

Un référencement sur Excite (site américain) suffit pour être référencé sur l'interface en langue française. Un référencement spécifique sur Excite France n'est pas nécessaire.

Mise à jour de ces tableaux :

http://www.abondance.com/outils/excite.html

http://www.abondance.com/outils/excite-fr.html

Description générale du moteur

Nom	**Lycos**
URL	http://www-english.lycos.com/ http://www.lycos.fr/
Importance du référencement	☆☆☆
Date de lancement	Juin 1995
Propriétaire	Terra Networks (www.terra.es)
Taille de l'index	500 millions de pages (Inktomi)
Délai de rafraîchissement de l'index	Deux à trois semaines
Nom du *spider*	T-Rex

Modalités de saisie des critères

Ordre des mots	Non : *paris dakar* est identique à *dakar paris*.
Casse	Non. Le résultat est le même quelle que soit la casse des lettres. *dakar* trouve *dakar, Dakar, DAKAR*. Même résultat si *Dakar* ou *DAKAR* sont demandés.
Troncature (*stemming*)	Non : *cap* ne trouve pas *caps, capitaine, capsule*, etc.
Lettres accentuées	Seule la graphie exacte est recherchée : *electricite* trouve *electricite* et rien d'autre ; *électricité* trouve *électricité* et rien d'autre.

LYCOS Your Personal Internet Guide — LYCOS Votre Guide Personnel sur Internet

Champs pris en compte lors de l'indexation	
Titre	Oui
Balise <META description>	Non
Balise <META keywords>	Non
Commentaires <! ... >	Non
Attributs ALT des balises IMG	Oui
URL	Non
Frames	A, parfois B
Imagemaps	Non
Corps du texte	Oui : le début du texte est très important ; les pages courtes (mais qui contiennent plus d'un certain nombre de mots) sont mieux classées que les longs documents.

Importance relative des différents critères	
Titre	☆☆☆
Balise <META description>	Non prise en compte
Balise <META keywords>	Non prise en compte
Corps du texte	☆☆☆
Indice de popularité de la page	☆☆
Autres critères	*A priori*, non

Modalités d'exclusion des pages	
Fichier robots.txt	Pris en compte
Balise <META robots>	Prise en compte

LYCOS Your Personal Internet Guide — LYCOS Votre Guide Personnel sur Internet

Affichage du résumé dans les résultats

Titre (longueur)	Balise <TITLE> (60 caractères environ). La première ligne du document est employée si la balise <TITLE> est vide ou inexistante.
Résumé	Texte du début du document (140 caractères environ). Le texte de l'attribut ALT de la balise <IMG> pourra être pris en tant que résumé, s'il existe. Il est recommandé de le soigner tout particulièrement.
Taille du document	Non affichée
Date	Non affichée
URL	Oui
Autres	Aucune autre information affichée

6. **Lycos** Legal - Terms And Conditions - Help Feedback Search for: **Lycos** Network: Tripod.com | MailCity.com | WhoWhere.com | HotBot.comAll Sites Click here to visit site **Lycos** Home > products and service
http://www.**lycos**.com/lycosinc/legal.html

Un référencement sur Lycos (site américain) suffit pour être référencé sur l'interface en langue française. Un référencement spécifique sur Lycos France n'est pas nécessaire.

Mise à jour de ces tableaux :
http://www.abondance.com/outils/lycos.html
http://www.abondance.com/outils/lycos-fr.html

Description générale du moteur

Nom	**Northern Light**
URL	http://www.northernlight.com/ http://www.nlsearch.com/
Importance du référencement	✯✯
Date de lancement	Août 1997
Propriétaire	Northern Light TLLC (www.northernlight.com)
Taille de l'index	250 millions de pages
Délai de rafraîchissement de l'index	Quatre semaines
Nom du *spider*	Gulliver

Modalités de saisie des critères

Ordre des mots	Oui : *paris dakar* donne un résultat différent de *dakar paris.*
Casse	Non : le résultat est le même quelle que soit la casse des lettres. *dakar* trouve *dakar, Dakar, DAKAR* (même résultat si *Dakar* ou *DAKAR* sont demandés).
Troncature (*stemming*)	Seuls les pluriels sont pris en compte : *cap* trouve *caps,* mais pas *capitaine* ni *capsule*.
Lettres accentuées	Northern Light ne fait aucune différence entre lettres accentuées et non accentuées.

Northern Light

Champs pris en compte lors de l'indexation	
Titre	Oui
Balise <META description>	Non
Balise <META keywords>	Non
Commentaires <! ... >	Non
Attributs ALT des balises IMG	Non
URL	Oui
Frames	C
Imagemaps	Oui
Corps du texte	Oui. Les mots clés importants doivent se trouver dans la première partie de celui-ci.

Importance relative des différents critères	
Titre	★★★
Balise <META description>	Non prise en compte
Balise <META keywords>	Non prise en compte
Corps du texte	★★★
Indice de popularité de la page	★★
Autres critères	*A priori*, aucun autre critère n'est pris en compte.

Modalités d'exclusion des pages	
Fichier robots.txt	Pris en compte
Balise <META robots>	Prise en compte

Affichage du résumé dans les résultats

Titre (longueur)	Contenu de la balise <TITLE> (80 caractères environ). Si la page ne contient pas de titre, la première ligne du texte visible de la page est affichée.
Résumé	Northern Light ne prend pas en compte les balise <META description> pour ce champ. Il affiche les premiers mots de la page (180 caractères environ).
Taille du document	Non affichée
Date	Date de dernière modification du fichier
URL	Adresse de la page
Autres	Taux de pertinence. Dossier dans lequel on pourra trouver le document (les dossiers distincts dans lesquels Northern Light range les résultats sont disponibles sur la gauche de la page). Une indication *More results from this site* donne accès aux autres pages du même site (*clustering*).

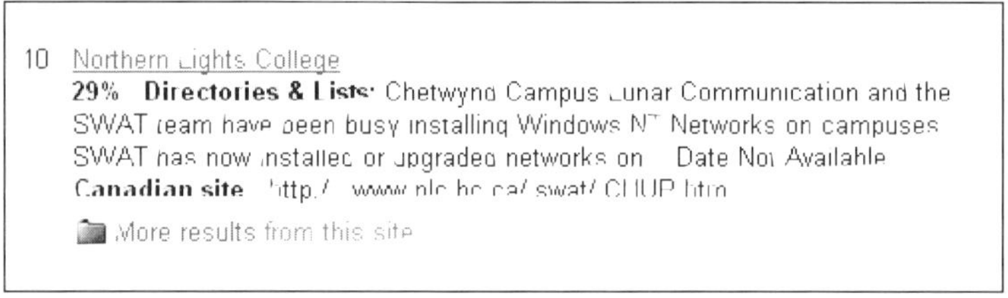
10 Northern Lights College
29% **Directories & Lists:** Chetwynd Campus Lunar Communication and the SWAT team have been busy installing Windows NT Networks on campuses SWAT has now installed or upgraded networks on Date Not Available
Canadian site http://www.nlc.bc.ca/swat/CUUP.htm
More results from this site

Northern Light ne propose pas de version française de son moteur.

Mise à jour de ces tableaux :
http://www.abondance.com/outils/northernlight.html

Description générale du moteur

Nom	**Google**
URL	http://www.google.com/
Importance du référencement	★★★
Date de lancement	1998
Propriétaire	Google (www.google.com)
Taille de l'index	200 millions de pages
Délai de rafraîchissement de l'index	Quatre à six semaines
Nom du *spider*	Googlebot

Modalités de saisie des critères

Ordre des mots	Oui : *paris dakar* donne un résultat différent de *dakar paris.*
Casse	Oui : l'occurrence exacte est recherchée ; *dakar* trouve *dakar,* mais pas *Dakar* ou *DAKAR*. *Dakar* trouve *Dakar*, mais pas *dakar* ou *DAKAR*.
Troncature (*stemming*)	Non : *cap* ne trouve pas *caps, capitaine*, *capsule*, etc.
Lettres accentuées	Seule la graphie exacte est recherchée : *electricite* trouve *electricite* et rien d'autre ; *électricité* trouve *électricité* et rien d'autre.

Google

Champs pris en compte lors de l'indexation

Titre	Oui (environ 90 caractères)
Balise <META description>	Non
Balise <META keywords>	Non
Commentaires <! ... >	Non
Attributs ALT des balises IMG	Non
URL	Oui
Frames	B ou C, selon le cas
Imagemaps	Oui
Corps du texte	Tout le texte de la page est indexé.

Importance relative des différents critères

Titre	☆☆
Balise <META description>	Non prise en compte
Balise <META keywords>	Non prise en compte
Corps du texte	☆☆
Indice de popularité de la page	☆☆☆
Autres critères	Aucun autre critère n'est pris en compte, *a priori.*

Modalités d'exclusion des pages

Fichier robots.txt	Pris en compte
Balise <META robots>	Prise en compte

Google

Affichage du résumé dans les résultats

Titre (longueur)	Contenu de la balise <TITLE> (50 caractères au maximum)
Résumé	Extrait du texte de la page (75 caractères au maximum)
Taille du document	Taille en kilo-octets du fichier texte HTML
Date	Non
URL	Adresse de la page
Autres	La mention *Cache* (*mis en mémoire cache*) donne accès à la page telle qu'elle se présentait lorsqu'elle a été « aspirée » par Google. *Similar pages* (*pages similaires*) propose des pages qui traitent du même sujet.

TIME Digital - March 13, 2000: Gaga over **Google**
...Find videos Find music Gaga over **Google** Online advice from Anita Hamilton
...looking for, and fast. That's why **Google** has made it to the top of my...
www.time.com/time/digital/yourtech/0,2936,40815,00.html - Mis en mémoire cache - 24k - Pages similaires

Google ne propose pas de version spécifiquement française de son moteur. Seule une interface en langue française est disponible.

Mise à jour de ces tableaux :
http://www.abondance.com/outils/google.html

Description générale du moteur

Nom	**Alltheweb**
URL	http://www.alltheweb.com/
Importance du référencement	☆☆☆
Date de lancement	Mai 1999
Propriétaire	Fast (www.fast.no)
Taille de l'index	300 millions de pages
Délai de rafraîchissement de l'index	Deux à trois semaines
Nom du *spider*	Fast

Modalités de saisie des critères

Ordre des mots	Non : *paris dakar* est identique à *dakar paris.*
Casse	Non : le résultat est le même quelle que soit la casse des lettres. *dakar* trouve *dakar, Dakar, DAKAR* (même résultat si *Dakar* ou *DAKAR* sont demandés).
Troncature (*stemming*)	Non : *cap* ne trouve pas *caps, capitaine, capsule*, etc.
Lettres accentuées	Seule la graphie exacte est recherchée : *electricite* trouve *electricite* et rien d'autre ; *électricité* trouve *électricité* et rien d'autre.

fast

Champs pris en compte lors de l'indexation	
Titre	Oui
Balise <META description>	Non
Balise <META keywords>	Non
Commentaires <! ... >	Non
Attributs ALT des balises IMG	Non
URL	Non
Frames	B, parfois C
Imagemaps	Oui
Corps du texte	Tout le texte de la page est indexé.

Importance relative des différents critères	
Titre	☆☆☆
Balise <META description>	Non prise en compte
Balise <META keywords>	Non prise en compte
Corps du texte	☆☆☆
Indice de popularité de la page	☆☆
Autres critères	Aucun autre critère n'est pris en compte, *a priori.*

Modalités d'exclusion des pages	
Fichier robots.txt	Pris en compte
Balise <META robots>	Prise en compte

fast

Affichage du résumé dans les résultats

Titre (longueur)	Contenu de la balise <TITLE> (150 caractères au maximum)
Résumé	Premières lignes du document (240 caractères environ)
Taille du document	Non
Date	Non
URL	Adresse de la page
Autres	Aucune autre information

4 Locate.com all-in-one search page - Web, News, People, Maps
The All One Search Page AltaVista HotBot InfoSeek Lycos Yahoo Excite Search Forms Domains Apply.com Headline News Maps People Personal Ads Local City Info Local news, weather, movies, listings, school listings, and more! CityState
http://www.locate.com/

Alltheweb ne propose pas de version française de son moteur.

Mise à jour de ces tableaux :
http://www.abondance.com/outils/alltheweb.html

altavista: RECHERCHE France

Description générale du moteur

Nom	**AltaVista France**
URL	http://www.altavista.fr/
Importance du référencement	★★★
Date de lancement	Février 2000
Propriétaire	CMGI (www.cmgi.com)
Taille de l'index	350 millions de pages, toutes langues confondues 11 millions de pages en français
Délai de rafraîchissement de l'index	Six semaines
Nom du *spider*	Scooter

Modalités de saisie des critères

Ordre des mots	Oui : *paris dakar* donne un résultat différent de *dakar paris.*
Casse	Si le mot clé est saisi en minuscules, la casse n'est pas prise en compte. *dakar* touve *dakar*, *Dakar*, *DAKAR*, etc. Si le mot clé est saisi en majuscules, l'occurrence exacte est recherchée. *Dakar* trouve alors uniquement *Dakar* mais plus *dakar*, *DAKAR*, etc.
Troncature (*stemming*)	Non : *cap* ne trouve pas *caps, capitaine*, *capsule*, etc.
Lettres accentuées	Si le mot clé est saisi avec des lettres accentuées, l'occurrence exacte est recherchée : *électricité* trouve uniquement *électricité*. Si le mot clé est saisi sans lettre accentuée, toutes les occurrences sont recherchées : *electricite* trouve *electricite*, *électricité*, *électricite*, etc.

altavista: RECHERCHE FRANCE

Champs pris en compte lors de l'indexation

Titre	Oui (100 caractères au maximum)
Balise <META description>	Oui (1 024 caractères au maximum)
Balise <META keywords>	Oui (1 024 caractères au maximum)
Commentaires <! ... >	Non
Attributs ALT des balises IMG	Oui
URL	Oui
Frames	B ou C, selon le cas
Imagemaps	Oui
Corps du texte	Tout le texte de la page est indexé jusqu'à 100 Ko. Au-delà, seuls les liens sont indexés. Au-delà de 4 Mo, plus rien n'est indexé.

Importance relative des différents critères

Titre	★★★
Balise <META description>	★
Balise <META keywords>	★
Corps du texte	★★★
Indice de popularité de la page	★★
Autres critères	Altavista France prend en compte de nombreux autres critères de pertinence, tel l'indice de clic.

Modalités d'exclusion des pages

Fichier robots.txt	Pris en compte
Balise <META robots>	Prise en compte

altavista: RECHERCHE FRANCE

Affichage du résumé dans les résultats

Titre (longueur)	Contenu de la balise <TITLE> (80 caractères au maximum).
Résumé	Contenu de la balise <META description> (150 caractères au maximum) si la page en contient une. Sinon, les premières lignes du document, légèrement « relookées » si nécessaire.
Taille du document	Taille en kilo-octets du fichier texte HTML (*page size*).
Date	Date de dernière modification (identique à Altavista USA).
URL	Adresse de la page
Autres	AltaVista France indique également la langue dans laquelle a été écrite la page (s'il a réussi à la reconnaître). Il propose une possibilité de traduction automatique du document (choix *Traduire*).

4. Compaq AltaVista Intranet Search: requête simple
Requête AltaVista Search Intranet
URL http://logibis.cines.fr:9000/
Dernière modification le 09-May-2000 Taille 4.3 K Anglais
Traduire

Altavista France travaille sur des index différents de ceux de sa « maison mère » aux Etats-Unis. Un référencement spécifique est donc nécessaire sur ce moteur si vos pages sont disponibles en français.

Mise à jour de ces tableaux :
http://www.abondance.com/outils/altavista-fr.html

Description générale du moteur

Nom	**Voila**
URL	http://www.voila.fr/ http://www.voila.com/ (verison internationale)
Importance du référencement	☆☆☆
Date de lancement	Juillet 1998
Propriétaire	France Telecom (www.francetelecom.fr) Echo (www.echo.fr)
Taille de l'index	150 millions de pages, toutes langues confondues 10 millions de pages en français
Délai de rafraîchissement de l'index	Une à deux semaines
Nom du *spider*	Echo

Modalités de saisie des critères

Ordre des mots	Non : *paris dakar* est identique à *dakar paris.*
Casse	Non : le résultat est le même quelle que soit la casse des lettres. *dakar* trouve *dakar, Dakar, DAKAR*. (même résultat si *Dakar* ou *DAKAR* sont demandés).
Troncature (*stemming*)	Non : *cap* ne trouve pas *caps, capitaine*, *capsule*, etc.
Lettres accentuées	Voila ne fait aucune différence entre lettres accentuées et non accentuées.

Champs pris en compte lors de l'indexation

Titre	Oui (100 caractères au maximum)
Balise <META description>	Oui (400 caractères au maximum)
Balise <META keywords>	Oui (400 caractères au maximum)
Commentaires <! ... >	Non
Attributs ALT des balises IMG	Oui
URL	Oui
Frames	B, parfois C
Imagemaps	Non
Corps du texte	Tout le texte de la page est indexé.

Importance relative des différents critères

Titre	★★★
Balise <META description>	★
Balise <META keywords>	★
Corps du texte	★★★
Indice de popularité de la page	★★
Autres critères	Aucun autre critère n'est pris en compte, *a priori.*

Modalités d'exclusion des pages

Fichier robots.txt	Pris en compte
Balise <META robots>	Prise en compte

Affichage du résumé dans les résultats

Titre (longueur)	Contenu de la balise <TITLE> (cent caractères au maximum)
Résumé	Contenu de la balise <META description> (quatre cents caractères au maximum) si la page en contient une. Sinon, les premières lignes du document.
Taille du document	Taille en kilo-octets du fichier texte HTML
Date	Date de dernière modification du fichier
URL	Adresse de la page
Autres	Les réponses qui émanent du moteur sont indiquées à l'aide d'un engrenage. Les réponses qui émanent de l'annuaire sont indiquées à l'aide d'une main. L'indication du nombre de mots trouvés par rapport au nombre de mots demandés est également proposée. Le lien *Plus de pages sur ce site* donne accès aux autres pages du site (*clustering*).

Recherche et Conseils
[1 mot sur 1] Aide à la navigation dans PMC Signalétique][Cadres][Formulaires][liens][Perdu ?][Nous conseiller][Recherher Dans le cadre de droite le
23 Jan 2000 **15kb** mariage.pmc.free.fr/conseil.htm
Plus de pages sur ce site ...

Mise à jour de ces tableaux :
http://www.abondance.com/outils/voila.html

Description générale du moteur

Nom	**Ecila**
URL	http://www.ecila.com/ http://www.ecila.fr/
Importance du référencement	☆☆
Date de lancement	Juin 1995
Propriétaire	Libertysurf (www.libertysurf.com)
Taille de l'index	3 millions de pages en français
Délai de rafraîchissement de l'index	Deux à trois semaines
Nom du *spider*	Webbase

Modalités de saisie des critères

Ordre des mots	Oui : *paris dakar* donne un résultat différent de *dakar paris.*
Casse	Non : le résultat est le même quelle que soit la casse des lettres. *dakar* trouve *dakar, Dakar, DAKAR* (même résultat si *Dakar* ou *DAKAR* sont demandés).
Troncature (*stemming*)	Non : *cap* ne trouve pas *caps, capitaine, capsule*, etc.
Lettres accentuées	Ecila ne fait aucune différence entre lettres accentuées et non accentuées.

Ecila

Champs pris en compte lors de l'indexation

Titre	Oui
Balise <META description>	Oui
Balise <META keywords>	Oui
Commentaires <! ... >	Non
Attributs ALT des balises IMG	Oui
URL	Oui
Frames	B, parfois C
Imagemaps	Oui
Corps du texte	Tout le texte de la page est indexé jusqu'à 30 Ko. L'indexation d'un site est limitée à une trentaine de pages.

Importance relative des différents critères

Titre	★★★
Balise <META description>	★★
Balise <META keywords>	★★
Corps du texte	★★
Indice de popularité de la page	Non pris en compte
Autres critères	Aucun autre critère n'est pris en compte, *a priori.*

Modalités d'exclusion des pages

Fichier robots.txt	Pris en compte
Balise <META robots>	Non prise en compte

Ecila

Affichage du résumé dans les résultats

Titre (longueur)	Contenu de la balise <TITLE> (128 caractères au maximum). Si la page n'a pas de titre, l'adresse est affichée.
Résumé	Contenu de la balise <META description> si la page en contient une. Sinon, les premières lignes du document.
Taille du document	Taille en kilo-octets du fichier texte HTML (*page size*)
Date	Date de dernière modification
URL	Adresse de la page
Autres	Le taux de pertinence est affiché à l'aide d'étoiles. Indication de la langue à droite du titre de la page.

2] Ecila, entrez en contact avec Ecila ! fr
★★★★★★★★★★ contact Le moyen le plus simple de rentrer en contact avec Ecila est de remplir le formulaire suivant en nous laissant vos coord
http://france.ecila.com/french/contact.html 8 Ko 25 Mai 1999

Mise à jour de ces tableaux :
http://www.abondance.com/outils/ecila.html

Description générale du moteur

Nom	**Lokace**
URL	http://www.lokace.com/ http://www.lokace.fr/
Importance du référencement	✯✯
Date de lancement	Novembre 1995
Propriétaire	Infosources (www.infosources.fr)
Taille de l'index	6,3 millions de pages en français
Délai de rafraîchissement de l'index	Huit semaines
Nom du *spider*	Non communiqué

Modalités de saisie des critères

Ordre des mots	Non : *paris dakar* est identique à *dakar paris.*
Casse	Non : le résultat est le même quelle que soit la casse des lettres. *dakar* trouve *dakar, Dakar, DAKAR* (même résultat si *Dakar* ou *DAKAR* sont demandés).
Troncature (*stemming*)	Non : *cap* ne trouve pas *caps, capitaine, capsule*, etc.
Lettres accentuées	Lokace ne fait aucune différence entre lettres accentuées et non accentuées.

LOKACE
lokace.com

Champs pris en compte lors de l'indexation

Titre	Oui
Balise <META description>	Non
Balise <META keywords>	Non
Commentaires <! ... >	Non
Attributs ALT des balises IMG	Non
URL	Oui
Frames	B, parfois C
Imagemaps	Oui
Corps du texte	Tout le texte de la page est indexé.

Importance relative des différents critères

Titre	☆☆☆
Balise <META description>	Non prise en compte
Balise <META keywords>	Non prise en compte
Corps du texte	☆☆☆
Indice de popularité de la page	Non pris en compte
Autres critères	Aucun autre critère n'est pris en compte, *a priori.*

Modalités d'exclusion des pages

Fichier robots.txt	Pris en compte
Balise <META robots>	Non prise en compte

Affichage du résumé dans les résultats

Titre (longueur)	Contenu de la balise <TITLE>
Résumé	Premières lignes du document
Taille du document	Taille en kilo-octets du fichier texte HTML
Date	Date de dernière modification
URL	Adresse de la page
Autres	Aucune autre information affichée

4. Lokace recrute
Lokace online votre accès Internet GRATUIT Inscrivez-vous et surfez immédiatement sur le web Vous recherchez sur Le web francophone L'Annuaire e-mail Les pages perso Infonie option Le guide web Loisirs-Passions Voyages-Tourisme Sports Informatique-Internet Arts-Culture-Médias Finances-Bourse-Eco Vie quotidienne-Société Jeunes-Education Sciences-Techniques Entreprises Infos-Météo Jeux-Consoles Les rubriques . Actu
http://www.lokace.com/inscription/index.htm - 17 Ko [24 Juin 1999 (11H18)]

Mise à jour de ces tableaux :
http://www.abondance.com/outils/lokace.html

Conclusion

Comme nous avons pu le voir, chaque moteur de recherche dispose d'un algorithme de classement spécifique pour présenter ses résultats. Les informations synthétisées dans les tableaux des pages précédentes vous seront utiles si vous désirez réaliser des pages de façon isolée, pour chacun de vos mots clés importants et pour chaque moteur séparément.

Cela représente un travail long et fastidieux. Si vous ne désirez pas aller aussi loin dans la description de votre site — ce qui est tout à fait compréhensible — efforcez-vous au minimum de tenir compte des critères suivants lors de la création de vos pages (ces points sont les plus importants, quel que soit l'outil utilisé — ils ont présentés ici par ordre d'importance décroissante) :

• *Titre* : le titre de la page est bien souvent déterminant dans le classement de vos documents. C'est le critère numéro un dans la majeure partie des cas.

• *Début du texte du corps de la page* : les deux cents premiers mots du corps de votre page (le « texte visible ») sont primordiaux : incluez-y vos mots clés importants. Essayez d'inclure des termes majeurs dans des balises <H1></H1>, <B></B>, <A></A> ou <FONT SIZE=5></FONT>, par exemple, qui sont souvent prises en compte avec plus de poids que le texte courant des paragraphes.

• *Nombre d'occurrences des mots* : il est tout à fait possible de répéter un mot donné dans une page sans faire de spam et en tenant compte de l'indice de densité. Cette répétition « naturelle » d'un mot ne sera pas pénalisée.

• *Indice de popularité* : comme nous le verrons au chapitre 5, il est primordial de réaliser une bonne campagne d'échange de liens avec des « sites cousins ». Cela améliorera grandement le classement de vos pages par certains moteurs.

• *Balises <META> keywords et description* : si le moteur les prend en compte, ces balises auront une importance qui n'est pas négligeable. S'il ne les indexe pas, cela ne pénalisera aucunement vos documents. La tendance des moteurs est cependant à ne plus les indexer, eu égard au trop-plein de *spamdexing* qu'elles ont généré.

• *Taille des pages* : évitez les pages trop longues qui font baisser l'indice de densité (IDM) des mots clés. Préférez des pages plus courtes, centrées sur un seul thème.

• *Spam* : en règle générale, évitez toute tentative de spam. Les risques sont devenus trop importants. Votre site tout entier pourrait en pâtir...

• *Facteurs bloquants* : revenez en arrière dans ce chapitre afin de lister les critères qui bloquent un référencement : Flash, frames, cgi en page d'accueil, etc.

S'il vous reste un peu de temps, portez votre attention sur ces autres critères, qui peuvent, à un moment ou à un autre, avoir une relative importance :

• *Proximité des mots :* si plusieurs de vos mots clés se retrouvent dans une page, il est souvent préférable qu'ils soient assez proches les uns des autres, donc que le moins de mots possible les séparent.

• *Inscrivez vos pages dans les annuaires (channels) des moteurs si ceux-ci en proposent* : vos pages seront mieux classées dans les résultats des recherches par mots clés.

• *Date de dernière modification ou d'entrée dans l'index du moteur* : en règle générale (excepté pour Altavista), un document récent est mieux classé qu'une page ancienne.

• *Intitulés des adresses (URL) des pages* qui peuvent proposer des mots clés importants pour certains moteurs.

• *Les « zones cachées » du code HTML* : commentaires (rarement) et attribut ALT des balises <IMG> (souvent).

Enfin, faites attention à l'ordre des mots, aux pluriels, féminins, majuscules, minuscules ou énoncés particuliers, ou encore aux fautes d'orthographe et coquilles envisageables lors de la saisie des mots clés par l'internaute.

Dernier point : œuvrez pour que votre page apparaisse de façon simple et lisible dans les résultats des moteurs. Travaillez bien le titre, notamment les cent à deux cents premiers caractères et la première ligne du texte visible. Ce sont eux qui doivent « appâter » l'usager du réseau et lui donner envie de venir chez vous.

Une fois que tout ce travail sera réalisé, vous pourrez vous reposer quelques minutes — mais pas plus — avant d'attaquer un autre gros morceau : le référencement de votre site. Au boulot !

Chapitre 4

Référencement

Vous avez maintenant construit toutes vos pages — ou les plus importantes, afin qu'elles réagissent parfaitement aux critères de tri des moteurs de recherche et qu'elles figurent dans les dix meilleurs résultats pour vos mots clés les plus importants. Il va maintenant falloir référencer votre site et vos documents sur ces outils de recherche. Nous verrons en premier dans ce chapitre le comportement des internautes face aux outils de recherche, afin de comprendre quels sont les outils les plus importants et la façon de les appréhender en fonction des habitudes de leurs utilisateurs. Puis, nous traiterons des moteurs de recherche. Nous continuerons avec les annuaires, les sites de *best of*, les moteurs de recherche géographique, les moteurs spécifiques, etc. J'essaierai de décrire en profondeur le fonctionnement de chacun de ces outils et la façon la plus efficace de s'y inscrire.

Habitudes des internautes

Pour bien comprendre sur quels outils de recherche il est important de référencer votre site, il faut bien connaître la façon dont les internautes les utilisent. Quelques études ont été réalisées sur le sujet, et des informations m'ont été fournies par divers outils de recherche. Ce sont ces indications que je vous livre ici.

• 75 % des internautes utilisent un outil de recherche lorqu'ils désirent mener des investigations sur le Web.

• La moitié des utilisateurs passent plus de 70 % de leur temps de connexion à rechercher de l'information.

• Dans 60 à 70 % des cas, les internautes utilisent en premier un annuaire. Dans ce cadre, l'outil de recherche majoritairement choisi est Yahoo!, soit dans sa version anglophone, soit dans une version « régionale » (Yahoo! France, Allemagne, Espagne, etc.).

• Les moteurs de recherche ne sont donc utilisés que dans 30 à 40 % des cas. Et la tendance va fortement dans la direction des annuaires. A cela plusieurs raisons : tout d'abord, les internautes trouvent plus rapidement des informations sur les annuaires (Yahoo! France ne compile « que » 100 000 sites francophones, alors que le moteur Altavista France propose plus de 11 millions de pages en français !). D'autre part, les outils de recherche deviennent « mixtes », proposant à la fois un annuaire et un moteur de recherche. Le portail Voila (*http://www.voila.fr/*) en est une illustration type. Il comprend un annuaire (Le Guide de Voila) et un moteur de recherche. Mais, lorsqu'un mot clé est demandé, ce sont les résultats de l'annuaire qui sont proposés en premier. D'où une prédominance de cet outil dans les indications fournies aux internautes. Cette tendance à fournir d'abord les résultats d'un annuaire puis ceux d'un moteur est classique et tout à fait dans l'« air du temps ». Cela n'est, en revanche, pas en faveur des moteurs, qui deviennent des palliatifs si le visiteur n'a pas trouvé ce qu'il recherchait dans l'annuaire.

• Sur un annuaire, la moitié des internautes saisissent des mots clés afin de trouver une rubrique ou un site qui conviennent à leur recherche, tandis que l'autre moitié descendent l'arborescence au travers des liens proposés. Par exemple, sur Yahoo! : Commerce et économie, puis Sociétés, puis Nautisme, etc. D'où l'importance d'être bien classé, lorsque cela est possible, à la fois à l'intérieur d'une rubrique, dans l'arborescence — donc à l'endroit où les sites sont le plus souvent classés par ordre alphabétique —, et également dans les pages de résultats lors d'une interrogation par mots clés. Cette statistique est plus en faveur de la saisie de mots clés sur un outil de recherche tel que Voila, sur lequel les deux tiers des internautes saisissent d'abord des mots clés. Mais cela s'explique par le fait que la partie « annuaire » se trouve bien plus bas dans la page que le formulaire de requête, et que les internautes utilisent d'abord ce qu'ils ont sous les yeux, avant d'employer l'ascenseur (voir le point suivant).

• Lorsque les internautes arrivent sur une rubrique ou sur une page de résultats (que ce soit sur un annuaire ou un moteur de recherche), très peu utilisent l'ascenseur situé à droite de l'écran du navigateur pour descendre dans la page. Idéalement, votre site doit donc apparaître dans l'espace d'affichage d'un écran 15" ou 17" lors d'une recherche. C'est dans cet espace que l'internaute clique pour effectuer ses premières investigations. La situation se complique, vous ne trouvez pas ? ;-)

• En grande majorité, les outils de recherche proposent dix résultats par page. Très peu d'internautes dépassent la première page (moins de 35 %). 25 % vont sur la deuxième page (résultats 11 à 20). Seuls 5 à 10 % consultent les liens classés entre le vingt et unième et le trentième rang. Enfin, au-delà de ce classement, seuls 3 à 4 % des utilisateurs restent encore intéressés.

• Lorsqu'il n'est pas satisfait lors de sa première tentative, l'internaute tente un second essai avec un mot clé différent sur le même site à 76,4 %, plutôt que d'essayer un autre outil. En d'autres termes, s'il utilise un annuaire, il reste sur un annuaire ! Cette tendance irait même en s'accentuant avec les années.

• Les internautes saisissent un mot (30 à 40 % des saisies) ou deux mots (pourcentage à peu près équivalent au précédent) dans leurs requêtes, rarement plus.

De ces chiffres, on peut tirer quelques enseignements qui sont très importants pour le référencement d'un site web :

• Il est très important d'être bien référencé sur les outils de recherche. Mais, si vous lisez ce livre, vous en êtes certainement déjà persuadé...

• Dans un processus de référencement, tous les types d'outils de recherche ne sont pas équivalents. Il faudra, dans un premier temps, privilégier les annuaires plutôt que les moteurs de recherche (sans négliger ces derniers, bien entendu). Et certains annuaires draînant la majorité du trafic (*grosso modo*, quatre annuaires mondiaux et quatre annuaires francophones sont à prendre en compte de façon prioritaire), il faudra s'attarder plus longuement sur eux. En d'autres termes, vous n'aurez pas de relâche tant que votre site n'y sera pas référencé, même si cela doit prendre six mois ou plus !

• Sur les annuaires, il faudra soigner à la fois votre classement lors de l'affichage de la rubrique dans laquelle vous serez inscrit et l'affichage lors de la saisie de mots clés, non seulement en tenant compte de la position à l'intérieur de la liste proposée par l'outil, mais également de la taille d'un écran d'ordinateur standard.

• Sur les moteurs de recherche, vous devrez optimiser les pages — donc leur code HTML — en tenant compte de mots clés uniques ou d'expressions majoritairement sur deux mots.

Ces informations ne sont pas négligeables. Elle vous serviront à gérer des priorités lors de la phase de référencement de votre site web.

Voyons maintenant les informations à préparer pour mener à bien — et au mieux — ce processus.

Fiche de renseignements préalable

Avant d'envisager l'inscription sur les principaux outils, et afin d'éviter toute perte de temps, vous devrez remplir au préalable une fiche complète sur votre site.

Recopiez-la sur votre logiciel de traitement de texte favori. Répondez aux questions au fur et à mesure. Cela vous permettra de procéder par copier-coller entre ce fichier et le navigateur. Ainsi, vous n'aurez pas à saisir maintes fois les réponses aux questions posées par les différents outils de recherche pris en compte dans votre phase de référencement. Les champs les plus importants et obligatoires — donc à soigner le mieux possible — sont indiqués par une étoile (✯). Les informations demandées en anglais ne sont nécessaires que si votre site est disponible dans la langue de Shakespeare. Ignorez-les dans le cas contraire.

Ne négligez pas le temps consacré à remplir cette fiche descriptive. Les questions qui y sont posées sont primordiales. Votre titre et votre descriptif, par exemple, doivent à tout prix comprendre les mots clés importants qui caractérisent votre activité et votre site. Et il n'est pas évident de faire tenir en vingt-cinq, voire quinze mots tous les concepts exprimés par un site, tout en expliquant à qui il s'adresse. La phase préliminaire de réflexion prendra alors toute sa valeur : vous aurez déjà travaillé sur un résumé (en vingt mots) des objectifs de votre site qui devrait vous aider. En outre, les mots clés les plus importants pour décrire votre activité sont déjà identifiés. Lisez entièrement le présent chapitre sur le référencement avant de remplir la fiche. Ces pages devraient vous donner de nombreuses indications quant à la manière la plus efficace d'effectuer ce travail.

La fiche de description préalable est censée contenir les informations suivantes :

Titre et adresse du site

*Titre du site (en français)**

Quarante caractères au maximum. Soyez concis et efficace. Ce sera le nom de votre société, de votre organisme ou de votre association, selon le cas. Pas la peine de rajouter un commentaire : *Stela, spécialisé dans la vente de chaussures de sport* est mauvais, seul *Stela* est nécessaire. C'est, de toute façon, le seul titre qui sera retenu par les annuaires. Donc, ce n'est la peine de vous creuser la tête pendant des heures sur ce champ. Un mot ou deux suffisent dans la plupart des cas. Pour vous donner une idée, allez voir sur Yahoo! comment sont identifiés les sites : le titre est l'expression sur laquelle le lien est établi.

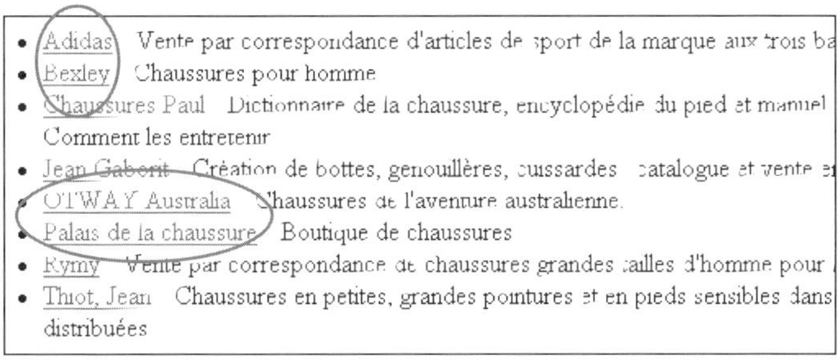

Sur Yahoo! France, un lien est placé sur le titre des sites, en couleurs et souligné.

Titre du site (en anglais)

Mêmes conseils que pour le titre en français.

Adresse du site *

Par exemple, *http://www.monsite.com/*

Adresse e-mail de référence du site *

De type *info@site.fr*, si elle existe. Cette mention est importante. Vous avez deux possibilité : soit vous utilisez pour le référencement l'adresse « générique » de votre site, celle à laquelle vos clients vous envoie des messages. Pas de problème si vous ne faites qu'un référencement manuel, cela suffira largement. Mais si vous utilisez, en plus, un logiciel pour référencer votre site sur des outils de recherche « secondaires », cette manœuvre peut générer quelques centaines de mails de type « accusé de réception ». L'idéal sera alors de créer une adresse spécifique pour le référencement, de type *ref@site.fr*. C'est cette adresse que vous indiquerez au logiciel pour effectuer la phase de référencement automatique (voir plus loin). Ceci permettra de canaliser le flux de mails (et de publicités, comme nous le verrons plus tard) sur une adresse unique, et évitera de polluer votre boîte aux lettres professionnelle. Un conseil cependant : pour les outils de recherche majeurs, gardez l'adresse générique de type *info@site.fr* ou *contact@site.fr* ; cela fera plus « sérieux » auprès des annuaires.

Autre point important : indiquez une adresse qui existe, bien entendu. Imaginez le netsurfeur de Yahoo! qui accepte votre site, vous envoie un message pour vous le notifier et reçoit par retour de courrier électronique... un message indiquant que l'adresse e-mail que vous avez fournie ne fonctionne pas. Pas très sérieux...

Dernier point important : si vous référencez un site répondant à l'adresse *http://www.site.com/*, fournissez une adresse de messagerie électronique « logique », c'est-à-dire qui propose le même nom de domaine que celui de votre site, de type *info@site.com*, *contact@site.com* ou *durand@site.com*. Là aussi, cela procure à votre demande un côté « sérieux » qui fera peut-être légèrement pencher la balance de votre côté.

Descriptif

Description étendue du site en français *

Vingt-cinq mots, ou trois cents caractères, au maximum. Soyez simple, efficace. Ne faites pas de ce descriptif une suite de mots clés sans intérêt. Faites des phrases intelligibles, accrocheuses, comprenant le plus possible de mots clés importants. Ne jouez pas dans la catégorie nombriliste et mégalomane, du style : « Nous sommes numéro un mondial dans notre secteur, à des milliers d'années-lumière de nos concurrents. » (Cela pourrait se retourner rapidement contre vous, comme nous le verrons bientôt.) Mais décrivez plutôt votre site de façon objective et sobre. Exposez-en les atouts sans essayer de le vendre de façon trop commerciale. Privilégiez en effet toujours le descriptif au commercial. N'indiquez pas une suite de mots clés séparés par des virgules, mais faites de vraies phrases avec un ou plusieurs verbes. C'est capital pour votre future inscription sur bon nombre d'annuaires.

Description succincte du site en français *

Quinze mots, ou cent cinquante caractères, au maximum. Mêmes recommandations que précédemment, mais en plus court... Ne négligez pas cette « contraction » du résumé, car des descriptifs plutôt courts, autour de quinze mots, sont souvent mieux acceptés que les longs descriptifs sur les annuaires, même si les limites maximales indiquées par l'outil sont plus larges.

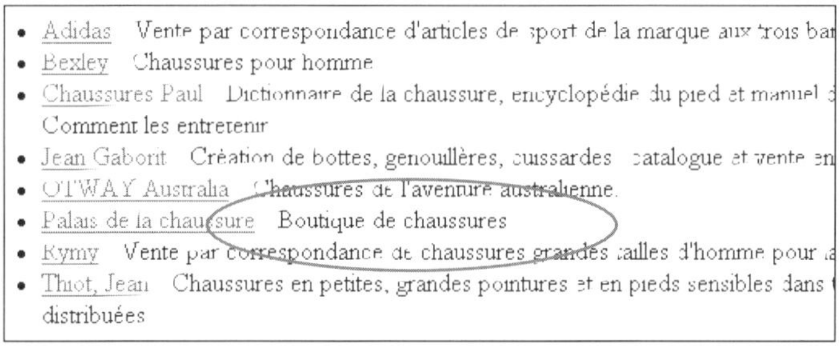

Des descriptifs courts sont bien souvent mieux pris en compte que des longs (ici, sur Yahoo! France).

Description étendue du site en anglais

Vingt-cinq mots, ou trois cents caractères, au maximum. Idem au point précédent, mais en anglais.

Description succincte du site en anglais

Quinze mots, ou cent cinquante caractères, au maximum. Idem au point précédent, mais en plus court.

Informations diverses sur le site

Dix mots clés en français qui caractérisent au mieux le site ✭

Vous avez déjà dû définir ces mots clés dans la phase 7 de votre réflexion (voir chapitre 1). Classez les termes choisis par ordre d'importance, de 1 à 10. N'oubliez pas le nom de votre société, de votre site ou de votre organisme, des informations géographiques (Strasbourg, Alsace, Marseille, Bouches-du-Rhône, Provence) si vous pensez que cela est important. Ne faites pas de répétitions, du style *chaussures de tennis*, *chaussures de footing*, *chaussures de running*, etc. Préférez plutôt : *chaussures, tennis, footing, running*, etc. Bref, suivez tous les conseils déjà fournis au premier chapitre de cet ouvrage.

Dix mots clés en anglais qui caractérisent au mieux le site

Même remarque que pour le point précédent.

Langues employées actuellement sur le site

Si votre site est bilingue ou trilingue, indiquez ici les langues employées.

Nom et adresse des sites web de vos trois principaux concurrents (ou organismes semblables au vôtre) nationaux

Cette information vous servira à savoir dans quelle catégorie sont classés vos concurrents sur les annuaires. Vous devrez vous inscrire dans la catégorie où la plupart d'entre eux (notamment les plus importants) sont déjà référencés.

Nom et adresse des sites web de vos trois principaux concurrents (ou organismes semblables au vôtre) dans le monde

Même remarque que pour le point précédent.

Caractère régional ou national du site (exemples : Alsace, PACA, pays de l'Est, Asie, etc.)

Cette précision servira à vous inscrire dans des moteurs de recherche géographique (spécialisés sur un pays ou une région).

Le site est-il déjà en activité (est-il déjà accessible sur le Web) ?

Réponse : oui ou non.

Date exacte de lancement du site *

Si votre site est déjà en ligne, indiquez le mois de son lancement (de nombreux outils la demandent). Si le site n'est pas encore en ligne, indiquez la date prévue, mais il n'est pas sûr qu'un référencement soit efficace avant le lancement d'un site. En effet, les *netsurfers* des annuaires (voir plus loin) n'auront rien à se « mettre sous la souris » lors de leur visite, et les moteurs risquent d'indexer un site en construction. L'intérêt est donc faible. Le référencement doit commencer au mieux le jour de lancement du site.

Le site a-t-il pour unique objet de présenter un événement circonscrit dans le temps (salon, foire, exposition, conférence, etc.) ?

Réponse : oui ou non.

Si oui, indiquez les dates de début et de fin d'activité de l'événement et du site

Date de début d'activité du site
Date de fin d'activité du site
Date de début d'activité de l'événement
Date de fin d'activité de l'événement

Le site a-t-il déjà fait l'objet d'un référencement, même sommaire ? ✯

Si oui, il vous faudra peut-être faire une demande de modification des informations vous concernant sur les annuaires (demande d'une rubrique supplémentaire, de rectification du résumé, etc.). Sinon, ce sera une création. Ce point est important, car cela influe souvent sur la procédure à suivre pour vous inscrire.

Si oui, sur quels moteurs et annuaires (les principaux) ✯

Indiquez ici les noms des annuaires et moteurs sur lesquels votre site est déjà inscrit.

Si le site a déjà fait l'objet d'un référencement, quelle adresse e-mail a été associée à cette inscription sur les outils de recherche qui demandent cette information ? ✯

Certains annuaires — notamment Yahoo! et Nomade — associent au référencement une adresse e-mail (la plupart du temps celle du *webmaster*). Elle est indispensable pour modifier les informations déjà envoyées et prises en compte. D'autres outils demandent également un mot de passe associé à l'adresse e-mail. Retrouvez et notez toutes ces informations.

Le site a-t-il déjà fait l'objet d'un premier référencement au moyen d'un outil automatique (de type Submit-It *ou* Promote-It*) ? Si oui, le(s)quel(s) ?*

Cela permet de savoir sur quels moteurs et annuaires le site est déjà inscrit.

Donnez les URL des dix pages du site (si elles existent) qui vous semblent être les plus importantes :

Par exemple :

http://www.monsite.com/produits/index.html

http://www.monsite.com/services/index.html

http://www.monsite.com/prix/index.html

Cela permettra de savoir si les documents les plus importants de votre site sont bien indexés par l'outil. Le nombre de dix est indicatif. Il peut y avoir beaucoup plus de pages intéressantes sur votre site, ou moins, cela dépend du sujet et de la taille du site.

Coordonnées des responsables du site

Nom et prénom du webmaster

Il peut appartenir à la société qui détient le site ou à l'hébergeur, selon le cas. Un nom émanant du propriétaire du site est cependant préférable.

Adresse e-mail du webmaster

Indiquez cette adresse si elle existe.

Nom et adresse postale de la société éditrice

Il s'agit ici de la société propriétaire du site, et non de l'hébergeur.

Activité générale de la société éditrice

Indiquez le domaine d'activité de l'entreprise pour le compte de laquelle est mis en place le site (celle qui répond donc au titre indiqué plus tôt dans la fiche descriptive).

Téléphone et fax de la société éditrice

Une fois que vous avez rempli cette fiche, vous pouvez attaquer le gros œuvre, c'est-à-dire le référencement de vos pages sur les moteurs de recherche.

Moteurs de recherche

Comme nous l'avons vu dans le chapitre précédent, il existe huit moteurs de recherche mondiaux et quatre moteurs francophones principaux sur l'Internet : Altavista, HotBot, Infoseek, Northern Light, Lycos, Excite, Google et Alltheweb côté outils mondiaux, et Altavista France, Voila, Ecila et Lokace côté francophonie. Dans la suite de cet ouvrage, nous les appellerons les *Big Twelve*. Ils comptabilisent plus de 95 % des requêtes des internautes sur ce type d'outils.

Il faudra donc soigner tout particulièrement le référencement de vos pages sur ces douze sites, grâce aux indications fournies dans les pages qui suivent.

Pour les centaines d'autres moteurs existants, vous pourrez utiliser un outil de référencement automatique, comme nous le verrons par la suite.

Fonctionnement des moteurs de recherche

Très important : n'effectuez jamais aucun référencement automatique sur les sites du *Big Twelve*. Avec ces moteurs, tout doit se faire de façon manuelle. Avant d'expliquer en détail la manière de procéder, il peut être opportun de revenir sur le fonctionnement de ces outils.

Voici un extrait d'un de mes ouvrages précédents, *Trouver l'info sur l'Internet*, paru aux éditions Eyrolles en 1998, qui décrit la manière dont ces outils fonctionnent. Cette description reste tout à fait d'actualité :

« Le type de recherches le plus courant chez les internautes repose sans conteste sur la saisie de mots clés. Le principe en est simple : le service indexe au préalable, c'est-à-dire stocke et traite sur ses propres disques durs, un certain nombre de pages web. Cette indexation s'effectue en texte intégral, tous les mots contenus dans toutes les pages référencées devenant alors des index potentiels de recherche. L'utilisateur saisira ensuite un ou plusieurs mots clés, reliés entre eux par des opérateurs ET ou OU. Le moteur ira rechercher les occurrences de ces mots dans les pages sources et affichera ensuite celles qui lui semblent les plus pertinentes. D'autres fonctionnalités, beaucoup plus pointues, sont également disponibles. Un classement des documents estimés les plus pertinents par le moteur de recherche est alors établi et une liste de liens vers ceux-ci est présentée.

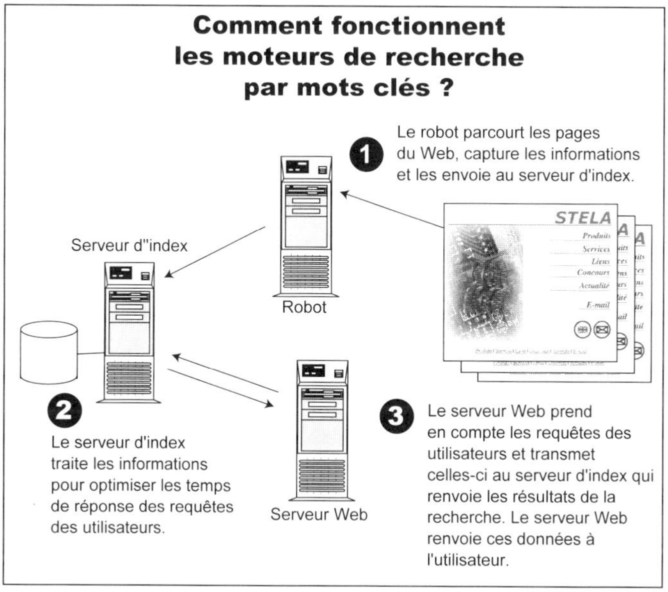

*La capture des pages se fait en trois phases : le robot (*spider*) parcourt le Web et envoie les pages au serveur d'index qui sert de référence au serveur web abritant l'interface utilisateur.*

Ces outils sont d'une efficacité extraordinaire, notamment par la puissance informatique qu'ils mettent en œuvre pour rechercher, en une fraction de seconde, des occurrences de mots dans plusieurs centaines de millions de pages en texte intégral.

Ils sont plus ou moins puissants, soit par le nombre de pages indexées au préalable, soit par leur aptitude à relier les mots clés au moyen d'opérateurs différents (ET, OU, SAUF), ou encore par leurs possibilités de recherche dans certaines parties des pages préindexées (titre, liens hypertexte, etc.).

L'indexation préalable des pages peut se faire de deux façons :

• *Au moyen de robots – autrement appelés* spiders, crawlers ou *agents – qui parcourent de façon automatique le Web et ses pages d'information. Ces logiciels « démarrent » à partir d'un certain nombre de pages de départ, et suivent tous les liens hypertexte rencontrés sur chacune des pages atteintes. Chaque page identifiée est alors indexée automatiquement en texte intégral. Ce système dispense de la déclaration préalable d'un service, à condition que sa page d'accueil soit la cible d'au moins un lien hypertexte d'un site déjà accessible quelque part dans le monde.*

• *Par déclaration volontaire effectuée par le responsable du site web distant, qui prévient — au travers d'une fonctionnalité généralement appelée* Add URL, Add a site *ou* Add a page — *le moteur de recherche (en remplissant un formulaire sur le Web) de l'existence de son service. Le moteur indexe alors toutes les pages du service qui est ainsi référencé dans la base du moteur. Cette possibilité n'est pas négligeable, car les moteurs les plus importants reçoivent plus de 50 000 soumissions par jour par ce biais.*

Les robots logiciels parcourent à l'heure actuelle une partie de l'univers du Web dans un laps de temps qui oscille entre dix et vingt jours. Et lorsqu'ils ont fini, ils recommencent leur labeur en repartant des pages initiales pour mettre à jour leur base. »

Cette explication n'est en fait que théorique. Il faut parfois attendre plusieurs semaines, voire plusieurs mois, pour voir un *spider* revenir sur une page et l'indexer de nouveau, afin de rafraîchir sa base d'index.

Rappelons ici que, à l'été 2000, la taille du Web était estimée par deux études différentes à plus de 500 millions de pages (un milliard de documents en fait, chiffre ramené à la moitié une fois enlevé les pages en double ainsi que les documents sans réel contenu). Une autre étude, parue en juillet 2000, faisait état, de son côté, de plus de deux milliards de documents disponibles en ligne avec un taux de croissance de 7 millions de nouvelles pages par jour. Altavista proposait à cette époque 350 millions de documents, Alltheweb, 340 millions, Google 560 millions et Inktomi 500 millions.

Vous pourriez donc attendre tranquillement, pour que vos pages apparaissent dans l'index d'un moteur, que le robot « scruteur de sites » arrive sur l'un de vos documents, en suivant un lien depuis une autre page du Web. Cela peut cependant prendre un certain temps, et vous ne maîtrisez pas grand-chose dans ce type de processus.

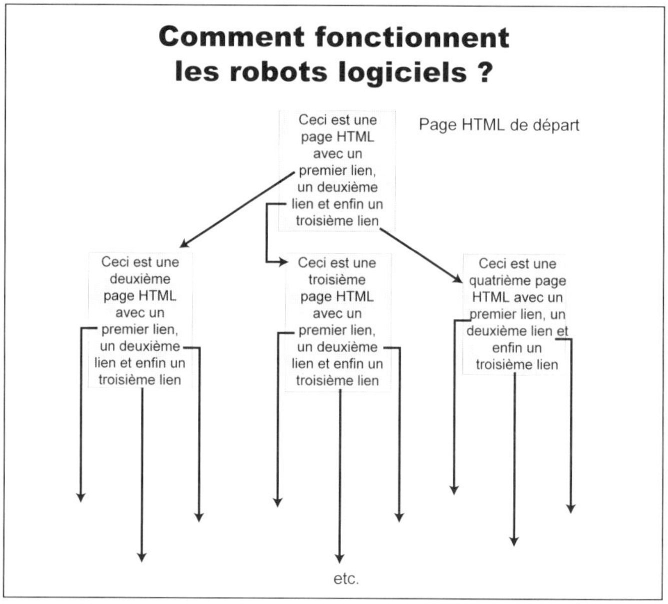

Le robot logiciel part d'une ou de plusieurs pages définies au préalable et en parcourt tous les liens hypertexte. Il fait de même pour toutes les pages rencontrées au fur et à mesure de sa progression sur le Web mondial. Il parcourt ainsi en une vingtaine de jours un pourcentage plus ou moins important des pages HTML disponibles sur l'Internet.

Il sera bien plus efficace de vous référencer directement au moyen de la page de type *Add URL* fournie par tous les moteurs que nous allons étudier. Voici comment il faut procéder :

• Dans un premier temps, vérifiez (à l'aide des indications fournies aux pages suivantes) combien de vos pages sont éventuellement déjà dans l'index du moteur sélectionné. Faites un bilan du nombre de pages présentes et manquantes, parmi les plus importantes de votre site. Servez-vous de la fiche de renseignements préalablement remplie dans laquelle vous avez dû indiquer ces informations. Si toutes vos pages s'y trouvent et sont à jour, aucun problème, vous êtes un *webmaster* heureux (et certainement un peu chanceux...). Si vous n'avez jamais fait de soumission volontaire sur ce moteur pour ces pages, cela signifie que le *spider* y est allé naturellement, en suivant un lien présent sur une page distante. Notez bien les adresses ou les noms des pages éventuellement manquantes. Vous devrez par la suite les déclarer manuellement.

• Puis allez sur la page intitulée *Add URL* (les adresses de ces pages sont fournies pour les principaux moteurs aux pages suivantes) du moteur sélectionné. Indiquez l'adresse de votre page d'accueil. On vous demandera parfois également une adresse e-mail de référence (qui servira aussi à vous avertir de la prise en compte de votre page dans l'index), voire quelques indications complémentaires (la langue du site, le pays, etc.).

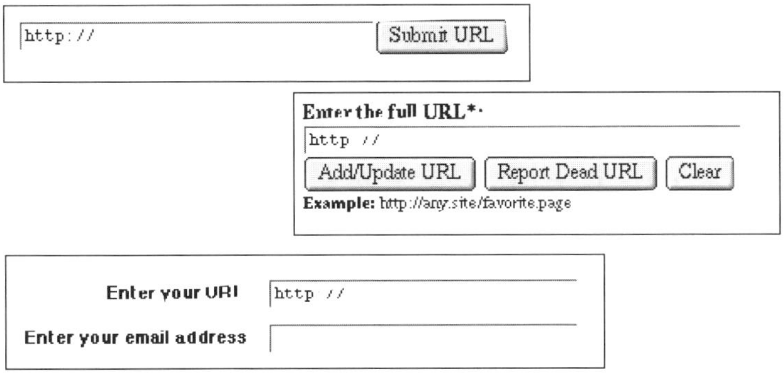

La procédure d'inscription est très simple. Il suffit d'indiquer l'adresse de la page à soumettre et parfois votre adresse e-mail (ici les formulaires d'AltaVista, Infoseek et Lycos).

Ne soumettez pas votre page d'accueil si elle se trouve déjà dans le moteur et qu'elle est à jour (c'est-à-dire si le contenu de la page présente dans l'index du moteur est identique au contenu actuel). Préférez alors une autre page qui contient énormément de liens vers les différentes zones du site. Si vous avez un document s'apparentant à un plan du site (avec des liens sous forme de texte), comme on en trouve souvent sur le Web, c'est parfait. La phase de référencement de vos documents sur les outils de recherche sera d'ailleurs une motivation assez forte pour créer ce type de pages « plan d'accès » sur votre site. Il est le plus souvent demandé par les moteurs de ne fournir qu'une adresse (URL) pour votre site web.

En effet, la procédure « logique » devrait ensuite, une fois l'URL indiquée, être la suivante : le *spider* prend en compte l'adresse que vous lui avez indiquée. Il va trouver la page correspondante et en indexer le contenu, dans un délai que nous appellerons D1. Mais il n'« aspire », dans un premier temps, que la page proposée. Il va ensuite « programmer » l'indexation des autres pages de votre site en suivant les liens présents dans la page que vous avez soumise. Mais ce travail n'est pas immédiat, loin de là. Il sera réalisé au bout d'un délai baptisé pour l'occasion D2.

La procédure s'effectue donc en deux phases : dans un premier temps (D1), le *spider* s'occupe des pages réellement soumises, puis, plusieurs jours, voire plusieurs semaines plus tard (D2), l'indexation du site complet à partir des pages proposées s'effectue. En règle générale, le processus peut prendre plusieurs semaines ou plusieurs mois selon les moteurs (les chiffres sont donnés dans les pages suivantes). D1 oscille le plus souvent dans une fourchette allant de dix jours à un mois, mais peut être beaucoup plus important selon les cas. Quant à D2, il est le plus souvent supérieur à un mois, voire plus. Eh oui, il ne faut pas être pressé, dans le domaine du référencement...

Vous pourriez alors vous dire que ce n'est pas si grave et que, en soumettant directement les centaines de pages de votre site manuellement et les unes après les autres, vous pouvez les faire prendre en compte dans le premier délai D1 — le plus court — comme indiqué précédemment.

Malheureusement, il faut tenir compte, dans ce cas, de plusieurs points essentiels :

• Ce travail est plus que fastidieux, mais vous avez peut-être beaucoup de courage et de temps devant vous.

• De nombreux moteurs noteront mieux (lors de la présentation des résultats suite à la requête d'un internaute) une page trouvée (*crawlée*) par le moteur qu'un document soumis manuellement par son *webmaster*.

• La plupart des moteurs limitent, comme nous allons le voir, le nombre de soumissions possibles pour un même site dans la même journée.

• Point peut-être le plus important, de nombreux moteurs refusent aujourd'hui la soumission des pages internes d'un site. Ainsi, sur Infoseek, par exemple, si vous soumettez l'adresse *http://www.stela.com/chaussures/tennis.html*, le moteur va enlever la partie droite de l'adresse — celle qui suit le nom de domaine — et ne retenir que l'URL *http://www.stela.com/*. Quelle que soit l'adresse proposée, elle sera chaque fois réduite à sa plus simple expression, c'est-à-dire l'adresse de la page d'accueil, ceci pour lutter contre le *spam* et les pages satellites. Ce type de restrictions est une tendance forte sur les moteurs. On peut penser que, d'ici à quelques mois, la plupart des outils de recherche majeurs la prendront en compte sous cette forme. Bien entendu, ce problème devient crucial si vous n'avez pas acheté un domaine qui vous soit propre et que l'adresse de votre site soit du type *http://www.multimania.com/votresite/*, *http://www.altern.org/votresite/* ou autre. Vous risquez, dans ce cas, d'éprouver les plus grandes difficultés à référencer vos pages, je ne vous le cache pas. Il est certainement encore temps d'acheter un nom de domaine en *.fr* ou *.com* !

Il faudra donc tenir compte de toutes ces limitations lors de vos référencements, sous peine d'éventuelles sanctions de la part des moteurs qui risquent d'assimiler votre démarche à une tentative de *spamdexing*.

Méthodologie

Je vous propose, dans les pages qui suivent, trois méthodologies pour effectuer votre référencement manuel (je supposerai par la suite qu'aucune de vos pages n'est déjà présente dans l'index ; dans le cas contraire, les méthodes présentées sont aisément adaptables).

La première démarche consiste à optimiser le référencement et à l'affiner. Ainsi, vous mettrez toutes les chances de votre côté. D'une part, pour que toutes vos pages importantes soient prises en compte par le moteur. D'autre part, pour qu'elles obtiennent un bon classement. Cette méthode est longue et fastidieuse. La deuxième sera plus rapide. Elle garantira aussi une bonne indexation de vos pages. Celles-ci risquent simplement d'être légèrement moins bien classées lors de la présentation des résultats par le moteur, car elles auront été soumises manuellement, et non « aspirées » par le robot. Une troisième possibilité sera une version « light » des deux premières.

Dans la pratique, pas de panique, les deuxième et troisième procédures présentées représentent un rapport « qualité de référencement/temps passé » bien meilleur, il faut l'avouer.

Méthode n° 1, le référencement optimisé

1 Soumettez la page d'accueil. Si le moteur permet d'enregistrer plusieurs pages dans la même journée et ne restreint pas l'adresse soumise à celle de la page d'accueil, indiquez-lui également l'adresse d'une page qui contient un nombre important de liens vers les différents documents de votre site. Si cette page n'existe pas, créez-la pour l'occasion, elle

vous sera grandement utile. Ainsi, le robot n'aura qu'un « clic » à faire, en parcourant le document, pour aller indexer toutes les pages importantes de votre site.

2. Si certains documents sont primordiaux sur votre site et qu'ils doivent absolument être présents dans l'index du moteur dans les jours qui viennent, soumettez-les manuellement en suivant les limitations imposées par les moteurs eu égard au nombre de pages soumises par jour (voir plus loin), tout en tenant compte des restrictions vues au point 1. Vous pouvez aussi laisser faire le robot.

3. Attendez le délai « normal » (il est indiqué aux pages suivantes) pour l'indexation des pages soumises manuellement dans les deux phases précédentes. Vérifiez ensuite qu'elles ont été prises en compte. Prudent, voire maniaque, dites-vous ? Hélas ! Il arrive souvent que cette indexation ne se fasse pas, que le robot « oublie » vos pages, même si vous lui en avez donné les adresses de façon explicite ! Si c'est le cas, réitérez la procédure jusqu'à ce que les pages en question apparaissent dans l'index.

4. Attendez le délai « normal » pour l'indexation des autres documents de votre site — par l'intermédiaire du robot, cette fois. Vérifiez que celui-ci est bien passé indexer les pages les plus importantes. Une lecture attentive de vos fichiers *log* (les fichiers récapitulatifs des connexions à votre serveur) devrait vous y aider. Si vous n'avez pas accès à ces fichiers, vérifiez périodiquement et directement sur le moteur que vos pages s'y trouvent bien. En cas d'absence de vos pages, vous avez trois possibilités, au choix :

- soumettre de nouveau la page d'accueil et/ou la page de plan du site, et repartir pour une nouvelle valse ;
- soumettre deux ou trois nouvelles pages importantes du site, et attendre de nouveau que le robot aille chercher les autres (il faudra procéder à de nouvelles vérifications au terme de cette procédure) ;
- soumettre manuellement, et une bonne fois pour toutes, les plus importantes des pages manquantes.

La troisième option est conseillée. Toutefois, rien ne vous empêche de répéter *ad vitam aeternam* la soumission de vos pages... Priez très fort pour que le robot finisse par visiter de lui-même les autres documents de votre site ! De surcroît, vous ne maîtrisez en aucune façon les choix du robot : quelles pages il va indexer et quelles pages il décidera de rejeter. Il indexe très rarement la totalité d'un site. Malheureusement, seul le robot — ou plutôt, celui qui l'a conçu — sait à quel moment il s'arrêtera pour un site donné. A un moment ou à un autre, en tout cas, il faut savoir raison garder. Cette méthode peut déjà prendre plusieurs mois. Aussi, il est conseillé de ne prendre en compte, dans la phase de référencement, qu'un certain nombre de pages importantes du site. Faites l'impasse sur les autres.

Méthode n° 2, dite « rapide »

1 Dans cette deuxième procédure, il « suffira » de soumettre manuellement toutes les pages importantes de votre site, dans l'ordre où elles sont recensées sur la fiche de renseignements préalable.

2. Ensuite — en tenant compte des délais d'indexation des pages soumises pour chaque moteur — il faudra vérifier que ces pages ont bien été prises en compte. Sinon, vous devrez les soumettre de nouveau. Cette méthode ne fonctionne, hélas, pas avec les moteurs — de plus en plus nombreux — qui effectuent une restriction, lors de la soumission, à la page d'accueil du site.

3. Si vous ne prenez en compte que dix pages importantes de votre site, leur référencement sur les moteurs de recherche ne devrait prendre que quelques jours. Un autre inconvénient de cette méthode par rapport à la précédente est que, lors des calculs de pertinence, ces documents risquent d'obtenir un classement légèrement inférieur à celui de documents identiques « aspirés de façon naturelle » par le *spider*. A vous de voir si le jeu en vaut la chandelle. En règle générale, la réponse est affirmative.

Méthode n° 3, dite « light »

Troisième possibilité, la plus simple, et peut-être finalement la plus efficace.

1. Dans un premier temps, soumettez la page d'accueil de votre site aux moteurs du *Big Twelve*. Vous aurez pris soin auparavant d'insérer dans le code HTML de votre page d'accueil, un lien textuel vers le document qui présente le plan du site et qui indique donc les directions à prendre par le *spider*, afin d'indexer les grandes zones importantes de votre espace web.

2. Puis, vérifiez que cette page d'accueil — au minimum — se trouve dans l'index des moteurs, toutes les trois semaines environ. Si elle n'y est pas, soumettez-la de nouveau. Si elle y est, contentez-vous de cette présence en vous disant que vos autres documents seront indexés un jour ou l'autre par l'outil.

3. A l'occasion, tentez de soumettre la page « plan du site » si elle n'est pas encore indexée, mais n'allez pas plus loin. La majeure partie du trafic qui émane des moteurs de recherche provenant des annuaires, consacrez plutôt davantage de temps à l'inscription de votre site sur ceux-ci.

Vous trouverez dans les pages suivantes les caractéristiques précises de chaque moteur du *Big Twelve*. Elles vous permettront d'effectuer sans problème les référencements selon les méthodes définies précédemment. Nous avons pris comme exemple, dans les tableaux des pages suivantes, un site fictif, présent à l'adresse *http://www.monsite.com/*.

Tous ces tableaux sont complétés et mis à jour sur le site web du livre, aux adresses indiquées au chapitre 3, pour chaque moteur décrit.

Voici une explication rapide des champs proposés pour chacun des outils. Les informations indiquées dans les pages suivantes, ainsi que sur le site web du livre, ne sont fournies qu'à titre indicatif, la situation étant très fluctante dans ce domaine, et parfois d'un jour à l'autre :

• Comment vérifier la présence de vos pages dans l'index ?

La procédure à suivre pour vérifier le nombre de pages de votre site prises en compte par le moteur est indiquée. Parfois, cela se fait sous la forme d'une requête spécifique ou à l'aide d'un formulaire fourni à cet effet. Il peut arriver que l'opération soit très difficile, dans le cas où rien n'est prévu.

• Nom et adresse de la fonction de soumission volontaire de pages

Nom sous lequel la fonction est connue (la plupart du temps *Add URL* ou *Add a site*) et adresse à laquelle on peut la trouver.

• Information(s) demandée(s)

Les données demandées pour l'inscription de la page (toujours l'URL, parfois l'adresse e-mail).

• Vérification du moteur en temps réel

Indique si le moteur tente immédiatement de trouver la page proposée. Cela permet de vérifier, dans le cas où cette opération est effectuée, que vous avez bien saisi l'adresse et que l'inscription a bien été prise en compte. Cette inscription est une première étape et ne veut pas obligatoirement dire que la page a bien été indexée (cela signifie juste que le moteur sait qu'elle existe et que vous ne vous êtes pas trompé dans l'énoncé de l'URL). Pour l'indexation effective, il faudra attendre un délai explicité dans le champ suivant.

• Délai de prise en compte de la page lors d'une soumission manuelle

Temps moyen d'attente pour la prise en compte de l'adresse fournie par soumission manuelle.

• Nombre maximal de pages soumises dans une journée

Certains moteurs pénalisent votre site si vous leur soumettez trop de documents différents de façon manuelle dans une même journée. Il est conseillé de ne pas dépasser la dose prescrite... Cela peut être un inconvénient majeur si vos pages appartiennent à un domaine qui propose des espaces web gratuits, tels que Multimania, Chez.com ou Geocities. Si plusieurs personnes ont soumis des sites avant vous dans la même journée, vos pages seront refusées si elles dépassent cette limite. En effet, elles appartiennent au même domaine (*multimania.com*, *chez.com* ou *geocities.com*) que les sites déjà proposés. Or ceux-ci ont fait monter le compteur du nombre de pages allouées pour un même nom de domaine ! C'est l'une des (nombreuses) raisons pour lesquelles je vous indiquais au début du chapitre 2 qu'un domaine propre à votre site était bien préférable...

• Délai avant indexation « naturelle » des autres pages par le *spider*

Une fois la première page soumise manuellement, il faut attendre un certain délai, indiqué ici, avant que le *spider* n'aille de lui-même chercher les autres pages du site.

• Délai de mise à jour de la base

Une fois que tous vos documents importants sont indexés, ce champ indique approximativement combien de temps il faudra attendre avant que le robot revienne rafraîchir sa base en aspirant une nouvelle fois les documents déjà indexés, afin de les mettre à jour.

• Nombre maximal de pages indexées pour un même site

Certains moteurs n'acceptent qu'un nombre limité de pages pour un même site. Ce plafond est indiqué ici. En règle générale, de telles informations ne sont pas officielles, mais elles sont toutefois bien connues sur le réseau.

• Miroirs régionaux

Certains sites ont mis en place des « sites miroirs ». Il s'agit de copies du site pour certains pays donnés. Cela permet aux habitants de ces contrées d'obtenir un accès souvent plus rapide (en termes de débit) à l'outil en question. Ce champ indique s'il est nécessaire de se référencer auprès des miroirs régionaux, afin de figurer dans leurs index respectifs.

altavista:

AltaVista	
Comment vérifier la présence de vos pages dans l'index ?	Saisissez la requête suivante : *host:monsite.com*. Elle fournira la liste des pages de votre site présentes dans l'index d'AltaVista.
Nom et adresse de la fonction de soumission volontaire de pages	*Add a site* : *http://www.altavista.com/cgi-bin/query?pg=addurl*
Information(s) demandée(s)	URL uniquement
Vérification du moteur en temps réel	Oui
Délai de prise en compte de la page lors d'une soumission manuelle	Une dizaine de jours
Nombre maximal de pages soumises dans une journée	En général, pas plus de une ou deux. Cinq au maximum. AltaVista rejette les pages au-delà de ce chiffre.
Délai avant indexation « naturelle » des autres pages par le *spider*	Un jour à un mois. Il a cependant une forte tendance à « oublier » d'indexer les pages qui ne sont pas soumises manuellement.
Délai de mise à jour de la base	Six semaines
Nombre maximal de pages indexées pour un même site	Quatre cents pages environ. AltaVista indique qu'il a mis en place des « limites de taille », sans les préciser officiellement.
Miroirs régionaux	Plusieurs miroirs sont disponibles. Il faut soumettre sur chaque miroir — notamment Altavista France (voir fiche spécifique plus loin) — si votre site est disponible dans la langue correspondante au pays.

Mise à jour disponible à l'adresse :
http://www.abondance.com/outils/av_referencement.html

HotBot	
Comment vérifier la présence de vos pages dans l'index ?	Saisissez la requête suivante : *domain:monsite.com*. Elle fournira la liste des pages de votre site présentes dans l'index de HotBot. Solution identique dans la recherche avancée : dans la zone *Location/Domain*, cochez l'option *Domain*, puis saisissez *monsite.com* dans le formulaire. Troisième possibilité : un formulaire spécifique que vous trouverez à l'adresse *http://www.hotbot.com/help/checkurl.asp* Ce formulaire vous permet également d'effectuer une recherche sur une partie de votre site.
Nom et adresse de la fonction de soumission volontaire de pages	*Add URL* : *http://www.hotbot.com/addurl.asp*
Information(s) demandée(s)	URL, adresse e-mail
Vérification du moteur en temps réel	Oui
Délai de prise en compte de la page lors d'une soumission manuelle	Un jour à deux semaines (très variable)
Nombre maximal de pages soumises dans une journée	Cinquante
Délai avant indexation « naturelle » des autres pages par le *spider*	Deux semaines environ. Il a cependant une forte tendance à « oublier » d'indexer les pages qui ne sont pas soumises manuellement.
Délai de mise à jour de la base	Quatre semaines
Nombre maximal de pages indexées pour un même site	Pas de limite connue
Miroirs régionaux	HotBot n'a pas mis en place ce type de solutions.

Mise à jour disponible à l'adresse :
http://www.abondance.com/outils/hb_referencement.html

infoseek®

Infoseek	
Comment vérifier la présence de vos pages dans l'index ?	Saisissez la requête suivante : *site:monsite.com*. Elle fournira la liste des pages de votre site présentes dans l'index d'Infoseek. Autre solution : utilisez le formulaire proposé par Infoseek, à l'adresse : *http://www.infoseek.com/AddUrl?pg=CheckURLStatus.html*
Nom et adresse de la fonction de soumission volontaire de pages	*Add URL* : *http://infoseek.go.com/AddUrl?pg=SubmitUrl.html*
Information(s) demandée(s)	URL uniquement
Vérification du moteur en temps réel	Oui
Délai de prise en compte de la page lors d'une soumission manuelle	Une dizaine de jours. Infoseek a longtemps proposé une indexation immédiate (dans les minutes qui suivaient), mais y a finalement renoncé.
Nombre maximal de pages soumises dans une journée	Cinquante. Il est souvent conseillé de ne pas dépasser vingt-cinq. Un nombre plus important de pages peut être proposé par e-mail (voir la note en bas de ce tableau).
Délai avant indexation « naturelle » des autres pages par le *spider*	Un ou deux mois
Délai de mise à jour de la base	Deux à trois semaines
Nombre maximal de pages indexées pour un même site	Six cents environ
Miroirs régionaux	Plusieurs miroirs sont disponibles. Il n'est pas nécessaire d'effectuer vos soumissions sur les sites miroirs. Elles sont transmises systématiquement aux Etats-Unis.

Mise à jour disponible à l'adresse :
http://www.abondance.com/outils/is_referencement.html

Il est possible d'envoyer par e-mail à Infoseek (*www-request@infoseek.com*), les adresses de pages à indexer. Pour plus d'informations, rendez-vous à l'adresse :

http://www.go.com/AddUrl?pg=Guidelines.html

Excite	
Comment vérifier la présence de vos pages dans l'index ?	Il n'existe pas de solution simple et « packagée » proposée par Excite. Entrez un mot caractéristique de votre site dans le formulaire de recherche, puis choisissez l'option *List by Web site* sur la page de résultats. Les pages sont regroupées par noms de domaines, vous devriez donc y retrouver les vôtres.
Nom et adresse de la fonction de soumission volontaire de pages	*Add URL* *http://www.excite.com/info/add_url*
Information(s) demandée(s)	URL, adresse e-mail, langue, pays, thème
Vérification du moteur en temps réel	Non
Délai de prise en compte de la page lors d'une soumission manuelle	Une à trois semaines (très variable)
Nombre maximal de pages soumises dans une journée	Vingt-cinq
Délai avant indexation « naturelle » des autres pages par le *spider*	Trois semaines, parfois plus
Délai de mise à jour de la base	Six semaines
Nombre maximal de pages indexées pour un même site	Pas de limite connue
Miroirs régionaux	Plusieurs miroirs sont disponibles. Sur ces sites, la demande de référencement est envoyée directement aux Etats-Unis. Il n'est donc pas nécessaire d'effectuer un référencement spécifique.

Mise à jour disponible à l'adresse :
http://www.abondance.com/outils/ex_referencement.html

Lycos

Comment vérifier la présence de vos pages dans l'index ?	Il n'existe pas de solution simple et « packagée » proposée par Lycos. Sa recherche avancée propose bien cette fonctionnalité, mais la recherche s'effectue dans l'index de Alltheweb. Tapez un mot caractéristique de votre site dans le formulaire de recherche, puis regardez les résultats. Vos pages doivent s'y trouver.
Nom et adresse de la fonction de soumission volontaire de pages	*Add your site to Lycos* *http://www.lycos.com/addasite.html*
Information(s) demandée(s)	URL, adresse e-mail
Vérification du moteur en temps réel	Oui
Délai de prise en compte de la page lors d'une soumission manuelle	Deux à quatre semaines
Nombre maximal de pages soumises dans une journée	Pas de limites connues
Délai avant indexation « naturelle » des autres pages par le *spider*	Un mois minimum
Délai de mise à jour de la base	Deux à trois semaines, voire beaucoup plus
Nombre maximal de pages indexées pour un même site	Pas de limite connue
Miroirs régionaux	Plusieurs miroirs sont disponibles. Depuis ces miroirs, la demande de référencement est envoyée directement aux Etats-Unis. Il n'est donc pas nécessaire d'y effectuer un référencement spécifique.

Mise à jour disponible à l'adresse :
http://www.abondance.com/outils/ly_referencement.html

Northern Light

Comment vérifier la présence de vos pages dans l'index ?	Saisissez la requête *url:monsite.com* dans le formulaire de la recherche simple.
Nom et adresse de la fonction de soumission volontaire de pages	*Register URL* (à partir de l'aide en ligne) *http://www.northernlight.com/docs/regurl_help.html*
Information(s) demandée(s)	URL, nom, adresse e-mail
Vérification du moteur en temps réel	Non
Délai de prise en compte de la page lors d'une soumission manuelle	Une ou deux semaines
Nombre maximal de pages soumises dans une journée	Pas de limites connues
Délai avant indexation « naturelle » des autres pages par le *spider*	Une ou deux semaines
Délai de mise à jour de la base	Deux à quatre semaines (délai irrégulier)
Nombre maximal de pages indexées pour un même site	Pas de limite connue
Miroirs régionaux	Nothern Light n'a pas mis en place ce type de solutions.

Mise à jour disponible à l'adresse :
http://www.abondance.com/outils/nl_referencement.html

Google

Google	
Comment vérifier la présence de vos pages dans l'index ?	Choisissez un mot caractéristique de votre site (par exemple *stela*) et saisissez la requête : *stela site:www.monsite.com* qui vous indiquera les pages de votre site présentes dans l'index de Google et contenant le mot *stela*.
Nom et adresse de la fonction de soumission volontaire de pages	*Add/Update your URL* *http://www.google.com/addurl.html*
Information(s) demandée(s)	URL et commentaire (facultatif)
Vérification du moteur en temps réel	Non
Délai de prise en compte de la page lors d'une soumission manuelle	Quatre à six semaines
Nombre maximal de pages soumises dans une journée	Pas de limite connue
Délai avant indexation « naturelle » des autres pages par le *spider*	Quatre à six semaines
Délai de mise à jour de la base	Six semaines
Nombre maximal de pages indexées pour un même site	Pas de limite connue
Miroirs régionaux	Google n'a pas mis en place ce type de solutions.

Mise à jour disponible à l'adresse :
http://www.abondance.com/outils/goo_referencement.html

fast

Alltheweb	
Comment vérifier la présence de vos pages dans l'index ?	Allez dans la recherche avancée : *http://www.ussc.alltheweb.com/cgi-bin/advsearch?type=&query=* Saisissez l'adresse de votre site (www.monsite.com) dans la zone *WORD FILTERS*, avec l'option *in the URL* du menu déroulant et la fonction *Must include*.
Nom et adresse de la fonction de soumission volontaire de pages	*Submit your site* *http://www.ussc.alltheweb.com/add_url.php3*
Information(s) demandée(s)	URL, adresse e-mail et une rubrique (facultative)
Vérification du moteur en temps réel	Non
Délai de prise en compte de la page lors d'une soumission manuelle	Deux à quatre semaines
Nombre maximal de pages soumises dans une journée	Pas de limite connue
Délai avant indexation « naturelle » des autres pages par le *spider*	Quatre semaines
Délai de mise à jour de la base	Deux à quatre semaines
Nombre maximal de pages indexées pour un même site	Pas de limite connue
Miroirs régionaux	Alltheweb n'a pas mis en place ce type de solutions.

Mise à jour disponible à l'adresse :
http://www.abondance.com/outils/atw_referencement.html

altavista: RECHERCHE FRANCE

Altavista France	
Comment vérifier la présence de vos pages dans l'index ?	Saisissez la requête suivante : *host:monsite.com*. Elle vous fournira la liste des pages de votre site présentes dans l'index d'AltaVista France.
Nom et adresse de la fonction de soumission volontaire de pages	*Ajout/suppression d'une URL* : *http://www.altavista.fr/help/remove_a_page.html*
Information(s) demandée(s)	URL uniquement
Vérification du moteur en temps réel	Non
Délai de prise en compte de la page lors d'une soumission manuelle	Une dizaine de jours
Nombre maximal de pages soumises dans une journée	En général une ou deux. Cinq au maximum. AltaVista rejette les pages au-delà de ce chiffre.
Délai avant indexation « naturelle » des autres pages par le *spider*	Un jour à un mois. Il a cependant une forte tendance à « oublier » d'indexer les pages qui ne sont pas soumises manuellement.
Délai de mise à jour de la base	Six semaines
Nombre maximal de pages indexées pour un même site	Quatre cents pages environ. AltaVista indique qu'il a mis en place des « limites de taille », sans les préciser officiellement.

Mise à jour disponible à l'adresse :
http://www.abondance.com/outils/av-fr_referencement.html

Voila	
Comment vérifier la présence de vos pages dans l'index ?	Allez à l'adrese : *http://voila.fr/Informations/Moteur_guide/recherche_inscription.html* Saisissez un mot présent sur votre page d'accueil dans le premier formulaire, et l'adresse de votre site (*www.monsite.com*) dans le second. Cette manipulation vous fournira les pages de votre site présentes dans l'index de Voila et contenant le mot indiqué.
Nom et adresse de la fonction de soumission volontaire de pages	*Ajoutez votre site* : *http://www.voila.fr/Submit/*
Information(s) demandée(s)	URL et adresse e-mail
Vérification du moteur en temps réel	Non
Délai de prise en compte de la page lors d'une soumission manuelle	Un à deux jours
Nombre maximal de pages soumises dans une journée	Pas de limite connue
Délai avant indexation « naturelle » des autres pages par le *spider*	Une à deux semaines
Délai de mise à jour de la base	Deux semaines
Nombre maximal de pages indexées pour un même site	Pas de limite connue

Mise à jour disponible à l'adresse :
http://www.abondance.com/outils/vl_referencement.html

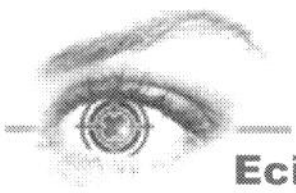

Ecila

Ecila	
Comment vérifier la présence de vos pages dans l'index ?	Allez dans la recherche avancée, à l'adresse : *http://www.ecila.fr/french/complex.html* Utilisez le formulaire intitulé *Recherche sur le nom de domaine* en saisissant l'adresse de votre site (*www.monsite.com*) ou utilisez les fonctions *domaine:* ou *n:* comme indiqué.
Nom et adresse de la fonction de soumission volontaire de pages	*Ajouter un site* : *http://query.ecila.fr/french/add.html*
Information(s) demandée(s)	URL, descriptif, e-mail, ville, pays
Vérification du moteur en temps réel	Non
Délai de prise en compte de la page lors d'une soumission manuelle	Une dizaine de jours
Nombre maximal de pages soumises dans une journée	Pas de limite connue
Délai avant indexation « naturelle » des autres pages par le *spider*	Deux à trois semaines
Délai de mise à jour de la base	Deux à trois semaines
Nombre maximal de pages indexées pour un même site	30 pages environ

Mise à jour disponible à l'adresse :
http://www.abondance.com/outils/ec_referencement.html

Lokace	
Comment vérifier la présence de vos pages dans l'index ?	Allez dans la recherche avancée, à l'adresse : *http://www.lokace.com/recherche_avancee.htm* Saisissez l'adresse de votre site (*www.monsite.com*) dans le premier formulaire ainsi qu'un mot présent dans votre page d'accueil dans la zone *Contenant obligatoirement*. Cette manipulation vous fournira les pages de votre site présentes dans l'index de Lokace et contenant le mot indiqué.
Nom et adresse de la fonction de soumission volontaire de pages	*Ajouter votre site* : *http://www.lokace.com/inscription/*
Information(s) demandée(s)	URL uniquement
Vérification du moteur en temps réel	Non
Délai de prise en compte de la page lors d'une soumission manuelle	Trois à quatre semaines
Nombre maximal de pages soumises dans une journée	Pas de limites connues
Délai avant indexation « naturelle » des autres pages par le *spider*	Trois à quatre semaines
Délai de mise à jour de la base	Six semaines
Nombre maximal de pages indexées pour un même site	Pas de limite connue

Mise à jour disponible à l'adresse :
http://www.abondance.com/outils/lo_referencement.html

Autres moteurs

Ainsi que nous l'avons précisé au début de ce chapitre, le référencement de vos documents importants doit être effectué avec le plus grand soin sur les moteurs de recherche du *Big Twelve*. Pour ceux-ci, tous les travaux doivent absolument être réalisés à la main. Mais, en dehors de ces moteurs majeurs, il existe de nombreux autres outils qui, s'ils sont moins utilisés, n'en ont pas moins une certaine importance. Il serait dommageable pour votre site de ne pas y figurer.

En revanche, il n'est absolument pas question d'y passer autant de temps que pour les moteurs du *Big Twelve*. Pour effectuer ce travail de référencement sur plusieurs dizaines — voire des centaines — de moteurs de recherche par mots clés, il est préférable d'utiliser un outil qui effectuera ce travail pour vous, de façon automatique. D'une manière certes beaucoup moins fine, mais ô combien plus rapide. Cette façon de procéder devrait être largement suffisante. Le référencement manuel va traiter le côté qualitatif du référencement de votre site, tandis que le référencement automatique va s'occuper du quantitatif.

Le référencement automatique peut être effectué de deux façons : soit au moyen d'un site web spécialisé dans ce domaine, soit par l'intermédiaire d'un logiciel dédié.

Une multitude d'outils analogues vous proposent d'indexer vos pages sur de très nombreux moteurs, francophones ou non. Ils sont souvent très proches les uns des autres.

AddWeb :
http://www.cyberspacehq.com/
Submission Wizard :
http://www.exploit.net/
Submit Wolf :
http://www.msw.com.au/swolf/
Net Submitter Pro :
http://www.netsubmitter.com/

Un site web tel que *Selfpromotion.com* est remarquable pour effectuer ce type de travail. Mais on préférera en général des logiciels comme *AddWeb*, *Submit Wolf*, *Submission Wizard* ou *Net Submitter Pro*. Ils proposent souvent un plus grand nombre d'options de fonctionnement (refus éventuel de certains outils de recherche, possibilité d'obtenir et de sauvegarder simplement les rapports de soumission, de créer soi-même des scripts de référencement sur des moteurs qui ne seraient pas pris en compte par défaut par le logiciel, etc.). De plus, toute cette partie de configuration peut se réaliser *off-line*, ce qui n'est pas négligeable en termes de facturation téléphonique. Certains, tel *Submit Wolf*, disposent même d'une version spécialement dédiée aux outils de recherche francophone. Vous trouverez plus d'information sur ces outils sur le site web du livre, à l'adresse ci-dessous.

Ces outils proposant des fonctionnalités très différentes et de nouveaux logiciels ou sites web apparaissant fréquemment, j'ai préféré vous proposer une liste à jour sur le site web du livre. Vous trouverez ces informations à l'adresse :

http://www.abondance.com/ressources/refauto.html

Attention, cependant, à un point : les logiciels de soumission automatique effectuent ce travail sur plusieurs dizaines, voire centaines, d'outils de recherche. Vous donnez toujours, dans la configuration préalable aux soumissions, votre adresse e-mail, qui est ainsi communiquée à de nombreux sites sur l'Internet. Ne vous étonnez pas si, quelques jours après cette vague de soumissions automatiques, vous faites l'objet de multiples envois de messages commerciaux non sollicités. Votre adresse e-mail aura été utilisée par les moteurs distants à des fins que la *netiquette* réprouve. On peut même penser que certains ont mis en place des outils de recherche à seule fin de collecter des adresses pour se constituer de précieux fichiers de marketing...

C'est pour cela qu'il peut être intéressant de fournir, dans cette phase de référencement automatique, une adresse e-mail créée spécifiquement pour l'occasion, de type *ref@site.com*. Cela permettra de canaliser le flux de messages (parfois plusieurs centaines selon l'outil d'automatisation utilisé et les sites qu'il prend en compte). En règle générale, vous pouvez mettre à la corbeille tous les messages reçus. Ce ne sont que des accusés de réception sans importance, voire des publicités pour tel ou tel produit ou service.

Dernier point important relatif au référencement sur les moteurs de recherche : n'oubliez pas de référencer de façon manuelle les pages de votre site qui ont subi des modifications importantes. Il ne vous sera pas possible d'attendre le passage « normal » des *spiders*, au vu des délais imposés par ces outils entre deux visites automatiques. Si vous désirez que le nouveau contenu d'une page soit rapidement présent dans les index des moteurs, il faudra vous en charger vous-même à condition, bien entendu, que le moteur le permette. Nous y reviendrons au chapitre 6.

Annuaires

Après avoir annoncé vos pages sur les moteurs de recherche, vous devez maintenant attaquer la partie la plus importante de votre référencement : les annuaires. Le plus connu d'entre eux s'appelle Yahoo! Il se trouve à l'adresse *http://www.yahoo.com/*. Il représente l'un des sites les plus visités du Web.

Rappelons que ces outils ont un fonctionnement tout à fait différent de celui des moteurs de recherche étudiés précédemment. En effet, la principale différence avec des moteurs tels que Altavista ou HotBot est qu'ils n'effectuent aucune recherche sur le contenu des documents des sites référencés. Ils proposent « simplement » une collection de fiches descriptives des sites qu'ils référencent.

Comme je l'ai fait pour les moteurs de recherche par mots clés, voici un extrait du livre *Trouver l'info sur l'Internet*, qui présente ces annuaires, autrement appelés guides ou répertoires :

« L'annuaire est l'un des systèmes de recherche les plus utilisés. Il présente, dans une hiérarchie de domaines et de sous-domaines divers, le contenu du Web au travers de ses sites décrits par un nom et un commentaire de quelques mots. Ces moteurs de recherche ressemblent à nos « Pages jaunes », qui auraient pris un « coup de jeune » en se structurant

à l'aide d'un thésaurus interactif. La recherche se fait en descendant une hiérarchie qui balaie des thèmes allant du plus général au plus précis, et qui fournit, en dernier lieu, une liste de sites représentatifs du domaine présenté, quel que soit le niveau de l'arborescence atteint. Nous avons donc affaire à une base de données de liens pointant vers d'autres sites du Web, ces liens étant classés de façon hiérarchique.

Ces annuaires sont utilisés pour trouver un site spécifique traitant d'un thème donné. Ils sont très efficaces pour trouver de l'information générale, puisqu'ils décrivent les services référencés au moyen de quelques mots seulement. »

Globalement, l'annuaire ne connaît que très peu d'informations sur le site qu'il référence :

• son nom (titre) ;

• son adresse (URL) ;

• un descriptif du site, de dix à vingt mots en général ;

• la catégorie (ou rubrique, les deux mots sont synonymes dans ce cas) dans laquelle le site est inscrit. Certains annuaires proposent l'inscription dans plusieurs catégories, d'autres limitent cette soumission à une seule rubrique.

La recherche sur ces outils peut alors se faire de deux façons :

• en descendant l'arborescence afin d'atteindre la bonne catégorie dans laquelle trouver le site adéquat ;

• en saisissant un mot clé, qui sera alors recherché dans les informations que détient l'annuaire : titre, adresse, commentaires et nom de catégorie.

A aucun moment donc, l'annuaire n'effectue une recherche en texte intégral dans le contenu des pages qui constituent le site, comme le ferait un moteur. Il ne prend en compte que les fiches descriptives des sites que contient sa base de données. La façon dont vos pages sont construites (titre, indice de densité des mots, indice de popularité de la page, balises Meta, etc.) n'est à aucun moment prise en compte. Elle ne joue en tout cas aucun rôle lors de l'inscription ou de l'affichage des résultats pour une requête par mots clés.

Powered by Inktomi

De nombreux outils, tels que Yahoo! ou Nomade, passent cependant la main à un moteur de recherche — il s'agit très souvent d'Inktomi, Google ou Alltheweb — s'ils n'ont rien trouvé dans leur propre base. Les résultats sont alors des pages web et non plus des sites web, et le résultat est clairement identifié comme émanant du moteur « affilié » et non de l'annuaire (voir ci-contre).

D'autres outils de recherche, tel Voila, sont « mixtes » et proposent à la fois un annuaire et un moteur en texte intégral. Lors d'une requête par mots clés, les résultats de l'annuaire sont proposés en premier, puis ceux du moteur dans un deuxième temps.

Pour être inscrit sur ces outils, il faut le demander. Le processus est exactement l'inverse de ce que nous connaissons pour le téléphone. Lorsqu'un opérateur de télécommunications installe une ligne téléphonique chez vous, vous êtes automatiquement inscrit dans l'annuaire. Si vous ne souhaitez pas l'être, vous devez demander à être inscrit sur une liste rouge. Sur l'Internet, comme souvent, c'est l'inverse : lorsque vous créez votre site web, vous n'êtes inscrit dans aucun annuaire par défaut. Pour l'être, il faut soumettre une demande à chacun de ces outils sur le Web.

Le référencement sur ces outils se fait donc au moyen d'une action volontaire de la part du responsable du site. La plupart du temps, il est recommandé (voire nécessaire) de trouver d'abord la ou les bonnes catégories dans lesquelles s'inscrire, puis d'effectuer cette demande dans un second temps.

Nous étudierons quatre annuaires internationaux majeurs : Yahoo!, LookSmart, Snap et l'Open Directory, qui sont les outils de ce type les plus importants à l'heure actuelle, ainsi que les annuaires des trois moteurs de recherche vus précédemment : Excite, Lycos et Infoseek.

Nous verrons ensuite l'inscription à des annuaires francophones tels que Yahoo! France, Nomade et le Guide de Voila.

Enfin, l'inscription auprès des dizaines d'autres annuaires internationaux disponibles sur le Web pourra être prise en charge par des outils de soumission automatique, comme vu précédemment.

Yahoo! International

http://www.yahoo.com/

Lisez bien attentivement les indications données dans les pages suivantes relatives à la demande d'inscription sur Yahoo!. La plupart d'entre elles restent tout à fait valables, quel que soit l'annuaire auquel vous soumettrez votre site par la suite.

L'inscription de votre site sur Yahoo! International (*http://www.yahoo.com/*) s'effectue en quatre étapes.

Lorsque vous demandez un référencement sur l'annuaire Yahoo!, votre requête est prise en compte par une équipe de *netsurfers*, appelés « éditeurs » (une centaine environ chez Yahoo! et une douzaine chez Yahoo! France), qui viendront se connecter sur votre site et vérifier les informations que vous leur avez soumises. Si cet éditeur — en son âme et conscience — estime que le site web est intéressant, il va l'inscrire dans l'annuaire. Cette procédure d'inscription prend un à deux mois. Mais une demande de référencement sur Yahoo! ne signifie en aucun cas que votre site sera automatiquement pris en compte et ajouté à la liste de ceux que propose l'annuaire dans les catégories que vous avez choisies ! Yahoo! reçoit des milliers de demandes chaque jour. Il « filtre » énormément les sites proposés (beaucoup plus de la moitié des sites soumis sont rejetés!). Exemple simple : si votre site est uniquement en langue française, vous n'aurez aucune chance d'être inscrit sur Yahoo! International. Il vous sera plutôt proposé de vous inscrire sur Yahoo! France qui recense les sites francophones (voir plus loin).

La prise en compte et l'acceptation de votre « fiche descriptive » par un éditeur chez Yahoo! n'implique pas non plus que les informations que vous lui avez fournies seront intégrées telles quelles dans la base de l'annuaire. L'éditeur se réserve le droit de modifier les données que vous lui avez transmises, notamment les commentaires, le titre, ainsi que les rubriques que vous avez proposées. Rassurez-vous, ils ne touchent pas à l'adresse de votre site ! ;-)

La première chose à faire sur Yahoo! est de vérifier que votre site ne s'y trouve pas déjà. En effet, si c'est le cas, vous devrez demander une modification de votre inscription et non la création d'une fiche. Cette modification est possible à l'adresse *http://add.yahoo.com/fast/change*. Elle diffère grandement du processus de création de fiche, même si elle ne présente aucune difficulté. Dans ce cas, il vous faudra vous souvenir de l'adresse e-mail que vous avez fournie lors de la première inscription, afin de demander une modification de la fiche descriptive existante. Cette adresse de messagerie électronique est un peu le « mot de passe » qui permet les modifications ultérieures. Ne la perdez pas !

Une fois que vous êtes sûr de n'être pas déjà présent dans l'annuaire, il faut trouver les deux catégories dans lesquelles vous désirez apparaître. Cette phase est fondamentale. Il est recommandé d'y passer autant de temps que possible. En effet, il est souvent très difficile de faire modifier par les éditeurs de Yahoo! (la plupart du temps débordés par les multiples demandes de création) une fiche déjà acceptée, même si une demande dûment justifiée est la plupart du temps acceptée. Simplifiez donc au maximum la vie des éditeurs de l'annuaire en soignant au mieux les indications que vous allez fournir. Les conseils suivants devraient vous aider à trouver ces deux catégories :

• Vérifiez dans un premier temps si vos concurrents se trouvent déjà sur l'annuaire. Notez les rubriques dans lesquelles ils se sont inscrits. Si vos trois concurrents les plus importants sont déjà présents dans une catégorie, vous n'avez pas le choix, vous devez y être également.

• Si une catégorie vous semble intéressante pour votre activité, regardez également le nombre de sites qui y sont déjà inscrits. Mettez-vous à la place de l'éditeur, qui devra déterminer s'il ajoute le vôtre à cette liste. Si la rubrique désirée est déjà bien remplie, il hésitera naturellement à allonger la liste. Si la rubrique est encore « claire » — c'est-à-dire s'il n'y a pas trop de sites référencés — vous aurez plus de chances d'être choisi. Autre avantage : vous ne serez pas perdu dans la masse des autres sites, et votre descriptif ressortira d'autant mieux.

• Aidez-vous également des mots clés que vous avez identifiés à la fin de votre phase de réflexion (chapitre 1). Sur la page d'accueil de Yahoo!, saisissez ces termes (ou les expressions, entre guillemets : "pommes de terre", "musique de chambre", "commerce électronique", etc.). Puis regardez les catégories éventuellement proposées par Yahoo!. Elles figurent en premier (si elles existent) sur les pages de résultats, et contiennent toutes les mots que vous avez demandés. Effectuez ce travail pour les principaux mots clés définis au préalable. Choisissez parmi les rubriques proposées celles qui vous semblent le plus appropriées, en tenant compte des points vus précédemment (présence des concurrents, nombre de sites déjà répertoriés, justesse du contenu proposé par rapport à votre activité). Mettez-vous à la place de l'internaute une nouvelle fois, et essayez d'imaginer dans quelle catégorie vous iriez rechercher un site tel que le vôtre. N'oubliez pas de noter dans quel ordre Yahoo! classe ses catégories lorsque vous demanderez les termes importants pour votre activité. Privilégiez pour votre inscription les rubriques affichées en premier. Il y a de fortes chances qu'elles soient également visitées en premier par les internautes.

Voici quelques critères « officiels » pour la sélection d'une catégorie. Ces conseils émanent de Yahoo!. Ils doivent être suivis strictement, sous peine de voir le site rejeté à l'inscription :

• Vous ne pouvez pas demander d'inscription dans une catégorie trop généraliste — au moins les deux premiers niveaux de hiérarchie, par exemple *Recreation & Sports* (*http://www.yahoo.com/Recreation/*) et *Sports* (*http://www.yahoo.com/Recreation/Sports/*), car elles sont considérées comme étant trop vagues. En revanche, dans la catégorie *Water Polo* (*http://www.yahoo.com/Recreation/Sports/Water_Polo/*) — donc un cran plus bas dans l'arborescence de Yahoo! —, l'inscription deviendra possible.

• Yahoo! différencie les sites commerciaux de ceux qui n'ont pas d'objectifs strictement orientés « business ». Les sites commerciaux doivent obligatoirement être inscrits dans la rubrique généraliste *Business and Economy*. N'oubliez pas qu'une même catégorie située dans cette partie de l'arborescence peut également être listée ailleurs, grâce au jeu des catégories dites liées (indiquées par le signe @).

Vous rencontrerez souvent, en naviguant dans la hiérarchie des catégories de Yahoo!, des noms de sous-rubriques suivis du signe @. Ce symbole signifie que la rubrique désignée figure en un autre endroit dans l'arborescence de Yahoo!. Elle est alors dite « catégorie liée ».

Si vous cliquez sur l'intitulé de ce lien, vous serez redirigé vers une autre partie, une autre branche de l'arborescence de l'annuaire.

Si vous vous trouvez, par exemple, dans la catégorie *Recreation/Travel/Boating*, vous trouverez à cet endroit une sous-catégorie intitulée *Cruises* (« croisières »). Son adresse devrait logiquement être *http://www.yahoo.com/Recreation/Travel/Boating/Cruises/*. Mais elle est en fait située ailleurs dans l'arborescence du site Yahoo!. En effet, son URL étant *http://www.yahoo.com/Business_and_Economy/Shopping_ and_Services/Travel_and_Transportation/Cruises/*, elle se situe donc dans la partie *Business and Economy* et non dans *Recreation*.

Dans la rubrique *Boating*, la catégorie *Cruises* sera alors suivie d'un signe @, signifiant que, si vous désirez y aller en cliquant sur son nom, vous vous retrouvez dans une autre partie de l'arborescence de l'annuaire.

• La catégorie principale *Regional* (sur la page d'accueil) est importante. Yahoo! suggère de vous inscrire en priorité dans cette zone si votre site est représentatif d'une zone géographique particulière (le vin d'Alsace, le fromage du Cantal, la feria de Dax, l'étang de Vaccarès en Camargue, etc.). Si votre site est à caractères commercial (voir plus haut) et régional, faites porter votre préférence sur la rubrique à objet commercial. Proposez ensuite, puisque vous avez la possibilité de choisir deux rubriques, comme nous allons le voir, la catégorie régionale qui vous convient.

• Les pages personnelles doivent être soumises dans la rubrique adéquate, soit *Society and culture : People : Personal Home Pages* (*http://www.yahoo.com/Society_and_Culture/People/Personal_Home_Pages/*).

• Si votre site est disponible dans une seule langue et que celle-ci ne soit pas l'anglais, ne perdez pas votre temps à essayer de le soumettre à Yahoo! International. Il y a 99,99 % de chances qu'il soit refusé si vous n'êtes pas une grande entreprise mondiale jouissant d'une forte notoriété aux Etats-Unis. Soumettez-le plutôt au site régional de Yahoo! correspondant à votre langue (Yahoo! France, Yahoo! Allemagne, Yahoo! Italie, etc.). Nous étudierons ce type de sites plus loin dans cet ouvrage.

Dernier point avant d'étudier en détail la demande de référencement sur Yahoo! : n'oubliez pas que votre site sera « révisé » par les éditeurs de l'annuaire. Donc, offrez-leur une « place nette » lorsqu'ils viendront : pas de *spamdexing*, pas d'astuces quelconques (n'oubliez pas que le code HTML de vos pages est accessible à tous les internautes par le biais de leur navigateur). Surtout, mettez en œuvre un site intéressant dont le contenu présente une forte valeur ajoutée. Les éditeurs de Yahoo! sont pointilleux sur ce chapitre : un site « creux » ne sera jamais intégré dans leur base ! Donc, également, pas de message du style « serveur en chantier », « rubrique non disponible », « erreur 404 », etc. Pas de gadget qui requiert le dernier *plug-in* à la mode — ce qui nécessite de télécharger un programme de 30 Mo avant de pouvoir lire votre page d'accueil (j'exagère à peine). Relisez donc les premiers chapitres de cet ouvrage pour vous remémorer ce qu'il ne faut pas faire sur un site web. Faites en sorte que l'éditeur de Yahoo! navigue vite et bien sur votre site et que ce dernier sorte du lot, car ces personnes voient plusieurs dizaines de sites par jour. Soyez original et intéressant. Un avis favorable de l'éditeur sera d'ailleurs de bon augure à propos de ce que penseront les autres internautes de vos pages. Etre inscrit sur Yahoo! peut représenter pour vous une grande satisfaction personnelle. Ce sera la confirmation que vous faites partie d'une certaine élite... Ce sera de plus la garantie d'un trafic important généré depuis cet annuaire. Ne pas être inscrit dans Yahoo! représente un réel handicap commercial. Alors, soignez cette phase de votre référencement !

1 Etape 1 : titre, adresse et description

Une fois que vous avez repéré la catégorie principale dans laquelle vous allez demander l'inscription de votre site, le bandeau suivant devrait apparaître en bas de la page, présentant cette rubrique.

Company Information - Suggest a Site - FAQ

Cliquez sur la mention *Suggest a Site*. Une page vous expliquant ce qu'il faut faire pour soumettre votre site apparaît. Si vous avez lu les pages précédentes de cet ouvrage, rien ne devrait vous surprendre sur ce document.

Attention ! Avant de soumettre votre site à Yahoo!, assurez-vous d'avoir trouvé deux catégories adéquates pour l'y inscrire, ni plus ni moins. N'attendez pas d'être en plein milieu du processus de référencement pour y penser. D'autre part, gardez sous la main la fiche de description que vous avez remplie au préalable (voir au début de ce chapitre), car vous aurez à effectuer plusieurs copier-coller entre votre logiciel de traitement de texte et votre logiciel de navigation.

Commencez toujours la procédure d'inscription sur Yahoo! depuis la catégorie principale dans laquelle vous désirez voir apparaître votre site, puis cliquez depuis cette page sur le lien *Suggest a Site*. Ce point est capital !

Une fois que vous avez lu la page d'introduction au référencement présentée par Yahoo!, cliquez sur le bouton *Proceed to Step One*.

Vous allez enfin pouvoir commencer votre référencement avec la première étape (sur quatre).

Dans un premier temps, Yahoo! vous rappelle la catégorie principale que vous avez demandée (donc celle sur laquelle vous étiez positionné lorsque vous avez activé le lien *Suggest a Site*).

Category:

You are suggesting that we add your site to the following category:

Computers and Internet/Internet/World Wide Web/Searching the Web

Puis le nom du site est demandé :

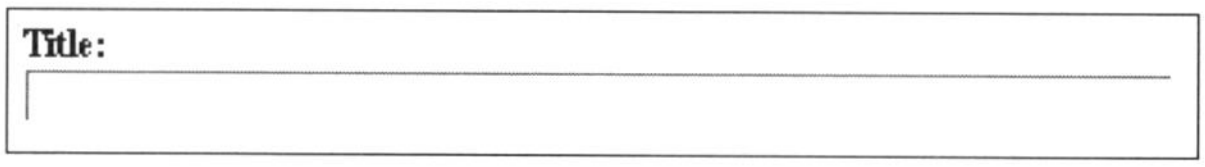

N'oubliez pas que ce nom est important. Yahoo! classe ses résultats par ordre alphabétique à l'intérieur d'une rubrique. Donc, plus le nom de votre site commencera par une lettre proche du *a*, mieux cela vaudra (voir le chapitre 2).

Ne soyez cependant pas naïf : Yahoo! voit passer chaque jour des dizaines de sites qui se nomment 123-Société, "#1 Inc" ou @rmageddon... N'employez pas de procédés trop visibles pour être placé en tête de liste. Une fois le subterfuge décelé, votre site passera rapidement aux oubliettes. Certains annuaires, excédés par ces pratiques, ont dans le passé brusquement décidé de classer les sites dont le nom commençait par un chiffre en bas de liste, alors qu'ils étaient classés en premier auparavant ! Tous les 123-tartempion et 2Be3 se sont retrouvés en bas de page (remarquez qu'il n'est pas certain que les 2Be3 se soient appelés ainsi pour bien figurer sur Yahoo!...) !

De plus en plus d'annuaires se rendent cependant compte que le classement alphabétique des sites à l'intérieur d'une rubrique est devenu obsolète.

Certains outils prennent donc en compte d'autres critères de classement : l'indice de popularité pour l'annuaire de Google (*http://directory.google.com/*), l'indice de clic pour Snap (*http://www.snap.com/*), etc.

Il semble clair que de plus en plus d'annuaires vont, à l'avenir, mettre en œuvre de nouvelles techniques de classement et abandonneront au fur et à mesure le classement alphabétique au profit de systèmes qui mettront plus en valeur la popularité des sites.

Comme quoi, il vaut parfois mieux s'appeler « Aux frontières du réel » que « X-Files »...

Yahoo! donne les conseils suivants :

• Employez un titre bref (surtout pas plus de cinq mots, ou quarante caractères).

• Si le site présente une entreprise, employez le nom de celle-ci en tant que titre.

• Ne saisissez pas le titre en lettres majuscules. Seule l'initiale peut être proposée en capitale.

• N'utilisez pas de méthodes « bassement marketing », telles que (exemples fournis par Yahoo!) : *The best site on the Internet* ou *We're the number one dealer...* C'est de loin le meilleur moyen de se voir éjecter de Yahoo! en quelques secondes, avant même d'y avoir été inscrit ! La remarque est également valable pour le descriptif que nous verrons plus loin.

A ces conseils « officiels », on peut ajouter les recommandations suivantes :

• Faites en sorte que le titre de votre site fourni à Yahoo! corresponde globalement au titre proposé par votre page d'accueil (balise <TITLE></TITLE>). L'éditeur de Yahoo! s'apercevra ainsi tout de suite qu'il n'y a pas d'« arnaque ».

• Placez, si possible, des mots clés importants pour votre activité dans ce champ. N'oubliez cependant pas d'être bref ! La marge est réduite car, la plupart du temps, le titre fourni doit être équivalent au nom de votre entreprise ou de votre organisme.

• En règle générale, n'oubliez jamais que, si votre site est inscrit dans l'annuaire Yahoo!, tous les champs (excepté l'adresse fournie, bien entendu) peuvent être modifiés par les éditeurs de Yahoo!. Et ils ne s'en priveront pas ! Ne vous triturez donc pas les méninges pendant des heures pour voir votre travail de toutes façons modifié *in fine*.

• Ne donnez pas comme titre le nom de votre domaine. Exemple : *Monsite.com*. Cette partie de l'adresse étant déjà présente dans l'URL que vous fournissez à Yahoo!, profitez de l'aubaine pour proposer de nouveaux mots clés à l'annuaire, au moyen du titre.

• Préférez les mots dissociés aux mots concaténés. Il vaut mieux appeler votre site *Computer Way* que *ComputerWay*. Dans la première appellation, le titre comporte le mot *computer* seul, qui peut se révéler très important dans les recherches des internautes. Un mot isolé est toujours mieux pris en compte par Yahoo! qu'une partie de mot dans ses classements. En clair, pour le mot *computer*, le site qui aura pour nom *Computer Way* sera classé devant *ComputerWay*. N'oubliez cependant pas d'appeler réellement votre site ainsi, sinon l'autre orthographe (celle qui sera présente sur la page d'accueil du site) sera retenue par les netsurfeurs de Yahoo!.

Une fois le titre indiqué, Yahoo! vous demande l'adresse du site. *A priori*, cette étape ne devrait pas vous poser de problème. On peut penser que vous connaissez l'adresse de votre site... Vérifiez cependant que vous ne commettez pas de fautes de saisie. Ne pensez pas que les éditeurs vont perdre une heure à rechercher votre adresse si vous vous êtes trompé dans l'énoncé de votre URL. La moindre erreur de ce côté-là, et votre site passe à la trappe en quelques secondes...

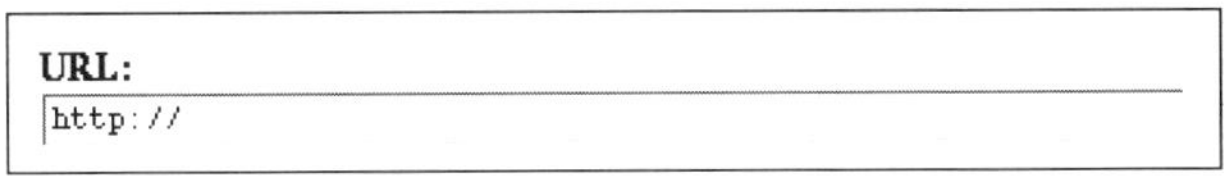

Un site est évalué par un éditeur en quelques minutes seulement. Faites en sorte que ce temps soit passé à valider le contenu et non à rechercher l'adresse !

Il peut être bon de revenir, à ce niveau, sur quelques notions importantes déjà évoquées aux pages précédentes, relatives à l'intitulé de l'adresse de votre site. En effet, une adresse avec un nom de domaine propre, telle *http://www.monsite.com/,* sera toujours préférée par Yahoo! à une adresse de type « sous-domaine » telle que *http://www.monhebergeur.com/monsite/* ou, pis, *http://www.monhebergeur.com/~joe/divers/sitespersos/mafamille/monchien/index.html* !

D'autre part, et bien que Yahoo! s'en défende, si votre site est hébergé par un service gratuit tel que Geocities, Chez.com ou Multimania, il partira avec un préjugé défavorable, et cela n'est jamais bon. Cela ne signifie en aucun cas qu'un tel site sera obligatoirement rejeté, mais simplement qu'il aura plus de mal qu'un autre à entrer dans l'annuaire. C'est compréhensible : recherchez sur Yahoo! les sites hébergés par ce type de structures gratuites : un grand nombre d'entre eux atterrissent sur des « erreurs 404 », signifiant qu'ils n'existent plus ou, en tout cas, qu'ils ne peuvent plus être trouvés à l'adresse indiquée. Ce type de sites web est très mouvant et « voyage » très souvent d'un site d'hébergement à un autre. Il est très difficile pour Yahoo! de les pister. D'où cet *a priori* plutôt négatif. D'autant plus que Yahoo! ne semble pas vérifier périodiquement l'adresse des sites qu'il recense. D'autre part, les éditeurs sont très pointilleux sur le sérieux des sites. Or, qu'on le veuille ou non, une adresse avec un nom de domaine propre fait toujours plus sérieux qu'une URL de dix mètres de long, qui donne souvent un côté plus « amateur » au site.

Attention ! Si vous achetez un nom de domaine (*http://www.monsite.com/*) pour le faire pointer vers l'adresse réelle de votre site (*http://perso.wanadoo.fr/monsite/*), tentez de faire en sorte que cet achat ne consiste pas en une banale redirection de l'un vers l'autre. Si l'éditeur de l'annuaire, après avoir saisi l'adresse que vous lui avez fournie, voit apparaître dans la barre d'adresse de son navigateur l'URL réelle de votre site, cela ne sert pas à grand-chose. Il doit rester sous l'adresse *http://www.monsite.com/* au cours de sa navigation à travers vos pages.

Troisième partie de cette première étape : la description du site. Vous avez droit à vingt-cinq mots. C'est très peu pour décrire en détail ce que propose votre site. Souvenez-vous qu'il ne faut pas donner ici une liste de mots clés séparés par des virgules, ce qui ne plaît pas aux éditeurs de Yahoo!. Ils seront « obligés » de revoir votre texte et de le modifier.

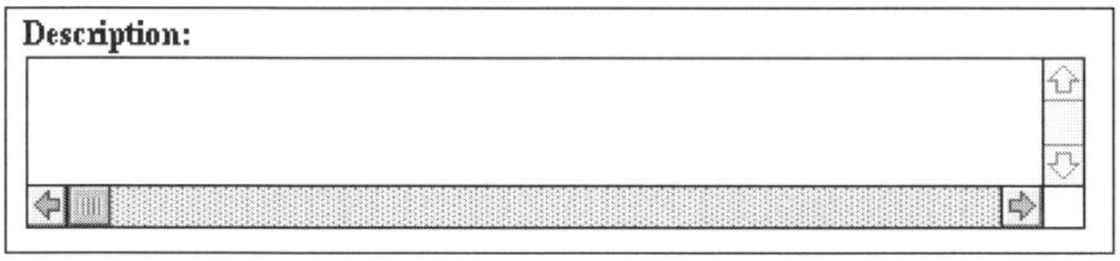

> Si vous avez quelques minutes à tuer, réalisez une bannière en papier que vous installerez sur le mur, au-dessus de votre ordinateur. Dessus, inscrivez en rouge :
>
> **IL NE FAUT JAMAIS ÉNERVER LES NETSURFEURS DES ANNUAIRES !**
>
> Cela vous permettra d'éviter de faire des erreurs lors de votre référencement sur ces outils ;-)

Yahoo! donne les conseils suivants :

• Proposez une phrase qui se tient au niveau syntaxique, avec un ou plusieurs verbes si possible. Proposez un descriptif logique, et si possible sans fautes d'orthographe.

• Soyez bref, précis et efficace.

• N'oubliez pas que les techniques de marketing nombrilistes et mégalomanes sont très mal vues (voir plus haut les remarques énoncées pour le titre).

• Ne répétez pas le titre ni le nom de la catégorie dans le commentaire. Vous ne disposez que de vingt-cinq mots, ce qui est très peu pour faire passer un message si important.

• Ne saisissez pas en majuscules le texte en entier, ni même les initiales de chaque mot. D'autre part, lors de la demande de mot clé pour l'interrogation de sa base, Yahoo! ne tient pas compte de la casse des lettres. Il est donc totalement inutile de proposer plusieurs orthographes des termes correspondant à votre activité.

• N'indiquez pas de balises HTML, notamment de lettres accentuées (é pour le é, à pour le à). Yahoo! les ajoutera si nécessaire.

• N'incluez pas de chiffres dans votre description, comme dans les exemples suivants : *Offering over 200 products* ou *We've been in business for 35 years*. C'est très mal vu par Yahoo! et c'est logique, car un descriptif doit pouvoir être encore lu dans plusieurs années. Si vous proposez sur votre site 2 000 produits aujourd'hui, qu'en sera-t-il dans cinq ans ?

• N'utilisez pas de noms propres qui ne vous appartiennent pas, et *a fortiori* si ce sont des noms déposés. *We sell Rolex, Timex and Tag Heuer watches* sera refusé.

D'autre part, lors d'une interrogation par mots clés, Yahoo! recherche le pluriel des mots, même si celui-ci n'est pas demandé pour touts les mots. En clair, il pratique la troncature à droite (le mot clé *moon* trouvera *moon, moons* et *moonlight*). Il est donc également inutile de proposer dans votre commentaire des pluriels, féminins ou autres termes dérivés d'une même racine.

N'oubliez pas que vous n'avez droit qu'à vingt-cinq mots pour décrire votre site. Si cela est très peu, ce n'est pas une raison pour proposer un commentaire sur cinq mots seulement.

Cependant, si vous regardez les résumés des sites référencés sur Yahoo!, vous vous apercevrez assez rapidement qu'ils sont assez courts. Il peut donc être opportun de proposer un descriptif de votre site qui tienne dans une fourchette oscillant entre dix et quinze mots.

En tout état de cause, n'essayez pas de passer la « barre » des vingt-cinq mots ; cela ne fonctionnera pas, et votre site fera l'objet d'un *a priori* négatif.

Petite astuce : faites coïncider la présentation de votre site fournie à Yahoo! avec le début de la balise *Meta Description* de votre page d'accueil, voire avec son titre (balise <TILE>). Le procédé semble fonctionner assez bien. Le descriptif ainsi proposé est souvent accepté par Yahoo!.

Attention ! Une fois le référencement accepté, il est souvent très long et complexe d'obtenir une modification des indications qui ont été fournies à Yahoo!. N'insérez donc pas de données événementielles dans le descriptif fourni ; celui-ci doit encore être considéré comme étant valable dans un an ou deux (ce qui est énorme à l'échelle temps de l'Internet, dans laquelle une année équivaut parfois à un siècle du calendrier civil !).

Dernier point, Yahoo! est un site international. Tous les champs doivent donc être proposés à cet annuaire en anglais.

Vous êtes maintenant prêt à passer à la phase 2 de la souscription.

Etape 2 : proposition d'autres catégories

L'étape 2 devrait être rapidement « bouclée ». Elle permet d'indiquer à Yahoo! une seconde catégorie dans laquelle vous désireriez voir inscrire votre site.

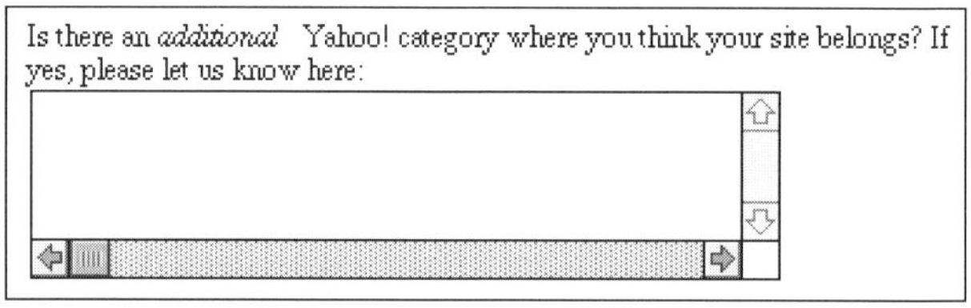

N'hésitez donc pas à proposer ici la seconde rubrique, que vous devez avoir sous la main, comme indiqué auparavant. Vous pouvez la proposer sous plusieurs formes. Cela est indifférent, à partir du moment où l'intitulé est parfaitement lisible :

Soit par l'adresse URL :

http://www.yahoo.com/Computers_and_Internet/Internet/World_Wide_Web/Information_and_Documentation/Site_Announcement_and_Promotion/

Soit par séparation au moyen du signe deux-points :

Computers and Internet : Internet : World Wide Web : Information and Documentation : Site Announcement and Promotion

Soit par séparation au moyen du *slash* :

Computers and Internet/Internet/World Wide Web/Information and Documentation/Site Announcement and Promotion

Si la rubrique « idéale » n'existe pas pour vous (et cela peut tout à fait être le cas), vous pouvez en proposer une dans la zone de saisie suivante. Soyez sérieux. Ne proposez pas à Yahoo! de créer une catégorie spécifique uniquement pour votre entreprise ! Seuls les éditeurs prennent ce type de décisions (un certain nombre de sociétés ont effectivement une rubrique à leur nom), et le fait que vous le demandiez risque de ne pas être très bien ressenti. Laissez les gens de Yahoo! faire tranquillement leur travail ; si vous avez plusieurs sites recensés sur cet annuaire, une rubrique spécifique sera automatiquement créée...

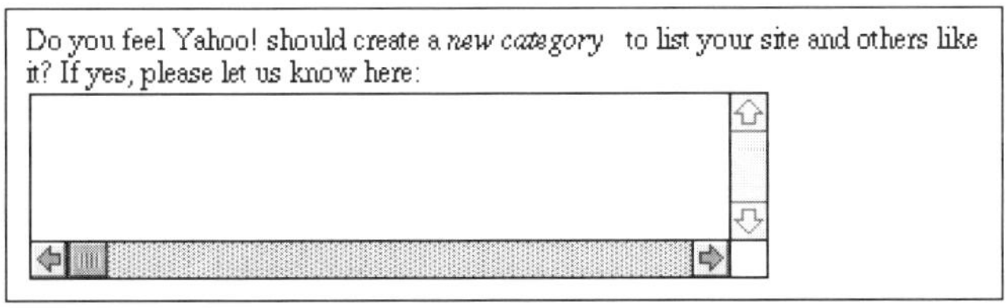

Si votre site est très riche et que vous pensiez qu'il pourrait être inscrit dans de multiples rubriques existantes, vous devrez choisir les deux les plus appropriées, ou en tout cas les deux par le biais desquelles les internautes essaieront le plus vraisemblablement de vous trouver. N'essayez pas de demander plus de deux catégories, cela ne marchera pas...

Attention ! Cette étape 2 ne signifie pas que vous serez référencé obligatoirement dans les deux catégories demandées, ni de façon certaine dans deux catégories tout simplement. Les éditeurs restent complètement maîtres de ce qu'ils feront de votre soumission. S'ils estiment que votre site sera mieux situé dans une autre rubrique, ils n'hésiteront pas une seconde. S'ils estiment également qu'une seule catégorie correspond au contenu de vos pages, vous ne serez présent que dans celle-ci. Ils peuvent, d'ailleurs, également créer eux-mêmes une nouvelle catégorie sans que vous l'ayez demandé.

Il est temps de procéder à la troisième étape.

Etape 3 : contact et localisation géographique

Yahoo! vous demande maintenant votre nom et votre adresse de messagerie électronique. Celle-ci sera demandée pour toute modification de votre fiche de renseignements par la suite. Notez-la soigneusement quelque part et ne la perdez pas. Sinon, vous ne pourriez plus effectuer la moindre modification à l'avenir.

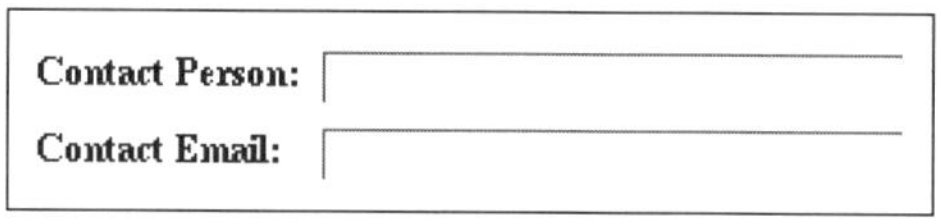

Enfin, il vous est demandé si le site correspond à des informations précises au niveau géographique (ville, région, pays, code postal). N'inscrivez des données ici que si elles sont caractéristiques de votre site. Sinon, passez à la quatrième et dernière étape.

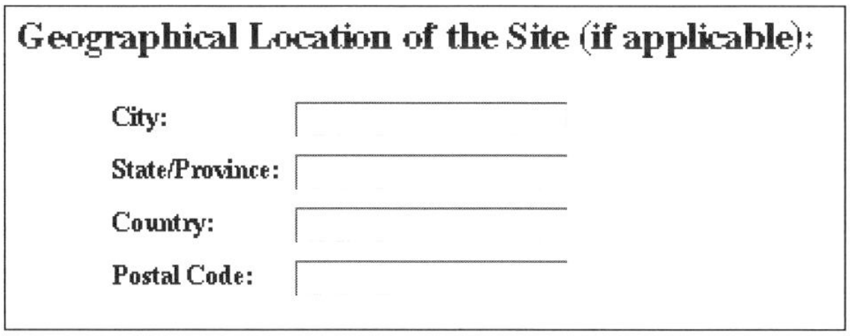
Geographical Location of the Site (if applicable):

City:
State/Province:
Country:
Postal Code:

Dans cette étape, selon la rubrique dans laquelle vous désirez inscrire votre site, Yahoo! vous demandera plus d'information (adresse postale, téléphone, fax, etc.), notamment au niveau des rubriques présentes dans l'arborescence *Business and Economy*. Ces informations ne présentent aucun caractère de complexité.

4 Etape 4 : information événementielle et commentaires

Enfin, nous arrivons au *Graal* tant espéré (du moins pour le moment) : la dernière étape qui vous permet de spécifier si le site web présente un caractère limité dans le temps (foire, exposition, congrès, etc.).

S'il est prévu que votre site expire (ou soit hors contexte) à une date précise, saisissez-la dans le premier champ, selon le format indiqué.

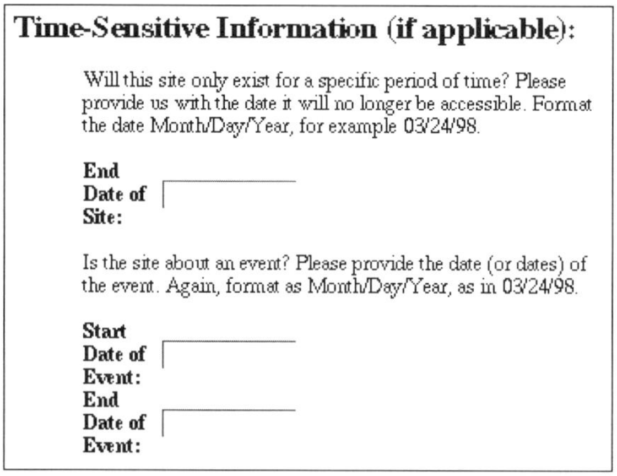
Time-Sensitive Information (if applicable):

Will this site only exist for a specific period of time? Please provide us with the date it will no longer be accessible. Format the date Month/Day/Year, for example 03/24/98.

End Date of Site:

Is the site about an event? Please provide the date (or dates) of the event. Again, format as Month/Day/Year, as in 03/24/98.

Start Date of Event:
End Date of Event:

Si l'événement que vous proposez commence et se termine à des dates précises, indiquez-les également dans les deux champs affichés du formulaire.

Enfin, vous pouvez indiquer un commentaire bref à l'attention de l'éditeur de Yahoo! qui révisera votre site. Employez l'anglais. Il y a fort peu de chances que celui-ci parle français.

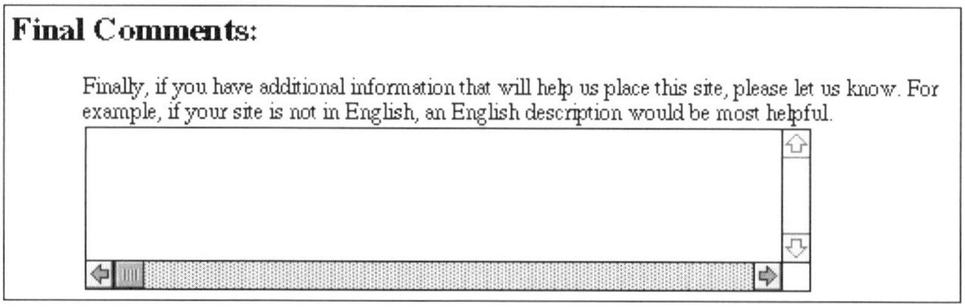
Final Comments:

Finally, if you have additional information that will help us place this site, please let us know. For example, if your site is not in English, an English description would be most helpful.

Indiquez dans cette zone toute information qui pourrait aider le netsurfeur de Yahoo! à mieux comprendre et prendre en compte votre site : mots clés importants pour vous, distinctions que le site aurait reçues lors de concours ou citation dans des articles de presse, etc. Il ne s'agit pas de vendre de façon bassement commerciale votre site mais bien d'aider l'éditeur dans sa tâche. Gardez toujours cette notion à l'esprit, quel que soit l'annuaire sur lequel vous effectuez le référencement.

Cliquez sur le bouton *Submit* une fois que vous avez rempli tous les champs demandés. Ouf ! Le travail est terminé. Enfin, le vôtre, car celui de Yahoo! va maintenant commencer.

Dans la foulée — c'est-à-dire quelques jours, voire quelques semaines plus tard — un éditeur de Yahoo! va venir visiter votre site afin de vérifier votre déclaration. Il estimera alors acceptable ou non votre inscription dans l'annuaire. Votre avenir sur Yahoo! est entre ses mains.

Si votre site est accepté, vous en serez averti au moyen d'un e-mail en provenance de l'annuaire. Le refus d'un site, en revanche, ne fait pas l'objet de l'envoi d'un quelconque message, ce que l'on peut regretter. Si vous n'avez pas de nouvelles (si vous n'êtes pas inscrit, vérifiez périodiquement) au bout de trois ou quatre semaines, renouvelez l'opération. Si, au bout de la troisième demande, vous n'avez toujours pas obtenu de résultat, vous pouvez commencer à vous décourager... Mais rien ne vous empêche de demander un référencement *ad vitam aeternam*. Cela n'est pas considéré comme étant du spam par Yahoo!, à partir du moment où les demandes sont assez espacées, bien entendu (trois semaines sont considérées comme étant un délai acceptable). Servez-vous de la zone « commentaires » dans la quatrième étape du référencement pour expliciter de façon plus détaillée vos arguments (en anglais, bien sûr, sans oublier ce qui est écrit sur la bannière que vous avez punaisée au dessus de votre ordinateur, voir plus haut dans ce chapitre). Si votre soumission est systématiquement rejetée, révisez le nom de votre site, les commentaires associés ou les catégories demandées. Peut-être une information dans leur énoncé provoque-t-elle ce refus. Etre référencé sur Yahoo! demande parfois des mois de patience...

Si vous en avez la possibilité technique, vérifiez sur vos fichiers *log* (les fichiers qui recensent les descriptifs de chaque connexion sur votre serveur) qu'une adresse de type *surf.yahoo.com* (correspondant à la visite d'un éditeur de Yahoo!), n'apparaît pas. Si une telle adresse est présente, cela signifie que votre site a bien été révisé. Vous saurez rapidement s'il a été accepté.

Enfin, voici l'ordre d'importance utilisé par Yahoo! pour classer les résultats suite à la demande d'un internaute (saisie de mot clé) :

• en premier, le mot clé est recherché dans le nom de la catégorie ;

• puis dans le nom du site ;

• troisièmement, dans le commentaire ;

• enfin, dans l'adresse (URL) fournie.

Les informations sont affichées dans l'ordre suivant : d'abord les catégories contenant le mot, puis les sites correspondant à la requête. Parmi ces sites, ceux qui contiennent le mot demandé dans le titre sont classés avant ceux qui le proposent dans le commentaire. Le nombre d'occurrences du mot peut également jouer : un site qui contiendrait le mot demandé dans le nom de la rubrique, le titre, le commentaire et l'adresse serait toujours classé premier. Ceci dit, cela n'arrive jamais...

Si Yahoo! ne trouve pas de résultats dans sa base de fiches descriptives, il passe la main à un moteur de recherche par mots clés, qui effectuent donc ses investigations au moyen d'une recherche en texte intégral, comme c'est le cas du *Big Twelve*. Le moteur utilisé a longtemps été Altavista puis Inktomi, mais il a été remplacé par Google (technologie notamment utilisée par HotBot) à l'été 2000.

Dernier point : n'oubliez pas que si votre site n'est disponible que dans une seule langue et que celle-ci ne soit pas l'anglais, il est préférable de faire une demande d'inscription auprès d'un des sites « régionaux » de Yahoo!, notamment Yahoo! France, comme nous le verrons par la suite.

Le processus de soumission sur Yahoo!, s'il n'est pas complexe en lui-même, demande cependant à être réalisé avec soin. Il doit également être vérifié et renouvelé périodiquement, jusqu'à ce que le site soit inscrit.

Notons que Yahoo! propose une solution de référencement payant, appelée *Business Express*, disponible à l'adresse *http://www.yahoo.com/info/suggest/busexpress.html.*

Pour 199 dollars, vous pouvez profiter de cette offre spécifique, qui ne garantit en rien l'inscription de votre site dans l'annuaire mais vous assure que votre site sera évalué par un éditeur sous sept jours et que vous recevrez un message e-mail indiquant sa décision, que le site soit accepté ou refusé. Cependant, si le site est refusé, la somme payée n'est pas remboursée.

La pratique montre cependant que les sites soumis en utilisant cette possibilité — à condition bien sûr qu'ils proposent un contenu assez intéressant — ont un pourcentage de réussite très important. Une voie à ne pas négliger donc, la somme demandée semblant être assez rentable à court terme. L'inscription grâce à l'option *Business Express* est cependant soumise à conditions (être disponible en langue anglaise, aucune partie encore en construction, etc.). Ces restrictions sont rappelées à l'adresse indiquée auparavant.

Une fois cette opération effectuée, il vous faut mettre de nouveau sur le métier votre ouvrage, et soumettre votre site aux plus importants annuaires anglophones. Rappelons que cette phase n'est efficace que si votre site propose un contenu en anglais. Sinon, passez directement à la section relative aux annuaires francophones, plus loin dans ce chapitre.

Il existe plusieurs autres annuaires anglophones essentiels. La procédure d'inscription est quasiment toujours la même que sur Yahoo!. Nous ne la décrirons donc pas en détail pour chaque outil. Référez-vous à ce qui a été dit précédemment et qui reste valable pour les annuaires suivants.

Looksmart

lôôksmart
http://www.looksmart.com/

Dans le monde des annuaires anglophones, Yahoo! a longtemps été seul sur son île, dans une position quasi hégémonique, tous ses *challengers* étant largement distancés, à tous les points de vue : trafic, nombre de sites indexés, nombre de catégories, etc.

En 1998, la situation a légèrement changé dans le monde des annuaires, avec l'arrivée de Looksmart (*http://www.looksmart.com*) et de Snap (*http://www.snap.com*), que nous étudierons dans les pages suivantes. Ces deux sites fonctionnent de la même façon que Yahoo!. Ce sont des annuaires, et leur contenu est révisé par des éditeurs qui surfent sur le Web, afin de valider les soumissions des *webmasters*.

Looksmart n'est pas un nouveau venu dans le monde des annuaires, puisqu'il a été créé en 1996. Cependant, grâce à des accords judicieux — notamment avec Altavista et HotBot, dont il est devenu l'annuaire attitré —, il a gravi petit à petit les échelons pour se positionner en tant que challenger « officiel » de Yahoo!.

La navigation à l'intérieur des rubriques s'effectue de proche en proche, de plus en plus finement d'une catégorie à l'autre. La procédure d'inscription sur Looksmart est semblable à celle de Yahoo!. Vous devez au préalable avoir trouvé la catégorie dans laquelle votre site sera intégré. Une fois sur cette rubrique, un message intitulé *Submit a site* apparaît en haut de page.

A l'été 2000, deux possibilités de référencement étaient disponibles sur Looksmart : l'une payante (199 $), l'autre gratuite. L'option payante ressemblait étrangement à celle de Yahoo! (site évalué en quarante-huit heures, envoi d'un message, pas de remboursement en cas de refus).

Mais Looksmart s'est rendu célèbre par sa capacité à proposer, d'une semaine à l'autre, des possibilités souvent très différentes de soumission. Pendant de nombreuses semaines, il n'a même plus été possible de référencer son site de façon gratuite. Bref, il vous faudra vous référer au site du livre pour savoir où en est Looksmart sur ce point.

L'option gratuite vous propose alors de donner un certain nombre de renseignements pour référencer votre site. Tous ces champs doivent vous être fournis par la fiche descriptive que vous avez remplie au préalable. N'oubliez pas d'effectuer de nombreux copier-coller à l'aide de votre logiciel de traitement de texte pour gagner du temps.

Snap

http://www.snap.com/

Snap (*http://www.snap.com/*) se positionne comme étant l'annuaire numéro trois de l'Internet, derrière Yahoo! et Looksmart. Créé en septembre 1997, puis remodelé entièrement au printemps 1998, il appartient à *NBC*. Outre la partie annuaire, son moteur de recherche, à l'instar de ceux de HotBot et de Looksmart, est fourni par Inktomi.

La soumission sur Snap s'est longtemps faite à l'aide d'un message électronique adressé au moteur. A la fin de l'été 1998, une page spécifique a enfin été mise en place pour proposer l'ajout d'un site. Puis, un système original a été créé, intitulé *Live Directory*.

En clair, lorsque vous soumettez un site dans une rubrique particulière (lien intitulé *Submit your site to Snap* ou *Submit a site to this category*, selon la rubrique), celui-ci est toujours accepté, mais jamais dans l'annuaire « réel ». Il est en fait inséré dans un autre annuaire — sorte de « salle d'attente » — géré par Snap, baptisé *Live Directory*. Et ce n'est que s'il connaît un certain succès dans ce « répertoire annexe », qu'il « montera » dans l'annuaire majeur de Snap. Cette procédure originale est totalement spécifique à Snap qui est le seul outil de recherche majeur à l'avoir mise en place.

Ceci dit, la procédure d'inscription sur le *Live Directory* est la même que pour les autres annuaires.

Open Directory

http://www.dmoz.org/

L'Open Directory Project (*http://www.dmoz.org/*), ou ODP, est l'un des annuaires les plus originaux du Web dans sa structure et son fonctionnement. Ce répertoire, fondé exactement sur le même concept que Yahoo! (catalogue de fiches descriptives de sites classées en grandes rubriques arborescentes) s'en distingue par la façon dont il est maintenu. En effet, s'il répertoriait à l'été 2000 près de 2 millions de sites, ce sont plus de 25 000 internautes volontaires qui le gèrent, chacun étant chargé de la maintenance d'une petite partie de son contenu. Son originalité est donc d'être administré par une multitude de personnes, souvent passionnées, toujours bénévoles, qui tentent de maintenir au mieux la « zone » dont ils sont responsables.

L'objectif avoué est d'être extrêmement réactif, puisque ce ne sont plus quelques netsurfeurs surchargés de travail qui veillent à la bonne marche de l'outil en validant un contenu chaque jour plus gigantesque (les soumissions allant parfois... à la corbeille pour cause de surchage de travail), mais des milliers d'internautes qui gèrent au mieux leur « petit bout d'annuaire ». Idéalement, le nombre d'éditeurs croît simplement avec le nombre de sites disponibles sur le Web. N'importe qui peut devenir éditeur, il suffit de postuler à l'aide d'un formulaire présent sur le site. Etre éditeur sur l'*Open Directory* procure donc un certain pouvoir, celui de refuser ou d'accepter les sites qui y sont soumis. Pas négligeable comme possibilité, non ?

Avantage principal du système : la très grande réactivité du bataillon de netsurfeurs ainsi constitué. Inconvénient majeur : le risque d'une certaine disparité dans la qualité du contenu entre les catégories, certains éditeurs ayant plus ou moins de temps à consacrer à la mise à jour de leur domaine. Autre incertitude : combien de temps ce système, fondé sur le bénévolat, va-t-il « tenir » ?

Cet outil — auparavant appelé Gnuhoo, puis Newhoo avant qu'il ne soit racheté par Netscape en novembre 1998 — est également utilisé (souvent de façon transparente) par de très nombreux portails de recherche tels que Altavista, Lycos, HotBot et, bien entendu, son propriétaire, Netscape, pour fournir des résultats pertinents aux requêtes des internautes. Mais de très nombreux autres outils de recherche proposent — ou proposeront dans les prochains mois — les données de l'*Open Directory* dans leurs pages de résultats. En cela, il fonctionne à l'image d'Inktomi qui revend ses résultats à de nombreux outils de recherche du Web. L'*Open Directory* est clairement l'annuaire sur lequel il faut être présent (en dehors de Yahoo! bien entendu), car il bénéficie de l'une des meilleurs visibilités sur le Web anglophone à l'heure actuelle.

En ce qui concerne le référencement, pas de problème. Chaque rubrique propose un lien *Add URL,* qui vous demande le nom et l'adresse du site, un descriptif ainsi qu'une adresse e-mail. Vous êtes maintenant rompu à ces pratiques...

Infoseek

GO Guides
http://guides.go.com/

Infoseek, que nous avons déjà vu au chapitre traitant des moteurs de recherche, est en fait un outil mixte. Il propose à la fois un moteur de recherche par mots clés et un annuaire, nommé *Go Guides (http://guides.go.com/)*. Il est très important d'apparaître dans les rubriques de l'annuaire. Cela améliorera le classement de vos pages sur le moteur d'Infoseek.

L'approche est sensiblement la même que celle de l'*Open Directory*. L'annuaire est ouvert aux bénévoles qui garnissent l'annuaire des sites qui leur sont soumis. Le système est cependant plus pyramidal, avec un certain nombre de niveaux qu'il faut gravir avec l'expérience et le nombre de sites soumis, donc de « points » accumulés. Un site ne peut être accepté, lors d'une soumission, que s'il est validé par trois personnes, dont deux doivent avoir un « rang » supérieur à celui qui a reçu la soumission. Simple, non ? Bon, d'accord, c'est vrai, le système est un peu complexe, mais il a été imaginé pour combattre d'éventuels abus pratiqués par des éditeurs qui feraient la pluie et le beau temps dans leur rubrique.

Pour soumettre un site aux *Go Guides*, il est nécessaire d'envoyer un message à l'adresse *url_review@infoseek.com*, en précisant l'adresse du site, la rubrique choisie (par exemple Entertainment > Music > Audio) ainsi qu'un bref descriptif en anglais. Aucun formulaire n'est prévu sur le Web pour soumettre votre site. Cette soumission ne peut s'effectuer que par e-mail.

Enfin, soyez poli (« bonjour », « au revoir » et « merci », tout cela en anglais, bien sûr...), évitez les fautes d'orthographe et de saisie, et ne racontez pas votre vie dans le courrier électronique. Celui-ci doit être court et efficace.

Excite

http://www.excite.com/

Excite est très comparable à Infoseek, dans le sens où il propose à la fois un moteur de recherche et un annuaire, majoritairement fourni par Looksmart.

Malheureusement, Excite ne donne aucun moyen au *webmaster* consciencieux de proposer un site pour la partie annuaire (en tout cas, pour la petite partie qui n'est pas fournie par Looksmart mais qui est gérée par Excite lui-même). Il est uniquement indiqué qu'Excite recherche lui-même ces sites par le biais des pages proposées au niveau du moteur de recherche (fonction *Add URL*).

Vous pouvez toutefois essayer d'envoyer un message au moyen du formulaire d'envoi de suggestions (*feedback*), à l'adresse *http://www.excite.com/feedback/*. Avec un peu de chance, votre missive portera ses fruits... Sinon, une soumission sur Looksmart sera suffisante dans la majeure partie des cas.

Yahoo! France

http://www.yahoo.fr/

A tout seigneur tout honneur, nous commencerons notre quête des annuaires francophones par Yahoo! France. Il est important de prendre conscience que les annuaires Yahoo! International (*http://www.yahoo.com/*) et Yahoo! France (*http://www.yahoo.fr/*) sont totalement dissociés. La partie française n'est en aucun cas un sous-ensemble de l'annuaire mondial. Le fait d'être listé (ou non) sur un outil ne garantit en rien que vous le serez (ou non) sur un autre. Vous devrez donc soumettre votre site sur Yahoo! France, même s'il a auparavant été pris en compte par Yahoo! International.

La procédure de référencement sur Yahoo! France est exactement identique à celle proposée sur Yahoo! International. Choisissez deux catégories, positionnez-vous sur celle qui vous semble la plus importante, et soumettez votre site au travers du lien *Proposer un site* en bas de page. Relisez le chapitre consacré à Yahoo! International, et suivez les mêmes indications. Indiquez cependant toutes les informations en français.

Globalement, dans leurs fonctionnalités, Yahoo! International et Yahoo! France sont donc très proches. Bien entendu, la filiale française proposera un contenu éditorial en français et se penchera davantage sur l'équipe de France de football que sur le SuperBowl pour ses aspects sportifs. Mais les rubriques et les arborescences sont quasi identiques. Si vous avez déjà travaillé sur Yahoo! International pour identifier les deux catégories qui conviennent le mieux à votre site, vous devriez aisément retrouver celles qui leur correspondent sur Yahoo! France.

Mais il peut également être intéressant de demander des rubriques spécifiques à Yahoo! France, notamment dans la partie Exploration géographique. A vous d'explorer l'annuaire et d'identifier les catégories les plus adéquates pour y soumettre votre site.

Nomade

nomade.fr
le guide qui trouve
http://www.nomade.fr/

Challenger désigné de Yahoo! France, Nomade est également un annuaire spécialisé dans le monde francophone. Il est l'un des trois « grands » avec Yahoo! France et le Guide de Voila, les annuaires francophones essentiels sur lesquels il faut faire le « forcing » pour être présent.

Créé en juillet 1996, Nomade ne référence que des sites disponibles en langue française. Comme c'est le cas pour Yahoo!, un site à objectif principalement commercial doit être inscrit dans la catégorie généraliste intitulée *Entreprises et économie*. Vous pouvez choisir deux rubriques, à partir du moment où ce choix est logique pour l'inscription de votre site. L'éditeur, chez Nomade, pourra décider ultérieurement d'une troisième rubrique éventuelle selon le sujet traité.

A l'inverse de nombreux autres annuaires, il n'est pas nécessaire de se positionner au préalable sur la rubrique principale pour effectuer une demande de référencement. Le lien *Ajouter votre site* sur la page d'accueil vous renvoie directement à la page vous permettant de soumettre votre site (*http://ajouter.nomade.fr/ajouter/*). Cela ne vous dispense pas d'effectuer une recherche préalable de la rubrique adéquate (ou de deux au maximum) avant de soumettre votre site.

Dans un premier temps, l'adresse de la page d'accueil du site ainsi que votre e-mail sont demandés et vérifiés. Puis une page vous permet de saisir les renseignements « classiques » (que vous devez maintenant trouver très classiques).

En cas de problème réel lors du processus de référencement, n'hésitez pas à envoyer un message e-mail à l'équipe éditoriale de Nomade (à l'adresse *pbajouter@nomade.fr*). Une autre adresse e-mail (*pbmodif@nomade.fr*), est disponible pour les problèmes de modification de la fiche descriptive d'un site déjà présent dans l'arborescence de l'annuaire. Les éditeurs qui s'occupent du référencement des sites sont disponibles et facilement joignables. Ils vous aideront dans la mesure de leurs possibilités. Evitez cependant d'encombrer leurs boîtes aux lettres de messages avant d'avoir effectué vous-même un maximum de vérifications. Rappelez toujours dans vos missives les indications principales : nom du site, URL, éventuellement descriptif, etc. La plupart du temps, vous obtiendrez une réponse dans la journée. Le fait est assez rare en France pour être signalé !

Guide de Voila

http://www.voila.fr/
http://www.wanadoo.fr/qqo/

Troisième annuaire francophone majeur, Le Guide de Voila. Disponible sur le portail Voila (*http://www.voila.fr/*), la possibilité de soumission n'est accessible que sur la partie « recherche » du site de Wanadoo (*http://www.wanadoo.fr/qqo/*).

En effet, la partie « Thèmes » de Voila est un site miroir, une copie de l'annuaire de Wanadoo, disponible à l'adresse précitée.

Le processus de référencement sur cet outil est le suivant. Au travers du lien « Proposez votre site » sur l'annuaire de Wanadoo, vous soumettez les indications maintenant habituelles sur votre site (rubrique demandée, nom, adresse, descriptif, etc.). Si le site est accepté, il apparaît alors dans cette version de l'outil de recherche, mais également sur le site Voila. La base de données est commune aux deux sites (Wanadoo et Voila).

L'outil ne présente aucun problème majeur de soumission. Les sites acceptés sont intégrés dans un délai d'environ un mois.

Lycos France

http://www.lycos.fr/

L'annuaire de Lycos France est assez récent, puisqu'il a été mis en place en juin 2 000 dans sa forme actuelle. De par la notoriété de l'outil de recherche Lycos, il est nécessaire d'inscrire votre site sur son annuaire. De façon classique, choisissez la rubrique qui vous convient et remplissez le formulaire proposé par la suite.

Open Directory France

http://www.dmoz.org/World/Fran%e7ais/

Pour être complet, il vous faudra soumettre votre site à la partie francophone de l'*Open Directory* (*http://www.dmoz.org/World/Fran%e7ais/*), en indiquant cette fois l'adresse de la page d'accueil en français, ainsi que le descriptif dans la langue de Molière.

La procédure est strictement identique à celle décrite précédemment pour la version anglophone de l'*Open Directory*.

Autres annuaires

Vous avez effectué un travail de soumission qualitatif auprès des principaux annuaires mondiaux et francophones. Bravo ! Vous ne le regretterez pas, car 90 % du trafic émanant des annuaires du Web seront générés par ces quelques outils.

Vous trouverez une liste réactualisée des moteurs et annuaires francophones et mondiaux « essentiels » sur le site web du livre, à l'adresse :

http://www.abondance.com/outils/referencement.html

Francité :

http://www.francite.com/

MSN France :

http://fr.msn.com/leguide/

Si, après tout ce travail, il vous reste un peu d'énergie, vous pouvez toujours soumettre également de façon manuelle votre site à des annuaires peut-être moins importants, mais pas vraiment négligeables, tels que Francité ou MSN France. N'y consacrez pas des heures, cependant, le trafic généré n'étant pas énorme depuis ces outils de recherche. Effectuez quelques soumissions et vérifications, et abandonnez en cas d'échec. Essayez, en revanche, d'être beaucoup plus persévérant et opiniâtre sur les autres outils francophones déjà décrits (Yahoo! France, Nomade, Guide de Voila et Open Directory France). Votre site **doit** y être présent !

Enfin, comme c'est le cas pour les moteurs de recherche, il faut maintenant passer à l'aspect quantitatif. L'emploi d'un logiciel ou d'un site web de référencement automatique vous aidera, en effectuant ce travail sur plusieurs dizaines d'outils à travers le monde en quelques minutes. Comme il a déjà été indiqué, certains logiciels sont disponibles à la fois en version anglaise (soumission à plusieurs milliers d'outils de recherche anglophone) et française (soumission à plusieurs centaines d'outils francophones).

Moteurs de recherche régionaux

Vous avez maintenant effectué un important travail, à la fois quantitatif et qualitatif, sur les différents annuaires et moteurs de recherche internationaux et francophones généralistes. Si votre site est entièrement en anglais et très ciblé sur les Etats-Unis, cela peut suffire, car les Américains utilisent en général les outils décrits aux pages précédentes. Même chose si votre cible est spécifiquement francophone, sans particularité régionale.

Mais si vos pages sont également (ou exclusivement) destinées à d'autres populations — notamment sur une cible plus restreinte, comme les Bretons, les Québécois, les Alsaciens ou les Parisiens — votre tâche de référencement n'est pas terminée.

En effet, il est loin d'être certain que ces personnes utilisent Yahoo! International, Altavista ou HotBot pour effectuer leurs recherches. En tout cas, s'ils utilisent ces outils aujourd'hui, ils se tourneront certainement vers de outils plus locaux très rapidement. Alors, autant vous y référencer aujourd'hui pour y être trouvé demain. Ces outils existent, il suffit d'aller y faire un petit tour et de leur signaler votre site. Cela ne vous prendra que quelques minutes et vous aurez peut-être à vous féliciter, dans quelques mois, d'avoir effectué cette démarche.

ab

Vous trouverez une liste très complète de plus de cent outils de recherche régionaux français, classés par régions (Alsace, Dom-Tom, Rhône-Alpes, etc.) sur le site web du livre, à l'adresse :
http://www.abondance.com/annuaire/index.html

De la même façon, selon les cibles de votre site web, il sera intéressant de vous référencer sur des annuaires régionaux autres que francophones. Si votre site propose une partie en allemand, vous devrez le soumettre aux annuaires et moteurs d'outre-Rhin. La situation est identique si l'une de vos cibles est l'Espagne, l'Italie, etc. Dans ce cas, ne soumettez pas la page d'accueil française ni le document d'introduction qui donne le choix entre plusieurs langues. Proposez directement la page d'accueil conçue et traduite dans la langue de l'outil de recherche sollicité. Vous serez certainement surpris du trafic généré par ces outils étrangers.

Bien entendu, ne soumettez votre site aux moteurs et annuaires italiens que s'il propose de l'information en italien ! Ne perdez pas de temps à proposer vos pages tous azimuts pour des gens qui ne comprendront pas obligatoirement le contenu de vos documents ; ces derniers seront de toutes façons refusés sur ces outils. Au début de ce livre, j'avais évoqué le fait qu'un site web qui s'adresse à tout le monde ne s'adresse en réalité à personne. Il en est de même pour le référencement. Mieux vaut bien cibler les outils auprès desquels on va s'inscrire plutôt qu'essayer d'aller partout et de brasser beaucoup d'air. Eventuellement, laissez des logiciels de soumission automatique traiter l'aspect quantitatif pour vous concentrer sur le qualitatif.

Moteurs de recherche thématiques

Dernière partie de la phase de référencement, vous devrez tenir compte des moteurs de recherche spécifiques d'un domaine, d'une thématique particulière. En effet, devant l'affluence et le trop-plein d'informations sur l'Internet, de nombreux outils ont été créés pour couvrir un domaine précis : le commerce électronique, la finance, l'immobilier, l'actualité, la presse généraliste, les voyages, la musique, etc.

Il y a fort à parier que, dans les années qui viennent — et après plusieurs vagues de personnalisation de l'information — ces moteurs spécialisés seront appelés à se développer. Ils seront sans doute de plus en plus consultés.

C'est une excellente raison pour essayer d'y inscrire votre site avant qu'ils ne soient saturés. En effet, chaque moteur, chaque annuaire connaît la même courbe de vie : au lancement, l'outil cherche à enrichir son contenu. Il ne pose alors pas de réelles conditions à l'admission d'un site dans sa base. Un filtrage est parfois réalisé. Mais la soumission est somme toute assez simple et rapide. Puis, au fur et à mesure que l'outil gagne en trafic, il devient plus difficile de s'y inscrire. En effet, la spirale infernale a commencé : le contenu draine du monde, donc les soumissions affluent. Mais l'outil tient à ce moment-là à garder une certaine maîtrise technique de son site. Il entreprend de limiter de plus en plus les inscriptions. Au point de verser dans la sévérité !

Sur le site web du livre, vous trouverez une liste réactualisée des sites qui répertorient les moteurs et annuaires spécialisés, à l'adresse : *http://www.abondance.com/outils/specif.html*

Le site Enf!n (http://www.enfin.com/) *permet de retrouver facilement de nombreux sites d'annuaires ou de moteurs de recherche spécialisés dans le monde francophone.*

Le constat a la force de l'évidence : il est souvent beaucoup plus facile de s'inscrire sur un outil de recherche à ses débuts que lorsqu'il a atteint une certaine maturité. (Nous aurons l'occasion d'en reparler au chapitre 6.)

Vous devrez donc écumer les outils de recherche spécifiques de votre secteur et vous y inscrire. Il y a deux façons de procéder. D'abord, vous pouvez aller sur des sites qui les répertorient (on pourrait ainsi parler d'« annuaires d'annuaires »), tels que *Internet Sleuth* ou *Beaucoup*.

Internet Sleuth :
http://www.isleuth.com/
Beaucoup :
http://www.beaucoup.com/

Un autre moyen consiste à passer par un annuaire généraliste tel que Yahoo!, qui recense également (le plus souvent dans les rubriques concernées) ce type d'outils de recherche spécifiques dans chaque branche de son arborescence. Exemples :

http://www.yahoo.com/Business_and_Economy/Companies/Music/Directories/

Annuaires du domaine musical.

http://www.yahoo.com/Business_and_Economy/Companies/Real_Estate/Directories/

Idem pour l'immobilier.

En règle générale, sur Yahoo! International, la demande du mot relatif au domaine spécifique et le mot clé *director** (pour *directories* et *directory*) fonctionnent bien. Exemples :

+law +director*

+travel +director*

Si vous effectuez vos recherches dans le monde francophone, remplacez le mot spécifique du domaine par l'équivalent en français, et *director** par *annuaire*. Les résultats sont souvent probants. Exemples :

+droit +annuaire

+voyage +annuaire

Il est important de ne pas négliger cette partie des moteurs spécialisés, ainsi que des outils régionaux, même si le référencement de votre site sur la multitude d'outils vus précédemment vous a déjà pris pas mal de temps. Ces outils de recherche sont promis à un bel avenir. Ne les négligez pas...

Positionnement

Etre présent sur les outils de recherche, c'est bien, mais il est clairement convenu dans le monde du référencement qu'être bien positionné, c'est mieux !

Et être bien positionné, cela signifie que, lorsqu'un internaute va saisir un mot clé sur un outil de recherche (annuaire ou moteur), une page de votre site ou la fiche le décrivant (dans le cas d'un annuaire) sortira, idéalement, dans les dix premiers résultats.

De nombreuses offres fleurissent sur le marché français, certaines garantissant même cette position dans la première page de résultats. Une bonne occasion de faire un point sur ce qui est possible et... sur ce qui ne l'est pas !

Au-delà du simple positionnement, n'existe-t-il pas, finalement, de meilleures solutions pour mesurer l'efficacité d'un bon référencement ?

Le positionnement, donc, représente l'art de positionner votre site en bonne place dans les résultats des outils de recherche pour vos mots et expressions les plus importants. Exemple : vous vendez des chaussures. Le positionnement de votre site consistera à faire en sorte qu'une page au moins de celui-ci apparaisse dans les premiers résultats des moteurs de recherche majeurs — le plus près possible de la première place — lorsque l'internaute saisit, par exemple, les requêtes : *vente de chaussures, chaussures de luxe, chaussures premier prix, achat chaussure Provence*, etc. L'objectif est donc d'apparaître, au pire, dans les trente premiers résultats.

De nombreux cahiers des charges ou appels d'offres demandent d'ailleurs — et de plus en plus (et parfois de façon pas très claire, avouons-le) — une clause « positionnement » dans leurs demandes de référencement. De façon plus risible, certains de ces cahiers des charges indiquent la mention : *Nous désirons être dans les dix premiers résultats des dix outils de recherche majeurs du Web*, sans indiquer pour quel mot clé, ce qui est une hérésie, comme nous allons le voir par la suite.

La plupart du temps, à l'attention de leurs clients, la plupart des référenceurs professionnels fournissent, par exemple tous les mois, un tableau indiquant, pour chaque moteur majeur et pour certains mots clés, la position du site. Exemple : pour l'expression *vente de chaussures*, une page du site *www.stela.com* apparaît en 3e place sur Altavista, en 6e position sur HotBot, etc.

Le client, au début du projet, vient donc voir le référenceur et lui dit quelque chose comme : *Je veux que mon site soit dans les deux premières pages des principaux outils de recherche pour tel ou tel moteur et annuaire. Pouvez-vous me faire une proposition ?* Une fois le devis accepté, le référenceur commence son travail.

Pour réaliser le meilleur positionnement possible, il construit souvent des pages satellites ou pages alias (voir chapitre 3) en fonction des expressions ou mots clés importants pour l'activité de son client. Il optimise éventuellement les pages existantes du site puis, chaque mois, établit le relevé des positions du site pour chacun de ces mots clés. Si les positions sont médiocres, il continue à travailler pour faire monter ces pages dans les résultats des moteurs.

Cette situation a perduré pendant de nombreux mois, mais il semble qu'elle soit bien plus difficile à mettre en place actuellement, et ce pour de nombreuses raisons.

Premièrement, les moteurs ont mis en place des techniques pour combattre les pages satellites. D'une part, ils ont créé des logiciels spécifiques pour les détecter et les éliminer de leur index. D'autre part, ils font pratiquement tous aujourd'hui du *clustering*, (voir chapitre 3). Dans leurs résultats, ils ne proposent plus qu'une page par site ; il s'agit souvent de la page d'accueil. Adieu donc les pages satellites optimisées en fonction d'un mot clé ou d'une expression donnée.

Un moteur de recherche tel que Altavista va encore plus loin : il modifie de façon incessante (parfois plusieurs fois par jour) le poids attribué à chacun de ses critères de pertinence pour un mot clé donné. Faites une recherche l'après-midi sur ce moteur, vous obtiendrez un résultat différent par rapport à la même requête effectuée le matin même. A quoi sert un tableau de positionnement dans ce cas ? De la même façon, Inktomi travaille sur plusieurs index différents. Vous faites une requête sur HotBot, puis la même requête quelques instants plus tard, et vous pouvez obtenir des résultats différents n'émanant pas de la même base de documents.

Enfin, les moteurs prennent de plus en plus souvent en compte des critères « off the page » sur lesquels il est impossible de jouer pour favoriser le positionnement d'une page : indice de popularité, indice de clic, présence des mots demandés dans le nom de domaine, présence du site dans la partie « annuaire » pour les outils mixant un annuaire et un moteur, etc.

Quand on ajoute à cela que le positionnement n'est valable que pour les moteurs de recherche et non pour les annuaires — puisque ces derniers sont bâtis par des humains sur la base de fiches descriptives de sites qu'il est impossible de modifier à sa guise —, on commence à comprendre que le postionnement reste une action limitée. En effet, les annuaires drainent 60 % (pour ne pas dire plus) du trafic en provenance des outils de recherche, tous types confondus.

D'autre part, on ne peut effectuer un positionnement que pour quelques termes isolés et surtout très restrictifs. En effet, il est aujourd'hui quasi impossible (à moins d'être très... chanceux) d'obtenir un positionnement pour un mot clé qui fournit 200 000 résultats sur un moteur. C'est d'autant plus dommage que ce sont souvent ceux-là qui génèrent du trafic sur un site web ! Plus le terme envisagé est général, plus il est saisi par les internautes sur les moteurs de recherche, mais plus le positionnement est complexe. Plus le mot choisi est rare, plus le positionnement est possible, mais le mot est plus rarement saisi sur les outils de recherche. Il est, par exemple, absolument impossible aujourd'hui d'effectuer un bon positionnement sur des mots tels que voiture, livre, CD, ordinateur, industrie, commerce électronique, MP3, Star Wars, littérature, sexe, etc. Ne parlons pas de leur traduction en anglais... Pour résumer, plus l'expression demandée sera spécifique de votre activité, meilleur sera le positionnement, à condition que vos pages soient bien optimisées en fonction des critères de tri des moteurs de recherche. Mais, d'un autre côté, peu de gens saisiront ces mots sur des moteurs. Mais les prospects ainsi recueillis seront aussi beaucoup plus qualifiés...

Pour illustrer ce propos en le caricaturant, on pourrait dire qu'il est simple de bien se positionner sur l'expression *vente de zyrconium au Zimbabwe*. Tout référenceur, même moyen, est capable de positionner votre site en première position de tous les moteurs majeurs pour cette expression. Mais qui va aller la saisir sur les moteurs (à part les personnes qui désirent vendre du zyrconium au Zimbabwe, bien entendu) ?

Puisqu'on est dans la caricature, l'idéal serait de positionner un site qui traite de musique dans la première page de résultats d'Altavista pour la saisie du mot *mp3*. Mais la saisie de ce mot, qui est en permanence classé dans le *Top Ten* des mots clés les plus souvent demandés sur les outils de recherche du Web, propose plus de cinq millions de pages sur ce moteur ! Comment voulez-vous avoir ne serait-ce qu'une infime chance d'obtenir un bon positionnement de vos pages parmi plusieurs millions !

Bien entendu, ces deux cas sont extrêmes, volontairement provocateurs. Le travail du bon référenceur sera justement de conseiller son client quant aux mots clés ou expressions sur lesquels il est techniquement possible de faire un positionnement mais sur lesquels il est également imaginable qu'un certain trafic sera généré. Cela devient de plus en plus complexe, tous les référenceurs « sérieux » vous le diront !

Autre façon de poser le problème : doit-on vendre du positionnement **sans** obligatoirement vendre le trafic inhérent ? Autrement dit : est-il logique de vendre du positionnement sans vérifier par la suite le trafic généré ? Je pense que non.

Imaginons le trafic d'un site sans référencement et le trafic de ce même site trois mois après les phases d'optimisation et de référencement. Analysons à ce moment-là les logs avec un outil tel que Webtrends et regardons le résultat sur les outils de recherche majeurs : si le trafic émanant, par exemple, d'Altavista a triplé pour un certain nombre de mots envisagés, alors le référenceur a bien fait son boulot. Et cela pourtant sans aucun rapport de positionnement.

Le risque du positionnement est clairement que l'on vende des premières positions sur des expressions qui ne font venir personne, qui flattent le client (il est **premier** !) mais qui ne sont pas rentables au final.

D'où l'extraordinaire importance des mots clés choisis. Mais qui détient une solution miracle pour les choisir de façon parfaite dès le départ ? L'emploi d'un outil tel que Webtrends permet d'analyser les mots clés avec lesquels les gens ont trouvé le site, et ainsi d'aller beaucoup plus loin et surtout d'être beaucoup plus efficace !

Donc, en résumé : le positionnement, d'accord, mais avec création de trafic à la clé.

Autre point important : un positionnement n'est bon que pour un mot ou une expression. Par exemple, si vous travaillez sur l'expression *réservation billet d'avion*, le travail réalisé ne sera pas valable pour les termes *résevation billets d'avion* ou *réservation billet avion*. Voyez-vous bien la différence entre chacune de ces versions ? Pourtant, le travail risque d'être bon dans un cas et très mauvais dans un autre. Comment savoir exactement ce que les internautes saisissent sur les outils de recherche ?

Donc, on peut réellement se poser des questions sur des techniques de positionnement qui — si elles se sont révélées efficaces par le passé — ne servent parfois plus à grand-chose. D'autant que la plupart des outils qui étaient jusqu'à maintenant des moteurs « purs » (Altavista, Infoseek, Excite) s'orientent de plus en plus vers des résultats fournis en premier par des annuaires puis, à partir d'un certain nombre de résultats, par un système de type moteur. Et l'avènement des annuaires « ouverts » (*Open Directory*, *Go Guides*) nous amène à penser qu'il s'agit là d'une tendance « lourde » vers laquelle s'acheminent tous les outils de recherche. Le positionnement va donc, à mon avis, non seulement se révéler imposssible, mais encore tout simplement inutile !

Alors, que faire ? Si le positionnement (et son suivi sous forme de tableaux) n'est peut-être plus vraiment une façon très efficace d'évaluer la qualité d'un bon référencement, comment mesurer le travail effectué par un référenceur ?

Il existe peut-être une solution. Il est possible aujourd'hui de vérifier le trafic global qui émane des outils de recherche en visualisant les statistiques sur les *urls referrers* (c'est-à-dire les adresses des sites d'où proviennent les internautes qui arrivent sur votre site) grâce à des logiciels tels que WebTrends (*http://www.webtrends.com/*). Ces logiciels permettent de mesurer le trafic global en provenance des outils de recherche majeurs. Il est possible de connaître le trafic en provenance d'Altavista ou de Yahoo!, par exemple, en nombre de visites, et même les mots clés saisis par les internautes pour trouver votre site.

Principaux services de recherche			
	Services	Recherches	% du total
1	Yahoo	92	52.27%
2	AltaVista	79	44.88%
3	HotBot	2	1.13%
4	Lycos	2	1.13%
5	Excite	1	0.56%
	Sous-total des recherches pour les services ci-dessus	176	100%
	Total des recherches pour le fichier journal	**176**	**100 %**

Exemple de rapport fourni par Webtrends : listing des outils de recherche sur lesquels les internautes ont trouvé votre site.

Principaux services de recherche et expressions cherchées			
Services	Expressions	Expressions trouvées	% du total
Yahoo	commerce	25	14.2%
	commerce électronique	7	3.97%
	pharmacie	5	2.84%
	médicaments	5	2.84%
	strasbourg	5	2.84%
	alsace	4	2.27%
	colmar	[illegible]	[illegible]
AltaVista	laboratoire pharmaceutique	4	2.27%
	labo alsace	2	1.13%
	pharmacie strasbourg	2	1.13%
	pharmacie alsace	2	1.13%

Autre indication : les mots clés et expressions ayant servi aux internautes pour trouver votre site, pour chaque outil de recherche.

Vous avez ainsi une idée (par exemple avant et après la phase de référencement) du trafic total en provenance de Yahoo!, Altavista et consorts. Si Altavista drainait 1 000 visiteurs par mois sur votre site avant le référencement et 8 000 après, vous pouvez en conlure que le référenceur a bien fait son boulot. Peu importe finalement de savoir au moyen de quels mots clés les internautes ont trouvé votre site, l'essentiel étant bien que du trafic ait été généré, non ? Ce système a l'énorme avantage de prendre en compte tous les mots clés saisis et non quelques-uns de façon isolée. Mais il a également l'avantage de vous indiquer ceux qui ont servi à vous trouver. Vous pouvez donc en déduire ceux qui n'ont pas servi, et envisager une action éventuelle sur ceux-ci.

Toutes ces indications seront reprises au chapitre 6, qui traite du suivi du site. Aussi je ne m'étendrai pas davantage sur les possibilités d'un outil tel que Webtrends, qui devrait être le partenaire idéal et quotiden du *web-marketer*. Il y a en tout cas fort à parier que ce type d'outils deviendra dans les années qui viennent un système de mesure fiable de l'efficacité d'un bon référencement.

FAQ (Foire Aux Questions)

Pour terminer ce chapitre, il m'a semblé important de compiler les différentes questions qui reviennent souvent (parfois **très** souvent) dans la bouche des clients qui désirent acheter une prestation de référencement ou de positionnement. Une bonne occasion également de tordre le coup à quelques serpents de mer...

Soumettre un site sur un moteur ou un annuaire, c'est payant ?

Non, l'inscription est gratuite sur tous les annuaires et les moteurs de recherche les plus courants à l'heure actuelle. Yahoo! International et Looksmart proposent, pour leur part, la possibilité d'une prise en compte rapide payante de votre site, mais la procédure normale et gratuite reste valable.

Il paraît qu'en payant on peut être mieux classé sur les annuaires et les moteurs. C'est vrai ?

Ah, voici une des rumeurs les plus persistantes parmi celles qui circulent sur le Web ! Désolé si vous aviez prévu un budget « passe-droit », mais cela est faux. Seuls certains moteurs américains, tel GoTo (*http://www.goto.com*), font payer (et ils ne s'en cachent pas) le placement d'une page dans leurs résultats. Pour les autres, les moteurs et les annuaires utilisent des algorithmes mathématiques qui n'ont rien à voir avec l'investissement en bandeaux publicitaires effectués par une entreprise auprès de l'outil de recherche ni avec une quelconque tentative de « dessous-de table » plus ou moins avouée. Donc, **non**, **non** et **non**, il est impossible d'acheter un positionnement sur un outil de recherche majeur. Jusqu'à preuve du contraire, en tout cas. Et, pour l'instant, j'attends cette preuve depuis des années sans rien voir venir !

Combien de temps faut-il pour apparaître sur un annuaire ?

Pour les annuaires, cela est très variable, les délais allant de quelques jours à quelques semaines. Vous êtes généralement averti par e-mail si le site est accepté, mais vous n'êtes pas informé s'il est refusé. Il faut donc vérifier cette inscription quinze jours à trois semaines environ après l'avoir demandée. Si votre site n'est alors pas présent dans l'annuaire, reformulez votre demande.

Pour les moteurs de recherche, il existe deux délais. Tout d'abord, celui qui court entre le moment où vous avez proposé l'adresse de votre site et le moment où le *spider* viendra « aspirer » la page correspondante. Il est généralement de deux jours à deux semaines. Mais, à l'occasion de cette première visite, le robot logiciel ne prend en compte que la page présente à l'adresse donnée. Quant à la sauvegarde du reste du site, elle est programmée pour plus tard, dans un délai pouvant aller jusqu'à deux mois.

Le fait de s'inscrire est-il synonyme de prise en compte automatique ?

Pour les annuaires, non, loin de là. La plupart d'entre eux refusent davantage de sites qu'ils n'en acceptent.

Pour les moteurs de recherche, on pourrait dire oui, mais certains, parfois très connus, ont une légère tendance à oublier de visiter votre site.

Dans tous les cas, une vérification manuelle de l'état d'inscription de votre site est absolument obligatoire pour les outils de recherche les plus importants.

Est-il nécessaire de tricher pour bien figurer dans les moteurs de recherche ?

De nombreuses personnes ont essayé de tricher pour voir leurs pages bien classées sur les moteurs de recherche : répétition de mots en blanc sur fond blanc, répétition de titres, répétition du nom des concurrents de façon « transparente ». L'ensemble de ces techniques s'appelle le *spamdexing* (voir chapitre 3), fraude destinée à faire apparaître une page dans les premiers résultats d'un moteur de recherche pour un mot clé donné. Ces techniques sont aujourd'hui connues des moteurs, et irrémédiablement chassées. Tenter de frauder de cette sorte ne vous apportera rien, si ce n'est de voir votre page pénalisée et, parfois, votre site tout simplement éjecté de l'index du moteur et mis sur sa « liste noire ».

Dois-je confier le référencement de mon site à un professionnel du domaine ?

A vous d'évaluer le temps que vous allez passer à acquérir les connaissances indispensables et à travailler sur le sujet en interne. Puis de mettre de l'autre côté de la balance le coût de la même prestation externalisée. Pour indication, de plus en plus de sociétés sous-traitent cette activité... Mais vous devriez être plus à même de prendre une décision après avoir lu ce livre ;-)

Je veux que mon site apparaisse dans les deux premières pages des principaux outils de recherche. Pouvez-vous me faire une proposition *(phrase relevée dans de très nombreux cahiers des charges et appels d'offres de création de sites Internet)* ***?***

« Figurer sur les x premières pages des outils de recherche » ne signifie rien en soi. Ce positionnement doit se faire obligatoirement par rapport à des mots clés ou des expressions (« New York », « vente de billets de train », « machine à laver », etc.) donnés au préalable.

Il est donc très important, lorsque vous recherchez un positionnement, de dire pour quels mots, termes ou expressions vous le désirez.

Attention : chaque mot, chaque lettre, sont importants : si vous optimisez la page d'accueil d'un site ou une page satellite pour l'expression "cathédrale de strasbourg" et obtenez un bon classement sur un moteur donné pour cette expression, la page peut être beaucoup moins bien classée si quelqu'un saisit "cathedrale de strasbourg", voire "cathédrale de Strasbourg", sur le même moteur. Voyez-vous la différence entre les trois saisies ?

Je vends des engrenages mécaniques, et un des mes clients est Peugeot. Je suis mal classé sur Yahoo! France pour le mot "voiture". Que pouvez-vous faire pour moi ?

Désolé, pas grand-chose :-)

Tout d'abord, il faut être très clair sur un point : si quelqu'un qui travaille dans le domaine du référencement vous **garantit** un positionnement sur un annuaire tel que Yahoo! France, Nomade, QuiQuoiOù, l'Open Directory, Snap ou autre Looksmart, vous pouvez vous dire que vous venez de rencontrer un escroc...

Le positionnement est une technique qui ne s'applique qu'aux moteurs de recherche, non aux annuaires !

Si le mot « voiture » apparaissait dans le résumé que vous avez proposé, l'annuaire a très bien pu le retirer. Il en a le droit (il se l'arroge en tout cas...).

Maintenant, il est tout à fait possible de demander la modification d'un titre ou d'un résumé à un annuaire. Un formulaire est d'ailleurs très souvent disponible à cette fin. Cependant, il faut que cette demande soit justifiée. Si elle a pour seul objectif de chercher à être mieux classé (et les netsurfeurs des annuaires ont quelque expérience de la chose...), la demande n'a aucune chance d'être retenue.

Je suis hôtelier, je vous ai donné mon site à référencer, mais je ne le trouve pas sur Altavista lorsque je saisis le mot « hôtel ». Pourquoi ?

Exact. Mais, souvenez-vous, vous n'avez pas voulu faire optimiser votre page d'accueil [ce dialogue est bien entendu fictif ;-)]. Or, lorsque je regarde votre code HTML, je n'y vois nulle part le mot « hôtel » : ni dans le titre, ni dans les balises <META> (il n'y a, d'ailleurs, aucune balise <META> dans votre page), ni dans le texte visible, bref, nulle part... Les moteurs de recherche ne peuvent donc pas vous trouver sur ce mot clé (outre le fait qu'il est de toute façon beaucoup trop générique).

J'ai un site sur l'agroalimentaire. Lorsque je saisis le mot « aliment » sur Yahoo!, je ne le trouve pas. Pourtant, j'avais fourni ce mot dans la liste que je vous avais communiquée. Que se passe-t-il ?

Attention ! Beaucoup de gens pensent que, lors de la soumission d'un site — notamment sur les outils de recherche — on fournit un certain nombre de mots qui serviront de référence lors des recherches futures des internautes. Il n'en est absolument rien ! Les annuaires, notamment, effectuent leurs recherches dans des fiches descriptives de sites (titre, résumé, adresse, nom de rubrique) et non dans une liste de mots clés, même si certains, tels que Nomade et Voila, établissent également une liste de ces mots clés, joints à la fiche descriptive de façon transparente. Mais ces termes sont identifiés par les netsurfeurs.

J'ai pensé mettre dans mes balises « keywords » le nom de mes concurrents. Est-ce raisonnable ?

Ce type de méthode est formellement déconseillé. Aux Etats-Unis, tous les procès qui ont été intentés pour ce type de pratique ont tous — sauf cas très particuliers — été gagnés par les entreprises dont le nom était employé de façon illicite dans les balises <META> de sites n'ayant rien à voir avec elles.

De la même façon, n'employez dans vos balises <META> que des mots ayant un rapport avec votre activité ou avec le thème de votre site. Dans le cas contraire, une tentative de fraude pourrait être détectée par l'outil de recherche.

Yahoo! France est-il un sous-ensemble de Yahoo! International ?

Non, les deux bases sont totalement dissociées. Le contenu de Yahoo! France (*http://www.yahoo.fr/*) n'a rien à voir avec celui de Yahoo! International (*http://www.yahoo.com/*). Les recherches doivent s'effectuer au moyen de mots en français sur Yahoo! France, et de mots en anglais sur Yahoo! International. De plus, on doit référencer un site en français sur Yahoo! France et un site en anglais sur

Yahoo! International. Enfin, un site bilingue devra être référencé sur les deux.

J'ai demandé un mot sur un moteur, et la page proposée ne le contient pas. Pourquoi ?

Il peut y avoir plusieurs explications, mais la plus vraisemblable est que ce mot se trouvait dans la page lorsque celle-ci a été sauvegardée par le *spider* du moteur. Par la suite, elle a été modifiée et le mot disparu de son contenu le jour où vous avez effectué l'interrogation.

Pouvez-vous me garantir un positionnement sur les dix outils de recherche majeurs du Web pour dix mots clés donnés ?

Relisez cette FAQ, ainsi que le chapitre précédent, sur le positionnement ;-)

Référencer un site, est-ce suffisant en tant que méthode de promotion ?

Non, certainement pas. On est parfois un peu obnubilé par le référencement et on oublie du coup d'autres méthodes, complémentaires mais également importantes : l'échange de liens, les bandeaux publicitaires, les communiqués de presse, les articles dans la presse papier et électronique, etc. La promotion d'un site web est un tout, le référencement n'en est qu'une partie. Voir le chapitre suivant (belle transition, non ?).

Chapitre 5 Promotion

Vous venez de faire une splendide campagne de référencement. Vos pages sont désormais optimisées et présentes dans les principaux annuaires, ainsi que dans les index d'une majorité de moteurs de recherche sur la planète. Vous avez investi les outils utilisés par votre cible d'utilisateurs. Bravo !

Mais le référencement n'est pas tout ! Certes, il s'agit d'une démarche essentielle pour mieux faire connaître votre site. Nécessaire, oui, mais pas suffisante... Car il en existe bien d'autres ! On les oublie souvent, bien qu'elles apportent la plupart du temps d'excellents résultats. En effet, de nombreux responsables de sites semblent obnubilés par le référencement de leurs pages sur les différents annuaires et moteurs de recherche aux quatre coins du monde. Ils en oublient parfois l'essentiel. Par exemple, la diffusion d'un communiqué de presse auprès des journalistes spécialisés ou d'autres techniques de promotion pourtant fructueuses. Nous allons en voir de nombreuses, parmi les principales, dans les pages qui suivent. Elles sont souvent simples et peu onéreuses. Mais elles demandent généralement un investissement en temps qui est loin d'être négligeable. On le sait, la meilleure façon de voir mourir son site est bien de s'asseoir en attendant le chaland. La seule façon de vaincre cette léthargie est de consacrer du temps à faire vivre ses pages.

Communiqués de presse électroniques

De façon tout à fait logique, lors de l'inauguration d'un bâtiment, d'un nouveau produit ou d'une entreprise innovante, on envoie un communiqué de presse aux médias nationaux et régionaux.

En règle générale, on imprime un document, en couleurs ou en noir et blanc. Puis on glisse ce document dans une enveloppe timbrée et on l'expédie à plusieurs centaines, voire milliers, d'adresses. Cela représente des coûts parfois importants : le papier, l'impression, les enveloppes, l'affranchissement, etc.

Aujourd'hui, les méthodes ont évolué : de plus en plus de journalistes ont une adresse e-mail. Il suffit de rédiger une présentation de votre site, un « communiqué de presse électronique », de collecter les adresses des journalistes disposés à recevoir *via* l'Internet ce type d'informations, d'en intégrer la liste dans votre logiciel de messagerie, puis d'envoyer le tout en une seule fois à chacun des membres de cette liste. Cela prend quelques minutes et ne coûte que quelques francs. Certains organismes, tels que *La Conférence de presse virtuelle*, s'occupent même de tout ce travail pour un prix modique. De plus, avec ces outils, vous êtes sûr que les journalistes agréeront votre démarche puisque ce sont eux qui s'inscrivent auprès du service par l'intermédiaire d'un formulaire sur le Web.

La Conférence de presse virtuelle :
http://www.conferencevirtuelle.com/

Vous trouverez sur le site web du livre une liste des sites qui recensent les adresses de messagerie électronique de nombreux journalistes, ainsi que de nombreuses adresses de sites web utiles dans ce domaine, à l'adresse :

http://www.abondance.com/ressources/presse.html

La situation est simple, mais soyez vigilant, car elle pourrait rapidement se retourner contre vous. Il ne s'agit pas dans un premier temps d'« arroser » des centaines de journalistes n'importe comment. Ceux-ci, tout *cybers* qu'ils soient, sont des personnes faites de chair et d'os. En tant que tels, ils ressemblent donc à tous les internautes et détestent qu'on leur envoie des courriers qui n'ont rien à voir avec leur activité ou leur spécialité.

Sélectionnez donc les journalistes en fonction du site que vous désirez promouvoir. Sur les pages disponibles aux adresses indiquées sur le site web de ce livre, la plupart des journalistes se présentent et indiquent dans quels domaines ils désirent recevoir des communiqués de presse. Il ne sert absolument à rien de vous mettre à dos un journaliste en le sollicitant pour un site dont il n'a que faire.

Comme d'habitude — ainsi que j'ai eu maintes fois l'occasion de le dire aux chapitres précédents — une promotion ciblée vaut mieux qu'un arrosage tous azymuts ! Il en va de même pour les communiqués de presse.

Il vaudra toujours mieux envoyer un communiqué de presse bien ciblé à quelques dizaines de rédacteurs spécialisés dans votre domaine plutôt qu'à plusieurs centaines de journalistes qui mettront automatiquement votre message au panier en pestant contre l'importun qui assaille leur e-mail ! Autant vous dire que, la fois où vous leur enverrez un message les concernant réellement, il y a peu de chances qu'ils le prennent en compte pour peu qu'ils se souviennent encore de vous !

Vous pouvez aussi rechercher sur Yahoo! ou sur des moteurs spécifiques de la presse les adresses des journaux ou des magazines (présents sur le Web ou disponibles en diffusion par e-mail) qui touchent à votre domaine d'activité, et leur envoyer votre communiqué. Les « cyber journalistes » ne sont pas uniquement spécialisés dans la presse numérisée. Il peut également s'agir de journalistes « papier » qui disposent d'une adresse e-mail. Lisez les « ours » (partie « administrative » qui nomme les différents collaborateurs ayant œuvré à la rédaction) des revues disposant d'une rubrique *multimédia* ou *Internet* et relevez les adresses e-mail des journalistes si elles figurent. Là encore, triez ces adresses, et privilégiez la qualité (donc l'adéquation à votre cible) à la quantité. N'importunez pas les journalistes, cela ne sert absolument à rien.

Si vous avez bien cerné votre cible, n'oubliez pas non plus de soigner le communiqué lui-même. La plupart des « cyber journalistes » reçoivent à l'heure actuelle plusieurs dizaines de communiqués de presse par jour. Que ce soit par la poste ou par courrier électronique. De cette masse d'informations, un ou deux communiqués seront extraits pour faire éventuellement l'objet d'un article sur le Web ou dans une *newsletter*.

Faites en sorte d'être parmi les gagnants : un communiqué de presse « classique » annonçant la sortie du site web de la société *untel* n'a absolument aucune chance d'être retenu. Votre site doit proposer, notamment lors du lancement, une action originale : jeu-concours — mais il y en a déjà beaucoup sur le Web —, vente de produits originaux, forum nouveau, voire fantaisiste, etc. Votre site doit proposer quelque chose que les autres n'ont pas si vous désirez avoir une chance d'être retenu. Il n'est même pas la peine d'envoyer un communiqué si c'est pour annoncer en deux lignes qu'un nouveau site est disponible sur le Web. Il s'en crée plusieurs milliers par jour dans le monde !

N'oubliez pas que vous avez longuement étudié, dans votre phase de réflexion préalable, votre cible et ses attentes. En partant de ces données, vous devriez trouver des idées originales pour le contenu ou le démarrage de votre site. N'en doutez pas un instant : si votre site est intéressant et qu'il réponde à un besoin précis des internautes ciblés, la presse en parlera automatiquement ! Mais nous aurons l'occasion d'en reparler à la fin de ce chapitre.

Le contenu et la forme du communiqué doivent faire l'objet d'un soin pointilleux. Ne vous mettez pas à dos les journalistes avant qu'ils n'aient déchiffré votre prose. Prenez en compte les conseils suivants, tout devrait bien se passer.

Forme

• Rédigez un document court, simple, lisible et efficace. Quelques paragraphes suffisent largement, en règle générale, pour annoncer l'arrivée d'un nouveau site, énumérer ses objectifs, son contenu et ses cibles. Donnez envie au lecteur potentiel de lire votre communiqué jusqu'à la fin.

• N'attachez jamais de documents à vos mails, et encore moins de lourdes photos numérisées. Si vous disposez d'images pouvant illustrer un article, proposez de les envoyer à la demande ou, mieux, mettez-les à la disposition des journalistes sur un site FTP. Mais, par pitié, jamais de fichier Word attaché de 300 Ko, voire de plus d'un mégaoctet ! Non seulement le journaliste ne le lira pas, mais il perdra du temps à le télécharger alors qu'il est « charrette » (pressé), donc il vous haïra et vous risquez fort de recevoir un message d'insulte en retour. Autre point à éviter : si vous voulez absolument envoyer un fichier attaché, vérifiez qu'il ne contient pas de virus, à l'instar de bon nombre de fichiers Word ou Excel (expérience vécue !).

• Ecrivez vos communiqués en texte simple. N'utilisez pas de balises HTML (<B>, <I>) à l'intérieur de vos phrases. Evitez à tout prix les majuscules. Chaque journaliste doit être libre de mettre en avant telle ou telle partie de votre communiqué.

• Datez votre communiqué (par exemple : *Paris, le 24 décembre 2000*) après le titre.

• Utilisez le champ *Bcc* (*Blind carbon copy*, « copie aveugle ») de votre logiciel de messagerie électronique pour y insérer la liste des journalistes. N'utilisez jamais la zone *Cc* (*Carbon copy*) pour cela. Si vous envoyez votre message à deux cents journalistes dont les noms figurent en zone *Cc*, votre message arrivera chez chacun d'eux avec la liste des noms des 199 autres destinataires en en-tête de message ! Autant vous dire que votre missive sera immédiatement jetée à la Corbeille. L'utilisation du champ *Bcc* évite ce type de désagréments et diffuse le message à autant de destinataires finaux, tout en occultant leurs noms dans le contenu des courriers. Astuce possible : faites une liste de diffusion des adresses collectées sous votre logiciel de messagerie, puis envoyez le message à votre adresse e-mail, avec la liste en copie aveugle. Vous obtiendrez ainsi un accusé d'envoi dont la forme reflètera le message qu'auront reçu vos destinataires.

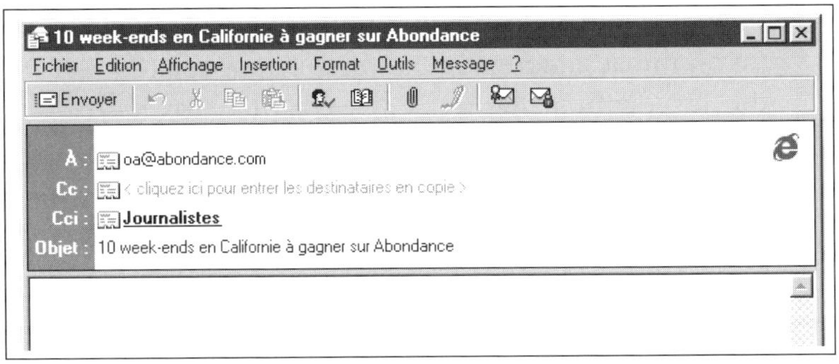

Exemple d'envoi de communiqué de presse sous le logiciel de messagerie Outlook Express : le message est envoyé à l'adresse de l'expéditeur (pour obtenir un accusé d'envoi). La liste des destinataires est indiquée en copie cachée (notée ici Cci:).

Contenu

• Soignez méticuleusement le titre. En effet, c'est l'information qui sera lue en premier par votre destinataire. C'est peut-être ce point qui fera que le message sera lu ou non (beaucoup de communiqués de presse ne sont jamais lus ni même jamais ouverts). Le titre doit être court (moins d'une dizaine de mots), accrocheur sans être racoleur. Vous pouvez vous inspirer de titres de films ou de chansons en les parodiant : *Autant en emporte le Web*, *Mission impossible pour Altavista*, *Les tribulations de Yahoo! en Chine...* (bon, d'accord, tous ces exemples ne sont pas très originaux...). Tenez compte de l'actualité : un titre ayant un rapport avec une expression « dans le vent » (chanson à la mode, film qui vient de sortir, événement en cours) sera mieux capté par le destinataire. Le titre doit donner envie de lire le communiqué, mettre en appétit le lecteur potentiel. Utilisez les deux-points ; cela donne souvent un impact intéressant au titre et annonce tout de suite la vocation du site. Par exemple, *Commerce électronique : Stela vend deux mille chaussures par jour sur son site web*.

• Placez une idée forte et originale dans chaque paragraphe, et ne proposez pas plus de trois ou quatre paragraphes. N'oubliez pas d'indiquer toutes vos coordonnées : adresse du site, e-mail, mais également adresse postale, téléphone et fax. N'oubliez pas les coordonnées de la personne à qui le journaliste pourra demander plus d'information, au cas où quelqu'un s'occupe plus précisément des contacts avec la presse. Si vous pensez que cela est nécessaire, présentez-vous (vous, votre organisation, votre entreprise) en quelques mots en début de texte. Mais n'oubliez pas que la star du jour, c'est le site web, et pas obligatoirement la société qui le lance. Cette présentation sera plus à sa place en fin de communiqué.

• Pour définir le contenu de votre site, vous vous êtes mis à la place de l'internaute. Mettez-vous maintenant à la place du journaliste. Prenez en compte son point de vue (il devra parler de votre site à ses lecteurs et c'est cela qui importe) avant le vôtre.

• Hiérarchisez les informations présentées. Les deux premiers paragraphes doivent receler les données les plus importantes. Esssayez de rédiger un premier paragraphe qui pourra être repris tel quel dans un article, tout en synthétisant bien l'idée générale dégagée par le site.

• Répondez simplement aux questions suivantes : Qui ? Quoi ? Où ? Quand ? Comment ? Pourquoi ? Il est d'usage de ne jamais répondre à la dernière question (pourquoi ?) en premier.

• Chaque ligne — et chaque mot — doit être inspectée car elle doit fournir une information concrète. De la même façon que pour votre inscription sur les annuaires mondiaux et francophones, évitez les grandes phrases mégalomanes (*nous sommes les premiers, les meilleurs ; notre site est fabuleux et il attire déjà des millions de personnes par jour...*) qui font fuir tout le monde sur l'Internet, y compris les journalistes. L'humilité est toujours mieux perçue que l'arrogance. L'Internet ne fait pas exception à la règle. D'une façon générale, n'essayez pas d'influencer le journaliste quant à ce qu'il doit penser (donc dire) de votre site. Laissez-le se faire son opinion lui-même.

• Ne vous répandez pas en détails infimes, mais ne croyez pas, en revanche, que le journaliste vous joindra obligatoirement s'il a besoin de plus d'information. Un juste milieu est donc à trouver entre les données à fournir — c'est-à-dire tout ce qu'il faut pour écrire un bon article sur votre site — et celles qui vous semblent trop pointues et qui n'intéresseront pas obligatoirement le lecteur. Indiquez des chiffres précis (nombre de pages vues, objectifs en termes de chiffre d'affaires ou de trafic) qui sont toujours bien acceptés pour quantifier un article. Vous pouvez aussi proposer des informations complémentaires sur une zone intitulée « presse » directement sur votre site (logos à télécharger, photos, interviews et dossiers complets, etc.). Indiquez alors simplement l'URL où le journaliste pourra aller à la « pêche » aux informations complémentaires sur votre site.

• Ajoutez des témoignages d'utilisateurs ou des « micro-interviews » des responsables du site, qui pourront être repris dans des articles. Présentez-les entre guillemets. Evitez les phrases creuses qui ne riment à rien. Profitez plutôt de ces témoignages pour approfondir une idée présentée précédemment ou pour en soumettre une nouvelle. Ecrivez entièrement le communiqué à la troisième personne, évitez d'être trop familier [« J'ai enfin lancé mon site perso... » ;-)], cela risque d'être mal perçu.

• Evitez les fautes de saisie, les fautes d'orthographe, les erreurs de français ; n'utilisez pas un jargon de spécialiste, incompréhensible par le *quidam* moyen. Ce n'est, en revanche, pas la peine d'expliquer ce qu'est le Web ou l'Internet... Utilisez des mots simples et courants qu'un internaute non débutant comprendra aisément. Le mieux est de faire relire vos communiqués par plusieurs personnes de profils différents avant de l'envoyer.

• Portez une attention particulière aux lettres accentuées. Si vous avez un doute sur leur capacité à passer sur l'Internet, préférez un texte sans accents. La plupart des internautes en ont l'habitude.

• Rajoutez à la fin, comme indiqué précédemment, quelques lignes qui présentent votre entreprise. La pratique est courante, dans les communiqués américains notamment (*About Adobe*, *About IBM*, etc.).

• Enfin, ne téléphonez pas au journaliste dix minutes après l'envoi de votre courrier pour lui demander s'il a bien reçu votre message.

Bandeaux publicitaires : achats et échanges

Deuxième façon de promouvoir un site web : les bandeaux (ou bannières) publicitaires. Ceux-ci fleurissent sur le Web, et ils représentent souvent la seule et unique ressource financière de nombreux sites, dont les annuaires et les moteurs de recherche sont les meilleurs exemples.

Il existe des milliers de bandeaux publicitaires sur le Web. Des sites tels que Zaw *et* Fils de Pub *tentent de les sauvegarder et en proposent un « musée », disponible par catégories :* http://www.zaw.tm.fr/ *et* http://www.filsdepub.com/

Pour en savoir plus sur les bandeaux publicitaires et leur utilisation, je vous conseille l'excellent site *http://www.abc-netmarketing.com/*. Une liste de liens intéressants relatifs à ce domaine vous est également proposée sur le site web du livre, à l'adresse :

http://www.abondance.com/ressources/pub.html

Terminologie

Avant d'aller plus loin dans le sujet des bandeaux publicitaires, il est nécessaire de se pencher sur le vocabulaire spécifique — et parfois bien abscons — du domaine. Le monde de la publicité sur l'Internet regorge en effet de termes parfois plus ou moins précis — ou plus ou moins bien employés — qu'il faut maîtriser pour bien comprendre la façon d'acheter un bandeau. Certains ont, d'autre part, parfois utilisé des termes inappropriés, afin de faire gonfler les chiffres de fréquentation de leur site. Pour mettre fin à ce type d'abus, le CESP (Centre d'étude des support de publicité) a mis en place une terminologie, qui fait aujourd'hui office de standard. En voici les principaux extraits, agrémentés d'un certain nombre de commentaires.

Vocabulaire technique

Hits (nombre de)

Nombre de fichiers qui constituent une page (un écran). A savoir, en règle générale : un fichier texte HTML, un ou plusieurs fichiers images, photos ou logos, parfois un ou plusieurs fichiers son ou vidéo. Une page affichant un fichier texte HTML et cinq images représente donc six hits. Un trafic indiqué en nombre de hits est donc une hérésie. Une page qui contiendrait un fichier HTML et neuf images générerait alors deux fois plus de trafic sur le serveur qu'un document de cinq images !

Serveur Proxy

Serveur relais (on parle également de « mémoire tampon » ou « mémoire cache ») qui permet à un fournisseur d'accès de stocker les pages web qui font l'objet des requêtes les plus fréquentes. Une page fréquemment demandée (les pages d'accueil de Yahoo! ou de Wanadoo, par exemple) sera stockée par le fournisseur d'accès en local, dans son proxy, et envoyée directement à l'abonné qui la demande, évitant ainsi une requête sur le serveur distant. Les requêtes gérées par des serveurs proxy ne sont donc pas toujours répercutées vers le site final et ne sont pas toujours comptabilisées dans l'audience de ce dernier.

Mémoire cache

Espace disque réservé au navigateur utilisé par l'internaute. Cet espace permet au navigateur de remplir sur le poste de l'utilisateur la même tâche qu'un serveur proxy. Les pages déjà consultées sont stockées sur le disque dur ; elles sont réaffichées automatiquement en local si elles sont de nouveau sollicitées. Sauf indication contraire de l'utilisateur (paramétrage de son navigateur), les effets sont identiques en termes de non-comptabilisation de l'audience par le site final.

Bien entendu, le serveur proxy et le cache de l'ordinateur de l'utilisateur ont une taille maximale fixe. Une fois celle-ci atteinte, les fichiers les plus anciens sont effacés pour laisser la place aux plus récents.

Hosts

Machines qui se sont connectées à un serveur. Plusieurs utilisateurs sont en effet susceptibles d'utiliser la même machine. Un host est également appelé « hôte » ou « machine hôte ». Il s'agit du nom de la machine de l'internaute qui effectue la requête sur le serveur web (*machine.wanadoo.fr*, *ord1.aol.com*, *pastis.societe.fr*, etc.).

Une autre notion doit être définie à ce niveau : l'identification de l'utilisateur. En effet, une machine connectée à l'Internet est toujours identifiée par un numéro, dit numéro IP (*Internet Protocol*), de type 130.79.45.67 ou 203.89.76.01, et un nom de machine : *abonne.wanadoo.fr*, *tartempion.aol.com*, *martini.societe.fr*.

Théoriquement, chaque ordinateur détient donc un numéro IP unique qui lui est alloué une fois pour toutes par le fournisseur d'accès Internet lors de l'abonnement (on parle d'allocation statique du numéro IP). Au niveau des statistiques d'un serveur, il serait donc possible de savoir qui a vu une publicité et qui a cliqué sur un bandeau, qui est venu, à quelle date et à quelle heure. Mais il serait logiquement possible de savoir également quand cette personne est revenue sur le site et quelle page elle a consultée à cette occasion, grâce à son numéro IP. Bref, de garder une trace des visites, au fil des connexions.

Malheureusement (ou heureusement, selon le côté où l'on se place), dans la majorité des cas sur l'Internet actuel, les fournisseurs d'accès attribuent un numéro IP et un nom de machine de façon dynamique. Cela signifie que ces *providers* ont à leur disposition un certain nombre de numéros. Ils en allouent un à l'abonné uniquement pour la durée de sa connexion. Ce numéro est ensuite attribué à un autre abonné. Un *provider* peut donc avoir dix mille abonnés mais seulement mille numéros IP, qu'il répartira à sa guise, au fur et à mesure des connexions.

Un internaute arrivant sur un site n'aura donc pas obligatoirement le même numéro IP que la veille ou que lors de sa dernière visite, ce qui ne facilite pas la tâche des hommes de marketing sur l'Internet, qui aimeraient bien mieux connaître le comportement du cyberconsommateur d'aujourd'hui et de demain. Pour contourner cet obstacle, la technologie des *cookies* est le plus souvent employée. Il s'agit de petits fichiers que le serveur distant écrit sur le disque dur du visiteur. Ils contiennent des informations que le serveur pourra relire lors de la prochaine connexion. Vous vous connectez, par exemple, sur le site des 3 Suisses. Le serveur inscrit sur votre disque, à ce moment-là, un certain nombre d'informations. Lorsque vous revenez, le lendemain, il va aller lire le fichier *cookies* qu'il a déposé lors de votre dernière visite et regarder qui vous êtes, les pages que vous avez consultées lors de votre dernière connexion, etc. Bien entendu, le serveur des 3 Suisses ne pourra lire que les informations qu'il a lui-même déposées auparavant, et non celles que La Redoute a inscrites de son côté. Votre machine peut alors se voir attribuer un nom et un numéro IP différents de ceux de la veille ; elle sera cependant identifiée par son fichier *cookies*. Avec ce système, on émet cependant l'hypothèse qu'à une machine est associé un utilisateur unique. Cependant, le système n'est pas parfait. L'internaute, n'aimant pas qu'un œil « étranger » vienne scruter son disque dur, a la possibilité de désactiver le système des *cookies* dans la configuration de son logiciel de navigation.

Logs (ou fichiers *log*)

Informations propres à l'administration des serveurs qui comptabilisent le nombre de requêtes qu'ils ont eu à gérer. Ces fichiers gardent une trace de toutes les connexions et fournissent de nombreux paramètres sur celles-ci. Ils peuvent être considérés comme étant la « mémoire » du serveur. Ils joueront un grand rôle dans le suivi de votre site (voir chapitre 6).

Scripts CGI

Programmes informatiques permettant notamment de construire des pages de façon dynamique. Cette fonction, principalement utilisée par les outils de recherche, interdit le stockage de pages dans les mémoires cache ou les serveurs proxy, et permet donc une comptabilisation exhaustive des pages vues.

Session utilisateur

Intervalle entre l'instant où l'utilisateur débute une consultation et le moment où il y met fin. A l'intérieur d'une session unique, il peut y avoir plusieurs visites à des sites différents.

Indicateurs d'audience éditoriale

Pages vues sur site (nombre de)

Nombre de fois où une page est totalement téléchargée (donc effectivement consultée) et comptabilisée sur le serveur principal (site distant).

Pages vues hors site (nombre de)

Nombre de pages provenant de caches — mémoires cache locales ou serveurs proxy — qui ont été vues par des utilisateurs, mais qui n'ont pas pu être comptabilisées par les outils de mesure sur le site. Ce nombre est, par définition, très difficile à évaluer.

Les sommes des pages vues sur site et hors site — lorsque ces chiffres sont disponibles — donnent donc l'audience exacte d'un site web (on parle alors simplement de « pages vues », bien que cette dénomination désigne souvent, par abus de langage, les pages vues sur sites).

Visite

Ensemble des pages vues sur un site au cours d'une même session. La pratique veut que l'on considère qu'une absence de consultation de nouvelles pages sur ce site dans un délai de vingt à trente minutes (selon les sources) équivaut à la fin de la visite. Plusieurs visites peuvent correspondre au même visiteur.

Visiteurs

Individus qui consultent un même site au cours d'une période donnée (on parle également de *visiteurs uniques*). Le nombre total de visiteurs tient compte de la multiplication des visites par un même internaute. Il est actuellement le plus difficile à déterminer : cela suppose que l'utilisateur respecte une procédure d'identification à l'image de celle que proposent certaines plates-formes ou certains sites sur abonnement (exemples : *AOL*, *Compuserve*, *Wall Street Journal*) ou que le site utilise les *cookies* pour identifier les machines employées.

Pages vues par visite (nombre de)

Nombre moyen de pages vues par visite, sur un site, pour une période donnée.

Origine géographique des consultations

Elle est déterminée par :

- le suffixe apposé à l'adresse électronique de l'utilisateur (*.fr* pour la France, *.be* pour la Belgique, *.ca* pour le Canada, etc.) ;
- l'identification du fournisseur d'accès (*Wanadoo*, *AOL*, *Compuserve*, etc.).

Les adresses électroniques à terminaisons *.com*, *.net* et *.org* (par exemple, *aol.com*, *ibm.net*, *msf.org*) ne correspondent pas à une origine géographique certifiée .

Durée de consultation par visite

Intervalle de temps entre le début et la fin d'une visite sur un même site. Cette notion n'est pas acceptable à ce jour, car elle dépend encore trop de paramètres techniques. En effet, deux notions sont à distinguer :

- le temps « subi » pour la transmission de la page demandée, qui dépend à la fois de la qualité du serveur, de la vitesse du modem utilisateur, de la complexité de la page, etc. ;

- le temps « choisi » de consultation de la page, qui correspond à l'exposition au message.

Indicateurs d'audience (ou de performance) publicitaire

Pages avec publicité vues sur site (PAP)

Pages vues sur lesquelles figure l'offre de l'annonceur (bandeau publicitaire, objet, icône). La non-comptabilisation des pages vues hors site aboutit à sous-estimer le nombre réel de pages avec publicité vues. Attention ! Le fait qu'une page contenant une publicité ait été vue n'implique pas forcément que la publicité elle-même ait été visuellement prise en compte et encore moins que l'internaute ait cliqué dessus.

Coût aux mille pages avec publicité vues sur site (CPMPAP)

Coût d'achat d'espace publicitaire pour un site principal (base mille pages avec publicité vues sur site). Cet indicateur permet d'évaluer et de comparer les tarifs publicitaires des différents sites qui proposent d'afficher des bandeaux publicitaires.

Indicateurs d'efficacité publicitaire (bilan de campagne)

Nombre de clics constatés

Nombre de fois où les visiteurs ont cliqué sur un bandeau ou objet publicitaire.

Nombre de pages avec publicité constatées

Nombre de pages avec publicité vues sur le site pendant une période donnée pour un annonceur donné.

Taux de clics

Nombre total de clics constatés, divisé par le nombre de pages avec publicité (PAP) constatées. L'aspect retenu ici est plutôt qualitatif. Une autre notion, plus fine, est souvent associée au taux de clics : *le taux de transformation*. Il s'agit du nombre d'internautes (divisé par le nombre de PAP) ayant cliqué sur le bandeau puis effectué l'action désirée par l'annonceur (remplir un formulaire, répondre à un questionnaire, laisser ses coordonnées, s'inscrire à un bulletin, acheter un produit, etc.). Il est donc obligatoirement inférieur ou égal (dans le meilleur des cas, ce qui est très rare) au taux de clics, et donne une image encore plus précise de l'aspect qualitatif d'une campagne.

La définition de ces expressions sera certainement affinée dans les années qui viennent. De nombreuses zones d'ombre subsistent. Cette terminologie a cependant le mérite d'exister et d'unifier les définitions, ce qui permet à de nombreuses personnes de parler le même langage. Cela permet également d'éviter les abus, comme le fait d'annoncer le trafic d'un site en nombre de hits, par exemple.

Une fois toutes ces définitions lues et assimilées, il vous sera possible de mettre en place une première campagne publicitaire. Dans les pages qui suivent, vous seront fournis quelques conseils qui peuvent vous être utiles pour bien débuter cette campagne. Cependant, pour mettre en œuvre un budget important afin de mener une réelle campagne stratégique, il est fortement recommandé de passer par une régie publicitaire ou une entreprise spécialisée qui saura vous conseiller dans votre démarche, de façon personnalisée. Une campagne publicitaire massive sur l'Internet peut rapidement coûter plusieurs centaines de milliers de francs. Autant utiliser au mieux cette somme en vous faisant aider par des professionnels.

Cible

Le marché du bandeau publicitaire est actuellement encore faible — notamment en France et dans les pays francophones — , comparé à celui de la publicité dite « classique ». Peu de sites proposent un contenu réellement attrayant. En effet, le nombre d'internautes étant encore faible bien qu'en croissance constante, les annonceurs ne sont pas toujours convaincus du bien-fondé d'une campagne publicitaire sur l'Internet. Bref, si ce marché est en pleine expansion, il est surtout réservé à quelques sites isolés qui drainent une majorité de bandeaux. La situation n'est pas très différente au niveau mondial.

Les sites qui collectionnent ces bandeaux sont principalement les annuaires et moteurs de recherche, les sites de fournisseurs d'accès (*Wanadoo*, *Club-Internet*, *AOL*) et enfin la presse en ligne et les services dits « de contenu », tels que *C|Net* ou *Le Journal du Net* en France. Dernière cible, notamment en France : les annuaires de France Telecom, tels que les « Pages jaunes », les « Pages blanches », les « Pages commerçantes », etc. Les autres ramassent les miettes et ont souvent bien du mal à afficher des bandeaux sur leurs pages contre espèces sonnantes et trébuchantes. Mais le marché évolue rapidement et des sites bien ciblés devraient rapidement voir leur chiffre d'affaires issu de la publicité en ligne évoluer rapidement dans les années qui viennent.

Il existe deux possibilités pour effectuer une campagne publicitaire : massive ou ciblée. Si vous optez pour une publicité massive, vous décidez de toucher une grande quantité de personnes, d'horizons très divers, avec un taux de clics faible, mais l'objectif est d'obtenir un fort gain de notoriété. Vous toucherez ainsi la « masse » et compterez sur la quantité pour vous faire connaître. Parmi les gens qui verront votre bandeau, beaucoup risquent cependant de ne pas être intéressés par votre offre.

Si vous optez pour un site qui s'adresse à une population précise, ou pour une rubrique ciblée à l'intérieur d'un site généraliste, vous toucherez alors moins de monde, mais les personnes qui verront le bandeau seront en principe davantage concernées par le sujet. Le taux de clics constatés sera alors plus important. Il en est de même pour la télévision : vous pouvez diffuser votre spot publicitaire sur des chaînes généralistes qui vous rapporteront de nombreux contacts, pas toujours très bien qualifiés, ou choisir d'annoncer votre produit sur une chaîne thématique, sur le câble ou le satellite. De nombreuses personnes estiment cependant que les deux stratégies sont complémentaires et qu'un bon plan de communication intègre à la fois des sites à fort potentiel quantitatif (sites dits « puissants ») et des sites davantage ciblés (on parle alors d'« affinités » entre le support et le produit vanté par le bandeau). Bien entendu, plus le bandeau sera proposé à une cible bien identifiée, plus le tarif d'affichage en sera élevé.

Design et contenu du bandeau

La première forme de bandeau apparue sur le Web a été l'image simple au format GIF. Puis, le bandeau s'est présenté sous la forme d'un fichier au format GIF animé. Cela permet — si le poids en kilo-octets du bandeau est raisonnable — de proposer une petite animation qui attire l'œil du visiteur et accroît le taux de clics (en effet, la lecture du message prend plus de temps). Il existe à l'heure actuelle d'autres possibilités, à base de Java, Shockwave ou VRML (3D) pour réaliser un bandeau, mais elles sont encore marginales, car elles demandent la plupart du temps la présence d'un logiciel particulier (*plug-in*) sur la machine de l'utilisateur.

Mais les bandeaux ne sont pas obligatoirement uniquement graphiques. Ils peuvent tout à fait comprendre des formulaires (tels que des zones de saisie), des menus déroulants, des boutons radio ou des cases à cocher. Ils permettent ainsi une plus grande interactivité en demandant une participation plus active de l'utilisateur qu'un simple clic sur une image. Un jeu-concours sous la forme d'un *quiz* peut ainsi être intégré directement dans un bandeau publicitaire ; l'action du clic servira à visualiser le résultat de la réponse proposée par l'internaute.

De plus en plus de bandeaux proposent des zones de saisie ou de choix directement à l'intérieur du message, sans attendre de vous aiguiller sur une page du site distant.

Communiqués de presse

Bandeaux publicitaires

Newsletters

Listes et forums

Marketing viral

Echanges de liens

Concours

Webrings

Articles de presse

Affiliation

Publicité

Conclusion

ternational Advertising Bureau :
tp://www.iab.net

La taille du bandeau publicitaire est de plus en plus standardisée (la plupart du temps, 468 pixels sur 60). L'IAB (*International Advertising Bureau*) a cependant défini plusieurs autres formats, disponibles sur son site web. La taille du bandeau est le plus souvent imposée par le site qui l'affichera. Les dimensions requises sont fournies lors de la demande d'information préalable effectuée auprès du site ou de sa régie publicitaire.

tude menée par *WebReference* :
tp://webreference.com/dev/banners/index.html

Une étude fort intéressante, menée par le site *WebReference*, indiquait cependant qu'une publicité d'une taille de 125 pixels sur 125, située à droite de la page, à côté de l'ascenseur — donc directement à portée de la souris de l'internaute — était généralement bien plus efficace que le bandeau horizontal classique.

Le poids, au sens informatique du terme, du bandeau est important (il est limité par la plupart des sites supports). Il ne devra jamais excéder 12 Ko. Un poids de 7 ou 8 Ko semble être une moyenne efficace.

Enfin, le choix des couleurs est également primordial. Il a été prouvé que certaines teintes (jaune, bleu, vert) étaient plus efficaces que des couleurs plus sombres telles que le noir ou le rouge. Au chapitre des couleurs, il est recommandé de laisser le bord bleu autour du bandeau (attribut BORDER=1 de la balise <IMG>), soulignant ainsi que l'on peut cliquer dessus. Enfin, n'oubliez jamais que l'aspect graphique du bandeau doit renforcer le message commercial et non le diluer.

Une fois la forme précisée, il faut s'attaquer au fond, au message véhiculé par l'image. Celui-ci doit obligatoirement être fort et, si possible, événementiel. Il doit aussi être bien adapté à la cible visée. Utilisez peu de mots, mais servez-vous des termes importants trouvés dans votre phase de réflexion (voir chapitre 1). Quelques mots « chocs » valent mieux qu'une longue phrase qui ne sera jamais lue. Demandez-vous, par exemple, ce dont votre cible a le plus besoin sur le Web, et proposez-le sur le bandeau.

Une astuce très souvent utilisée également est d'offrir des cadeaux aux personnes qui cliquent sur le bandeau. Donnez à l'internaute de passage qui l'aperçoit une bonne raison de devenir un visiteur assidu. Il y a fort peu de chance qu'il le fasse pour vous faire plaisir. Incitez-le donc à venir chez vous, à « entrer dans la boutique ».

Beaucoup de publicités sur les pages web posent une question : *Savez-vous où trouver le dernier modèle de chez Stela ? Voulez-vous payer moins cher vos livres ? Avez-vous envie de partir pour les Antilles ?* Cette façon de proposer une offre donne souvent de très bons résultats.

Si le nom de votre entreprise ou de votre site est connu, vous pouvez tabler sur cette notoriété dans le message proposé. Il inspirera confiance à la personne qui le visualisera. Si votre société démarre et que son nom n'est pas *a priori* un atout commercial de première valeur, vous pouvez jouer sur un message mystérieux, du type : *Cliquer ici ne vous fera rien gagner* (vous pouvez être sûr que beaucoup de gens cliqueront pour voir), *Vous désirez partir pour un tour du monde ? Alors cliquez ici*, etc. L'entreprise, le site web et/ou le produit ou service proposés ne sont dévoilés que si la personne clique. La démarche est cependant risquée. En agissant ainsi, vous vous coupez de toutes les personnes qui seraient venues vous voir sur la seule foi de votre nom ou du produit réellement proposé. Pour elles, vous pouvez peut-être proposer un logo ou un pictogramme connu qui pourrait les mettre sur la voie.

Certains bandeaux valorisent également la notion d'urgence de l'offre : *Dernier jour de promotion ! Savez-vous que demain il sera trop tard pour gagner un voyage aux Antilles ?* Ce type de bandeaux peut être utilisé de façon efficace sur les derniers jours d'une campagne. Autre possibilité, l'offre limitée aux cent premières demandes, technique éprouvée dans le marketing traditionnel.

N'oubliez jamais d'inscrire les termes *cliquez ici* sur vos bandeaux. Cela peut paraître incroyable à l'habitué de l'Internet que vous êtes, mais nombre d'internautes ne savent tout simplement pas qu'ils peuvent cliquer sur cette zone de l'écran pour aller sur un site — ou du moins une page — qui leur proposent d'en savoir plus. Par ailleurs, il est important que, une fois le clic effectué, le prospect ne soit pas dirigé « bêtement » vers la page d'accueil du site distant, mais bien sur une page qui aura été réalisée spécifiquement pour la campagne. Ce document lui permettra de répondre à un questionnaire, et d'une façon générale de faire une action marketing quelconque afin de gagner un cadeau après avoir laissé ses coordonnées (la plupart du temps, nom et adresse e-mail, mais de plus amples renseignements peuvent être demandés selon la valeur du cadeau proposé).

Cette page vous servira également, une fois la campagne terminée, à avoir une idée du nombre de personnes venues sur votre site *via* la publicité, si vous ne disposez pas d'outils d'analyse de fichiers *log* performants. Nous y reviendrons.

Coût d'une campagne publicitaire

Pour lancer une campagne sur le Web, vous pouvez tout gérer vous-même, ou vous reposer sur une régie publicitaire qui se chargera de retenir les espaces les plus profitables. Les coûts peuvent d'ailleurs être plus intéressants, car ces entreprises travaillent sur des volumes importants. Elles peuvent obtenir des réductions, parfois substantielles, sur le coût des espaces loués.

Une liste des principales régies publicitaires françaises spécialisées dans la vente d'espaces sur l'Internet est disponible sur le site web du livre, à l'adresse :

http://www.abondance.com/ressources/pub.html

Trois coûts sont globalement proposés par les sites qui afficheront vos bandeaux : le coût forfaitaire, le CPMPAP, et le coût au clic.

Dans le cadre du coût forfaitaire, vous payez une somme convenue au préalable pour une durée fixe d'affichage de votre bandeau (une semaine, quinze jours). Exemple : 40 000 FHT pour quinze jours d'affichage du bandeau sur la page d'accueil du site. Aucune garantie n'est apportée par le support sur le nombre de pages vues ou le taux de clics.

Le CPMPAP (coût aux mille pages avec publicité vues sur site) représente une base de calcul sur mille pages affichées et contenant votre bandeau. Le coût moyen constaté de cet indice est de 250 FHT, mais il peut varier en fonction du support (moteur de recherche, annuaire, presse, site ciblé sur une population donnée). Si le CPMPAP de la page d'accueil d'un site est de 250 FHT et que vous désiriez 60 000 pages vues, vous paierez donc 250 x 60 = 15 000 FHT. Bien entendu, plus la cible visée, donc le support, sera pointue, plus le CPMPAP sera élevé. Il peut ainsi monter à 500 FHT, voire plus, selon le support envisagé.

Le coût au clic est légèrement différent : vous ne payez pas si l'internaute a seulement vu votre bandeau, mais uniquement s'il a cliqué dessus. Ce type d'offres est assez rare, car, dans ce cas, le site qui affiche le bandeau est considéré comme étant responsable de sa qualité alors qu'il y est totalement étranger. En effet, si un bandeau est mal fait sur le fond ou la forme, peu de gens cliqueront dessus ; dans ces condifions, il sera difficile de pénaliser le support qui l'affiche.

Parfois, le site support mettra à votre disposition un tableau de bord en ligne, qui vous permettra de suivre en temps réel l'évolution de votre campagne : nombre de pages vues, nombre de clics, taux de clics. Les mêmes indications seront également disponibles par page, si plusieurs documents sur le site abritent vos bandeaux.

Parfois aussi, le site vous proposera, au début de votre campagne — c'est-à-dire dans les premiers jours —, d'afficher deux ou trois bandeaux différents, afin que vous puissiez rapidement opter pour le plus efficace, donc celui qui génère le taux de clics le plus important.

Enfin, d'autres possibilités de facturation, notamment pour un affichage aléatoire du bandeau en alternance avec d'autres annonceurs, sont possibles.

Un des supports les plus intéressants — en tout cas parmi les plus utilisés sur le Web — est l'insertion de bandeaux publicitaires sur des annuaires tels que Yahoo! ou Nomade. Rappelons que ces outils proposent, *grosso modo*, trois types de pages :

• la page d'accueil ;

• les pages « fixes » présentant les catégories et sous-catégories de l'annuaire ;

• les pages présentant le résultat de la saisie d'un ou plusieurs mots clés de la part de l'internaute : catégories et sites correspondant au(x) mot(s) saisi(s).

Il est possible de positionner des bandeaux sur chacune de ces pages. Voici les types d'achats les plus courants qu'il est possible d'effectuer sur ces outils :

• Page fixe : page d'accueil ou page présentant une rubrique ou une sous-rubrique. Selon l'audience et le ciblage plus ou moins précis, le prix du CPMPAP sera plus ou moins élevé.

• Affichage aléatoire sur les pages du site, la plupart du temps sur les pages qui proposent les résultats de la recherche sur un ou plusieurs mots clés. Le CPMPAP est souvent moins élevé, car le ciblage est, dans ce cas, beaucoup plus flou.

• Mot clé : il est possible d'acheter un mot clé pour proposer un bandeau sur la page de résultats appropriée. Si vous achetez le mot *immobilier*, chaque fois qu'un internaute effectuera une interrogation en saisissant ce mot sur l'annuaire, la page de résultats fournie par l'outil de recherche affichera votre bandeau. Ce type d'achats d'un mot donné peut être envisagé pour les annuaires, et également pour les moteurs de recherche, tels que Altavista, HotBot et consorts.

Il existe la plupart du temps un plancher en nombre de pages vues ou en termes de coût financier lorsque vous achetez de l'espace publicitaire sur un site. Vous ne pouvez pas acheter pour moins de telle somme ou pour un nombre inférieur de pages vues.

Pour vous aider à bien cibler la population à qui vous vous adressez, de nombreux sites ont réalisé des sondages et des études, afin de mieux connaître le profil des personnes qui se connectent chez eux. Demandez un résumé de celles-ci ; il est la plupart du temps disponible, parfois même directement sur le Web. Cela vous permettra de mieux cibler votre campagne et ainsi de mieux choisir vos supports.

Enfin, il est possible de négocier un *sponsoring* pour un événement (coupe du monde de football, fête des mères, Saint-Valentin, etc.). Le *sponsoring* va au-delà de la campagne publicitaire ; il propose une interaction plus forte entre le support et l'annonceur. La pratique est courante à la télévision, où de nombreuses émissions ont leur sponsor officiel. Un site tel que celui de la célèbre librairie en ligne *Amazon.com* va souvent plus loin en sponsorisant des sites « amis » ou certaines de leurs rubriques internes et en fournissant également de l'information : les livres qui parlent de la coupe du monde sur un site traitant du football, les livres qui feront plaisir à votre maman sur un site de cadeaux, etc. Il ne s'agit plus ici de contrats publicitaires mais d'accords commerciaux beaucoup plus étendus, qui peuvent largement dépasser le cadre de l'évenementiel et s'inscrire dans la durée. Alors que le bandeau publicitaire cohabite plus ou moins bien avec le contenu d'une page, le *sponsoring* s'y intègre bien mieux. Il s'agit davantage d'une participation à moyen ou long terme que d'une action limitée dans le temps.

Globalement, une campagne publicitaire dure de une à deux semaines, rarement plus, car le taux de clics sur un bandeau chute ensuite très rapidement. Plusieurs campagnes d'une semaine peuvent être envisagées, à condition qu'elles soient assez espacées. Une campagne complète sur le Web peut paraître onéreuse (de quelques dizaines à quelques centaines de milliers de francs), mais ce coût doit être comparé à celui d'une campagne publicitaire à la télévision, qui est beaucoup plus élevé. Un seul spot télévisé peut correspondre à un mois de présence sur la page d'accueil d'un site web francophone parmi les plus visités !

Il est également possible, auprès de certains supports, d'obtenir une exclusivité d'affichage —payante ou négociable — par rapport au thème traité sur une période donnée. Cela permet de ne pas voir « débarquer » vos concurrents sur un site alors que votre campagne bat son plein.

En tout état de cause, n'hésitez pas, même si vos moyens sont limités, à joindre les responsables de l'espace publicitaire des sites que vous pensez bien ciblés par rapport à votre activité ou qui proposent une catégorie qui vous correspond parfaitement. Le marché de la publicité sur le Web francophone étant ce qu'il est, vous pouvez tout à fait négocier des accords très intéressants. Profitez-en, il est possible que cela ne dure pas éternellement. N'hésitez pas, d'autre part, à solliciter les sites qui génèrent beaucoup d'audience, ils ne sont pas tous aussi inabordables qu'on pense. Sur des annuaires très connus, si la page d'accueil risque d'être difficile à atteindre pour un faible budget, certaines catégories plus « marginales » seront bien meilleur marché.

Evaluation de la rentabilité d'une campagne publicitaire

Mettre en place une campagne publicitaire n'est pas tout, il faut aussi se poser la question de sa rentabilité. Il faut donc bien évaluer la différence entre les pages vues qui affichent votre bandeau et le nombre de fois où un internaute aura cliqué dessus. Sur cette dernière population, il faudra répartir les visiteurs entre les « curieux » (ceux qui sont venus « pour voir ») et les contacts qualifiés (ceux qui ont fait ce que vous désiriez, c'est-à-dire répondu à un questionnaire, acheté un produit, etc., et qui ont laissé leurs coordonnées). Ce sera logiquement cette dernière population qui vous intéressera en premier lieu.

En règle générale, le taux de clics débute environ à 1 % sur des supports généralistes. Il peut monter jusqu'à 5, voire 10 %, quand le bandeau est affiché sur des pages beaucoup plus ciblées. Certaines campagnes ont même connu un taux exceptionnel allant de 11 à 30 %. Mais cela n'arrive que très, très rarement. Bonne nouvelle, il paraîtrait cependant que les Français auraient une plus grande tendance à cliquer sur un bandeau que les Allemands ou les Anglais...

Grosso modo, il faudra tabler sur un taux de clics de 2 ou 3 %, ce qui est déjà un très bon résultat. Si vous avez payé votre présence sur une page sur la base d'un CPMPAP à 250 FHT avec un taux de clics de 5 %, vous obtenez un « coût au clic » de 5 FHT. A vous de voir si ce prix est raisonnable par rapport à d'autres techniques marketing plus « classiques » (mailing, par exemple). Il sera également nécessaire de comparer ce chiffre au coût par contact qualifié, en tenant compte non plus du nombre de clics, mais du nombre de personnes ayant effectué l'action désirée sur votre page web.

Il vous faudra donc, en analysant de façon minutieuse vos fichiers *log* (voir chapitre 6), vérifier ce qu'ont fait les personnes lorsqu'elles sont venues. Ont-elles simplement regardé ? Ont-elles laissé leurs coordonnées ? Combien de temps sont-elles restées ? Quelles pages ont-elles consultées par la suite ? Ces informations vous permettront de calculer le coût par contact, le coût par contact qualifié, le coût par contact ayant effectué un achat en ligne, etc. Vous pourrez comparer toutes ces indications avec les mêmes données calculées pour vos mailings papier ou d'autres types de promotions « hors Internet », si vous avez l'habitude de tenir ce type de comptabilité.

Ce sujet sera abordé au chapitre 6, lorsque nous parlerons de la mesure d'audience d'un site. Il vous faudra, pour cela, des outils spécifiques, que nous détaillerons à cette occasion.

Echange de bandeaux publicitaires

Qu'on le veuille ou non, une campagne publicitaire réclame un investissement financier qui n'est pas toujours à la portée de toutes les bourses. Mais il existe un moyen moins onéreux d'afficher des bandeaux publicitaires : il suffit de les échanger. Le troc se substitue alors à l'achat.

Bien entendu, il sera difficile d'effectuer ce type d'échanges avec des sites à forte notoriété dont la seule façon de subsister est la vente d'espaces. Mais de nombreux autres sites, parfois parfaitement — et souvent mieux — ciblés sur votre activité, peuvent être intéressants et intéressés. Vous serez surpris de vous apercevoir que certains n'ont peut-être jamais pensé à ce type d'échanges avant que vous ne le leur proposiez.

Dans ce cas comme dans celui d'une campagne payante, il existe deux possibilités : prendre les contacts vous-même, ou passer par des réseaux d'échange.

Hitsme :
http://www.hitsme.com/
Le Relais Francophone :
http://www.lerelais.com/
France Hyperbanner :
http://france.hyperbanner.net/
LinkExchange :
http://www.linkexchange.com/

Il existe en effet de nombreux réseaux, ou relais, d'échange de bandeaux, tels que *LinkExchange* ou les francophones *Hitsme*, *France Hyperbanner* et *Le Relais Francophone*. La procédure est toujours très simple et quasi immuable : vous vous inscrivez sur le site et vous recevez automatiquement un bout de code HTML à insérer dans vos pages. C'est ensuite l'organisme qui gère le relais qui s'occupe d'afficher dans vos documents la bannière qu'il désire. Il gère également votre bandeau pour l'afficher sur d'autres sites. Tout est pris en charge par l'organisme d'échange. Tout est gratuit. Vous avez accès en temps réel à un certain nombre de statistiques : nombre de bandeaux affichés sur les sites distants, nombre de bannières affichées sur vos pages, taux de clics de vos bandeaux (la nature des données fournies peut être différente selon l'organisme que vous retiendrez).

Une liste de sites proposant des échanges de bandeaux publicitaires est disponible sur le site web du livre, à l'adresse :
http://www.abondance.com/ressources/pub.html

Bien entendu, le système fonctionne grâce à un « artifice » : pour deux bandeaux que vous allez afficher sur vos pages, le vôtre sera affiché une seule fois sur un site distant. La différence, soit 50 % des affichages, correspond à des bannières payantes commercialisées par les réseaux. Car vous pouvez acheter des campagnes sur ces sites, qui jouent alors le rôle de régies publicitaires en ligne. C'est ainsi qu'ils se rémunèrent sur un CPMPAP en général moins élevé (de l'ordre d'un peu moins de 150 F) que pour une campagne classique. Cela permet d'augmenter le nombre de pages vues de vos bannières.

Cependant, si votre site est peu consulté, la règle des 50 % jouant, vos bandeaux seront également peu visualisés. Il faudra alors peut-être acheter une petite campagne auprès de ces organismes pour augmenter votre trafic. Mais de nouveaux réseaux d'échange sont apparus ces derniers mois, fondant leur principe de réciprocité sur une égalité « un pour un » (un affichage de votre bandeau sur un site externe pour un affichage d'un bandeau du relais sur vos pages).

L'idée et le concept sont donc effectivement séduisants. Ils présentent cependant quelques inconvénients :

• Certaines contraintes sont parfois imposées. Il n'est pas toujours possible de fournir des bandeaux sous la forme de fichiers GIF animés, la taille maximale du bandeau varie selon les organisations (parfois 10 Ko, parfois 8 ou 7), le format est parfois exotique (400 x 40, 408 x 60, 440 x 40) et jamais identique d'un réseau à l'autre.

• Vous ne maîtrisez pas votre cible, vos bandeaux « partent dans la nature » sans que vous ne sachiez exactement sur quels sites ils sont affichés, bien que certains réseaux vous permettent de choisir ou de refuser certaines catégories de sites supports. Mais, dans la plupart des cas, vous ne saurez jamais précisément quels sites ont affiché votre publicité.

• La plupart du temps, les bannières sont obligatoirement agrémentées d'un texte, placé à proximité (sur les côtés ou en dessous) du bandeau : *Membre du relais*, *Affichez-vous gratuitement sur le Web*, *LinkExchange Member*, etc. Ces indications révèlent à vos visiteurs que êtes passé par un système d'échange de bannières. Dans un grand nombre de cas, cela ne portera pas à conséquence. Certains visiteurs, cependant, jugeront sévèrement le fait que vous passiez par un système qu'ils peuvent considérer comme étant une « campagne publicitaire du pauvre ». Certaines personnes peuvent considérer ce texte comme étant une preuve d'amateurisme de la part des gens qui ont mis en place le site. A vous de voir !

• Dernier inconvénient : si le serveur qui gère vos bandeaux (ou la liaison entre l'internaute et ce serveur) connaît un problème, l'affichage de vos pages risque d'être ralenti de façon importante, sans que vous y puissiez quoi que ce soit.

La solution de l'échange de bandeaux reste cependant intéressante pour des sites de faible ou moyenne importance. Elle peut également « combler des vides publicitaires » sur certaines de vos pages, car les notions d'achat et d'échange de bandeaux peuvent être complémentaires. Mais le nombre important de contraintes vous amènera rapidement à utiliser d'autres solutions dès que votre site se professionnalisera. Il s'agit cependant d'un formidable outil d'apprentissage, qui vous fournira une première expérience irremplaçable de mise en place d'une campagne publicitaire. Il vous permettra également de tester les procédures d'évaluation de votre campagne.

Mais si vous désirez faire de l'échange de bandeaux sans contraintes, rien ne vous interdit de prendre le taureau par les cornes et d'effectuer vous-même les démarches. Bien entendu, il sera beaucoup plus long de rechercher les sites intéressants, d'en joindre les responsables puis d'échanger les bandeaux avec eux, mais vous maîtriserez toute la chaîne de la promotion. Il s'agit ici d'une version plus graphique et plus évoluée de l'échange de liens, que nous verrons plus loin.

Les bandeaux que vous proposerez seront peut-être alors moins agressifs commercialement, car ils seront davantage conçus pour durer. Ils ne seront donc pas obligatoirement événementiels, même si rien ne vous empêche de conclure des accords sur des périodes relativement courtes avec d'autres sites. Attention à la surchage de temps. Vous risquez alors de passer vos journées à rechercher des partenaires « gratuits » et à passer des accords de réciprocité avec eux !

Mais une dizaine, voire une vingtaine, de sites savamment choisis, avec lesquels vous échangerez des bandeaux, généreront certainement beaucoup plus de trafic que tous les réseaux d'échange de bandeaux publicitaires de la planète. Le jeu en vaut la chandelle...

Derniere stratégie possible : « récupérer » (télécharger) le bandeau publicitaire d'un site connu depuis une page du Web et l'insérer dans vos pages sans contrepartie. Vos visiteurs penseront que cet annonceur vous fait confiance et vous a payé une campagne, ce qui crédibilisera l'information que vous proposez. N'oubliez pas de prévenir l'entreprise dont vous faites ainsi la publicité. Demandez-lui son autorisation en lui disant que vous aimez particulièrement son site et que vous avez décidé d'en faire gratuitement la promotion sur vos pages. Ne le faites que si vous en recevez la permission, sinon vous pourriez vous retrouver avec un procès sur les bras.

Publicité dans les *newsletters*

Outre les bandeaux publicitaires au format graphique sur le Web, il est aussi tout à fait possible de sponsoriser des bulletins d'information diffusés par e-mail.

La pratique est courante depuis longtemps aux Etats-Unis. Elle commence à gagner l'Europe et les pays francophones.

Certaines lettres américaines exploitent le processus à l'extrême. Il devient ainsi difficile de retrouver l'information « utile » au milieu des multiples bandeaux publicitaires qui fleurissent dans l'e-mail et représentent parfois plus de 70 % du contenu !

Bien entendu, ce type d'annonces est plus limité que le Web au niveau graphique puisque seul le format texte est possible. Mais une phrase courte, efficace, agrémentée d'une adresse web sera parfois très porteuse, et la plupart du temps bien ressentie par les lecteurs. En outre, à l'inverse du Web, les quelques lignes de publicité ne ralentissent en rien — ou si peu — le téléchargement de la lettre d'information sur la machine de l'internaute au moment du rapatriement de ses messages.

```
==================PUBLICITE================
Mlink.Net
Hébergement sur NT - Mac - Unix
Solutions variées de programmation
Montréal - Québec - Hull/Ottawa - Toronto
<http://www.mlink.net/fr/services.html>
=============================================
=================PUBLICITE=================
BARBARY & COURTE
Communication d'entreprise en France (depuis 1984)
<http://www.barbary-courte.com/>
=============================================
```

Deux annonceurs sponsorisent les Chroniques de Cybérie *de Jean-Pierre Cloutier (*http://cyberie.webdo.ch/*).*

Le message publicitaire peut être placé en plusieurs endroits dans la lettre d'information. Si vous avez le choix, préférez le début ou le milieu de la lettre plutôt que la fin, qui est rarement lue.

Le système permet également de bien choisir sa cible en fonction du sujet traité dans la lettre. Si vous avez entendu parler d'un bulletin intéressant, abonnez-vous au préalable et lisez-le, afin de valider son contenu par rapport à votre cible. Si des archives sont disponibles sur le Web, allez les consulter. Profitez-en pour voir quelles entreprises ont déjà proposé des annonces sur les précédents numéros de ce bulletin. Ont-elles une activité identique à la vôtre ou une cible approchante ? Si la réponse est affirmative, le support peut être intéressant. Si vous trouvez ce type de bulletins, envoyez un message au gestionnaire, qui vous indiquera s'il est possible de sponsoriser un ou plusieurs numéros, à quel coût et dans quelles conditions. Toutes les éventualités sont envisageables : échange, achat, partenariat, etc. L'investissement est le plus souvent minime, et les répercussions parfois très intéressantes et en général bien ciblées. L'expérience semble d'ailleurs montrer que les retombées commerciales sont bien meilleures sur ces bandeaux textuels que sur des bannières graphiques « classiques ». C'est peut-être pour cela également que la nouvelle génération de moteurs de recherche (Google, Alltheweb) ne propose plus de bandeaux publicitaires graphiques mais des bandeaux textuels, moins agressifs pour le visiteur du site.

Le système peut également être employé sur des listes de discussion qui fonctionnent sous la forme de *digests*. Au lieu de répercuter tous les messages émis par une personne vers les autres abonnés de la liste, et ce pour tous les messages, un modérateur s'occupe de rassembler toutes les contributions des abonnés, choisit les plus opportunes, réalise un document synthétique (un *digest*) et l'envoie une ou deux fois par semaine à tous les abonnés. Il s'agit donc d'un résumé de ce qui s'est dit les jours précédents entre les abonnés et le modérateur. Il est tout à fait possible de sponsoriser ce *digest* envoyé de façon régulière. Encore une fois, la pratique est courante outre-Atlantique. Un e-mail adressé au gestionnaire d'une liste traitant de votre domaine d'activité vous renseignera rapidement sur les éventuelles opportunités publicitaires.

L'inconvénient de ce type de publicités est qu'il est complexe d'en mesurer l'efficacité (même si certaines entreprises commencent à proposer des outils pour effectuer ce type de calculs). En effet, comment savoir si une personne vient visiter vos pages après avoir lu votre adresse dans un bulletin diffusé par e-mail ? Les seules exceptions seront les personnes qui disposent d'un outil de lecture des courriers électroniques qui permette de cliquer sur une adresse de site web contenue dans un message (par exemple le lien hypertexte d'une page web). Mais ce type de logiciels n'est pas encore suffisamment répandu pour que vos statistiques soient significatives sur ce point.

Autre solution : indiquez dans la publicité textuelle l'adresse d'une page web spécialement créée pour l'occasion. Vous connaîtrez ainsi le trafic généré en lisant vos statistiques, ainsi que le nombre d'accès à cette page. Rien ne vous empêche de créer une page spécifique par annonce publiée dans la presse, afin de comparer les supports les plus porteurs. N'oubliez pas de relativiser ces statistiques par rapport au nombre d'abonnés de chaque lettre.

Listes et forums

Une autre façon, certes indirecte, de promouvoir un site est de participer activement à des forums ou des listes de discussion qui traitent de votre domaine. Si vos messages révèlent vos compétences, les autres personnes de la communauté qui vous lisent auront obligatoirement envie d'en savoir plus sur vous. Et si vous êtes ressenti comme étant compétent, il y a des chances pour que votre site soit considéré comme intéressant. Et bien entendu, l'adresse de votre site se trouvera dans la signature des messages adressés au forum ou à la liste !

Pour mettre en place cette stratégie, il faut d'abord trouver les bons forums et les listes de diffusion adéquates. Pour ce qui est des forums, un site tel que *Deja* vous permettra de les trouver, en vous indiquant les forums les mieux adaptés à votre domaine d'intérêt.

Si vous ne désirez vous préoccuper que des forums disponibles dans une langue donnée, vous pouvez en avoir une idée grâce à la recherche avancée

> **Deja :**
> *http://www.deja.com/usenet/*
> **Power Search :**
> *http://www.deja.com/home_ps.shtml*

(*Power Search*) du site *Deja*. Cette fonction — qui permet d'explorer les archives des forums sur plusieurs années — autorise la recherche linguistique. La saisie des mots clés principaux de votre activité vous permettra donc de visualiser les messages qui les contiennent et, surtout, de trouver les noms des forums desquels ils sont issus. Cela vous permettra de vous faire une bonne idée de ceux qui vous paraissent les plus intéressants.

> **Francopholistes :**
> *http://www.francopholistes.com/*
> **Liszt :**
> *http://www.liszt.com/*
> **Tile.net :**
> *http://tile.net/lists/*

La recherche d'une liste de discussion n'est pas beaucoup plus complexe. Des sites tels que *Liszt* ou *Tile.net* pour les listes de diffusion anglophones, et *Francopholistes* pour les francophones vous permettront de trouver rapidement les espaces communautaires qui vous intéressent : classement par thèmes, recherche par mots clés, etc. Ces sites sont très bien faits. Ils vous permettront de trouver rapidement la liste de vos rêves.

N'oubliez pas la *netiquette* très particulière en vigueur sur ces outils de communications. La plupart des points importants en sont rappelés ici, avec l'ordre chronologique à respecter :

1. Choisissez une liste ou un forum traitant de votre domaine d'intérêt, comme indiqué plus haut.
2. S'il s'agit d'une liste de discussion, envoyez-lui un message demandant de l'aide (les adresses et les

syntaxes d'envoi sont fournies par *Liszt* ou l'outil de recherche approprié). S'il s'agit d'un forum, lisez sa FAQ, si elle est disponible.

3. Lisez le message qui vous est envoyé en réponse par le gestionnaire de la liste choisie ou la FAQ du forum. Ils expliquent leur fonctionnement, leur contenu, éventuellement ce qui s'y dit et quelle est la *netiquette* spécifique en vigueur (ce dont il ne faut pas parler dans la discussion, ce qui y est considéré comme étant hors sujet, etc.).
4. Inscrivez-vous sur la liste (il n'y a pas de phase d'inscription à un forum).
5. Lisez les messages des autres utilisateurs.
6. Attendez deux ou trois semaines avant d'intervenir dans la discussion. Imprégnez-vous de l'ambiance. Ne partez pas bille en tête dès le premier jour en posant des questions à tout va sur des sujets divers et variés, ou en répondant à tous les messages. La participation à ce type de communautés demande un rodage. Attendez d'avoir bien cerné le profil des autres participants et compris le type de débats proposés avant d'envoyer des contributions.
7. Ensuite, si une personne pose une question dont vous avez la réponse, donnez-la. Lors de votre première contribution sur une liste de diffusion, il est d'usage de vous présenter en quelques mots. Faites-le sans aucun message commercial. Le jour où vous poserez une question, on vous répondra d'autant plus facilement...
8. Lorsque vous avez une idée du nombre de messages générés chaque jour par la liste ou le forum, inscri-

vez-vous à une autre liste ou recherchez un autre forum si vous en ressentez le besoin. Sinon, désabonnez-vous de la liste en cours ou abandonnez le forum s'ils ne vous apportent rien (la procédure de désabonnement de la liste en question est fournie dans le message d'aide que vous avez reçu au départ ainsi que dans la plupart des messages reçus).

Une fois que vous avez commencé à intervenir sur ces outils, portez une attention particulière à vos messages. Le but est d'intervenir avec le plus possible de compétence. Répondez aux questions des abonnés, sans pour autant monopoliser la liste ou le forum. Il ne s'agit pas de répondre dans la minute et de façon définitive à toutes les questions posées, sans laisser aux autres personnes la moindre chance de discuter. Cela pourrait signifier rapidement la mort de la communauté dans laquelle plus personne — si ce n'est vous — ne pourrait intervenir. Selon le cas, répondez aux questions rapidement ou en laissant aux autres le temps de répondre à leur tour. Ou bien posez vous-même des questions pertinentes. N'oubliez pas que pour répondre aux questions des internautes, il faut tout d'abord aimer ça, tout simplement et tout naturellement. Si cela consiste pour vous en une corvée ou un « pis-aller », cela se ressentira très vite et pourra vous desservir. Envisagez alors d'autres méthodes que les interventions sur les espaces communautaires, qui demandent beaucoup de tact et de « doigté virtuel ».

Le point le plus important est certainement celui-ci : ne faites jamais aucune publicité sur un forum ou une liste de diffusion. Ces outils ne sont pas faits pour cela. Si vous répondez de façon appropriée aux questions des gens, ceux-ci vous en seront reconnaissants et iront visiter votre site. Inconsciemment, les gens se diront : « Si lui est compétent, il y a de fortes chances que son site le soit également et fournisse des informations intéressantes. » A l'extrême limite, vous pouvez, à la fin d'une réponse, dire que d'autres informations sont disponibles sur votre site, et donner l'adresse de la page correspondante. Si l'information qui y est délivrée est pertinente, personne ne vous en voudra, bien au contraire.

Bien entendu, il faut que les gens qui vous lisent connaissent l'adresse de votre site. Elle sera ainsi indiquée dans la signature de tous vos messages. La plupart des logiciels de messagerie électronique permettent d'ajouter un (ou plusieurs, au choix) fichiers appelé « signature », comprenant vos coordonnées. Par exemple :

```
--------------------------------------------------------------------------------
Olivier ANDRIEU                    Consultant Internet
e-mail : oa@abondance.com
Recherche d'informations et promotion de sites web
http://www.abondance.com/
--------------------------------------------------------------------------------
```

Exemple de fichier de signature. Dans ce cas, l'emploi de lettres accentuées n'a pas été retenu, afin d'éviter tout problème lors de la transmission.

Ce fichier sera ainsi ajouté à la fin de tous les messages envoyés sur le réseau. Il est recommandé de créer une signature assez courte (cinq ou six lignes sont un maximum). Evitez notamment de mettre le catalogue complet de vos produits en signature, cela passera très mal auprès des internautes. La largeur est également importante. Afin d'éviter que vos coordonnées ne soient coupées par certains logiciels, ne dépassez pas soixante-cinq caractères par ligne. Une fois votre signature réalisée, vous pourrez, en guise de test, vous envoyer un message pour voir ce que cela donne. Recommencez jusqu'à ce que vous soyez satisfait du résultat. Cependant, ce n'est pas parce que vous recevez bien un message qu'il s'affichera automatiquement de la même façon sur le logiciel d'un autre internaute. Essayez alors de l'envoyer à des amis qui utilisent un autre logiciel de messagerie (et, si possible, d'autres plates-formes matérielles et/ou logicielles) et demandez-leur de commenter les informations reçues. Restez dans les normes indiquées, vous ne devriez pas avoir de problèmes.

Soyez précis et concis. Donnez vos coordonnées e-mail et web afin que les gens puissent vous contacter directement ou aller visiter votre site. N'oubliez pas de faire précéder l'adresse du site par *http://*. Séparez clairement votre signature du reste du message, cela la mettra d'autant plus en valeur. N'employez aucune balise HTML. On n'est pas sur le Web, mais dans le monde du courrier électronique... Si vous en avez la possibilité au niveau du nombre de lignes disponibles, placez un petit texte qui présente votre activité ou le contenu du site web. Cela donnera à vos lecteurs une meilleure idée de votre domaine d'intervention.

Vous pouvez également préparer plusieurs signatures (la plupart des logiciels de messagerie donnent le choix entre plusieurs fichiers de signature lors de l'envoi d'un courrier). Faites-en donc plusieurs versions, plus ou moins commerciales ou événementielles selon l'usage que vous désirez en faire. Chaque signature pourra également traiter d'un service ou d'un produit différent. Vous aurez alors une gamme intéressante de documents que vous pourrez utiliser selon le type de personnes que vous désirez joindre, en veillant toujours à ne pas faire de « déballage commercial » ostentatoire.

Rappelons une dernière fois un point capital : il est absolument interdit de faire de la publicité dans un forum de dicussion ou sur une liste de diffusion. N'essayez pas non plus de finasser ou de donner des réponses vagues qui seraient juste un prétexte à afficher une signature de dix lignes qui annonce que, en promotion sur votre site web, on peut gagner 10 000 F en quelques minutes sans rien faire ! La stratégie d'intervention sur les listes et forums n'est gagnante que si vos interventions sont appréciées de la majorité et relativement espacées pour ne pas lasser la communauté. Cela demande cependant un investissement important en termes de temps. Essayez, vous verrez que ce n'est pas toujours facile. Je vous avais prévenu, il faut aimer ça ou abandonner !

Enfin, choisissez les listes et forums sur lesquels vous allez intervenir : deux ou trois communautés bien ciblées valent souvent bien mieux que des listes ou des forums trop larges. Ensuite, laissez jouer le bouche-à-oreille, vous serez rapidement connu en tant que spécialiste d'un domaine précis. Votre site web recevra ainsi de nombreuses visites parfaitement ciblées.

Marketing viral

Le concept de communautés d'utilisateurs, parfaitement illustré par les forums et listes de discussion, a été également mis à profit par les professionnels de la communication au travers du concept de « marketing viral ».

Le marketing viral est fondé sur un concept simple : le but est de recréer le système du bouche-à-oreille sur l'Internet, en favorisant donc toutes les techniques qui font qu'un internaute va parler de votre site à l'intérieur d'une même communauté d'intérêt. Il s'agit d'une stratégie proche de celle mise en place par des sociétés telles que *Tupperware* dans le « monde réel ». L'existence de votre site se répand ainsi à travers le réseau, et notamment sur son outil principal — la messagerie — à l'image d'un virus, mais un virus « bénéfique » pour vous et votre trafic !

Exemple : positionnez sur vos pages un formulaire permettant à vos visiteurs d'envoyer un message à leurs connaissances pour leur signaler le site.

Un message est envoyé, son destinataire le reçoit, vient visiter le site, envoie à son tour un message pour prévenir ses amis, etc. Le virus est lancé...

Bien entendu, il faut faire en sorte que l'internaute ait envie de signaler l'existence de vos pages à ses connaissances et fasse cette démarche. Pour cela, point d'autre possibilité que de proposer un contenu attrayant et qui réponde aux nombreuses questions que se posent vos visiteurs. Mais nous avons déjà eu largement l'occasion d'en parler dans les pages qui précèdent.

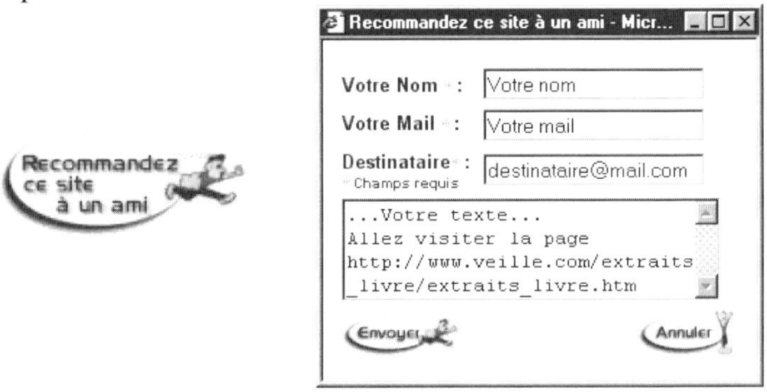

*Exemple de marketing viral sur le site Veille (*http://www.veille.com/*) pour signaler la sortie d'un livre. Un pictogramme (à gauche) invite à recommander le site à des amis. Quand on clique sur le logo, une fenêtre indépendante apparaît, permettant d'envoyer en quelques secondes le message. Simple et efficace...*

Certains offrent même des cadeaux à toute personne qui effectue ce type de démarches, par tirage au sort ou de façon quasi systématique, selon la nature du présent offert.

Le système est d'ailleurs à l'origine de certains « succès d'audience » sur le Web, tels que les *Dancing Babies*, petits films que les gens s'envoient par mail, en document attaché ; ils présentent des animations réalisées sur ordinateur qui montrent des bébés en train de danser. Des concours ont même été créés en ligne pour savoir qui avait fait les plus beaux ! A une époque, les *Dancing Babies* circulaient sur l'Internet à une cadence effrénée...

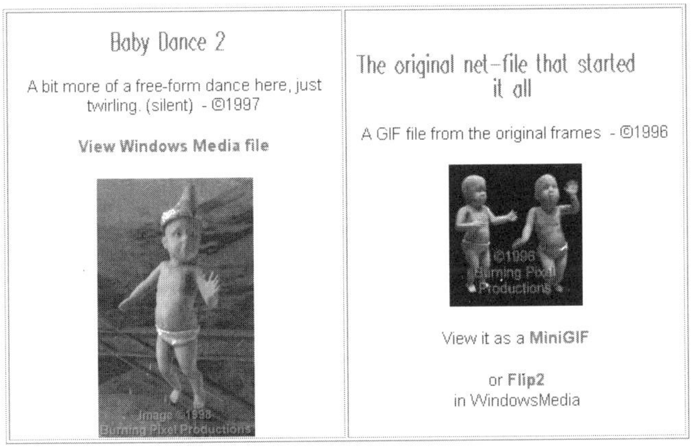

*Sur le site Dancing babies (*http://dancing-baby.net/*), on trouve de très nombreuses animations de bébés en train de danser. Superbe exemple de marketing viral...*

Qui n'a jamais envoyé d'images trouvées sur le Web à ses connaissances, en document attaché, tout simplement parce qu'il les trouvait intéressantes ? L'intérêt est donc, ici, de profiter de ce phénomène de facilité d'envoi de documents *via* l'Internet, pour transmettre un message promotionnel. Même phénomène observé avec le logiciel de messagerie instantanée ICQ, qui a drainé des millions d'utilisateurs en quelques années sur toute la planète.

L'objectif du marketing viral est clairement de faire la promotion du site — et ainsi d'augmenter sa notoriété — par l'intermédiaire de la masse des internautes, en jouant sur leur capacité à se transmettre l'information à l'intérieur d'une communauté virtuelle, grâce à un outil aussi simple que la messagerie électronique. La loi du *Metcalfe* — selon laquelle « la valeur d'un réseau est proportionnelle au carré de ceux qui l'utilisent » — est donc vérifiée à cent pour cent. Une autre règle, baptisée *règle de Vardi*, indique que « la valeur de tout site est inversement proportionnelle au coût de l'acquisition de nouveaux usagers ». L'objectif est de faire une promotion de type « boule de neige », qui part d'une petite échelle pour arriver à une très grande échelle, en peu de temps et à peu de frais. Encore faut-il avoir la bonne idée, et ce n'est pas une mince affaire !

Autre exemple : la messagerie gratuite *Hotmail* de Microsoft. Elle indique, dans chacun des messages, en bas de document, la phrase : *Get your private, Free E-mail from MSN Hotmail at http://www.hotmail.com/.*

Ce système de messagerie gratuite — l'un des plus importants au monde — colporte ainsi ce message publicitaire d'autopromotion dans des millions de messages chaque semaine, pour un coût très faible. Une seule ligne par e-mail, non dérangeante, mais répétées des millions de fois et qui finit par faire son œuvre, c'est-à-dire participer à la notoriété du site. Passée une certaine masse critique de personnes adhérant au système, celui-ci s'entretient tout seul...

Le *Blair Witch Project* relève du même phénomène. Il s'agit d'un petit film réalisé avec un budget très restreint, mais pour lequel de nombreuses informations ont été divulguées au fur et à mesure sur le

Web. Résultat : une audience record et plusieurs dizaines de millions de dollars de recettes pour un film qui a coûté soixante mille dollars ! Les internautes se sont en fait rués sur le film, alléchés par toutes les révélations trouvées sur le Web et impatients de voir à quoi ressemblait « la chose » en vrai.

Certains (dont nous tairons le nom) ont même mis en place des techniques de marketing viral, afin de faire circuler des rumeurs, souvent par l'intermédiaire de listes ou forums de discussion. Ces rumeurs concernaient de nouvelles versions d'un site ou le lancement d'une nouvelle application, auxquelles certains internautes auraient eu secrètement accès. D'autres propageaient de pseudo-révélations faites par des développeurs indiscrets mais... bien contrôlées. Résultat : la rumeur enfle, circule... et fait beaucoup de publicité au site ! Le risque, bien sûr, est de décevoir les internautes, en forte attente devant un événement à venir, qui se révélerait un soufflé bien dégonflé... Attention donc ! La déconvenue serait alors à la mesure des espoirs placés dans le site !

Echange de liens avec des sites cousins

Comme j'ai eu l'occasion d'en parler à de nombreuses reprises dans les pages précédentes, il est très important de mener une campagne d'échange de liens avec des sites dits « amis » ou « cousins ».

Un site cousin est un site complémentaire, donc non concurrent du vôtre, qui est à même de placer dans ses pages un lien vers votre site. Il est clair qu'il sera bien plus difficile de demander à vos concurrents directs de « pointer » vers vous. Quoique cela se voie parfois sur le Web...

Cela permet :

• de se faire connaître à peu de frais auprès de gens qui ont les mêmes centres d'intérêt que soi ;

• d'augmenter son indice de popularité auprès des moteurs de recherche (voir chapitre 3).

Vous rencontrerez souvent ce type de sites au cours de vos pérégrinations sur le Web. Vous devez toujours avoir sous la main un petit fichier à ouvrir sur votre logiciel de traitement de texte favori, qui contient un texte présentant votre site, suivi d'une phrase demandant si la personne contactée peut insérer un lien vers votre site sur ses pages. Ainsi, lorsque vous « tombez » sur une page web intéressante, ce texte est toujours disponible. A l'aide d'un rapide copier-coller, vous êtes à même d'envoyer un message électronique à son *webmaster*.

En règle générale, vous devrez insérer vous aussi un lien sur vos pages vers ce site cousin (selon un principe de réciprocité classique en vigueur sur l'Internet). Essayez de placer un lien externe sur vos pages avant d'en prévenir le *webmaster* distant. Celui-ci verra que vous avez déjà référencé son site et sera d'autant plus enclin à vous rendre la politesse... Il est cependant dans ce cas plus fastidieux de vérifier à chaque échange que le principe de réciprocité a été observé, de joindre de nouveau le *webmaster* dans la négative, puis d'ôter le lien de vos pages si aucun contact fructueux ne s'est effectué.

Afin de ne pas disperser ces liens réciproques sur toutes vos pages, je vous conseille, lorsque vous aurez acquis un certain nombre de liens externes, de créer sur votre page un document spécifique, appelé *Liens*, qui vous servira à recenser les documents qui pointent vers vous. Vous pouvez d'ailleurs le tourner de façon plus commerciale en intitulant cette page *Ils parlent de nous* ou *Ils pointent vers nous*. Cela donne un aspect « livre d'or » assez intéressant et vous permet de « rendre la pareille » aux gens qui ont mis en place un lien vers vous. Bien entendu, les sites les plus prestigieux (ceux qui draîneront le plus de trafic et qui crédibiliseront le plus votre site) auront droit à la première place sur cette page !

Il ne s'agit pas de « faire du chiffre » en s'adressant à tous les sites web de la planète qui ont un rapport, même lointain, avec le vôtre. Choisissez des sites de qualité qui vous semblent être à même de créer du trafic. Vous n'avez aucun intérêt à présenter une page de plusieurs centaines de liens qui fera fuir n'importe quel internaute, lequel n'attendra d'ailleurs pas qu'elle se charge sur son navigateur. Le *webmaster* d'un futur site cousin intéressant se trouve peut-être parmi ceux-ci. Il ne verra aucun intérêt à se trouver englobé dans cette masse. Moins vous choisirez la quantité (en privilégiant donc la qualité), plus vous pourrez soigner et personnaliser le message que vous enverrez au *webmaster* pour lui proposer un échange de liens. Parlez-lui de son site, flattez-le légèrement si vous le désirez, mais avec tact... Expliquez-lui pourquoi un échange de liens peut être bénéfique pour vous deux en jouant sur la complémentarité de vos travaux. Apportez-lui une information complémentaire si possible, cela vous rendra tout de suite plus sympathique à ses yeux.

Attention ! Mettre en place des liens externes sur vos pages revient à fournir des portes de sortie grandes ouvertes à vos visiteurs. Et plus les sites que vous proposez seront intéressants, plus vous fournirez de motifs aux internautes pour quitter vos pages. Soyez donc prudent avec ce type de pratiques. Le but de votre site n'est pas, en effet, de devenir un lieu de passage où personne ne s'arrête. Une astuce consiste à insérer dans la balise des liens proposés l'option TARGET="_BLANK" qui permettra, si le visiteur clique sur le lien, d'ouvrir le site correspondant dans une nouvelle fenêtre du navigateur, laissant ainsi votre page disponible.

Ainsi, la balise suivante :

```
<A HREF="http://www.news.com/">Le site News.com</A>
```

affichera la page d'accueil du site *News.com* dans la même fenêtre du navigateur, ce qui entraînera la fermeture de la vôtre. En revanche, le code suivant :

```
<A HREF="http://www.news.com/" TARGET="_blank">Le
site News.com</A>
```

affichera la page d'accueil de *News.com* dans une autre fenêtre du navigateur, ouverte pour la circonstance. Votre page restera disponible une fois que la fenêtre « *News.com* » aura été fermée.

Voici enfin une astuce qui vous permettra au départ de trouver des sites cousins intéressants et nécessaires pour votre première campagne. On peut logiquement définir un tel site ainsi : « Un site cousin est un site non concurrent qui propose une page pointant vers vos concurrents et pas vers vous. »

En effet, vous pouvez ne pas apprécier qu'un site ait mis en place sur ses pages des liens vers vos deux ou trois concurrents les plus importants et vous ait oublié. C'est donc vers ces pages qu'il faudra vous tourner en priorité pour demander l'ajout d'un lien vers votre site.

Ce type de pages est assez simple à trouver sur l'Internet. Imaginons que votre société s'appelle Stela et que son site web soit disponible à l'adresse *http://www.stela.com.*

Vos deux concurrents principaux sont *Concur1* et *Concur2*, et leurs sites web respectivement *http://www.concur1.com/* et *http://www.concur2.com/.* N'oubliez pas que vous les avez répertoriés dans la fiche de description de votre site (voir chapitre 4).

Vous pouvez utiliser, au choix ou successivement, trois moteurs différents pour effectuer vos recherches. Sur chacun, saisissez les requêtes telles que proposées sur le schéma suivant (ce type de requêtes est également possible sur d'autres outils de recherche — voir l'explication de l'indice de popularité au chapitre 3 —, mais les trois indiqués devraient suffire dans un premier temps).

AltaVista
+link:concur1.com +link:concur2.com -link:stela.com
HotBot
+linkdomain:concur1.com +linkdomain:concur2.com -linkdomain:stela.com
Infoseek
+link:concur1.com +link:concur2.com -link:stela.com

Ces trois interrogations donneront le même résultat : les pages contenant un lien vers les sites de *Concur1* et *Concur2,* mais pas vers les vôtres. Ce sont donc les propriétaires de ces documents qu'il faudra joindre afin qu'ils ajoutent sur leurs pages un lien vers votre site. Il est certain qu'il ne s'agit pas là de pages appartenant à un concurrent, car peu d'entre eux mettraient en place des liens de ce type. Cette première recherche vous indiquera les pages les plus « chaudes » à traiter. Vous pourrez continuer votre recherche avec des mots clés spécifiques à votre activité, en repérant donc tous ces sites « amis » à solliciter.

Seconde étape possible : vous avez, grâce aux requêtes précédentes, défini un certain nombre de sites cousins. Il vous est possible de rechercher des sites similaires. Si ceux que vous avez trouvés sont judicieux, il y a de fortes chances pour que ceux qui s'en approchent le soient également. Pour cela, allez sur Yahoo! (Yahoo! France ou International selon votre cible) et recherchez les sites cousins que vous avez déjà repérés. Saisissez leurs noms ou leurs adresses. Sur Yahoo!, il est possible d'effectuer une recherche sur l'énoncé d'une adresse, grâce à la fonctionnalité u:.

Ainsi, u:stela recherchera le mot clé *stela* dans l'adresse du site (par exemple, *www.stela.com* ou *www.monhebergeur.com/stela/*).

Si ces sites figurent dans Yahoo!, ils se trouvent obligatoirement dans une catégorie donnée. Allez visiter cette rubrique (Yahoo! en donne le nom sur les pages de résultats) pour voir si elle ne contient pas d'autres sites intéressants. Autre possibilité qui donne de bons résultats : la fonctionnalité *like:* d'Altavista.com. La requête like:http://www.stela.com/ sur le moteur Altavista y donne comme résultat des sites analogues à celui de Stela, dont l'adresse est indiquée. Vous vous constituerez ainsi très rapidement un « carnet d'adresses » intéressant en vue d'échanges immédiats ou futurs.

Votre façon de naviguer changera rapidement, car vous garderez bientôt toujours à l'esprit l'éventuel envoi d'un lien « amical » à un site lorsque vous le visiterez... Ne négligez pas cette phase d'échange de liens. On s'aperçoit avec l'expérience que bon nombre de visiteurs proviennent de ce type de sites. Comme nous l'avons vu, vous pourrez, selon les cas, également proposer l'échange d'un bandeau publicitaire plutôt qu'un simple lien réciproque.

Une fois qu'un site cousin vous a répertorié, le mieux est de vérifier que la page qui pointe vers vous est bien présente dans l'index des moteurs du *Big Twelve*, notamment de ceux qui tiennent fortement compte de l'indice de popularité dans leurs résultats, tels que Google, Altavista, Infoseek ou

Excite. Si elle n'y est pas, vous devrez alors la soumettre vous-même à l'aide de l'option *Add URL* de ces outils de recherche. Rien ne vous empêche de leur proposer des pages qui ne vous appartiennent pas. Attention ! Si de nombreuses pages pointent vers vous, vous risquez de passer des heures à vérifier puis à soumettre les pages des autres. Arrêtez-vous lorsque ce travail devient trop dévorant.

Enfin, si vous proposez une page de liens vers les sites cousins qui pointent, de leur côté, vers vous, n'oubliez pas d'utiliser un logiciel ou un service de vérification des liens fournis sur vos documents. Rien de plus énervant pour l'internaute que d'arriver sur une page qui propose une superbe collection d'erreurs 404 !

Concours

Si vous aimez les breloques, vous pouvez également vous inscrire à des concours. Pour faire plus sérieux, il est parfois intéressant d'arborer sur sa page d'accueil un logo *Nommé Web d'or par Untel* ou *Site n° 1 au classement Untel*, etc. N'y accordez pas une importance démesurée, mais cela peut être un petit plus dans l'image qu'aura votre page d'accueil auprès de vos futurs visiteurs, surtout si le concours cité est reconnu pour son sérieux.

Le premier concours de ce type a été le *Best of the Web*. Il a été mis en place en 1994. Quelques *Webs d'or* et *Top Ouaibe* plus tard, la pratique s'est répandue et l'offre de concours est aujourd'hui pléthorique. A tel point que la pratique est quelque peu galvaudée.

En effet, on trouve vraiment de tout dans ce type de « concours de beauté » (appelés *award* en anglais) : du plus amateur au plus professionnel, il en existe des dizaines — voire des centaines — sur le Web francophone et anglophone.

> Vous trouverez sur le site web du livre bon nombre d'adresses de sites concours :
>
> *http://www.abondance.com/ressources/concours.html*

Il existe même, aux Etats-Unis, des sites qui proposent de vous inscrire de façon automatique (à l'instar d'un référencement sur les annuaires et moteurs de recherche) sur plusieurs dizaines de sites récompensant les meilleures pages web.

Vous trouverez des concours primant le plus beau site, le plus consulté. Certains sont fondés sur les votes des internautes. Bref, il y en a pour tous les goûts...

Inscrivez-vous, faites voter vos amis (c'est souvent comme ça que cela fonctionne) et glanez, çà et là, quelques lauriers. Présentez-les en page d'accueil ou, si vous commencez à les collectionner, créez une page spécifique pour les présenter. La page d'accueil de votre site a pour vocation de s'afficher rapidement. Elle ne doit pas finir par ressembler à l'uniforme d'un général soviétique...

De plus, il est très important — cela vaut également dans le cas des échanges de liens — de ne pas donner trop de raisons à votre visiteur d'aller voir ailleurs, à l'aide de liens vers d'autres sites. Dans ce cas, il vaut toujours mieux proposer une page spécifique, de type « Pour en savoir plus... », dans laquelle seront collectés tous les liens « amis ».

Point le plus important : si vous obtenez une distinction notable sur un annuaire connu (paire de lunettes sur Yahoo!, palmes sur Nomade.fr, sélection du type *Cool site of the day* sur un site connu), n'hésitez pas à l'indiquer en priorité sur votre page d'accueil. Ces prix d'excellence ont été décernés par des sites reconnus pour leur sérieux.

Autre possibilité : la revue de presse sur laquelle vous présenterez des extraits des articles qui parlent de votre site. Si vous avez bien pensé l'envoi de votre communiqué de presse et si votre site est intéressant, celui-ci a dû faire l'objet de nombreux articles, que ce soit dans les médias électroniques (bulletins d'actualité, sites web) ou dans la presse écrite. Collectez-les et exhibez-les sur une page spécifique. Insérez également un lien vers chaque média cité. Ceux-ci vous en seront peut-être reconnaissants. Autre possibilité : recopier (après autorisation) les messages de certains internautes qui ont apprécié le contenu proposé. Si vous avez reçu de tels messages, bien entendu...

Webrings

Un nouveau type de sites web a vu le jour ces dernières années : les anneaux ou *webrings*. Egalement appelés « chaînes de sites » ou « cercles web », ce sont des « méta-sites » regroupant autour d'un même sujet plusieurs sites gérés par des personnes ou des entités distinctes.

Le site de référence sur les *webrings* se trouve à l'adresse *http://www.webring.org/*. Il contient un annuaire assez complet des anneaux disponibles sur la planète.

En règle générale, un minimum de cinq sites sont ainsi reliés par un mode de navigation d'un site à l'autre, en forme de boucle, ce qui laisse à penser que l'on évolue toujours sur le même serveur. Mais l'information proposée est cependant distribuée sur plusieurs machines différentes. Cette technique est née en 1994. Mais elle n'a réellement explosé qu'en 1998, date à laquelle on trouvait plusieurs dizaines de milliers d'anneaux différents sur le Web, regroupant plusieurs centaines de milliers de sites !

A l'instar des sites proposant des concours, on trouve vraiment de tout dans ce type de regroupements. Mais il pourra se révéler intéressant pour vous de vous insérer dans un anneau porteur. Notamment s'il existe, sur le Web ou sur un anneau, des sites tout à fait complémentaires du vôtre. Attention à la qualité du *Webring* choisi. Certains ont plutôt une mauvaise image de marque, qui pourrait déteindre sur vos pages...

Articles de presse

Vous avez certainement déjà trouvé et joint des sites « cousins » pour la promotion de vos pages. Il y a sans doute dans ce lot des sites dont vous vous sentez plus proche ou qui sont totalement complémentaires avec votre activité. Proposez-leur donc de collaborer dans un certain nombre d'activités. Il ne coûte rien de leur suggérer une action commune pour développer une nouvelle idée, qu'elle soit technique ou commerciale.

Il en est de même avec la presse en ligne. Il existe certainement de nombreux sites qui proposent des bulletins d'actualité dans votre domaine. Soumettez-leur un article sur un sujet intéressant. Si votre prose est acceptée, elle sera diffusée à tous les abonnés de la lettre d'information. Choisissez un bulletin jouissant d'un fort taux de notoriété et regroupant de nombreux abonnés. Mais plus le site — ou la lettre — sera connu, plus le responsable sera exigeant sur la qualité de ce que vous proposerez ! Les rédacteurs de ces bulletins sont fréquemment bloqués par le temps. Ils sont bien souvent heureux de trouver quelqu'un qui les dépanne. Encore faut-il que votre contribution soit à la hauteur, bien écrite, qu'elle ne soit pas truffée d'erreurs et que le sujet soit intéressant et en rapport avec la cible visée.

Il peut s'agir non seulement d'un article, mais aussi d'une compilation de liens pertinents dans un domaine, ce qui demande moins de qualités littéraires ou journalistiques. Il existe mille moyens de fournir de la matière à ces bulletins d'informations. Soyez original. Lisez ce qui a déjà été fait sur ces supports et proposez, proposez... Le fait d'écrire un texte sur un sujet donnera également de vous une image de spécialiste du domaine. Cela est loin d'être négligeable dans la perception que les autres internautes ont de vous. Encore une fois, pensez à bien soigner votre texte, tant sur le fond que sur la forme.

Les meilleurs accords commerciaux sont ceux où tout le monde gagne. Si vous proposez un article, cela vous fait de la publicité, mais encore faut-il que le site visé génère un trafic important sur vos pages. Faire de la publicité dans le désert n'est pas toujours rentable. De la même façon, soignez votre travail, car le site ami pourrait ne pas le rester longtemps si vous rendez une copie bâclée, à seule fin d'être présent sur ses pages...

Une fois l'article écrit et publié, s'il est disponible sur le Web, placez un lien dans vos pages vers l'article en question. Cela rendra crédible votre site, en indiquant à vos visiteurs que vous publiez sur des sites reconnus.

Enfin, ce que vous venez de faire sur l'Internet, rien ne vous empêche de le réitérer dans le « monde réel ». De nombreuses revues, avec souvent une diffusion très importante, proposent des cahiers spéciaux dont le sujet est l'Internet. Et, bien entendu, n'oubliez pas la presse spécialisée en informatique ou encore les revues... Internet. Proposez des articles déjà rédigés (et bien rédigés) au départ, si vous n'êtes pas très connu, et demandez (outre le montant de la pige...) la citation de l'adresse de votre site à côté de votre nom. Point non négligeable : le trafic généré est quasiment impossible à mesurer dans ce cas, car il ne sera pas possible de proposer une URL spécifique (trop long...). Mais, bon, si cela ramène des millions de personnes, vous n'allez pas les refuser au seul prétexte que vous ne savez pas d'où ils viennent ?

Affiliation

Les systèmes d'affiliation sont en vogue, et de telles stratégies fleurissent sur le Web. Il faut dire qu'il y a de quoi, car il s'agit d'un système où tout le monde y trouve son compte, ce qui est assez rare pour être souligné.

Le fonctionnement d'un système d'affiliation est très simple dans son concept. Imaginons que vous vendiez des livres de photos sur les animaux. Vous les vendez bien entendu en ligne sur votre site, à l'aide d'un système de paiement sécurisé par carte de crédit. Parfait. Mais vous pouvez aller beaucoup plus loin en mettant en place un système d'affiliation. Vous allez alors contacter tous les sites qui traitent des animaux (il en existe quelques-uns sur le Web) pour leur proposer le marché suivant : « Mettez un lien vers mon site. Pour tout achat effectué grâce à ce lien, vous touchez 5 % sur le montant de la vente générée. »

Le système est simplissime du côté de l'affilié (le site que vous avez contacté — vous-même êtes l'affiliant —). Il n'a rien d'autre à faire qu'à insérer un lien (en fait, un petit bout de code HTML) dans ses pages et à attendre que les gens passent chez lui, aillent sur le site marchand pour lequel il est affilié et... achètent ! Il a alors accès à son compte en ligne, qui lui indique le nombre de personnes ayant suivi le chemin proposé, le pourcentage de celles qui ont acheté et les revenus générés. Le tout, sur la période désirée.

bol.com

Recettes détaillées

Abondance

Du 01/03/2000 au 07/03/2000

Site de l'affilié	Date de la transaction	Nb produits expédiés	Montant produits expédiés	Nb produits retournés	Montant produits retournés	Montant ventes nettes	Recettes du site
Abondance	01/03/2000	0	.00 FF	0	(.00 FF)	.00 FF	.00 FF
	02/03/2000	1	89.15 FF	0	(.00 FF)	89.15 FF	4.46 FF
	03/03/2000	0	.00 FF	0	(.00 FF)	.00 FF	.00 FF
	04/03/2000	0	.00 FF	0	(.00 FF)	.00 FF	.00 FF
	05/03/2000	0	.00 FF	0	(.00 FF)	.00 FF	.00 FF
	06/03/2000	3	328.09 FF	0	(.00 FF)	328.09 FF	16.40 FF
	07/03/2000	0	.00 FF	0	(.00 FF)	.00 FF	.00 FF
Sous-total		**4**	**417.24 FF**	**0**	**(.00 FF)**	**417.24 FF**	**20.86 FF**
Total		**4**	**417.24 FF**	**0**	**(.00 FF)**	**417.24 FF**	**20.86 FF**

Rapport d'activités du programme d'affiliation du site BOL (http://www.bol.fr/). *Jour après jour, vous avez accès à des statistiques très précises relatives aux ventes et aux revenus générés par votre site.*

Il est possible de mettre en place des systèmes d'affiliation sur son site pour de nombreux produits : vente de CD, de livres, bien sûr, mais également des formulaires de requêtes sur les moteurs de recherche (Altavista et Google, par exemple, versent à leurs affiliés 0,03 $ environ pour chaque venue d'un internaute sur leur moteur).

Il existe en fait trois types de rémunération des affiliés :

• *Au clic*. Par exemple, Kelkoo (*http://www.kelkoo.com/*) verse une somme allant de deux à cinq francs à ses affiliés pour chaque clic sur son bandeau publicitaire ;

• *A l'acquisition de prospects*. L'affilié n'est payé que si l'internaute vient sur le site de l'affiliant et s'identifie, c'est-à-dire qu'il laisse ses coordonnées (adresse e-mail, nom, adresse postale, etc) ;

• *A la vente effectuée*. C'est le cas le plus fréquent. L'affilié touche un pourcentage sur les ventes réalisées par le site de l'affiliant.

Le système est bénéfique pour tout le monde. L'affiliant gagne une notoriété importante, puisque l'appât du gain fait que de nombreux affiliés proposent un lien et s'inscrivent au programme de partenariat proposé. L'affilié propose à peu de frais (la procédure d'affiliation est bien entendu gratuite) une fonctionnalité supplémentaire sur son site ; il gagne un peu d'argent si l'internaute qu'il a « routé » vers le site de l'affiliant effectue un achat. L'affiliant gagne ainsi un réseau de distributeurs mondial à très faible coût. Oh, bien sûr, impossible pour un affilié de devenir milliardaire avec ce type de systèmes, mais cela peut quand même arrondir les fins de mois. De toute façon, l'investissement est nul, alors autant tenter le coup. Seule contrainte : signez des partenariats d'affiliation avec des sites qui vendent des produits ou des services dans votre domaine d'activité, afin de garder un site homogène dans son contenu. Vos pages n'ont pas vocation à devenir des « sapins de Noël ».

Le pionnier de l'affiliation a été le célèbre site de vente en ligne Amazon.com (plus de 400 000 affiliés aujourd'hui !) qui a étendu le proccessus depuis de nombreuses années sur la planète web.

Mais ne croyez pas que, si vous vendez des produits en ligne, il soit complexe de mettre en œuvre un système d'affiliation. Plusieurs sites en ont fait leur spécialité et peuvent s'en charger pour vous, parfois en quelques minutes.

Vous trouverez sur le site web du livre bon nombre d'adresses de sites relatifs à l'affiliation et notamment des annuaires qui répertorient les différentes offres disponibles :

http://www.abondance.com/ressources/affiliation.html

La publicité traditionnelle

Enfin, si vous avez soigné votre promotion sur l'Internet, n'en négligez pas pour autant le rappel de l'adresse de votre site web sur vos documents institutionnels : cartes de visite, papier à en-tête, campagnes de publicité presse ou télévision, etc.

Imprimez, pourquoi pas, des tee-shirts, des tapis de souris, des « goodies » avec l'adresse de votre site, et offrez-les à vos clients ou lors de salons. Bref, toutes les bonnes vieilles méthodes traditionnelles sont encore valables, bien entendu...

A l'heure où les adresses web ont totalement remplacé les codes Minitel dans la publicité, n'oubliez jamais de rappeler l'adresse de votre site. C'est une bonne raison supplémentaire de choisir dès le départ un nom de domaine qui vous soit propre, et non le sous-domaine d'un hébergeur. Cela vous épargnera de refaire vos cartes de visite et votre papier à en-tête tous les six mois. De plus, un nom de domaine simple est bien mieux mémorisable par les internautes...

Conclusion

Nous avons vu dans ce chapitre, et depuis le début de ce livre, un certain nombre de techniques pour faire connaître votre site et, par là même, votre entreprise. N'oubliez jamais une chose essentielle : la meilleure promotion sur le Web reste le contenu de votre site. Le bouche-à-oreille est certainement le facteur le plus important pour votre promotion, et la qualité d'un site son meilleur vecteur.

Cela signifie que la phase la plus importante pour obtenir un gros trafic sur vos pages se situe... avant la création du site, dans la phase de réflexion. Beaucoup de personnes font l'inverse : se préoccuper de la promotion d'un site après en avoir achevé la création !

On ne le dira jamais assez : choisissez votre cible, essayez d'en cerner les besoins, répondez aux interrogations des internautes qui viennent visiter vos pages. Grâce aux quelques conseils prodigués dans cet ouvrage, il y a fort à parier que votre site en sortira gagnant. Mais sans phase de réflexion, sans connaissance de votre cible, ni de ses besoins, dites-vous bien que si votre site génère du trafic, c'est que vous avez beaucoup de chance, car les réussites de ce type sont rarissimes sur l'Internet...

Chapitre 6

Suivi et maintenance

Ouf ! Votre chemin de croix est presque terminé. Vous avez réalisé un site qui répond parfaitement aux attentes de votre cible et avez procédé à une promotion et à un référencement dignes de ce nom. De nombreux internautes viennent voir vos pages. Vous avez réussi à attirer tous ces gens. Mais avez-vous pensé à ce qu'il se passera lorsqu'ils reviendront ? Vont-ils seulement revenir ?

Contenu du site

Non seulement le contenu de vos pages doit être très intéressant pour la personne qui vient pour la première fois, mais l'internaute récidiviste doit aussi y trouver son compte. Imaginez qu'il vienne un jour consulter vos pages. Il revient le mois suivant. Si rien n'a changé, pensez-vous qu'il lui viendra à l'idée de revenir ? Certainement pas.

Pis encore, lorsqu'il revient, l'information proposée a été modifiée et il ne s'en aperçoit pas... Vous ne pouvez demander à vos visiteurs de se souvenir exactement de l'information affichée il y a de cela plusieurs jours sur vos pages. Indiquez donc ce qui est nouveau dès la page d'accueil, à l'aide d'un pictogramme qui signalera les rubriques modifiées. N'en faites pas trop non plus, avec une étoile trop grande, en 3D et animée ! Les gens ne verront plus que cela. Et ils passeront à côté du reste !

Il vous appartient ainsi de proposer une animation permanente sur vos pages. Cela pourrait être illustré par une lapalissade : « Un site qui ne vit pas est un site mort ! ».

Ne vous endormez donc pas sur vos lauriers. La courbe de statistiques de votre site doit être en croissance constante. Vous devez prévenir plutôt que guérir en catastrophe et souvent trop tard. Proposez des concours, de nouvelles rubriques, un *lifting* plus ou moins important de vos pages tous les ans. Profitez-en pour relancer un communiqué de presse à chaque grand changement, etc. Bref, bougez, faites bouger vos pages et étonnez vos visiteurs qui vous en seront à jamais reconnaissants. Profitez d'un concours pour leur demander ce qu'ils aimeraient trouver sur le site ; à partir de ce sondage, proposez de nouvelles rubriques et abandonnez celles qui ne fonctionnent pas s'il n'est pas possible de les améliorer.

Une seule chose est claire : votre site n'aura une chance de survivre sur le Web que si son contenu s'inscrit dans la durée.

Statistiques et mesure d'audience

Il est également fondamental de mieux connaître le comportement des internautes qui viennent sur votre site : Quelles pages les intéressent ? Quelles sont les « zones froides » (les pages les moins visitées) de votre site ? Depuis quel pays ou quelle zone géographique se connectent vos visiteurs ?, etc.

Il importe donc de connaître les statistiques de consultation de votre serveur. Il existe deux grandes familles d'outils pour les visualiser. La première traite les statistiques telles qu'elles sont collectées par votre serveur, sur les fichiers *log*, qui constituent la mémoire des connexions et des personnes qui sont venues consulter vos pages. La seconde famille d'outils va plus loin dans l'exploration de ces fichiers ; elle analyse le comportement des visiteurs lorsqu'ils viennent sur votre site.

Systèmes d'affichage des statistiques brutes

La première méthode de consultation consiste donc à demander à la société qui héberge vos pages de fournir des statistiques consultables directement sur le Web. La plupart des entreprises sérieuses proposent ce service sous la forme de pages web visualisables en temps quasi réel. Parfois, ce service est inclus dans le prix d'hébergement. Sinon, il faut payer un supplément minime (quelques centaines de francs par mois) pour en profiter.

Les données suivantes sont le plus souvent disponibles, selon le cas, par mois, par jour, par heure et par page consultée :

- nombre de pages vues ;
- nombre d'adresses IP uniques venues visiter le site ;
- nombre de *hits* ;
- trafic sur le site (en kilo-octets) ;
- provenance des appels (*.fr*, *.com*, etc.) ;

• plates-formes et systèmes d'exploitation (PC, Macintosh, Unix) utilisés par les visiteurs ;

• logiciel de navigation utilisé (Explorer, Netscape, etc.) et version ;

• résolution d'écran et nombre de couleurs, éventuellement.

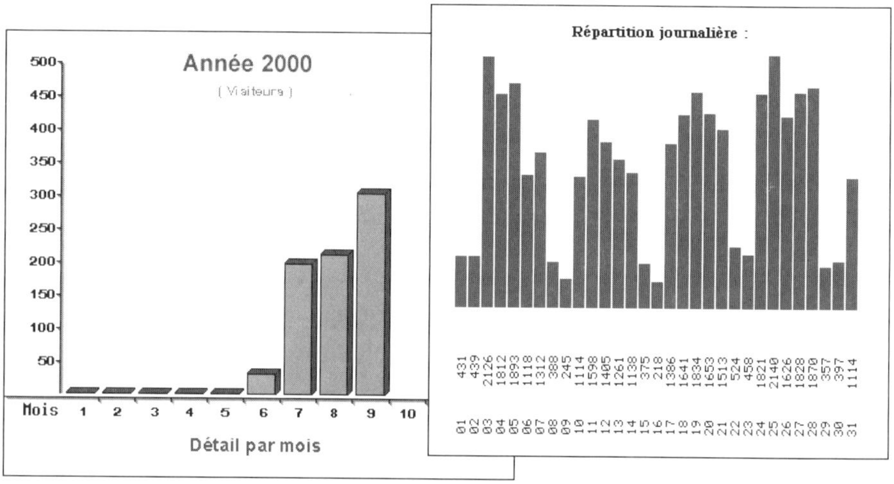

Exemples de graphiques qui présentent les statistiques d'un site, par mois et par jour. Ces statistiques sont consultables sur le Web à l'aide d'un nom d'utilisateur et d'un mot de passe.

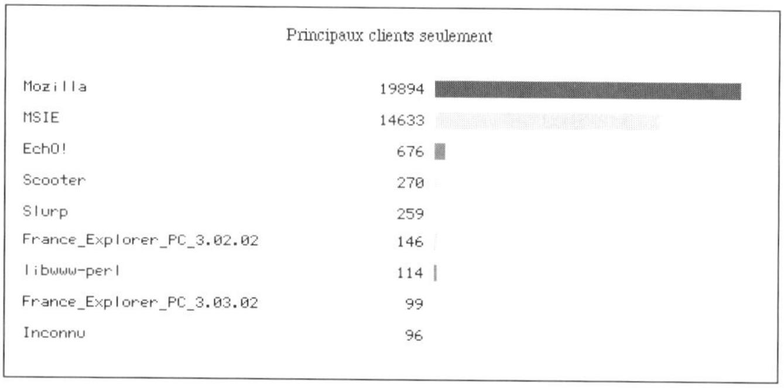

Statistiques par navigateur utilisé par les visiteurs.

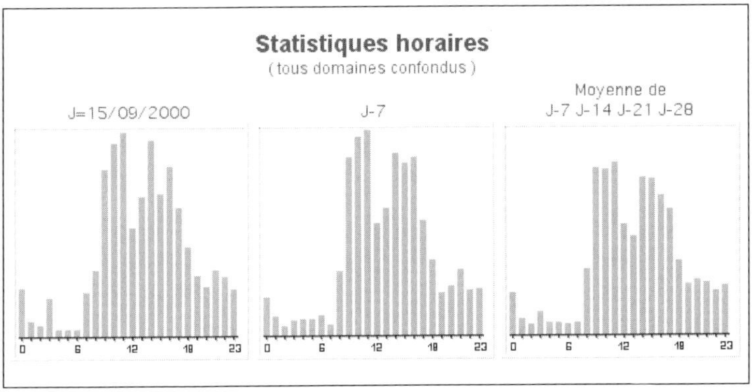

Statistiques par heure.

Toutes ces informations sont reçues par le serveur pour chaque connexion à vos pages. La « mise en page » de ces données par l'hébergeur consiste donc à créer des tableaux ou des histogrammes rappelant ces informations sur la durée demandée (mois, jour, heure) ou la page désirée. Rien de bien extraordinaire techniquement, mais ces informations seront capitales pour une meilleure compréhension de la consultation de votre site : quelles pages sont les plus — ou les moins — consultées ? Combien de personnes sont venues voir vos pages ? D'où viennent-elles ? Quel est leur environnement technologique ?, etc.

Une lecture assidue de ces renseignements essentiels vous aidera à mieux connaître la population qui fréquente votre site. Les pages très consultées devront notamment être prises en compte. Si elles sont très fréquentées, c'est certainement qu'elles correspondent à un besoin des internautes. Il faudra donc développer leur contenu et les faire vivre le plus souvent possible pour fidéliser les visiteurs. Il faudra peut-être profiter de ces documents pour attirer (au moyen de bandeaux ou de liens bien mis en évidence) les internautes vers d'autres parties de votre site qui vous semblent intéressantes et que les personnes qui affichent vos pages ne connaissent peut-être pas obligatoirement. Vous profiterez ainsi des « zones d'affluence » de votre site pour rediriger le flux de visites vers des zones moins fréquentées.

La version des logiciels de navigation utilisés sera également intéressante pour savoir quel degré de technologie — donc de compatibilité HTML — vous pouvez proposer sur vos pages. Inutile de mettre en œuvre des tableaux avec des fonds de cellules colorés si vos visiteurs utilisent en majorité Netscape 2.0, qui ne prend pas en compte ces indications. Cet exemple est caricatural, car si la majorité des personnes consultent votre site avec Netscape 2.0, vos pages s'adressent certainement à un hypothétique Club mondial des nostalgiques de Netscape 2.0 !

Si vous vendez des logiciels, il vous sera également très utile de savoir depuis quel type de machines vos visiteurs viennent consulter vos pages. Enfin, la provenance (*.fr*, *.com*, *.ca*, etc.) vous donnera quelques indications géographiques sur vos visiteurs. Malheureusement, le caractère international des domaines *.com*, *.org* et *.net* induira obligatoirement un flou sur les pays d'origine des internautes qui ont laissé une telle « trace ». Nombre d'entreprises cataloguent un peu trop rapidement ces adresses comme étant américaines. Il n'en est rien.

Enfin, le nombre d'adresses IP uniques peut également induire en erreur. Ces adresses étant distribuées de façon dynamique dans de nombreux cas (voir chapitre 5), le même visiteur sera identifié en règle générale avec deux numéros IP différents lors de deux visites successives. Comme nous le verrons plus tard avec les logiciels d'analyse de statistiques, un recoupement de ce numéro IP avec le système d'exploitation, le type de navigateur, la résolution d'écran et les autres informations collectées permettra parfois de reconnaître une personne venue plusieurs fois, même sous des numéros IP différents. La technique des *cookies* (voir chapitre 5) est également souvent utilisée pour suivre la trace d'un internaute.

Comme cela a été précisé, la plupart des hébergeurs vous fourniront ce type d'informations statistiques sous une forme graphique, consultable sur le Web, pour votre site. Mais celui-ci est peut-être une page personnelle. Il est tout simplement possible que vous vous trouviez dans une situation où la société qui vous héberge ne puisse pas vous fournir ces indications, pour une raison quelconque. Heureusement, l'Internet n'est jamais à court de ressources. Il vous sera malgré tout possible d'obtenir les mêmes données — la plupart du temps gratuitement ou pour un coût modique — grâce aux systèmes de statistiques en ligne conçus par des sociétés telles que *e-stat*,

NedStat, *FuturStat*, *Extreme Tracking*, *Weborama* ou *Hit-Parade*.

Le principe est simple : vous ajoutez un petit pictogramme représentatif de la société qui vous fournira les statistiques (voir exemple ci-dessous) sur chacune des pages pour lesquelles vous désirez obtenir ce type d'informations. L'inscription se fait en ligne, sur le site web du prestataire choisi, et vous recevez (le plus souvent par e-mail), un bout de code HTML à insérer dans vos documents. Une fois cette insertion réalisée et la page mise en ligne, le travail est terminé.

e-stat :
http://www.estat.com/
NedStat :
http://be.nedstat.net/
FuturStat :
http://www.futurstat.com/
Extreme Tracking :
http://www.extreme-dm.com/
Weborama :
http://www.weborama.fr/
Hit-Parade :
http://www.hit-parade.com/

De votre côté, vous obtenez un code d'accès à vos statistiques sur le Web. Le prestataire, pour sa part, commercialise l'affichage du contenu du pictogramme sur votre page. Celui-ci affichera alors le nom d'un annonceur qui aura payé pour être présent sur le logo et donc sur vos documents.

Vous trouverez sur le site web du livre une liste des principaux systèmes d'affichage de statistiques, à l'adresse :
http://www.abondance.com/ressources/audience.html

Le système est simple et bien ficelé. D'autant plus que les statistiques fournies sont souvent très complètes. Elles sont obtenues au moyen de l'analyse des données fournies par les internautes au moment du téléchargement du pictogramme sur le serveur de la société qui fournira les statistiques.

Last 20 Days		
19 Sep, Sat	3	
20 Sep, Sun	1	
21 Sep, Mon	3	
22 Sep, Tue	2	
23 Sep, Wed	4	
24 Sep, Thu	9	
25 Sep, Fri	1	
26 Sep, Sat	2	
27 Sep, Sun	3	
28 Sep, Mon	4	
29 Sep, Tue	3	
30 Sep, Wed	1	
01 Oct, Thu	3	

Summary			Period: 13 Days
Daily Unique:		Totals:	
Today	3	Unique Visitors	39 - 54.16%
Yesterday	1	Visits incl. Reloads	72
Average	3	Reloads	33 - 45.83%
Highest Day	9 / 24 Sep, Thu	Visitors via Referrers	22 - 56.41%
Weekly Unique:		Website Referrers	6
Current Week	11	Javascript Enabled	39 - 100%
Last Week	24		
Average	13	Most accessed:	
Highest Week	24 / Wk 39	Browser	Netscape 4
Monthly Unique:		Operating System	Windows 95
Current Month	3	Screen Resolution	1024x768
Last Month	36	Screen Color	8 Bit (256)
Average	19	Searchengine	Altavista
Highest Month	36 / Sep	Keyword	klevener
Highest Hour of the Day	09:00 - 09:59	Domain/Country	.fr / France
Highest Day of the Week	Thursday	Continent	Europe

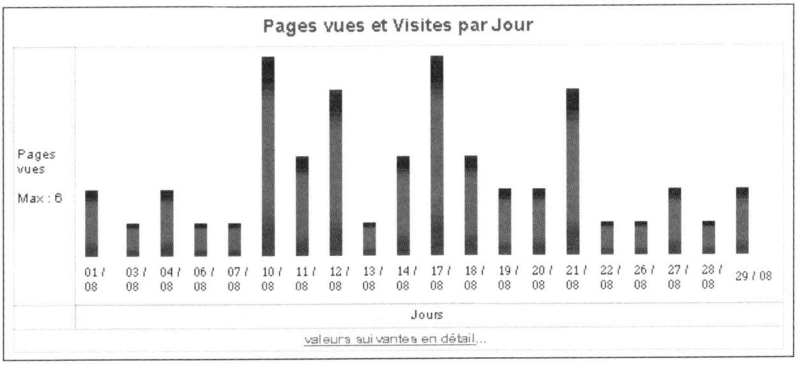

Quelques exemples de graphiques proposés par les systèmes Extreme Tracking et e-stat.

L'obtention de ces statistiques est la plupart du temps gratuite (le système se rémunère par la publicité affichée sur le pictogramme), parfois payante (environ 30 F par mois). Le jeu en vaut la chandelle, au vu des informations fournies, parfois supérieures à celles que proposent certains hébergeurs. Le site *Extreme Tracking*, par exemple, fournit également des données issues de l'analyse des connexions — moteurs de recherche et mots clés utilisés par les internautes pour trouver vos pages — à l'instar des systèmes que nous étudierons par la suite.

Le prix à payer est le fait de devoir afficher un pictogramme sur chacune des pages pour lesquelles on désire obtenir des statistiques. Ce logo est plus ou moins voyant ; selon l'entreprise, il s'affichera plus ou moins rapidement (il se trouve sur un serveur distant et non sur le vôtre). Cela risque de pénaliser la vitesse d'affichage de vos pages. Il est, par exemple, recommandé de ne pas l'insérer dans un grand tableau HTML qui constituerait l'unique mise en page de votre document. Le navigateur risquerait d'attendre le téléchargement du pictogramme de statistiques avant d'afficher la moindre donnée.

De même, essayez d'insérer l'image fournie plutôt en haut de page, en début de téléchargement. En effet, si l'internaute clique sur un lien sans attendre la fin de l'affichage du document (et donc du pictogramme), cette visite ne sera pas prise en compte.

Les possibilités d'affichage de données statistiques sont donc tout à fait essentielles dans la compréhension de la fréquentation de votre site. Il est cependant possible d'aller plus loin, grâce à certains systèmes qui vont analyser ces informations pour essayer d'en tirer des conclusions utiles.

Systèmes d'analyse des statistiques

Beaucoup de propriétaires de sites web ne se sont pas contentés des informations fournies par les statistiques brutes évoquées précédemment. De nouveaux systèmes tentent d'aller plus loin que l'affichage de statistiques *stricto sensu.*

Ces logiciels d'analyse des connexions fonctionnent de deux façons différentes : soit ils travaillent sur des PC et sur les fichiers *log* récupérés sur le serveur distant. Dans ce cas, il n'est pas nécessaire d'installer le logiciel directement sur le serveur. Un accès à distance aux fichiers *log via* l'Internet est la plupart du temps suffisant pour consulter les rapports proposés, en temps réel ou à la demande. Inconvénient : si le trafic sur le site est important, les téléchargements quotidiens des logs et le stockage, puis l'analyse sur le PC, peuvent devenir problématiques. Ces systèmes ont donc également prévu une version du logiciel, qui s'installe sur la machine abritant le serveur web et qui effectue les opérations statistiques en temps réel. Les graphiques de synthèse sont alors accessibles depuis un navigateur, à distance, au moyen d'un couple *login*/mot de passe.

Le standard du marché aujourd'hui semble être WebTrends (*http://www.webtrends.com/*).

Autre méthode : le site web du système auditeur (agissant ainsi en tant que « tiers de confiance » ou « tiers de certification ») récupère certaines données (appelées « marqueurs ») que vous aurez insérées au préalable sur vos pages, puis réalise ses rapports sur la foi des informations récupérées « en temps réel ». Ils agissent donc à l'image des systèmes vus précédemment (*e-stat*, *Extreme Tracking*, etc.) mais poussent leur analyse bien plus loin.

Notons cependant que des systèmes tels que *e-stat*, *FuturStat* ou *Extreme Tracking* proposent les deux niveaux de statistiques : l'affichage brut de façon gratuite ou peu onéreuse, et l'analyse plus ou moins poussée des connexions pour un coût souvent plus important.

Ces systèmes ne se servent donc pas des fichiers *log* proposés par le serveur mais des indications fournies directement par la machine de l'internaute, lorsque le navigateur vient récupérer le « marqueur » sur le serveur. Deux techniques sont majoritairement utilisées :

• Une image « invisible », stockée sur le site web de l'analyseur, est affichée sur la page. Un problème se pose cependant dans ce cas, lorsque la page affichée sur le navigateur de l'internaute provient d'un proxy ou du cache de l'ordinateur (voir chapitre 5).

• Une applet Java est affichée dans la page en question. Dans ce cas, un accès au serveur qui fournit l'applet est toujours effectué, ce qui règle le problème des caches et des proxys. Mais, vu le temps de chargement de Java sur certains navigateurs, cela peut fortement pénaliser les utilisateurs qui visualisent la page.

Autre système souvent utilisé : les *cookies* (voir chapitre 5). Ils permettront de garder en mémoire les coordonnées et le comportement d'un utilisateur d'une session à une autre. Mais les internautes ayant la possibilité d'inhiber l'inscription de ces *cookies* sur leur machine en configurant leur navigateur, on peut globalement dire qu'aucun système n'est encore fiable à l'heure actuelle.

L'analyse se fera par recoupement d'informations (numéro IP, système d'exploitation utilisé, navigateur et sa version, résolution d'écran, etc.). Toutes ces informations sont fournies lorsqu'un internaute se connecte à un site. On considérera alors que deux personnes qui se connectent à un même site à quelques heures d'intervalle, par exemple, sont les mêmes si elles n'ont pas le même numéro IP, mais qu'elles ont un nom de domaine (*wanadoo.fr, apple.com,* etc.) identique et que leurs coordonnées techniques correspondent.

ab

Vous trouverez sur le site web du livre une liste des principaux systèmes d'analyse de statistiques, à l'adresse :
http://www.abondance.com/ressources/audience.html

Quelle que soit la méthode utilisée (analyse de *logs*, affichage de marqueurs), les statistiques fournies sont souvent très diverses et précieuses. Voici quelques exemples des multiples informations que vous fourniront des outils tels que *WebTrends*, *Hit*

WebTrends :
http://www.webtrends.com/
Hit List :
http://www.marketwave.com/
FlashStats :
http://maximized.com/products/flashstats

List ou *FlashStats*, parmi les dizaines d'outils disponibles à l'heure actuelle :

• principales pages de votre site sur lesquelles les gens arrivent depuis l'extérieur (*entry pages*, arrivée depuis un autre site web qui propose un lien vers votre site) ;

• principales pages de votre site affichées depuis un lien interne (dans le cadre d'une navigation à l'intérieur de votre site) ;

• principales pages de sortie (dernières pages vues lors d'une visite) ;

• principales pages ayant été « page unique » lors d'une visite (un seul document a été consulté au cours de la visite de l'internaute, aucune autre navigation sur le site n'a été effectuée) ;

• Navigation type dans le site (enchaînement de pages différentes lors d'une navigation) ;

• répertoires le plus souvent consultés (et non plus les pages) ;

• nombre de bandeaux publicitaires vus, et taux de clics ;

• noms de domaines le plus souvent présents chez les visiteurs (entreprise ou fournisseur d'accès) ;

• taux d'erreurs 404 (fichiers non trouvés) sur le site ;

• origine géographique des visiteurs (il s'agit, en fait, de la localisation de l'organisme qui a déposé le nom de domaine utilisé par l'internaute : *wanadoo.fr*, *ibm.com*, etc.) ;

• principales pages cousines (*referring sites*) ;

• durée d'une visite ;

• nombre de pages vues lors d'une visite ;

• moteurs de recherche sur lesquels les internautes ont trouvé votre page ;

• profils spécifiques des utilisateurs venant de chaque moteur de recherche : durée de la visite, nombre de pages consultées, etc. ;

• mots clés saisis par l'internaute sur le moteur de recherche pour trouver votre page ;

• mots clés utilisés le plus fréquemment par les internautes pour chaque moteur de recherche.

Statistics	Report Range: 11/06/1999 00:00:00 - 11/17/1999 21:59:36	?
Hits	Entire Site (Successful)	184,558
	Average Per Day	15,379
	Home Page	2,248
Page Views	Page Views (Impressions)	46,438
	Average Per Day	3,952
	Document Views	43,829
Visitor Sessions	Visitor Sessions	13,564
	Average Per Day	1,130
	Average Visitor Session Length	00:03:09
	International Visitor Sessions	26.13 %
	Visitor Sessions of Unknown Origin	31.01 %
	Visitor Sessions from United States	42.81 %
Visitors	Unique Visitors	11,685
	Visitors Who Visited Once	10,720
	Visitors Who Visited More Than Once	959

Logiciel WebTrends : exemple de statistiques générales proposées pour un site.

Most Requested Pages

	Pages	Views	% of Total Views	Visitor Sessions	Avg. Time Viewed
1	http://www.webtrends.com/ images/new_bars/REPLACED TEXT/	26,286	59.97 %	3,449	00:00:05
2	Welcome to the WebTrends Corporation Web Site! http://www.webtrends.com/ splash.htm	3,286	7.49 %	1,405	00:03:27
3	Welcome to the WebTrends Corporation Web Site! http://www.webtrends.com/	2,248	5.12 %	2,018	00:00:12
4	WebTrends CommerceTrends, WebTrends Corporation, Portland, Oregon http://www.webtrends.com/ products/commerce/	1,510	3.44 %	1,355	00:00:19
5	WebTrends Log Analyzer, WebTrends Corporation, Portland, Oregon http://www.webtrends.com/ products/log/	1,491	3.4 %	1,356	00:00:31
6	http://www.webtrends.com/ads/ networkAd.htm	769	1.75 %	728	00:00:54
7	http://www.webtrends.com/ loganalyzer/info.htm	550	1.25 %	412	00:00:58
8	WebTrends Products, WebTrends Corporation, Portland, Oregon http://www.webtrends.com/ products/	465	1.06 %	430	00:01:01
9	WebTrends Products, WebTrends Corporation, Portland, Oregon http://www.webtrends.com/ site_download/	403	0.91 %	360	00:00:18
10	Product and Support Pricing, WebTrends Corporation, Portland, Oregon http://www.webtrends.com/ pricing/	220	0.5 %	188	00:00:54

Logiciel WebTrends : pages le plus souvent demandées sur le site.

Activity Level by Length of Visit

Visit Duration (Minutes)	Visits	Page Views	% of Total Visits	% of Total Views
0-1	12,538	36,783	92.46 %	79.41 %
1-2	163	1,143	1.2 %	2.46 %
2-3	88	630	0.64 %	1.36 %
3-4	61	446	0.44 %	0.96 %
4-5	33	213	0.24 %	0.46 %
5-6	54	403	0.39 %	0.87 %
6-7	55	424	0.4 %	0.91 %
7-8	34	293	0.25 %	0.63 %
8-9	34	175	0.25 %	0.37 %
9-10	31	286	0.22 %	0.61 %
10-11	30	184	0.22 %	0.39 %
11-12	32	325	0.23 %	0.7 %
12-13	30	244	0.22 %	0.52 %
13-14	26	255	0.19 %	0.55 %
14-15	30	207	0.22 %	0.44 %

Logiciel WebTrends : nombre de visites en fonction du temps moyen de consultation du site.

Top Referring Sites

	Site	Visitor Sessions
1	http://www.webtrends.com/	8,429
2	No Referrer	3,332
3	http://webtrends.com/	120
4	http://www.thecounter.com/	86
5	http://www.webtrends.net/	72
6	http://206.58.83.17/	64
7	http://webtrends.sample.com/	64
8	https://www.webtrends.com/	62
9	http:// www.altavista.digital.com/	55
10	http://www.webtrends.org/	54
11	http://www.asmodeus.com/	50
12	http://www.mkstats.com/	50
13	http://www.webmaster.com/	34
14	http://av.yahoo.com/	33
15	http://www.digits.com/	32

Logiciel WebTrends : statistiques relatives aux sites « référents », sites d'où proviennent les internautes.

Ces indications sont essentielles. Les pages de sortie, par exemple, vous fourniront des exemples de documents qui n'ont pas su retenir l'attention des internautes, de même que les « pages uniques ». Les navigations types vous indiqueront la façon dont évoluent vos visiteurs à l'intérieur de votre site. Les erreurs 404 vous signaleront les liens cassés de votre serveur. Les sites « référents » (pages et sites d'où proviennent les visiteurs de vos pages) vous fourniront les adresses des sites les plus efficaces, avec lesquels vous pourrez nouer des liens plus approfondis. Les noms de domaines les plus fréquents (souvent les fournisseurs d'accès) vous indiqueront avec quels *providers* passer des accords de façon prioritaire (bandeaux de publicité sur leur site, accords commerciaux divers, etc.).

Une information est surtout très intéressante : les noms des moteurs de recherche que les internautes ont utilisés pour vous trouver et les mots clés qu'ils ont employés. Cette indication — qui pourrait passer pour une performance technique de premier ordre — est facilement explicable. Le serveur, dans ses fichiers *log*, récupère l'adresse de la *referring page*, c'est-à-dire du document que l'internaute avait sous les yeux lorsqu'il a cliqué sur un lien pour venir sur votre site.

Prenons l'exemple d'une requête faite sur le moteur de recherche Altavista. Dans la zone de formulaire de saisie, vous demandez l'expression *chaussure de sport* (voir ci-dessous).

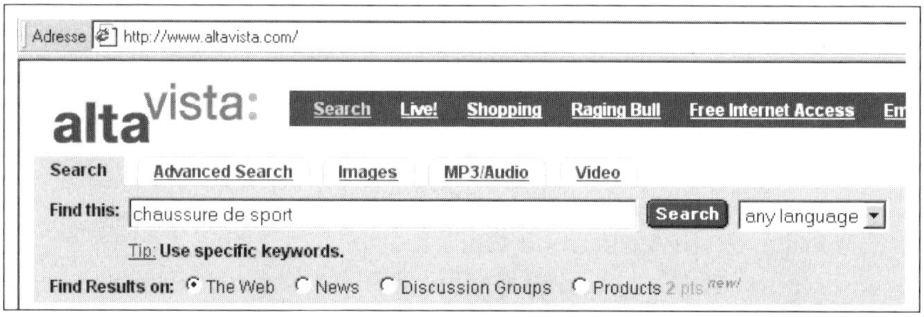

Saisie de l'expression « chaussure de sport » sur le moteur de recherche Altavista.

Une fois le bouton *Search* sélectionné, une requête est lancée sur le moteur, sous la forme :

http://www.altavista.com/cgi-bin/query?pg=q&kl=XX&q=chaussure+de+sport&search=Search

Cette requête (parfois plus longue et plus complexe) est en fait l'adresse de la page de résultats ; elle vous propose un certain nombre de pages contenant les mots demandés (voir ci-dessous). Si vous cliquez sur un des liens proposés par Altavista, vous irez sur un serveur distant qui affichera la page indiquée et qui récupérera (outre votre numéro IP, le nom et la version de votre navigateur, etc.), l'adresse indiquée plus haut, appelée *referring page* ou *page référente*.

Page de résultat sur Altavista.

Si vous examinez bien cette adresse, vous voyez qu'elle contient les mots demandés sur le moteur de recherche (ici, *q=chaussure+de+sport*). Cette indication va permettre aux logiciels d'analyse de répertorier non seulement les outils de recherche sur lesquels les internautes ont trouvé vos pages (ici le nom du serveur *http://www.altavista.com/* est explicite), mais également les mots employés.

Cette indication est essentielle, car vous pourrez ainsi rendre vos pages bien plus efficaces pour le référencement (voir chapitre 4). En effet, vous savez maintenant comment font les gens pour les trouver ! Au début, vous avez dû « galérer » pour trouver des mots clés le plus pertinents possible. Ils vous sont maintenant proposés « sur un plateau » ! Il ne reste plus qu'à modifier vos documents HTML en fonction de ces nouveaux termes. Certains logiciels, tels *Hit List,* font même la différence entre les mots isolés (*chaussure*, *sport*, *tennis*) et les expressions saisies (*« chaussure de sport »*, *« chaussure de tennis »*).

Top Search Engines

	Engines	Searches	% of Total
1	AltaVista	108	39.56 %
2	Yahoo	62	22.71 %
3	Excite	43	15.75 %
4	InfoSeek	20	7.32 %
5	AOL NetFind	8	2.93 %
6	Go2Net	6	2.19 %
7	dogpile	6	2.19 %
8	HotBot	6	2.19 %
9	GoTo	4	1.46 %
10	Northern Light	3	1.09 %
11	Microsoft Network	3	1.09 %
12	Look Smart	2	0.73 %
13	Lycos	1	0.36 %
14	Snap	1	0.36 %
Total of Searches for the Engines Above		273	100 %
Total of Searches for the Log File		273	100%

Logiciel WebTrends : outils de recherche le plus souvent utilisés par les internautes pour trouver votre site.

Top Search Phrases

	Phrases	Phrases found	% of Total
1	web log analysis	37	13.55 %
2	webtrends log analyzer	34	12.45 %
3	webtrends	19	6.95 %
4	web logs	8	2.93 %
5	firewalls	6	2.19 %
6	web trends	5	1.83 %
7	webtrends download	5	1.83 %
8	webtrends enterprise	4	1.46 %
9	netware audit log tool	4	1.46 %
10	trade shows	4	1.46 %
11	marketing statistics	3	1.09 %
12	traffic analysis	3	1.09 %
13	ice boston	3	1.09 %
14	internet world 98	3	1.09 %
15	web log	3	1.09 %

Logiciel WebTrends : mots clés ou expressions le plus souvent saisis par les internautes sur les outils de recherche pour trouver votre site.

D'autres logiciels vous indiquent également quels sont les mots clés utilisés pour chacun des moteurs ou annuaires pris en compte. Vous pouvez donc personnaliser vos pages pour chaque moteur de recherche, selon les termes les plus fréquents. Des outils tels que *WebTrends* proposent également un kit de développement qui permet de définir des statistiques sur des outils de recherche qui ne sont pas pris en compte en standard (outils francophones notamment).

L'analyse en profondeur de ces indications vous fournira une multitude de données intéressantes. Par exemple, vous saurez si, sur Yahoo!, les internautes vous trouvent plutôt en saisissant un mot clé ou en naviguant dans l'arborescence de l'annuaire. Cela vous permettra d'acheter un bandeau publicitaire sur un ou plusieurs mots, dans le premier cas, ou d'acheter l'espace proposé sur l'affichage de la rubrique, dans le second cas. Les ressources de ces outils sont sans conteste très étendues.

Dernière solution pour tenter d'évaluer l'audience d'un site et le comportement du consommateur : le *panel*, méthode héritée de la télévision. Un panel d'internautes est équipé d'une « boîte noire », logicielle ou matérielle, qui va enregistrer la nature des clics et de la navigation sur le Web. De nombreuses expérimentations et offres commerciales existent. L'avenir dira si ce modèle « audiovisuel » de la mesure d'audience peut s'adapter à un outil aussi vaste, voire gigantesque que le Web, en termes de nombre de sites et de documents !

Toujours est-il que les systèmes d'analyse d'audience sont aujourd'hui légion et commencent à donner des résultats très intéressants, voire absolument indispensables lorsque le site web devient la composante d'une stratégie d'entreprise. L'analyse d'audience est également essentielle lorsqu'il s'agit d'afficher sur vos pages les bandeaux publicitaires d'annonceurs qui paient parfois fort cher pour cela. Restera ensuite — et il s'agit peut-être là d'un vide encore important — à certifier les chiffres donnés par ces logiciels. Dans les années qui viennent, un organisme indépendant devra peut-être jouer le rôle de « tiers certificateur officiel », afin que tout le monde parle le même langage et annonce des chiffres comparables.

Des organismes tels que la Sofrès, Médiamétrie ou le CESP (Centre d'études des supports de publicité) seront peut-être ces grands « tiers de confiance » qui semblent nécessaires dans un proche avenir.

Audit du site

Le travail n'est pas terminé. Comme vous le savez certainement, il est très difficile d'avoir un regard objectif sur son propre travail, son œuvre ! Votre site aura peut-être besoin, avant son lancement, mais surtout au fur et à mesure de son évolution, d'un audit extérieur.

Une « première couche » pourra être passée avant le lancement du site, afin de s'assurer que tout fonctionne bien. Le test d'affichage et d'impression des pages sur de multiples plates-formes et navigateurs (voir chapitre 2) en fait partie. Puis, tous les mois, vous devrez avoir un compte rendu automatisé des éventuels problèmes posés par vos pages.

Il existe deux façons — que l'on peut juger complémentaires — d'effectuer cet audit : la méthode humaine et la méthode automatisée.

Audit humain

La méthode humaine consiste à réaliser l'audit — de façon interne ou en payant une entreprise pour cela — des pages, du *design*, de la navigation, du code HTML, du référencement, bref d'un nombre important de fonctions essentielles à la promotion de votre site. Si vous le réalisez en interne, il faudra créer un document de type « tableau de bord » qui reprenne les fonctions les plus importantes. L'audit devra se pencher sur plusieurs aspects (*grosso modo*, tout ce que l'on a vu aux pages précédentes de cet ouvrage) :

• *Technique* : code HTML, respect des fins de balise (une balise <FONT> doit, par exemple, toujours avoir une correspondance de fin en </FONT>), respect du standard en vigueur (HTML 4.0, etc.), présence de balises « exotiques », simplicité des adresses (URL), présence de Java ou nécessité de *plug-in* côté utilisateur, utilisation des options ALT dans les balises IMG, taille des pages et des images, nombre d'images affichées, temps moyen d'affichage des pages en secondes.

• *Compatibilité par rapport aux critères de tri des moteurs de recherche* : présence de mots clés dans le titre, disponibilité des balises <META>, longueur de celles-ci, pertinence des mots clés, emploi de frames.

• *Design et convivialité* : facilité de navigation, présence d'erreurs 404 internes ou externes, nombre de choix par page de menu, couleur du fond, du texte et des liens, nombre de clics nécessaires pour arriver à l'information depuis la page d'accueil, temps moyen de réponse à un courrier électronique envoyé par un visiteur, respect de l'orthographe, etc.

• *Référencement* : présence des pages les plus importantes du site dans les moteurs de recherche, inscription dans les annuaires, mesure de l'indice de popularité.

Bien entendu, il n'est pas fait mention ici du contenu, qui doit être vivant et constamment adapté — et réadapté — aux besoins de votre cible. Certaines des fonctions énoncées ici peuvent également être prises en compte par un système d'audit automatique (voir plus loin).

Pour un audit humain, il semble raisonnable d'effectuer ce travail tous les semestres, voire tous les trimestres s'il s'agit d'un site à forte ambition.

Vous trouverez sur le site web du livre une liste des principales entreprises fancophones qui proposent des prestations d'audit de site, à l'adresse :

http://www.abondance.com/ressources/audit.html

La plupart des sites majeurs sur le Web, ceux donc qui suscitent un fort trafic — les annuaires et moteurs de recherche en sont le meilleur exemple —, modifient l'aspect du site tous les six mois et mettent en œuvre un lifting complet tous les ans. De nouvelles fonctions apparaissent, les « vieux » navigateurs disparaissent et certaines fonctionnalités deviennent accessibles. De nouvelles catégories d'internautes arrivent sur le marché, de nouvelles stratégies sont inventées. Il faut être attentif à l'actualité des sites web dans le monde et beaucoup naviguer pour bien ressentir les courants d'idées qui parcourent les sites web. Il est clairement exclu de laisser l'aspect d'un site inchangé plusieurs années de suite.

Audit automatique

Autre solution — tout à fait complémentaire, car réalisée de façon plus fréquente et automatique : l'audit du site par un outil disponible sur le Web, tel *Web Site Garage*.

Web Site Garage :
http://www.websitegarage.com/

Ce site, assurément l'un des meilleurs outils de *webmaster* présents sur le Web, permet d'effectuer un audit de vos pages web. L'audit d'une page est gratuit, celui d'un site est payant mais peu onéreux (quelques dizaines de francs par mois).

L'inscription est simple : vous indiquez l'adresse de la page d'accueil du site et vous attendez les résultats, disponibles immédiatement sur le Web, puis reçus mensuellement par mail.

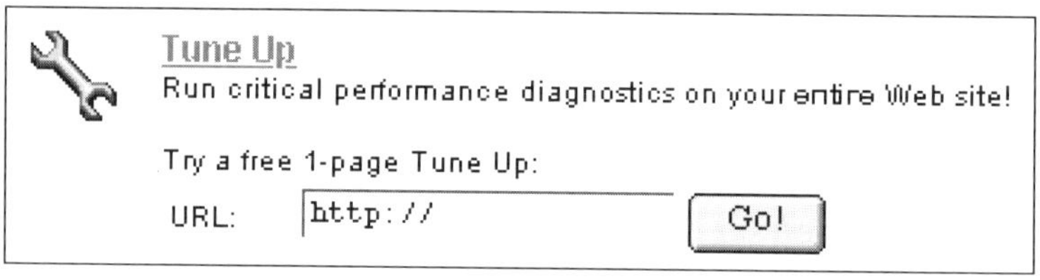

Site Web Site Garage : il suffit d'indiquer l'adresse d'un site web et l'audit est fourni automatiquement.

Les rubriques sont diverses, et les résultats souvent très pertinents. Pour chacune des rubriques indiquées ici, une note (*excellent*, *good*, *fair*, *poor*) est donnée, et un commentaire très détaillé est fourni. Des recommandations sont également indiquées :

• *Browser compatibility* : vous indique quelles fonctions HTML ne seront pas comprises, par exemple par Netscape Navigator 2.0 ou Microsoft Explorer 3.0.

• *Register-It! Readiness* : lisibilité par les moteurs de recherche (présence de balises <META>, longueur des titres).

• *Load Time* : temps de chargement des pages, estimé en secondes, pour des accès utilisateurs allant du modem à 14,4 Kbps à la ligne haut débit. Nombre et taille des images affichées, du fichier HTML et de la page totale.

• *Dead Links* : vérification des « liens morts » (erreurs 404).

• *Link Popularity* : nombre de sites ayant inséré dans leurs pages un lien vers votre site. Adresse de ces sites cousins.

• *Spelling* : analyse orthographique et détection de fautes de saisie ou d'orthographe (disponible uniquement pour la langue anglaise).

• *HTML Design* : vérification de la validité du code HTML (chaque balise de début doit avoir une correspondance de fin : <FONT>...</FONT>, indication des balises <IMG> qui ne proposent pas d'option ALT ni les cotes de l'image sous la forme des options HEIGHT et WIDTH, etc.). Indication des numéros de ligne en cause et du diagnostic pour chaque erreur rencontrée.

Les écrans de Web Site Garage sont toujours très clairs et fonctionnels.

Vous l'aurez compris : ce type d'outils est tout à fait essentiel pour suivre l'évolution technique d'un site.

En effet, il arrive couramment que le responsable d'un site web, bien souvent « le nez dans le guidon » — affairé à tenter que le site vive et que les internautes reçoivent des réponses à leurs questions — n'ait plus le recul nécessaire pour juger ou tester utilement bon nombre de fonctionnalités. *Web Site Garage* le fait automatiquement et pour un coût modeste. De plus, la réception d'un message électronique mensuel récapitulant automatiquement les tests présentés plus haut représente un suivi essentiel pour l'image que votre site donnera à vos visiteurs.

Il existe d'autres sites semblables à Web Site Garage, comme NetMechanic ou SiteInspector. Vous en trouverez une liste sur le site web du livre, à l'adresse :

http://www.abondance.com/ressources/audit.html

Bien entendu, il ne s'agit pas ici de mettre en concurrence les aspects automatique et humain d'un audit. Un outil tel que *Web Site Garage* va pouvoir effectuer un travail de « gros œuvre », répétitif mais hautement utile. L'audit humain s'occupera des « finitions » et travaillera certainement davantage sur l'aspect, la convivialité, l'ergonomie, la navigation, l'adéquation du *design* par rapport à la cible. Bref, des prestations à forte valeur ajoutée qu'un logiciel ne pourra jamais fournir. L'outil automatique vous fournira un compte rendu tous les mois ; l'audit humain sera réalisé sur des échéances plus longues (tous les semestres, tous les ans).

Ne négligez pas cet aspect, même si vous vous contentez d'un audit automatique. Cela vous donnera des informations récurrentes sur la visibilité de votre site, pour un coût modeste.

Référencement

Dernier point important pour le suivi de votre site : le référencement. Ce travail pourra prendre deux formes distinctes :

• D'un côté, il vous faudra de nouveau référencer sur les moteurs de recherche (à l'aide de l'option *Add URL*) les documents ayant subi de profondes modifications, afin que les versions présentes dans les index de ces outils soient le plus à jour possible lors de l'interrogation d'un utilisateur du Web. Ce n'est cependant pas la peine d'effectuer ce type d'opération, dès qu'une virgule est changée sur vos documents, mais plutôt lorsqu'une modification structurelle importante est intervenue, qui nécessite de prendre en compte de nouveaux mots clés importants ou une modification des anciens. Bien entendu, l'ajout d'une nouvelle page importante nécessitera aussi une intervention d'inscription auprès des moteurs. Ceux-ci donnant bien souvent une préférence aux documents récents, il sera cependant nécessaire d'effectuer cette nouvelle soumission le plus souvent possible. N'oubliez pas non plus de refaire une optimisation de vos pages, de revoir les « zones chaudes » de votre code HTML (titres, balises <META>, texte visible, etc.), car la situation évolue très vite dans ce domaine. Tenez-vous au courant de ces évolutions.

Le site du livre propose une lettre mensuelle payante et une lettre hebdomdaire gratuite pour vous tenir au courant de l'actualité des outils de recherche :

http://www.abondance.com/actu/lettres/index.html

• Vous devrez également surveiller la création de nouveaux annuaires et moteurs de recherche sur le Web et y inscrire votre site. En effet, on s'aperçoit souvent que l'inscription, notamment sur un annuaire, est très facile, qu'elle est automatique et rapidement prise en compte dans les premiers mois de vie de l'outil. Puis, le succès aidant, l'annuaire recherchera davantage la qualité que la quantité, et les délais s'allongeront. Il deviendra parfois difficile d'y faire son apparition. Autant donc s'inscrire dès le départ pour être tranquille ensuite.

• Si vous êtes déjà inscrit sur un annuaire, il est très rare que votre site en soit supprimé par la suite (bien que certains annuaires majeurs, se heurtant au trop grand nombre de site, commencent à envisager de faire un certain « ménage »). Mais vous pouvez refaire un tour sur ces annuaires pour éventuellement demander, si cela est justifié, une modification du résumé ou une inscription dans une nouvelle rubrique — qui n'existait d'ailleurs peut-être pas lors de la première phase de référencement effectuée à l'époque. Si cette demande est acceptée, cela améliorera votre présence. Si la demande est rejetée, tant pis, réessayez une fois prochaine.

• Dernier point, en ce qui concerne les moteurs de recherche : n'oubliez pas — si vous avez fait de nombreux efforts pour construire vos pages en fonction des critères de tri des moteurs, que vous avez soigneusement référencé vos documents, et que vous souhaitez suivre une politique de positionnement — de mettre en place un tableau de bord qui indiquera pour chaque moteur et chaque mot clé choisi au préalable le positionnement de vos documents importants. S'ils perdent des places par rapport au relevé précédent (en règle générale, on effectue un pointage mensuel), il faudra savoir pourquoi — le plus souvent en analysant le code HTML des pages qui sont venues détrôner les vôtres — et réagir en modifiant vos pages en conséquence, puis en les soumettant de nouveau. Ce n'est qu'à ce prix que votre site obtiendra une visibilité optimale sur les moteurs. N'oubliez pas, enfin, que l'analyse des fichiers *log* de votre serveur vous fournira des données essentielles à la fois sur les mots clés employés par les internautes pour vous trouver sur les moteurs de recherche les plus courants, et sur le trafic généré par vos efforts de positionnement. Servez-vous de ces données pour adapter vos documents à la demande. Il ne sert à rien de passer des heures à tenter d'être premier sur une expression que personne ne saisit et qui ne génère donc pas de trafic.

Une fois que vous aurez effectué toutes ces opérations, vous devriez alors être un responsable de site heureux, dont le seul problème sera de juguler l'affluence sur ses pages :-)

Toutes mes félicitations...

Conclusion

Enfin, nous voilà rendus à la fin de cet ouvrage. La lecture de ces pages vous a pris du temps, mais cette longue quête peut finalement être vue comme le reflet du projet de mise en place d'un site web.

Le contenu de ce livre peut globalement se résumer en quelques phrases importantes :

- Mettre en place un site web n'est pas une affaire évidente. En tout cas, pas toujours aussi évidente qu'on veut bien le penser ou vous le faire croire.

- La plus grosse partie du travail s'effectue avant et après la construction HTML des pages du site.

- Si l'investissement financier n'est pas obligatoirement colossal pour créer un site attirant, l'investissement en temps est très important. Vous ne sauriez en faire l'économie.

- Un bon site web est un site qui sait adapter l'offre à la demande, qui sait répondre aux besoins de ses visiteurs, et qui a donc bien su définir sa cible au préalable.

- Le contenu est le capital.

- Créer un site web, puis s'asseoir et attendre le passant éventuel ne sert à rien. L'effort de promotion est essentiel et, dans ce cadre, il est, encore une fois, nécessaire d'y consacrer un temps important.

• Un site ne doit pas rester inactif, et son contenu doit être vivant.

• Il est capital de réussir à capter l'attention des internautes, puis d'obtenir leurs adresses de messagerie électronique pour pouvoir les fidéliser par la suite.

• Un site ne doit pas faire plaisir uniquement à son concepteur ou à son propriétaire, mais également — et surtout — à ses visiteurs.

Suivez ces quelques conseils, passez beaucoup de temps à réfléchir au contenu de votre site et à sa promotion, soyez original, innovant, contactez des sites cousins, décryptez les connexions sur votre serveur au moyen des systèmes d'analyse de fichiers *log*, effectuez votre référencement avec soin, et vous verrez les internautes venir — et revenir ! — sur vos pages.

Et le spam ?

Nous avons passé en revue, dans les chapitres précédents, de nombreuses possibilités de promotion d'un site. Certaines sont évidentes, d'autres sont plus complexes à mettre en œuvre. Elles ont cependant toutes un point commun : elles sont en général loyales et ne reposent jamais sur des tentatives de fraude. Car il existe une stratégie que j'ai totalement passée sous silence jusqu'à maintenant : le spam par e-mail, autrement appelé *junk-mail*.

Le terme de *spam* vient du nom d'un paté de jambon en boîte, raillé par les célèbres ***Monty Python*** dans un de leurs sketches où le mot *spam*, martelé dans un restaurant par une bande de Vikings (les amateurs des *Monty Python* apprécieront), envahit les conversations jusqu'à rendre tout propos inaudible. Et c'est bien ce qui se passe lorsqu'un message publicitaire vient « polluer » nos boîtes à lettres électroniques...

Sur l'Internet, à l'inverse du courrier classique, c'est l'utilisateur qui paye sa connexion (d'une part auprès de son fournisseur d'accès et d'autre part à son opérateur téléphonique au *prorata* du temps passé) donc le courrier reçu ! Imaginez que le facteur sonne chez vous pour vous proposer des prospectus publicitaires en vous demandant de lui payer le timbre. Il est possible que votre réaction ne soit pas empreinte d'allégresse ! Vous serez pourtant à peu près dans la même situation que l'internaute qui s'aperçoit que son adresse de messagerie sert à recevoir autant de publicités que de messages intéressants !

La pratique est tout à fait comparable aux fax sauvages qui « bombardent » votre télécopieur la nuit, de telle sorte que la bobine de papier est en bout de course juste le matin où vous attendiez un document important de la part de vos clients australiens !

Le principe du spam est simple. Les fraudeurs récupèrent sur les listes de diffusion et les forums de discussion traitant d'un domaine précis des centaines, voire des milliers, d'adresses de messagerie électronique parfaitement ciblées. Puis ils rédigent un communiqué publicitaire qu'ils insèrent dans un e-mail.

L'envoi d'un tel mailing aura pris quelques jours pour la collecte d'adresses et quelques minutes pour l'envoi, soit un gain appréciable de temps et d'argent avec un ciblage certainement bien meilleur que le *mailing* classique expédié par courrier postal.

Ce type d'actions est formellement interdit par la *netiquette*. Oubliez donc cette pratique si vous ne désirez pas être au centre d'un véritable bombardement électronique appelé *flame* (vous vous feriez « incendier »). Bien entendu, et au minimum, de nombreuses personnes ayant reçu votre message vous renverront automatiquement une réponse en vous traitant de divers noms d'oiseaux avec, chaque fois, un fichier attaché de 1 à 2 Mo, ce qui fera « exploser » votre disque dur, mais également peut-être celui de votre fournisseur d'accès, qui pourrait fort bien peu goûter la plaisanterie.

Et si la tentative effectuée a été mal ressentie par une majorité ou que vous soyez un récidiviste, vous pouvez également avoir droit à une campagne de dénigrement en bonne et due forme sur le réseau (et si le bouche-à-oreille est souvent rapide lorsqu'il s'agit de signaler un site intéressant, il est tout aussi véloce pour mettre à bas une réputation), voire à des appels téléphoniques nocturnes incessants à votre domicile (authentique).

Beaucoup d'entreprises qui se sont essayées à ce type de techniques l'ont bien souvent regretté. Est-il logique d'utiliser le réseau pour se faire haïr alors qu'il existe tant de moyens de se faire aimer ?

Avant toute action commerciale sur le réseau, renseignez-vous donc sur la *netiquette* — ce que l'on peut faire et ce qu'il convient d'éviter sur l'Internet — et tout devrait bien se passer. Ne mésestimez pas la masse des utilisateurs de l'Internet. Ils sont bien plus nombreux que vous...

ab

Vous trouverez, à l'adresse :

http://www.abondance.com/ressources/netiquette.html

une liste de liens vous présentant la netiquette des différents outils de l'Internet, tels l'e-mail, les listes de diffusion et les forums de discussion.

Le moyen que beaucoup croient unique pour se faire connaître, le mailing publicitaire par l'Internet, n'est donc pas recommandé, voire banni. Il y a d'ailleurs fort à parier que ce type de comportements sera très prochainement considéré comme étant répréhensible aux yeux de la loi (c'est déjà le cas dans de nombreux pays), et que de nombreux abus seront jugés dans les années qui viennent, faisant ainsi jurisprudence. A vous de voir si vous désirez faire partie du lot des réprouvés...

Le spam n'est, d'ailleurs, pas une tactique qui apporte forcément une forte notoriété. La société CMO, spécialisée en recherches dans le domaine du marketing sur l'Internet, a rendu public il y a quelques temps un rapport sur l'importance relative des méthodes de promotion de sites web.

Etude CMO :
http://www.WebCMO.com/report/report1.htm

Dans un premier temps, les effets de divers modes de promotion sur la génération de trafic sur les sites web ont été les suivants (un classement de 1 à 5 a été établi selon le degré d'efficacité constaté de chaque stratégie) :

Soumission sur les moteurs de recherche	3,4
Envoi d'e-mails sollicités	3,3
Promotion « Offline » (publicité classique, bouche-à-oreille)	3,1
Communiqués de presse	3,0
Bandeaux publicitaires	2,9
Contribution sur les listes de diffusion	2,8
Sponsorisation de listes de diffusion	2,6
Contribution dans les forums de discussion	2,5
Echange de liens	2,4
Envoi d'e-mails non sollicités	1,8

Le message est clair : la plupart des stratégies de promotion de site sont plus efficaces que le *junk-mail*. Tant mieux...

D'autre part, WebCMO a également tenté de mesurer l'impact des différentes méthodes de promotion d'un site sur la génération de ventes en ligne qui en découlent :

Envoi d'e-mails sollicités	3,2
Promotion « Offline » (publicité classique, bouche-à-oreille)	3,1
Soumission sur les moteurs de recherche	3,0
Communiqués de presse	2,8
Bandeaux publicitaires	2,8
Contribution dans les forums de discussion	2,7
Contribution sur les listes de diffusion	2,7
Sponsorisation de listes de diffusion	2,6
Echange de liens	2,1
Envoi d'e-mails non sollicités	1,8

Comme vous avez pu vous en apercevoir en lisant ces pages, il existe donc de nombreuses façons de promouvoir votre entreprise sur ce gigantesque réseau, sans frauder, mais en passant certes quelques heures à promouvoir votre site.

Bien entendu, il n'est pas nécessaire de les prendre toutes en compte pour obtenir du succès. Effectuez le travail petit à petit, soyez humble en vous disant qu'il est très difficile d'avoir des idées originales. Définissez au mieux votre cible, faites-vous connaître auprès de celle-ci, joignez des sites analogues, afin de travailler en partenariat, et soignez vos visiteurs « aux petits oignons ». Ils vous en remercieront par la suite.

Et envoyez-moi un petit message si votre site génère du trafic en partie grâce aux quelques modestes conseils suggérés dans cet ouvrage. Ce sera bien pour moi la meilleure des récompenses... La première version de cet ouvrage, éditée au début de l'année 1999, m'a valu bon nombre de messages très sympathiques de la part des lecteurs. Quoi de plus agréable ?

A bientôt peut-être... ;-)

Bonne promotion de votre site.

Olivier ANDRIEU

oa@abondance.com

Annexes

Annexe 1 : Bibliographie, sites web

D. SIEGEL, *Secrets des sites web qui réussissent*, Simon & Schuster Macmillan, 1997.

D. SIEGEL, *Créer des sites web spectaculaires*, Simon & Schuster Macmillan, 1998.

O. ANDRIEU, *Trouver l'info sur l'Internet*, Eyrolles, 1998.

J.-P. LARDY, *Recherche d'information dans Internet*, ADBS éditions, 1996.
Egalement sur le Web :
http://www.adbs.fr/adbs/viepro/sinfoint/lardy/toc.htm

J.-M. HERELIER, C. WOLOSIN, *Bien référencer son site Internet*, CampusPress, 1998.

Voici des adresses Internet où vous trouverez des bibliographies plus complètes (et mises à jour périodiquement) :

http://www.abondance.com/docs/bibliographie.html

http://www-dist.cea.fr/ext/neuf/moteur/bibliographie.html

http://www.adbs.fr/adbs/viepro/sinfoint/lardy/biblio.htm

http://www.unice.fr/UrfistST/rechist.html

http://www.ac-versailles.fr/internet/general/bibinte.htm

http://www.bnf.fr/web-bnf/catalog/bibliog/internet.htm

Un glossaire spécialisé sur les moteurs de recherche, constamment mis à jour, est disponible à l'adresse : *http://www.idf.net/mdr*

En ce qui concerne les moteurs de recherche eux-mêmes, et en dehors du site web du livre (*http://www.abondance.com/*), on peut citer trois sources d'informations intéressantes parmi des dizaines d'autres :

SearchEngineWatch
http://www.searchenginewatch.com/

Search IQ
http://www.searchiq.com/

SearchEngine News
http://www.searchengine-news.com/

De nombreux sites se sont spécialisés dans le domaine de la promotion sur le Web. Voici les principaux sites francophones de ce type :

ABC-NetMarketing
http://www.abc-netmarketing.com/

EuroBytes
http://www.eurobytes.com/

Sam Mag
http://www.sam-mag.com/

PromoWeb
http://www.promo-web.org/

Annexe 2 : Table ASCII

0	NUL	28	FS	56	8	84	T	112	p
1	SOH	29	GS	57	9	85	U	113	q
2	STX	30	RS	58	:	86	V	114	r
3	ETX	31	US	59	;	87	W	115	s
4	EOT	32	SPACE	60	<	88	X	116	t
5	ENQ	33	!	61	=	89	Y	117	u
6	ACK	34	"	62	>	90	Z	118	v
7	BEL	35	#	63	?	91	[	119	w
8	BS	36	$	64	@	92	\	120	x
9	HT	37	%	65	A	93	]	121	y
10	LF	38	&	66	B	94	^	122	z
11	VT	39	'	67	C	95	_	123	{
12	FF	40	(	68	D	96	`	124	|
13	CR	41	)	69	E	97	a	125	}
14	SO	42	*	70	F	98	b	126	~
15	SI	43	+	71	G	99	c	127	DEL
16	DLE	44	,	72	H	100	d		
17	DC1	45	-	73	I	101	e		
18	DC2	46	.	74	J	102	f		
19	DC3	47	/	75	K	103	g		
20	DC4	48	0	76	L	104	h		
21	NAK	49	1	77	M	105	i		
22	SYN	50	2	78	N	106	j		
23	ETB	51	3	79	O	107	k		
24	CAN	52	4	80	P	108	l		
25	EM	53	5	81	Q	109	m		
26	SUB	54	6	82	R	110	n		
27	ESC	55	7	83	S	111	o		

Index

A

B

C

D

E

F

N

O

P

Q

R

S

T

Dépôt légal : octobre 2000
N° d'éditeur : 6194

Achevé d'imprimer le 9 octobre 2000
sur les presses de l'imprimerie «La Source d'Or»
63200 Marsat
Imprimeur n° 8801